태블로 학습하기 4/e

따라 하며 배우는 태블로 데이터 시각화

지음 이혜연 옮김

i!i
에이콘

| 지은이 소개 |

조슈아 밀리건 Joshua N. Milligan

태블로 젠 마스터Tableau Zen Master 명예의 전당에 5차례 올랐다. 사람들이 태블로와 태블로 프렙Tableau Prep을 이용해 데이터에서 통찰력을 얻을 수 있게 돕고 멘토링하는 데 열정적이다. 2004년부터 지금까지 테크니온 데이터 솔루션Teknion Data Solutions 사의 수석 컨설턴트로 재직하며, 소프트웨어 개발과 데이터 모델링, 시각적 분석 부문의 전문가로 다양한 산업의 고객들에게 컨설팅을 제공하고 있다.

팩트출판 사의 여러 책을 기술 감수했으며, 이 책 각 판의 저자다. 미국 털사Tulsa에서 아내, 네 아이들과 함께 살고 있다.

무엇보다 팩트출판사의 훌륭한 여러분에게 감사의 인사를 전하고 싶습니다. 캐롤 루이스, 에드워드 닥시 이외에도 편집, 감수, 출판, 홍보를 담당해주신 여러분! 태블로 젠 마스터인 크리스 러브는 오류가 있는 부분이나 좀 더 명확히 기재돼야 하는 부분들을 지적해줬습니다. 마지막으로 인생뿐만 아니라 이 프로젝트 동안에도 저를 지원해준 나의 아내 카라에게 감사를 전합니다.

태블로 학습하기 4/e

| 기술 감수자 소개 |

크리스 러브 Chris Love

태블로와 알테릭스Alteryx의 전문가로, 영국 노팅엄의 태블로 골드 파트너사인 인포
메이션 랩The Information Lab에서 근무 중이다. 비즈니스 정보와 분석 분야에서 20여년
의 경험이 있고, 최근 5년 동안 태블로 젠 마스트로서의 역할을 해왔다(책이 출판된
2020년 해에도). 태블로 퍼블릭을 통한 작업에서 전문성을 엿볼 수 있고, 동시에 태
블로에 입문하는 사람들이나 조직에서 변화를 가져올 수 있는 가장 간단한 것을
할 필요가 있는 사람들을 돕는 데 많은 관심을 기울이고 있다. 자신의 전문성을 이
용해 태블로의 복잡한 사용성뿐만 아니라 간결함을 전하는 데에도 힘쓰고 있다.

| 옮긴이 소개 |

이혜연(yhyeyeon@gmail.com)

15년 이상 대기업의 데이터 분석, 머신러닝 관련 컨설팅을 해왔다. 현재 해당 분야의 컨설턴트로 활동 중이며, AI 전문기업 XBrain의 데이터 사이언스 리드로 재직 중이다. 여러 강의 이력이 있으며, 업무에 필요한 책을 쓰고 번역하는 일에 관심이 많다. 번역서로는 『파이썬 머신러닝』(지앤선, 2017)과 에이콘출판사에서 출간한 『MOS 2013 학습 안내서 Microsoft Excel』(2015), 『MOS 2013 학습 안내서 Microsoft Excel Expert』(2015), 『데이터 시각화 원리』(2017) 등이 있다.

실무에서 데이터 분석과 관련된 컨설팅을 해오는 지난 몇 년 동안 많은 기업이 태블로를 데이터 시각화 도구로 도입하는 것을 봐왔습니다. 현재, 태블로는 가장 많이 사용되는 중요한 데이터 시각화 도구라고 해도 과언이 아닐 것입니다. 태블로가 이렇게 일반화된 것은 거의 모든 데이터 원본에 연결할 수 있는 환경을 제공하기 때문에 대규모의 데이터를 활용해 분석하기에 좋고, 사용자가 프로그램을 모르더라도 드래그앤드롭 동작만으로도 독보적인 시각화 기능이나 그래프들을 활용해 고급스러운 데이터 시각화를 빠르게 구성할 수 있기 때문입니다.

태블로는 VizQL^{Visual Query Language, 시각화 쿼리 언어}를 사용하는데, 스탠포드대학교의 연구 프로젝트의 결과물로 사람이 시각적으로 자연스럽게 인식하는 방식을 데이터 시각화에 적용할 수 있는 방법에 초점을 맞춘 언어입니다. 이를 통해 태블로에서 데이터 필드를 리포트 영역에 가져다 두고 모양, 크기, 색상을 정의하는 선반에 필드를 끌어다 두면 태블로가 자체적으로 VizQL을 생성해 사용하기 때문에 사용자는 코드 작성이 아닌 데이터 시각화에 집중할 수 있습니다.

책을 번역하는 동안 시각화에 관한 모범사례들을 적용하고 있는 VizQL로 사용자가 서식에 신경 쓰지 않아도 유려하게 생성되는 시각화, 리포트에 끌어다 둔 데이터 필드에 따라 태블로가 자동으로 추천해주는 차트, 주제별 분석 내용이 유연하게 대시보드로 취합되고 출판되는 패러다임을 경험하면서 데이터 분석이 데이터 스토리로 유연하게 연결해주는 태블로의 힘을 경험할 수 있었습니다.

이러한 독자의 경험을 위해 저자는 태블로의 시각화 패러다임부터 태블로에서 시각화를 생성하고자 알아야 할 상세 기능을 시각화 종류별로 설명한 후 실전에 옮

겨볼 수 있도록 실습 파일을 따라 하면서 여러 작동 원리를 실험해보는 과정으로 책을 구성했습니다. 따라서 저자가 제공하는 실습 파일은 모든 장에서 중요한 역할을 합니다. 실습 파일에는 실습에 필요한 데이터와 완성된 시각화 파일이 제공됩니다. 그런데 이 파일들에 포함돼 있는 데이터들이 영어이다 보니 시각화를 구현한 화면들의 데이터 부분이 영어로 보이게 됩니다. 본문 내용에서 설명이 이어지는 데이터들은 최소한 장에 한 번씩은 번역을 해서 내용을 학습하는 동안 내용이 끊어짐으로 인한 불편이 없도록 노력했습니다. 간혹 영어로 돼 있는 차원이나 측정값이 문장 안에 구성돼서 문장으로 번역해야 하는 경우 저자가 전달하고자 하는 의미를 좀 더 잘 전달하는 것에 중점을 뒀습니다.

번역 시 사용된 태블로 버전은 2020.4입니다. 태블로는 활발히 연구되고 있는 시각화 내용이나 추가되는 데이터 원본에의 연결기능을 새로운 버전에 담아 자주 출시하고 있어 많은 독자가 다양하게 사용하고 있는 태블로 버전들을 이 책을 보면서 학습할 수 있을지 확인하는 작업이 있었습니다. 앞서 언급한 것처럼 이 책은 태블로의 시각화 패러다임부터 시각화별 구현을 위한 상세 기능들을 설명하는 것에 중점을 두고 있고 최신 기능을 소개하는 목적이 아니다 보니 이전 버전인 2020.2, 2020.3 등이나 이후 최신 버전인 2021.1, 2021.2, 2021.3, 2021.4와 기본 기능이나 메뉴에서 거의 차이가 없다는 것을 확인했습니다. 다만, 2021 버전에서만 다루고 있는 최신 기능의 내용은 다루지 않고 있으니 해당 내용은 태블로 공식 사이트의 릴리스 정보(https://www.tableau.com/ko-kr/support/releases)를 참고하기 바랍니다.

태블로 기능에 대한 방대한 소개와 태블로가 데이터를 처리하는 패러다임에 관한 통찰력, 실무에서 적용하기 좋은 많은 사례를 담은 이 책이 태블로를 처음 접해보거나 좀 더 잘 활용하고자 하는 독자들의 태블로 학습 여정에 지침서가 되길 바랍니다.

마지막으로 책을 번역하는 동안 역자와 같은 마음으로 늘 응원해주셨던 부모님과 가족, 정준과 정인, 박정훈 대표님께 머리 숙여 감사의 인사를 드립니다.

에이콘출판의 기틀을 마련하신 故 정완재 선생님(1935-2004)

| 차례 |

| 들어가며 |

태블로는 의사결정을 하고 한참 후에 결과를 산출하는 투박한 보고서와 끝없이 데이터를 통합하는 프로젝트에서 멀어지게 하는 극적인 변화를 가져왔다. 태블로는 데이터와 시각적으로 상호작용하는 패러다임을 깨뜨렸다. 데이터를 직접 사용하고 모든 작업에 대해 즉각적인 시각적 피드백을 받고, 생각과 상호작용의 자연스러운 흐름에서 질문하고 통찰력을 발견하는 것이 직관적이고 쉬워졌다(그리고 재미있다!). 그 결과 태블로의 간결함과 아름다움, 데이터 작업을 재미있게 만드는 기능을 사랑하는 커뮤니티 #datafam이 계속 성장하고 있다.

태블로는 데이터를 쉽고 강력하게 보고 이해할 수 있는 방식으로 확장 및 발전하고 있다. 태블로 데이터 모델, 집합, 매개변수 작업, 지속적으로 증가하는 지리 공간 지원, 애니메이션, 새로운 대시보드 개체와 같은 새로운 기능들로 인해 어느 때보다 데이터에서 통찰력을 얻고 공유하는 것이 쉬워졌다.

태블로 프렙Tableau Prep의 지속적인 발전은 태블로 데스크톱Tableau Desktop이 데이터 시각화에 가져온 것처럼 데이터 준비와 정리에 직관적이고 즉각적인 피드백을 제공해 태블로의 분석 플랫폼 기능을 크게 확장한다. 이후 내용에서 이러한 새로운 기능을 다루고자 한다.

먼저 실제 사례로 태블로가 작동하는 방식과 이유에 대한 기본 패러다임을 이해해본다. 그런 다음 가장 어려운 데이터 문제도 해결할 수 있는 도구와 기술을 갖출 수 있도록 견고한 이해 기반을 구축할 것이다.

▌ 이 책의 대상 독자

데이터를 보고 이해해야 하는 모든 사람을 위한 책이다. 비즈니스 사용자부터 하드 코어 데이터 분석가, CEO에 이르기까지 모든 사람은 데이터에 대한 질문에 답할 수 있는 능력이 있어야 한다. 데이터에 대한 약간의 배경 지식이 있으면 도움이 되지만 스크립팅, SQL, 데이터베이스 구조를 모르는 사람도 충분히 내용을 이해할 수 있다.

태블로를 처음 시작하는 사람부터 이미 태블로에 능숙한 사람까지 이 책을 통해 태블로의 기초를 탄탄히 쌓을 수 있고, 도구를 능숙하게 사용하는 데 필요한 기술을 얻을 수 있다.

▌ 이 책에서 다루는 내용

1장, 태블로 여정의 시작에서는 태블로의 기본 원칙을 소개한다. 인터페이스에서 데이터 연결, 첫 번째 시각화, 대시보드 구축에 이르기까지 모든 것을 소개하는 논리적인 진행 과정을 통해 여러 예제를 살펴본다. 책 전반에 걸쳐 사용할 용어와 개념의 기초를 제공한다.

2장, 태블로에서 데이터에 연결에서는 몇 가지 실제 예를 사용해 데이터 연결과 관련된 기본 개념을 다룬다. 다양한 유형의 연결, 파일 유형, 클라우드 기반 및 온 프레미스 데이터베이스, 메타데이터 작업 방법을 다룬다.

3장, 기본 시각화를 넘어서에서는 1장에서 다룬 기초적인 시각화 원칙을 기반으로 여러 가지 변형과 가능성을 확장해 살펴본다. 다양한 시각화를 사용해 데이터를 분석하고 전달하는 시기와 방법을 알아본다.

4장, 계산과 매개변수에서는 계산과 매개변수를 소개하고, 주요 계산 유형에 대한 개요를 제공한 후 행 수준과 집계 계산의 자세한 예를 제공한다. 개념적 지식과 실제 사례를 함께 살펴보고, 성능 고려 사항으로 마무리한다.

5장, 세부 수준 계산의 활용에서는 세부 표현식의 수준과 이를 사용해 복잡한 데이터 문제를 해결하는 방법을 자세히 살펴본다. 개요뿐만 아니라 FIXED, INCLUDE, EXCLUDE의 사례도 자세히 살펴본다.

6장, 테이블 계산을 통한 심층 분석에서는 테이블 계산을 이해하고 사용해 광범위한 데이터 문제를 해결할 수 있는 강력한 기반을 제공한다. 범위, 방향, 주소 지정, 분할의 개념을 다루고 몇 가지 심층적인 실제 예제를 살펴본다.

7장, 멋지고 잘 작동하는 시각화 만들기에서는 태블로에서 시각화에 적용되는 기본 서식을 확장하거나 변경해 글꼴, 색상, 선, 음영, 주석, 도구 설명과 같은 옵션을 사용자 지정해 데이터 스토리를 효과적으로 전달하는 방법을 다룬다.

8장, 대시보드를 사용한 데이터 스토리 전달에서는 1장에서 소개한 개념을 전체적으로 확장해 다양한 종류의 대시보드에 대한 몇 가지 실제 예제를 살펴봄으로써 대시보드가 무엇인지, 대시보드를 구축하고 대화형으로 만들고, 이를 사용해 매력적인 데이터 스토리를 전달하는 방법을 좀 더 확실히 이해할 수 있다.

9장, 시각적 분석: 추세, 클러스터링, 분포, 예측에서는 태블로에 내장된 시각적 및 통계적 분석 기능을 소개하고 이러한 기능을 언제 어떻게 활용할지 실제 예를 제공한다. 여기에는 추세 모델 추가와 수정, 클러스터링 기능 활용, 예측 모델 사용과 수정, 데이터 분포 시각화가 포함된다. 통계 모델을 사용하는 방법을 이해할 뿐만 아니라 정확성도 평가할 수 있다.

10장, 고급 시각화에서는 이미 다룬 시각화와 기술을 바탕으로 태블로를 사용해 모든 종류의 시각화를 만드는 빙빕을 보여순다. 범프 차트에서 마리메꼬 차트, 애니메이션 시각화에 이르는 다양한 고급 시각화를 보여주는 다양한 예를 다룬다.

11장, 동적 대시보드에서는 대시보드에서 콘텐츠를 표시, 숨기기, 교체하기 등 다양한 기법을 시연해 대시보드 기술을 구축한다. 그 결과 데이터 전달 능력이 대단히 향상된 동적 사용자 경험을 제공할 수 있게 된다.

12장, 매핑과 고급 지리 공간 기능 탐색에서는 지도와 공간시각화에 관한 모든 것, 즉 지도의 기초부터 지리 공간 기능, 사용자 지정 영역 및 사용자 지정 배경 이미지에서 데이터 플로팅에 이르기까지 지도와 지리 공간 시각화에 대한 모든 것을 다룬다.

13장, 태블로 데이터 모델, 조인, 혼합에서는 태블로 2020.2에 도입된 새로운 데이터 모델 기능을 포함해 태블로에서 데이터를 연결하는 주요 방법을 살펴본다. 실제 예와 자세한 설명을 통해 논리적 계층과 물리적 계층의 차이점과 관계, 조인, 혼합을 활용해 훌륭한 분석 결과를 얻는 방법을 이해할 수 있다.

14장, 태블로에서 잘 작동할 수 있게 지저분한 데이터 구조화에서는 실제 데이터가 가끔은 엉망이 된다는 점을 인정하고 잘 구조화된 데이터를 이해하기 위한 기초와 태블로에서 잘 구조화되지 않은 데이터를 처리하기 위한 도구 세트를 제공한다.

15장, 태블로 프렙으로 데이터 길들이기에서는 전체 패러다임과 특정 기능을 포함해 태블로 프렙 빌더^{Tableau Prep Builder} 도구를 살펴본다. 확장된 실제 예제를 통해 태블로 프렙의 놀라운 데이터 정리와 구조화 기능을 활용하는 방법을 알아본다.

16장, 데이터 스토리 공유에서는 스토리를 공유할 수 있는 다양한 옵션을 살펴보고 책을 마무리한다. 인쇄에서 대화형 대시보드 공유, PDF와 이미지 출력에 이르기까지 데이터에 포함된 스토리를 가장 필요한 사람들과 공유할 준비가 된 것이다.

▌ 이 책의 활용 방법

이 책은 특정 데이터베이스 지식을 가정하지 않지만 데이터 자체에 대한 기본적인 지식을 갖추고 있다면 확실히 도움이 될 것이다. 기본 원칙을 먼저 다루고 있어 1장을 건너뛰고 싶을 수도 있지만 그렇게 하지 않길 바란다. 기본 용어를 살펴본 후에 책의 나머지 부분에서 사용될 패러다임을 탐구하는 것을 추천한다.

테블로 데스크톱^{Tableau Desktop}과 태블로 프렙 빌더^{Tableau Prep Builder}(15장 참고)를 사용해 이 책에 있는 많은 예제를 따라 할 수 있다.

대부분의 예제는 거의 모든 최신 버전의 태블로로 완료할 수 있지만 새로운 데이터 모델 기능을 완전히 탐색하려면 태블로 2020.2 이상이 필요하다.

다음 링크를 사용해 태블로에서 최신 버전을 다운로드하고 설치할 수 있다.

태블로 데스크톱: https://www.tableau.com/products/desktop/download

태블로 프렙 빌더: https://www.tableau.com/products/prep/download

특정 라이선스 정보는 태블로 담당자에게 문의하기 바란다. 라이선스가 없는 경우 대부분 각 제품의 14일 평가판을 설치할 수 있다.

라이선스 조건에 따라 태블로는 일반적으로 두 대의 컴퓨터에서 라이선스를 사용할 수 있다. 즉, 사무실(아마도 이전 버전일 수도 있음)에 태블로를 설치했더라도 가정용 컴퓨터에 최신 버전을 설치할 수도 있다. 라이선스 계약을 확인하고 태블로 담당자에게 문의해 사례의 세부 정보를 확인하기 바란다.

예제 코드 다운로드

http://www.packtpub.com/support를 방문해 이메일을 등록하면 예제 코드를 받을 수 있으며, 이 링크를 통해 원서의 Errata도 확인할 수 있다.

또한 깃허브 https://github.com/PacktPublishing/Learning-tableau-2020에서도 예제 코드를 다운로드할 수 있으며 에이콘출판사의 도서 정보 페이지인 https://github.com/AcornPublishing/learning-tableau에서도 동일한 예제 코드를 다운로드할 수 있다.

컬러 이미지 다운로드

이 책에서 사용하는 스크린샷/다이어그램의 컬러 이미지를 포함하고 있는 PDF 파일을 제공한다. 이 파일은 https://static.packt-cdn.com/downloads/ 9781800200364_ColorImages.pdf에서 다운로드할 수 있다.

▌편집 규약

이 책에서는 몇 가지 유형의 텍스트가 사용된다.

텍스트 안의 코드: 텍스트 내에 코드가 포함된 유형으로, 데이터베이스 테이블 이름, 사용자 입력의 코드 단어 등이 이에 포함된다. 예를 들어 다음과 같다.

"Hospital Visits.xlsx에 연결하고 추출을 생성한다."

코드 블록은 다음과 같이 표시한다.

```
IF LEFT([Room], 1) = "1"
THEN "First Floor"
ELSEIF LEFT([Room], 1) = "2"
THEN "Second Floor"
END
```

새로운 용어와 중요한 단어는 고딕체로 표시한다. 예를 들어 다음과 같다.

"분석 메뉴에서 테이블 레이아웃 ▶ 고급을 선택한다."

 중요한 노트는 이와 같이 나타낸다.

❚ 독자 의견

저작권 침해: 어떤 형태로든 불법 복제물을 인터넷에서 발견한다면 적절한 조치를 취할 수 있도록 해당 주소나 사이트명을 알려주길 바란다. 의심되는 불법 복제물의 링크는 copyright@packtpub.com으로 보내주길 바란다.

오탈자: 내용의 정확성을 위해 모든 노력을 기울였음에도 오류가 있을 수 있다. 이 책에서 잘못된 것을 발견하고 전달해준다면 매우 감사할 것이다. http://www.packtpub.com/submit-errata에서 해당 책을 선택하고 Errata Submission Form 링크를 클릭한 다음 발견한 오류 내용을 입력하면 된다. 한국어판의 정오표는 에이콘출판사의 도서정보 페이지 http://github.com/AcornPublishing/learning-tableau에서 볼 수 있다.

문의: 이 책과 관련해 질문이 있다면 questions@packtpub.com으로 문의하길 바란다. 한국어판에 관한 질문은 에이콘출판사 편집 팀(editor@acornpub.co.kr)이나 옮긴이의 이메일로 문의하길 바란다.

▌각 장별로 사용하는 데이터 세트와 데이터 항목

각 장에서 주로 사용하는 데이터 세트의 필드들은 본문에서의 사용 편의를 위해 다음과 같이 표기한다.

1장

데이터 세트	필드명	필드별 포함 데이터	필드명(한글)	필드별 포함 데이터(한글)
Superstore.csv (슈퍼스토어 데이터)	Category	Telephones and Communications	카테고리	전화 및 통신
	Department	Furniture, Office Supplies, Technology	부서 가구, 사무 지원, 기술	
	Order		주문	
	Order Date		주문 날짜	
	Postal Code		우편번호	
	Profit		수익	
	Region	Central, East, South, West	지역	중부, 동부, 남부, 서부
	Sales		매출	
	State	California	주	

2장

데이터 세트	필드명	필드별 포함 데이터	필드명(한글)	필드별 포함 데이터(한글)
Superstore.csv (슈퍼스토어 데이터)	Category	Office Machines	카테고리	사무 기계
	Department	Furniture, Office Supplies, Technology	부서	가구, 사무 지원, 기술
	Order Date		주문 날짜	
	Profit		수익	
	Region	Central, East, South, West	지역	중부, 동부, 남부, 서부
	Return Reason		반품 사유	
	Returns		반품	
	Sales		매출	
	State		주	

3장

데이터 세트	필드명	필드별 포함 데이터	필드명(한글)	필드별 포함 데이터(한글)
Hospital.csv (병원 데이터)	Department	ER, ICU, Cardiology, Microbiology Nutrition, Neonatal	부서	응급실, 집중 치료실, 심장과, 미생물학과, 영양학과, 신생아 부서

(이어짐)

데이터 세트	필드명	필드별 포함 데이터	필드명(한글)	필드별 포함 데이터(한글)
Hospital Goal.csv (병원의 수익 목표 데이터)	Date of Admit	입원 날짜		
	Date of Discharge	퇴원 날짜		
	Department Type	Specialty, Lab, Intensive Care	부서 유형	전문 부서, 실험실, 집중 치료실
	Doctor		의사	
	Goal		목표	
	Hospital Branch	Central, East, South	병원 지점	중부, 동부, 남부
	Minutes to Service		서비스 소요 시간	
	Number of Patient Visits		환자 방문수	
	Patient Name		환자 이름	
	Patient Risk Profile		환자 위험 분류표	
	Revenue		수익	
새 계산된 필드	Goal Met?		목표 달성 여부	
	Days in the Hospital		병원에 머문 기간	

4장

데이터 세트	필드명	필드별 포함 데이터	필드명(한글)	필드별 포함 데이터(한글)
Vacation Rentals.csv (휴가 임대 데이터)	Rental Property		휴가용 임대 부동산	
	First		임차인의 이름	
	Last		임차인의 성	
	Start		임차 시작일	
	End		임차 종료일	
	Discount		할인 금액	
	Rent		임대료	
	Tax per Night		1박당 세금	
	Discount		할인 금액	
	Revenue per Guest		게스트당 수익	
새 계산된 필드	Full Name		이름	
	Room		방 번호	
	Building		빌딩 이름	
	Floor		층	
	Discount %		할인율	
	Discount % (row level)		할인율(행 수준)	
	Start Date		임차 시작 날짜	
	End Date		임차 종료 날짜	
	Nights Rented		숙박 일수	
매개변수	Free Night		무료 숙박일	

데이터 세트	필드명	필드별 포함 데이터	필드명(한글)	필드별 포함 데이터(한글)
Loan.csv (대출 데이터)	Credit Score		신용 점수	
	Customer		고객	
	Loan Number		대출 번호	
	Loan Type		대출 유형	
	Member ID		멤버 ID	
	State	North Dakota	주	노스다코타
	Year		연도	
새 계산된 필드	Latest Date per Member/Loan		회원의 대출별 최근 날짜	
	Member Ever at Risk		신용 위험 상태인 회원	
	Membership Level		멤버십 등급	
	Number of Loans per Member		회원별 대출 수	
	Overall Average Number of Orders		전체 평균 주문 수	

6장

6장에서 주로 사용하는 데이터 세트는 1장과 2장에서 사용한 Superstore 데이터다.

데이터 세트	필드명	필드별 포함 데이터	필드명(한글)	필드별 포함 데이터(한글)
Superstore.csv (슈퍼스토어 데이터)				
새 계산된 필드	Department(table calc filter)		부서(테이블 계산 필터)	

7장

7장에서 주로 사용하는 데이터 세트는 1장과 2장에서 사용한 Superstore 데이터다.

데이터 세트	필드명	필드별 포함 데이터	필드명(한글)	필드별 포함 데이터(한글)
Superstore.csv (슈퍼스토어 데이터)	Item		아이템	

8장

데이터 세트	필드명	필드별 포함 데이터	필드명(한글)	필드별 포함 데이터(한글)
Superstore.csv (슈피스도어 데이터)				
새 계산된 필드	Profit Ratio		이익률	
매개변수	Profit Ratio KPI Target		이익률 KPI 목표	

9장

데이터 세트	필드명	필드별 포함 데이터	필드명(한글)	필드별 포함 데이터(한글)
World Population.xlsx (세계 인구 데이터)	Country Name	Afghanistan, Australia	나라이름	아프가니스탄, 호주
	Population		인구수	
Real Estate.csv (부동산 데이터)	Address		주소	
	Los Price & Size		저가 가격 & 크기	
	Mid Range		중급 가격 & 크기	
	Price		가격	
	Size(Sq Fit)		평방 스퀘어	
	Type of Sale		판매 유형	

10장

데이터 세트	필드명	필드별 포함 데이터	필드명(한글)	필드별 포함 데이터(한글)
Superstore.csv (슈퍼스토어 데이터)				
새 계산된 필드	Last Sales		최종 판매 값	
	Last Shipping		배송 지연	
	Max Sales		최대 판매 값	
	Min Sales		최소 판매 값	
	Sales for Region		지역별 판매 금액	

11장

데이터 세트	필드명	필드별 포함 데이터	필드명(한글)	필드별 포함 데이터(한글)
Superstore.csv (슈퍼스토어 데이터)				
매개변수	Show Sheet		시트 표시	

12장

데이터 세트	필드명	필드별 포함 데이터	필드명(한글)	필드별 포함 데이터(한글)
Real Estate.csv				
Hospital and Patients				
계산된 필드	Hospital Latitude		병원 위도	
	Hospital Longitude		병원 경도	
	Line		선	
	Distance to the Hospital		병원까지의 거리	
	Hospital Radius		병원 반경	

13장

데이터 세트	필드명	필드별 포함 데이터	필드명(한글)	필드별 포함 데이터(한글)
Hospital Visits.xlsx (병원 방문 데이터)				
Hospital Visit (병원 방문 기록 데이터)	Visit ID		방문 ID	
	Patient ID		환자 ID	
	Admit Date		입원 날짜	
	Primary Diagnosis		주요 진단명	
	Admit Type		입원 유형	
	Location		위치	
	Minutes to Service		서비스 소요 시간	
	Discharge Details ID		퇴원 상세 정보 ID	
	Primary Physician ID		주치의 ID	
Patient (환자 정보 데이터)	Patient ID		환자 ID	
	Name		이름	
	Birthday		생년월일	
	M or F		성별	
	Age at Most Recent Admit		최근 입원 시 연령	

(이어짐)

36

데이터 세트	필드명	필드별 포함 데이터	필드명(한글)	필드별 포함 데이터(한글)
Discharge Details (퇴원 상세 정보 데이터)	Discharge Details ID		퇴원 상세정보 ID	
	Discharge Date		퇴원 날짜	
	Disposition		퇴원 상태 및 퇴원 후 어디로 갔는지에 관한 정보	
	How did the patient feel about care?(1-10)		환자는 치료에 대해 어떻게 느꼈는가?(1-10)	
Primary Physician (주치의 데이터)	Primary Physician ID		주치의 ID	
	Doctor First Name		의사 이름 - 이름	
	Doctor Last Name		의사 이름 - 성	
	Specialty		전공 분야	
	Years in Practice		연차	
Patient & Doctor Interaction	Doctor Name		의사 이름	
	Note		메모	
Location Goal.txt (위치별 목표)	Location	Main Hospital, Intensive Care	위치	병원 본원, 집중 치료
	Avg. Minutes to Service Goal		평균 서비스 소요 시간 목표	

14장

데이터 세트	필드명	필드별 포함 데이터	필드명(한글)	필드별 포함 데이터(한글)
Hospital Visits.xlsx (병원 방문 데이터)				
World Population.xlsx (세계 인구 데이터)				
Apartment Rent.xls (아파트 임대 데이터)	Rent Collected		징수된 임대료	
	Square Feet		평방피트	
계산된 필드	Square Feet per Apartment		아파트별 평방피트	
	Rent Collected per Square Foot		평방피트별 징수된 임대료	
임시 정의 데이터	Average GPA for the classroom		교실의 평균 GPA	
	Number of Students		학급의 학생 수	
	Average GPA of the school		학교의 평균 GPA	
	Number of Students(School)		학급의 학생 수(학교 단위)	
임시 정의 데이터 2	Name		이름	
	Occupation		직업	
	Bank account balance		은행 계좌 잔고	

15장

데이터 세트	필드명	필드별 포함 데이터	필드명(한글)	필드별 포함 데이터(한글)
Employee Flights	Ticket Type		티켓 유형	
Employee Flights Table 1				
Southwest YYYY.csv	Passenger Email		승객 이메일	
	Airline	American Airlines	항공사	아메리카 에어라인
	Fare Type		티켓 유형	
	Passenger ID		승객 ID	
	Route		경로	
	Travel Insurance		여행 보험	
계산된 필드	Days from Purchase to Travel		티켓 구매에서 여행까지 소요된 일자 수	
	Frequency Segment		빈도별 유형	
	Trips per Person		승객당 여행 횟수	
US Airport.hyper	Airport Code		공항 코드	
	Airport Name		공항 이름	
	Latitude		위도	
	Longitude		경도	

태블로 여정의 시작

태블로^{Tableau}는 데이터를 기반으로 관찰하고 이해하고 중요한 결정을 내릴 수 있게 해주는 놀라운 플랫폼이다. 태블로가 있다면 데이터 발견, 분석, 스토리텔링 작업을 훌륭하게 해낼 수 있을 것이다. 생각과 작업의 흐름이 자연스럽고 원활할 수 있게 설계된 인터페이스를 사용해 시각적인 데이터 작업과 분석 목표를 달성할 수 있게 된다.

태블로의 기능을 활용하고자 복잡한 스크립트나 쿼리를 작성할 필요가 없다. 대신 시각적 환경 안에 포함돼 있는 데이터와 상호작용하게 된다. 이런 시각적 환경은 우리가 드래그앤드롭해서 끌어다 둔 것으로, 필요한 쿼리들을 변환해 시각적으로 표시한다. 태블로는 실시간으로 작업할 수 있기 때문에 결과를 즉시 확인할 수 있다. 또한 질문에 대해 답변을 빠르게 획득할 수 있어 데이터 시각화의 여러 가지 방법을 반복해보고 이야기의 숨은 조각이나 통찰력을 찾는 데 유용하다.

1장에서는 태블로의 기본 원칙을 소개한다. 데이터에 연결하고 시각적으로 데이터를 탐색 분석하고, 마지막으로 모든 것을 완전한 대화형 대시보드에 통합하는 기본 사항을 소개하는 일련의 예제를 살펴본다. 이러한 개념은 다음 장들에서 훨씬 더 광범위하게 소개할 것이다. 그러나 여기서는 다음과 같은 주요 용어와 개념을 소개하므로 1장을 건너뛰지 않기 바란다.

- 데이터에 연결
- 시각화 구축을 위한 기초
- 막대 차트 생성
- 라인 차트 생성
- 지리적 시각화 생성
- 표현 방식의 사용
- 모든 것을 대시보드에 통합

데이터를 태블로에 연결하는 방법부터 살펴보자.

▍데이터에 연결

태블로는 다양한 형식의 파일과 데이터베이스에 연결한다. 엑셀 문서, 공간 파일 shapefile, 텍스트 파일과 같은 플랫 파일, SQL 서버, 오라클과 같은 관계형 데이터베이스, 스노우플레이크Snowflake 및 아마존 레드시프트Amazon Redshift와 같은 클라우드 기반의 데이터 원본, 마이크로소프트 SQL 서버Microsoft SQL Server 분석 서비스와 같은 OLAPOnline Analytical Processing(온라인 분석 처리) 데이터 원본이 여기에 포함된다. 사용하는 데이터 원본에 관계없이 분석과 시각화 생성 프로세스는 대부분 동일하다.

이외에도 이 책 전반에 걸쳐 데이터 연결과 관련 주제를 광범위하게 다룰 것이다. 예를 들면 다음과 같다.

- 2장, 다양한 유형의 데이터 원본에 연결하기
- 13장, 조인, 혼합, 개체 모델 연결 사용하기
- 14장, 잘 작동하는 데이터의 구조와 지저분한 데이터의 처리 방법 이해하기
- 15장, 데이터 심층 분석을 위해 태블로 프렙^{Tableau Prep}의 기능과 유연성을 활용해 데이터를 정리하고 구성하기

1장에서는 태블로와 함께 제공되는 샘플 데이터 세트 중 하나로 파생시킨 텍스트 파일 Suprerstore.csv에 연결한다. superstore는 미국 전역의 고객에게 다양한 제품을 판매하는 가상의 소매체인이며, 이 파일은 모든 주문에 대해 고객, 위치, 품목, 판매 금액, 수익에 대한 세부 정보가 포함돼 있는 레코드로 구성돼 있다.

 분석 결과에 약간 차이가 있으므로 태블로의 샘플 데이터에서 제공하는 superstore 대신 이 책에서 제공하는 Superstore.csv 파일을 사용하자.

번들 코드 파일에 포함돼 있는 Chapter 1 통합 문서는 이미 파일에 연결돼 있다. 그러나 이번 예에서는 새 통합 문서에서 데이터 연결을 만들어보자.

1. 태블로를 연다. 왼쪽에 연결 옵션 목록이 있는 홈 화면이 표시되고 가능한 경우 중앙에는 최근에 편집한 통합 문서의 축소판 미리 보기가 하단의 샘플 통합 문서와 함께 표시된다.
2. 연결 아래에 있는 **파일에 연결**에서 **텍스트 파일**을 클릭한다.
3. 열기 대화상자에서 \Learning Tableau\Chapter 01 디렉터리에 있는 Superstore.csv 파일을 선택한다.

이제 데이터 원본에 대한 연결을 시각적으로 만들 수 있는 데이터 연결 화면을 볼 수 있을 것이다. 2장의 '데이터에 연결' 절에서 이 화면의 기능들을 자세히 살펴볼 것이다. 태블로는 연결된 데이터에 관한 파일 미리 보기를 제공한다.

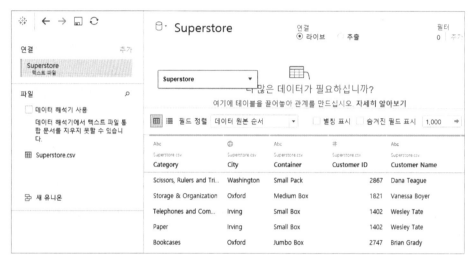

그림 1.1: 데이터 연결 화면에서 자신의 데이터에 연결을 생성할 수 있다.

이 연결에서 다른 구성을 더할 필요 없이 아래쪽의 **시트1** 탭을 클릭하기만 하면 데이터 시각화가 시작된다. 이제 태블로에 다음과 같은 기본 작업 영역이 만들어진 것을 볼 수 있다.

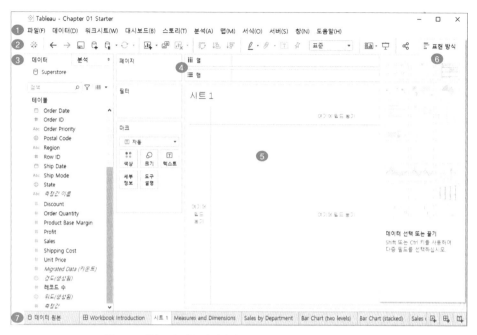

그림 1.2: 태블로의 기본 인터페이스 요소, 번호는 아래의 설명 참고용

책 전반에 걸쳐 특정 용어들을 마주하게 될 것이므로 잠시 시간을 내어 앞의 화면에서 번호가 매겨진 다양한 구성 요소에 사용되는 용어를 숙지하자.

❶ 메뉴에는 다양한 기능을 수행하기 위한 메뉴 항목이 포함돼 있다.

❷ 도구 모음에서는 실행 취소, 다시 실행, 저장, 데이터 원본 추가 등과 같은 일반적인 기능을 사용할 수 있다.

❸ 데이터 패널은 데이터 탭을 선택하면 활성화되는데, 선택한 데이터 원본의 모든 테이블과 필드를 나열한다. 분석 패널은 분석 패널을 선택하면 활성화되는데, 시각적 분석으로 시각화를 보충할 수 있는 옵션을 제공한다.

❹ 페이지, 열, 행, 필터와 같은 다양한 선반들은 데이터를 끌어다 놓을 수 있는 영역이다. 마크 카드는 색상, 크기, 텍스트, 세부 정보, 도구 설명과 같은 추가 선반들을 포함하고 있다. 태블로는 이 선반들에 놓은 필드를 기반으로 데이터를 시각화한다.

데이터 패널의 데이터 필드는 뷰에 추가할 수 있다. 태블로가 시각화를 그리는 방식에서는 선반에 끌어다 둔 필드가 활성화 역할을 하기 때문에 이들을 인더뷰 또는 활성 필드라고 부른다.

⑤ 캔버스 또는 뷰는 태블로가 데이터 시각화를 그리는 위치다. 선반에 필드를 떨어뜨리기도 하고 뷰에 직접 필드를 놓을 수도 있다. 제목은 캔버스의 상단에 있다. 기본적으로 제목은 시트의 이름을 표시하지만 편집하거나 숨길 수도 있다.

⑥ 표현 방식은 관심 있는 데이터 필드를 기반으로 다양한 유형의 시각화를 빠르게 반복할 수 있는 기능이다. 이 장의 뒷부분에서 표현 방식을 살펴볼 것이다.

⑦ 창 하단의 탭은 데이터 원본을 편집하고 원하는 만큼의 시트, 대시보드 또는 스토리를 탐색하고 추가할 수 있는 옵션을 제공한다. 모든 탭(시트, 대시보드 또는 스토리)은 일반적으로 시트로 참조된다.

 태블로 통합 문서는 데이터 원본, 시트, 대시보드, 스토리의 모음이다. 이 모든 것이 하나의 태블로 통합 문서 파일(.twb 또는 .twbx)로 저장될 수 있다. 통합 문서는 다음과 같은 다양한 유형의 탭 모음으로 구성된다.

- 시트는 막대 차트 또는 선 그래프와 같은 단일 데이터 시각화다. 시트는 모든 탭에 관한 일반적인 용어이기도 한데, 시트는 데이터의 단일 보기로 뷰라고도 한다.
- 대시보드는 청중에게 메시지를 전달하고자 결합된 관련 뷰와 기타 요소(예, 텍스트 또는 이미지)의 표현을 말한다. 대시보드는 대화형으로 설계되기도 한다.
- 스토리는 데이터에서 이야기를 전달할 수 있게 배열된 대시보드 또는 단일 뷰의 모음이다. 스토리는 상호작용할 수도 있다.

화면 하단에 몇 가지 다른 항목이 있다. 작업할 때 왼쪽 하단에 상태 표시줄이 표시되는데, 여기에는 뷰, 선택 항목, 사용자에 대한 중요한 정보와 세부 정보가 표시될 것이다. 오른쪽 하단의 다양한 컨트롤을 사용하면 시트, 대시보드, 스토리 사이를 탐색할 수 있을 뿐만 아니라 슬라이드 뷰 보기로 탭을 볼 수도 있다. 또한 통합 문서에 있는 모든 시트의 대화형 썸네일을 표시하는 시트 정렬기로 전환할 수 있다.

이제 텍스트 파일의 데이터에 연결했으면 데이터 시각화의 기초가 될 몇 가지 예를 살펴보면서 기본 시각화 유형을 구축하는 단계로 넘어갈 것이다. 이 단계를 위해 다음 작업을 수행하자.

1. 메뉴에서 파일 ▸ 끝내기를 선택한다.
2. 변경 사항을 저장하라는 메시지가 표시되면 아니요를 선택한다.
3. \learning Tableau\Chapter 01 디렉터리에서 Chapter 01 Starter.twbx 파일을 연다. 이 파일은 Superstore 데이터 파일에 대한 연결을 포함하고 있고 이번 장의 예제들을 경험하는 데 도움이 되도록 설계돼 있다.

 각 장의 파일들은 이 책의 예제들을 작업해볼 수 있는 Starter 통합 문서를 포함하고 있다. 언제라도 완성된 예제를 보고 싶을 때는 각 장의 Complete 통합 문서를 열어보기 바란다.

데이터에 연결되면 시각화와 분석을 시작할 준비가 된 것이다. 이제 소매체인의 분석가 역할을 맡았다고 가정해보자. 데이터에 대해 질문하고 답할 수 있는 시각화를 구축한 후 궁극적으로 결과를 공유할 대시보드를 설계한다. 태블로가 데이터를 시각화하는 방법을 이해하려면 몇 가지 기초에 관해 알아보는 것부터 시작해보자.

▌시각화 구축의 기초

Superstore 파일과 같은 데이터 원본에 처음 연결할 때 태블로는 데이터 패널에서 데이터 연결과 필드를 표시한다. 데이터 패널에서 캔버스 영역 또는 행, 열, 색상, 크기와 같은 다양한 선반으로 필드를 끌어올 수 있다. 앞으로 보게 되겠지만 필드의 배치로 필드 유형에 따라 데이터 인코딩이 달라진다.

측정값과 차원

데이터 원본의 필드는 데이터 패널에 표시되며 측정값과 차원으로 나뉘진다. 태블로의 이전 버전에서는 데이터 패널에서 이 두 가지가 분리됐는데, 최신 버전에서는 각 테이블의 측정값과 차원이 선으로 구분된다.

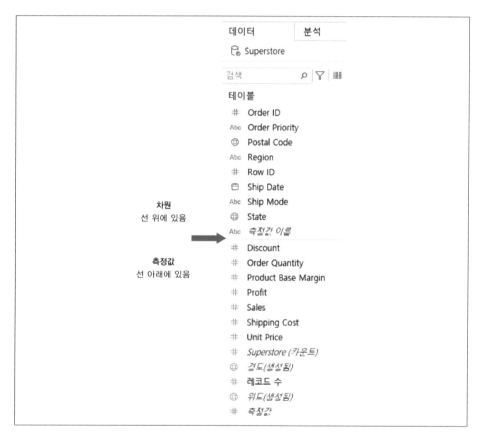

그림 1.3: 각 테이블에는 선 위에 차원이 나열되고
선 아래에 측정값이 나열돼 있다(이 데이터 원본에는 테이블이 하나만 있음).

측정값과 차원의 차이점은 태블로를 사용할 때 이해해야 할 기본 개념이다.

* 측정값은 집계된 값이다. 예를 들어 더하고, 평균을 내고, 개수를 세어서 최대값이나 최소값으로 결과를 낸 값이다.

- 차원은 측정값이 집계되는 세부 수준을 결정하는 값이다. 측정값을 분할하거나 측정값이 맞는 그룹을 만드는 것으로 생각할 수 있다. 뷰에 사용된 차원의 조합은 뷰의 기본적인 세부 수준을 정의한다.

예를 들어(Chapter 01 Starter 파일의 Measures and Dimensions 통합 문서 참고) Superstore 연결에서 Region과 Sales 필드를 사용해 생성된 뷰를 살펴보자.

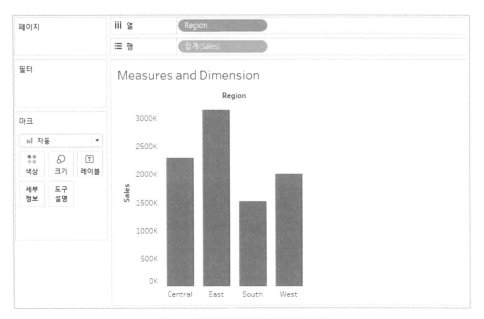

그림 1.4: 측정값과 차원을 사용한 막대 차트

이 뷰에서 Sales 필드는 측정값으로 사용된다. 구체적으로는 합계로 집계된다. 뷰에서 측정값이 필드로 사용될 때 집계의 유형들이(예를 들면 합계, 최소값, 최대값, 평균과 같은) 활성 필드에 표시된다. 앞의 예에서 행에 있는 활성 필드는 Sales에 대한 합게 집세 합계(Sales)를 나타낸다.

Region 필드는 각 레코드에 대해 네 개의 값 Central, East, South, West 중 하나를 갖는 차원이다. 뷰에서 필드가 하나의 차원으로 사용되면 차원이 측정값을 자르게 된다. 그러면 이전의 뷰는 총 매출을 대신해서 각 지역별 매출의 합을 보여주게 된다.

불연속형 필드와 연속형 필드

필드의 또 다른 중요한 차이점 중 하나는 필드가 불연속형인지 연속형인지 여부다. 필드의 불연속형 혹은 연속형 여부와 이들이 뷰에서 사용되는 위치에 따라 태블로는 시각화하는 방식을 다르게 한다. 태블로는 필드의 기본값(데이터 패널 안에서는 아이콘 색상으로)과 뷰에서 사용되는 방식(선반에서는 활성 필드의 색상으로)을 시각적으로 표시한다. 앞의 예에서 봤던 Region과 같은 불연속형 필드는 파란색이며 Sales와 같은 연속형 필드는 녹색이다.

 태블로를 사용해가면서 인터페이스에 주의를 기울여보면 불연속형 필드(파란색)와 연속형 필드(녹색) 사이에 약간의 음영 차이를 볼 수 있었을 것이다. 이런 경우 팩트출판사에서 컬러 이미지 팩을 다운로드할 수 있다.

https://static.packt-cdn.com/downloads/9781800200364_ColorImages.pdf

불연속형 필드

불연속형 필드(파란색)에는 서로 구분되고 분리된 것으로 표시되는 값들이 있다. 이산 값은 재정렬될 수 있으며 그런 경우에도 여전히 의미를 가질 수 있다. 예를 들면 그림 1.4에서 볼 수 있는 것처럼 Region의 값을 기본적인 정렬 순서 대신 East, South, West, Central로 쉽게 재정렬할 수 있다.

행 또는 열 선반에서 불연속형 필드가 사용되는 경우 필드는 머리글을 정의한다. 여기에서 불연속형 필드 Region은 열 머리글을 정의한다.

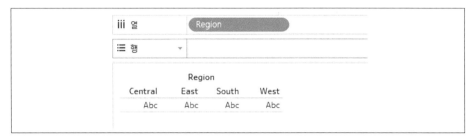

그림 1.5: 열 선반에 있는 불연속형 필드는 열 머리글을 정의한다.

이런 방식으로 행의 머리글을 정의할 수도 있다.

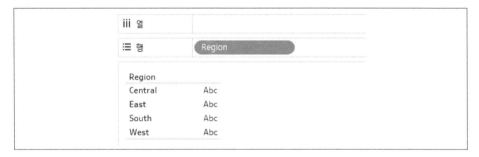

그림 1.6: 행 선반에 있는 불연속형 필드는 행 머리글을 정의한다.

색상을 사용하면 불연속형 필드는 필드의 고유값 각각에 색상 팔레트에서 개별 색을 사용해 정의할 수 있다.

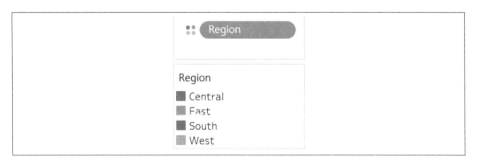

그림 1.7: 색상 선반에 있는 불연속형 필드는 개별 색상 팔레트를 정의한다.

연속형 필드

연속형 필드(녹색)는 처음부터 끝까지 연속적으로 흐르는 값이다. 숫자와 날짜 필드는(항상은 아니지만) 뷰에서 연속형 필드로 사용한다. 연속형 필드는 값의 순서를 변경하는 것이 별로 의미가 없다. 행이나 열에서 사용하는 연속형 필드는 축을 정의한다.

그림 1.8: 열(또는 행)의 연속 필드는 축을 정의한다.

연속형 필드를 색상에 사용하는 경우 그래디언트를 정의한다.

그림 1.9: 색상 선반에서 사용되는 연속형 필드는 그래디언트 색상 팔레트를 정의한다.

연속형과 불연속형의 개념 차이는 측정값과 차원 간의 개념 차이와는 다르다는 것에 유의해야 한다. 대부분의 차원은 기본적으로 불연속형이고 대부분의 측정값은 기본적으로 연속형이지만 다음과 같이 뷰에서 측정값을 불연속형 필드로 사용하고 일부 차원을 연속형 필드로 사용할 수 있다.

그림 1.10: 측정값과 차원은 불연속형이거나 연속형일 수 있다.

필드의 기본값을 변경하려면 데이터 패널에서 필드를 마우스 오른쪽 단추로 클릭하고 **불연속형으로 변환** 또는 **연속형으로 변환**을 선택한다.

뷰에서 필드가 사용되는 방식을 변경하려면 뷰에서 필드를 마우스 오른쪽 단추로 클릭하고 **불연속형** 또는 **연속형**을 선택한다. 또는 데이터 패널에서 **차원**과 **측정값** 사이에 필드를 드래그앤드롭할 수도 있다.

일반적으로 다음과 같이 필드 유형 간의 차이점을 생각할 수 있다.

- 차원과 측정값 중에서 선택하면 태블로가 데이터를 분할하거나 집계하는 방법을 알려준다.
- 불연속형 또는 연속형 중에서 선택하면 태블로가 머리글이나 축과 함께 데이터를 표시하는 방법을 알려주고 개별 색상 또는 그라데이션을 정의한다.

이 책의 예제를 통해 작업할 때 시각화를 만드는 데 사용하는 필드가 차원인지 측정값인지, 불연속형인지 연속형인지 주의를 기울여야 한다. 뷰에서 필드를 연속형에서 불연속형으로 변경해보거나 반대로 해보는 실험을 해가면서 시각화의 차이점을 이해할 수 있을 것이다. 이런 이해가 됐다면 이제 데이터 시각화에 적용해보자.

▌ 데이터 시각화

데이터 원본에 대한 새로운 연결은 탐색과 발견에 관한 초대라고 할 수 있다. 가끔은 잘 정의된 질문과 기대하는 내용에 대한 강력한 느낌을 갖고 데이터에 다가갈 수도 있다. 그렇지만 대부분의 경우 일반적인 질문을 하게 되고 무엇을 찾을지에 대한 아이디어는 거의 없는 채로 데이터에 다가가게 된다. 이럴 때에도 태블로의 시각적 분석 기능을 사용하면 빠르게 반복적으로 데이터를 탐색할 수 있고, 새로운 질문을 하고 새로운 발견을 할 수 있다.

다음의 시각화 예에서는 가장 기본적인 시각화 유형 몇 가지를 다룰 것이다. 예제를 통해 작업할 때 목표는 단순히 특정 차트를 만드는 방법을 배우는 것이 아니라는 점을 명심하자. 오히려 예제는 데이터에 대한 질문을 하고 시각화를 반복함으로써 답변을 얻는 과정을 통해 생각하는 데 도움이 되도록 설계됐다. 태블로는 이러한 프로세스가 직관적이며 빠르고 투명하다.

 특정 차트 유형을 만드는 단계를 기억하는 것보다 더 중요한 것은 태블로를 사용해 차트를 만드는 방법과 이유를 이해함으로써 새로운 질문이 주어졌을 때 새로운 통찰력을 얻고자 시각화를 생성하거나 조정할 수 있는 것이다.

막대 차트

막대 차트[Bar chart]는 다양한 카테고리의 값을 쉽게 비교할 수 있는 방식으로 데이터를 시각적으로 표현한다. 이 차트는 막대의 길이가 데이터를 시각적으로 이해할 수 있게 해주는 주요 수단이다. 다른 속성이나 값을 전달하고자 색상, 크기, 막대, 순서를 조정할 수도 있다.

태블로에서 막대 차트를 만드는 것은 아주 쉽다. 보려는 측정값을 행이나 **열** 선반에 범주를 정의하는 차원을 반대쪽 행이나 **열** 선반으로 끌어다 놓기만 하면 된다.

Superstore의 분석가는 매출(특히 매출의 달러 가치)에 초점을 맞춰 발견 과정을 시작할 준비가 됐다. 예제를 따라가면서 Chapter 01 Starter 통합 문서의 시트를 살펴보자. Chapter 01 Complete 통합 문서에는 언제나 여러분의 결과와 비교할 수 있는 예제의 완성본이 포함돼 있다.

1. Sales by Department 탭을 클릭한다.
2. 데이터 패널의 **측정값**에서 Sales 필드를 **열** 선반으로 드래그앤드롭한다. 이제 데이터 원본 내의 모든 데이터에 대해 매출의 합계를 나타내는 하나의 막대로 구성된 막대 차트가 보인다.
3. 데이터 패널의 **차원**에서 **행** 선반으로 Department 필드를 드래그앤드롭한다. 이렇게 하면 데이터를 분할해 각 부서의 매출 합계에 해당하는 길이를 가진 세 개의 막대가 생성된다.

그림 1.11: 이전 단계를 완료하면 Sales by Department 뷰는 그림과 같아야 한다.

이제 가로 막대 차트가 생겼다. 이 차트로 부서 간 매출을 쉽게 비교할 수 있다. 마크 카드의 유형 드롭다운 메뉴는 **자동**으로 설정돼 있으며 사용자가 뷰에 배치한 필드를 고려해서 태블로가 최적의 시각화를 결정해 표현한다. 차원인 Department 가 데이터를 분할한다. 불연속형이므로 데이터에서 각 부서에 대한 행의 머리글을 정의한다. 측정값으로는 집계된 Sales 필드가 사용됐다. 연속형이므로 이 필드는 축을 정의한다. 막대의 마크 유형은 각 부서의 개별 막대가 0에서부터 해당 부서의 매출 합계까지 그려지게 한다.

일반적으로 태블로는 뷰의 모든 차원 값의 조합에 대해 마크(막대, 원, 사각형과 같은)를 그린다. 이 간단한 경우에서 볼 수 있듯이 태블로는 Department의 각 차원 값들에 대해(Furniture, Office Supplies, Technology) 단일 막대를 그리고 있다. 마크의 유형은 마크 카드의 드롭다운 메뉴 안에서 바꿀 수 있다. 뷰 안에 사용된 마크의 개수는 왼쪽 하단의 상태 막대에서 확인할 수 있다.

태블로는 여러 가지 방식으로 여러 가지 마크를 그린다. 예를 들어 막대는 0부터 축을 따라 그려진다(혹은 누적 막대의 경우 이전 막대의 끝을 따라). 축 정의 필드 값으로 정의한 위치에 원과 기타 모양이 그려진다. 잠시 시간을 내어 마크 카드의 드롭다운 메뉴에서 여러 가지 유형의 마크를 선택해보자. 태블로에서 다양한 마크 유형을 그리는 방법을 확실하게 파악하면 도구를 익히는 데 도움이 된다.

막대 차트 반복 그리기를 통한 심층 분석

앞의 막대 차트를 사용하면 Technology 부서가 Furniture 부서나 Office Supplies 부서보다 총 매출이 더 많다는 것을 쉽게 알 수 있다. 여러 지역의 부서 간 매출 규모에 대해 좀 더 이해하고 싶다면 다음의 두 단계를 따라 해보자.

1. Bar Chart(two levels) 시트로 가면 이전에 만든 것과 동일한 초기 상태 뷰를 볼 수 있다.
2. 데이터 패널의 차원에서 Region 필드를 행 선반에 드래그앤드롭하고 이미 뷰에 포함돼 있던 Department 필드의 왼쪽에 둔다.

이제 뷰는 다음과 같이 보일 것이다.

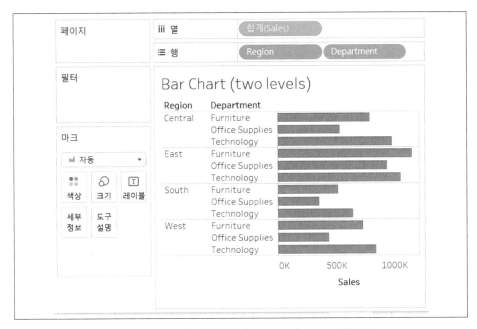

그림 1.12: 이전 단계를 완료한 후 Bar Chart(two levels)의 모습

여전히 가로 막대 차트를 갖고 있지만 매출의 합계를 좀 더 잘라서 뷰 내의 상세 수준을 바꾸는 Region을 또 하나의 차원으로 소개했다. Department 앞에 Region을 배치하면 지역별 각 부서의 매출을 쉽게 비교할 수 있다.

이제 몇 가지를 발견하기 시작했다. 예를 들어 Technology 부서는 모든 지역에서 매출이 고르게 발생한 반면 Furniture 부서의 경우는 East 지역의 매출이 더 높았다. Office Supplies 부서는 어느 지역에서도 매출이 가장 높은 경우는 없었다.

다르게 정렬된 동일한 필드를 사용해 대체 뷰를 고려해보자.

1. Bar Chart(stacked) 시트로 가면 원래 막대 차트와 동일한 뷰를 찾을 수 있다.
2. 행 선반에서 Region 필드를 마크의 색상 선반에 드래그앤드롭한다.

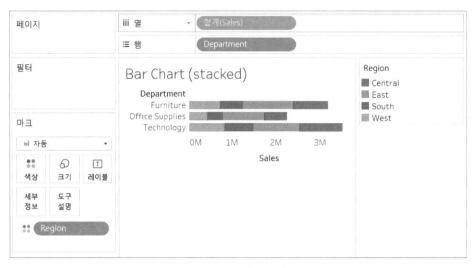

그림 1.13: Bar Chart(stacked)의 모습

병렬 막대 차트^{side-by-side bar chart} 대신 누적 막대 차트^{stacked bar chart}가 생겼다. 막대의 조각들은 Region 필드의 각 값들에 대해 색상으로 구분된다. 추가로 색상 범례가 작업 공간에 추가됐다. 사용자가 뷰 안에서 세부 수준을 변경하지 않았는데도 매출은 여전히 모든 Region과 Department 조합에 대한 합계로 집계됐다.

 세부 정보의 뷰의 수준은 태블로 작업을 할 때 핵심 개념이다. 기본적인 대부분의 시각화에서 뷰 안의 모든 차원에 대한 값의 조합은 해당 뷰에 대한 세부 정보의 가장 낮은 수준을 정의한다. 모든 측정값은 세부 정보의 가장 낮은 수준에 의해 잘라지고 집계될 것이다. 가장 간단한 뷰의 경우 마크의 개수는 차원 값 조합의 고유 개수와 동일하다. 즉, 차원 값들의 각 조합에 대해 하나의 마크가 존재하게 되는 것이다.

- Department가 차원으로 사용되는 유일한 필드인 경우 Department 수준에서 뷰의 세부 정보가 표시되고 뷰 내의 모든 측정값은 부서별로 집계된다.
- Region이 차원으로 사용되는 유일한 필드인 경우 Region 수준에서 뷰의 세부 정보가 표시되고 뷰 내의 모든 측정값은 지역별로 집계된다.
- 뷰 내에서 Department와 Region을 모두 차원으로 사용하면 부서와 지역

수준의 뷰를 표시할 수 있다. 모든 측정값은 부서와 지역의 단위 조합별로 집계될 수 있고 부서와 지역에 대한 각 조합별로 하나의 마크가 표시될 것이다.

누적 막대^{stacked bars}는 부분과 전체 간의 관계를 이해하려는 경우 유용할 수 있다. 이제 각 부서의 총 매출 중 각 지역의 발생량을 더 쉽게 확인할 수 있다. 그러나 부서별로 전체 지역에 대한 매출을 비교하는 것은 매우 어렵다. 예를 들어 East 지역 내에서 가장 높은 매출을 갖는 부서를 쉽게 말할 수 있을까? West 지역을 제외하고는 막대의 모든 조각에서 시작점이 다르기 때문에 어려운 일이다.

이제 막대 차트로 어떤 것들을 만들어볼 수 있는지 실험해보는 시간을 가져보자.

1. Bar Chart(stacked) 시트로 이동한다.
2. 마크 카드의 색상, 크기, 레이블, 세부 정보와 같은 여러 가지 선반에 Region 필드를 끌어다 두자. 각각의 경우에 막대들이 쌓인 상태로 유지되지만 Region 필드로 정의한 시각적 인코딩에 따라 어떻게 다시 그려지는지 확인해보자.
3. 도구 모음의 **행과 열 바꾸기** 단추를 사용해 **행**과 **열**의 필드를 교체한다. 이렇게 하면 가로 막대 차트에서 세로 막대 차트로(또는 그 반대로) 쉽게 변경할 수 있다.

그림 1.14: 행과 열 바꾸기 단추

4. 네이터 패널의 **측정값** 영역에서 Sales를 끌어다 마크 카드의 Region 필드위에 떨어뜨려 대체한다. 필요하면 색상에 Sales 필드를 끌어다 두고 연속형 필드에 대한 색상 범례가 그래디언트로 어떻게 작동하는지 살펴본다.
5. 다른 필드들을 다양한 선반에 드래그앤드롭하며 더 실험해본다. 수행해보는 작업들에 대한 태블로의 동작을 기억해두자.

6. 파일 메뉴에서 저장을 선택한다.

 OS, 컴퓨터 또는 태블로가 예기치 않게 중지되면 **자동 저장** 기능으로 작업을 보호할 수 있다. 다음에 태블로를 열면 이전에 열어두고 수동으로 저장하지 않았던 통합 문서를 복구하라는 메시지가 표시된다. 그렇더라도 작업을 자주 저장하고 적절한 백업을 유지하는 습관을 가져야 한다.

다양하게 반복을 계속 시도하면 데이터를 시각화하는 데 사용할 수 있는 여러 가지들에 대한 확신을 얻을 수 있다.

라인 차트

라인 차트^{line chart}는 시각화 내의 관련된 마크들을 연결해 연결된 마크 간의 움직임이나 관계를 보여준다. 그래서 마크의 위치와 마크를 연결하는 선은 데이터를 전달하는 주요 수단이 된다. 또한 크기와 색상을 사용해 추가정보를 전달할 수 있다.

가장 일반적인 종류의 라인 차트는 시계열^{time series}이다. 시계열은 시간이 지남에 따른 값의 움직임을 보여준다. 태블로에서 시계열 차트 하나를 만들려면 날짜 필드 하나와 측정값 필드 하나만 있으면 된다.

방금 저장한 Chapter 01 Starter 통합 문서를 사용해 Superstore 매출 분석을 계속해보자.

1. Sales over time 시트로 이동한다.
2. Sales 필드를 **측정값**에서 **행**으로 끌어다 둔다. 이렇게 하면 데이터 원본의 모든 매출의 합계를 나타내는 단일 세로 막대가 나온다.
3. 이것을 시계열로 바꾸려면 날짜를 사용해야 한다. 왼쪽 데이터 패널의 **차원**에서 Order Date 필드를 끌어다 **열**에 떨어뜨린다. 태블로에는 기본 제공되는 날짜 계층구조가 있으며 이에 따라 년도 기준의 4개년을 연결하는 라인 차트가 표시된다. 이것으로 매년 매출의 증가를 정확하게 확인할 수 있다.

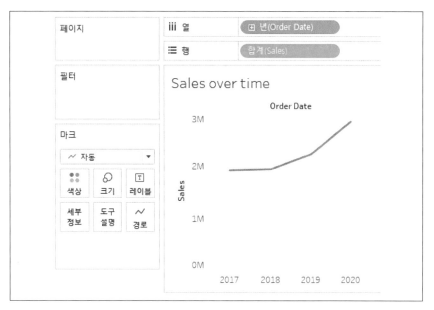

그림 1.15: 최종 라인 차트를 만드는 중간 단계; 이것은 연도별 매출 합계를 보여준다.

4. 열의 년(Order Date) 필드에서 드롭다운 메뉴를 사용해서(필드의 오른쪽 클릭) 날짜 필드를 분기로 바꾼다. 드롭다운 메뉴에 분기가 두 번 나열돼 있는 것을 눈치 챘을 것이다. 3장의 '날짜와 시간 시각화' 절에서 날짜 부분, 값, 계층에 관한 여러 가지 옵션을 살펴보게 될 것이다. 이제 두 번째 옵션을 선택해보자.

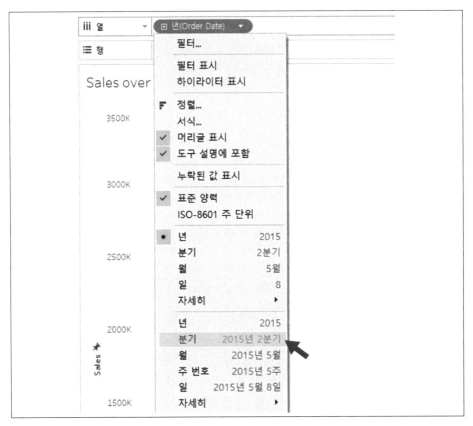

그림 1.16: 드롭다운 메뉴에서 두 번째 분기 옵션을 선택한다.

분기별 매출을 살펴보면 순환 패턴이 매우 분명한 것을 알 수 있다.

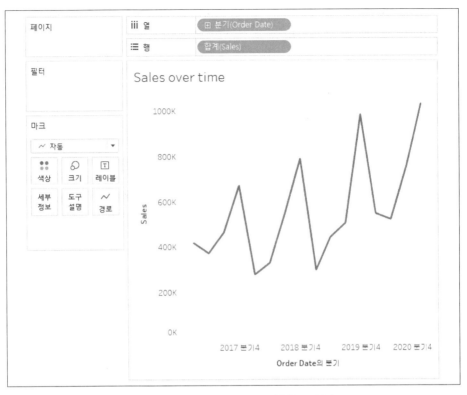

그림 1.17: 최근 몇 년간 분기별 매출을 보여준다.

이제 좀 더 깊이 질문하고 대답할 수 있는 여러 가지 유형의 라인 차트를 살펴보자.

라인 차트 반복 그리기를 통한 심층 분석

이제 시간이 지남에 따른 전체 매출을 보고 있다. 좀 더 깊은 수준으로 몇 가지 분석을 해보자.

1. Sales over time(overlapping lines) 시트로 이동하면 방금 만든 뷰와 동일한 뷰를 볼 수 있다.

2. Region 필드를 차원에서 색상으로 끌어다 둔다. 이제 지역별로 라인이 있고 각각의 라인은 다른 색으로 표시되며 어떤 색이 어떤 지역에 사용되는지

나타내는 범례가 있다. 막대와 마찬가지로 색상에 차원을 추가하면 마크가 분할된다. 그러나 누적 막대와 달리 조각들이 쌓이지는 않는다. 대신 각 지역과 분기의 매출 합계에 대한 정확한 값으로 라인이 그려진다. 이것을 통해 쉽고 정확하게 비교할 수 있다. 각 지역에서 주기적 패턴을 관찰할 수 있다는 점이 흥미롭다.

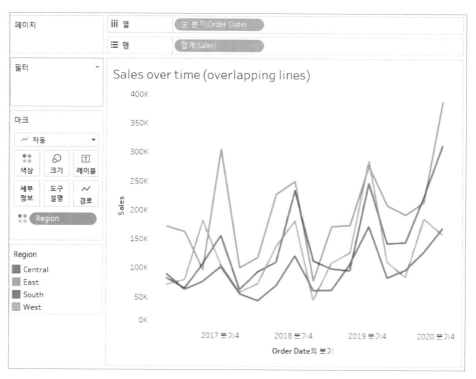

그림 1.18: 이 라인 차트는 각 지역에 대해 서로 다른 색상의 선으로 분기별 매출 합계를 보여준다.

지역이 4개뿐이므로 라인이 분리되도록 유지하는 것이 비교적 쉽다. 하지만 훨씬 더 많은 고유값을 가진 차원이라면 어떨까? 다음 예에서 이 경우를 살펴보자.

1. Sales over time(multiple rows) 시트로 이동하면 방금 만든 것과 동일한 뷰가 있다.

2. 차원에서 Category 필드를 끌어다 현재 마크 카드에 있는 Region 필드 위에

떨어뜨린다. 이렇게 하면 Region 필드가 Category 필드로 대체된다. 이제 17개의 겹치는 라인이 보인다. 가끔은 두세 개 이상의 겹치는 라인을 숨기고 싶겠지만 중요한 라인의 색상이나 크기를 다르게 해서 다른 라인들보다 돋보이게 하는 방법도 고려해볼 수 있다. 또한 **색상 범례에서 항목을 하나 클릭하면 뷰 내에 관련된 라인이 강조 표시된다**. 강조 표시는 단일 항목을 선택하고 이 항목을 다른 항목과 비교할 수 있는 효과적인 방법이다.

3. 마크 카드의 색상에서 Category 필드를 끌어다 행 선반에 떨어뜨린다. 이제 각 범주에 대해 라인 차트가 생성됐을 것이다. 이제 라인들이 겹쳐서 어쩔 줄 몰라 하지 않아도 되도록 시간의 흐름에 따라 추세와 패턴을 비교하는 등 각각의 제품을 비교할 수 있는 방법이 생긴 것이다. 이것이 바로 10장에서 좀 더 자세히 다루게 될 스파크라인 시각화의 시작이다.

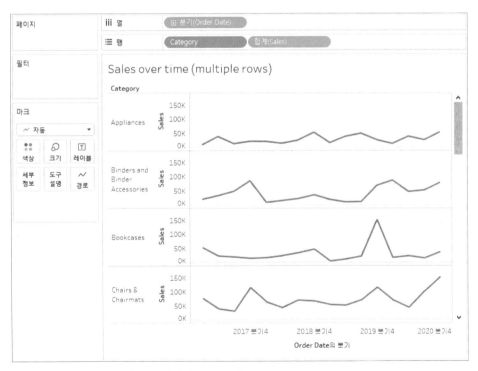

그림 1.19: 각각의 Category에 대한 라인 차트 시리즈의 모습

각 Category에 대한 라인의 변화를 살펴봄으로써 추세나 극단값, 변화율의 변동을 알아차릴 수 있게 됐다.

지리적 시각화

태블로에서 기본적으로 제공되는 지리적 데이터베이스는 국가(Country), 주(State), 시(City), 공항(Airport), 하원 선거구(Congressional District), 우편번호(Zip Code)와 같은 필드를 지리적으로 인식하는 역할을 한다. 데이터에 위도나 경도 값이 포함돼 있지 않더라도 지리적 필드를 사용해서 지도에 위치를 쉽게 표시할 수 있다. 데이터에 위도나 경도 필드가 포함돼 있다면 생성된 값 대신 해당 필드를 사용할 수 있다.

태블로는 필드명과 샘플링한 데이터를 기반으로 해서 일부 필드에는 지리적 역할을 자동으로 할당한다. 데이터 패널에서 필드를 마우스 오른쪽 단추로 클릭하고 **지리적 역할 옵션**을 사용해 모든 필드에 지리적 역할을 할당하거나 재할당할 수 있다. 또한 기본 제공으로 사용할 수 있는 지리적 역할에 어떤 것이 있는지 확인하는 것도 좋은 방법이다.

지리적 시각화^{geographic visualizations}는 어떤 일이 발생하는 위치와 데이터 내에 공간적 관계가 있는지 이해해야 할 때 엄청난 가치가 있다. 태블로는 여러 가지 유형의 지리적 시각화를 제공한다.

- 채워진 맵
- 심볼 맵
- 밀도 맵

또한 태블로는 일부 데이터베이스에서 공간 파일과 기하학을 읽어서 공간 개체나 다각형 등으로 렌더링할 수 있다. 이런 기능과 기타 지리 공간 기능은 12장에서 살펴본다. 여기서는 지리적 시각화를 위한 몇 가지 기본 원칙을 살펴보려고 한다.

채워진 맵

채워진 맵^filled maps^은 국가, 주 혹은 우편번호와 같은 영역을 채워 위치를 표시한다. 영역을 채우는 색상은 평균 매출이나 인구수와 같은 측정값 혹은 지역과 같은 차원들을 표시하는 데 사용할 수 있다. 이러한 맵을 등치 맵^choropleth maps^이라고도 부른다.

이제 Superstore의 매출이 지리적으로 패턴이 있는지 확인한다고 가정해보자.

 자신의 지역이 미국이 아닌 경우 위치 수정 옵션을 사용해 국가를 미국으로 설정한다.

다음과 같이 접근해보자.

1. Sales by State 시트로 이동한다.
2. 데이터 패널에서 State 필드를 더블 클릭한다. 태블로가 위도(생성됨), 경도(생성됨), State 필드를 사용해 자동으로 지리적 시각화를 생성한다.
3. 데이터 패널에서 Sales를 끌어다 마크 카드의 색상 선반에 떨어뜨린다. 사용한 필드와 선반을 기반으로 태블로가 자동으로 마크 유형을 맵으로 전환한다.

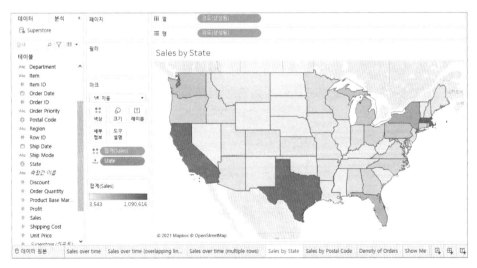

그림 1.20: 주별 매출 합계를 보여주는 채워진 맵

채워진 맵은 해당 주에 대한 상대적인 매출 합계를 나타내는 단일 색상으로 색을 채운다. 뷰 내에 보이는 색상 범례는 값의 범위를 제공하고 있는데, 매출이 가장 적은 주가 총 3,543이고 가장 많은 주는 총 1,090,616임을 나타낸다.

하단의 상태 표시줄에 표시된 마크 수를 보면 49개임을 알 수 있다. 주의 깊게 살펴보면 워싱턴 DC와 하위 48개 주에 대해 마크가 구성돼 있다. 하와이와 알래스카는 표시되지 않았다. 태블로는 지리적 마크가 데이터 내에 존재할 때와 데이터가 필터링되지 않은 경우에만 채워진 주와 같이 지리적 마크를 그린다.

지도에 캐나다, 멕시코 및 데이터에 포함되지 않은 기타 위치가 표시되는지 확인한다. 이들은 온라인 지도 서비스에서 검색된 배경 이미지의 일부다. State에 관한 마크가 배경 이미지 위에 그려진다. 12장의 '매핑 기술' 절에서 지도를 사용자 정의하고 다른 지도 서비스를 사용하는 방법을 살펴본다.

채워진 맵은 대화형 대시보드에서 잘 작동할 수 있으며 보기도 좋다. 하지만 경우에 따라 채워진 맵으로 분석하기 어려울 때가 있다. 다른 시각화 유형과는 달리 데이터 패싯을 전달하는 데 사용되는 크기인 지리적 영역의 채움 크기는 지형의 크기만 관련될 수 있어 비교를 어렵게 만들 수 있다. 예를 들어 매출이 가장 많은 주는 어디일까? 더 큰 크기가 인식에 영향을 미치므로 텍사스나 캘리포니아라고 말하고 싶을 것이며, 매사추세츠라고 추측하기 어려울 것이다. 일부 위치는 더 큰 영역에 비해 표시되지 않을 만큼 아주 작다. 채워진 맵은 주의해서 사용해야 하고 정확한 의사소통을 위해 대시보드의 다른 시각화와 쌍으로 사용하는 것을 고려해 보는 것이 좋다.

심볼 맵

심볼 맵symbol maps을 사용하면 지도의 마크가 채워진 영역으로 그려지지 않는다. 오히려 마크는 특정 지리적 위치에 배치된 모양이나 기호가 된다. 크기, 색상, 모양을 사용해 추가 차원과 측정값을 인코딩할 수도 있다.

다음 과정에 따라 Superstore 매출 분석을 계속해보자.

1. Sales by Postal Code 시트로 이동한다.
2. 차원의 Postal Code를 더블 클릭한다. 이제 태블로가 마크 카드의 세부 정보에는 Postal Code를, 열과 행에는 경도(생성됨)와 위도(생성됨)를 자동으로 추가한다. 기본적으로 마크 유형은 원으로 설정되며, 올바른 위도와 경도에서 각 우편번호에 대해 단일 원이 그려진다.
3. 측정값에서 Sales를 마크 카드의 크기 선반에 드래그앤드롭한다. 이렇게 하면 우편번호별로 매출 합계의 크기에 따라 각 원의 크기가 조정된다.
4. 측정값에서 Profit을 마크 카드의 색상 선반에 드래그앤드롭한다. 이렇게 하면 수익의 합계에 해당하도록 마크 색상이 인코딩된다. 이제 수익과 매출의 지리적 위치를 동시에 볼 수 있다. 이렇게 하면 매출은 높고 수익이 낮아서 약간의 조치가 필요한 일부 지역을 볼 수 있게 해주기 때문에 유용하다.

크기와 색상을 미세 조정하고 난 후의 최종적인 모습은 다음과 같다.

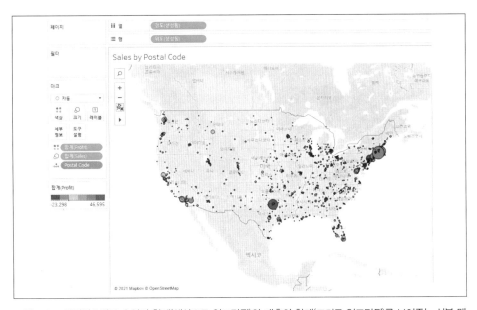

그림 1.21: 우편번호별로 수익의 합계(색상으로 인코딩됨)와 매출의 합계(크기로 인코딩됨)를 보여주는 심볼 맵

가끔은 심볼 맵의 마크를 조정해서 좀 더 잘 보이게 만들고 싶을 것이다. 일부 옵션은 다음을 포함하고 있다.

- 마크가 겹치는 경우 **색상** 선반을 클릭하고 불투명도를 50%에서 75% 사이의 값으로 설정한다. 그리고 테두리를 추가한다. 이렇게 하면 마크가 눈에 띄게 되고 겹치는 마크를 더 잘 식별할 수 있다.
- 마크가 너무 작으면 **크기** 선반을 클릭하고 슬라이더를 조정한다. 크기 범례를 더블 클릭하고 태블로가 크기를 할당하는 방법의 세부 정보를 편집할 수도 있다.
- 마크가 너무 희미한 경우 색상 범례를 더블 클릭해서 태블로가 색상을 할당하는 방법의 세부 정보를 편집한다. 이는 연속형 필드를 사용해 색상 그래디언트를 정의할 때 특히 유용하다.

크기를 조정하고 단계별 색상 및 전체 색상 범위 사용을 사용하면 다음의 예와 같은 결과를 만들어낼 수 있다.

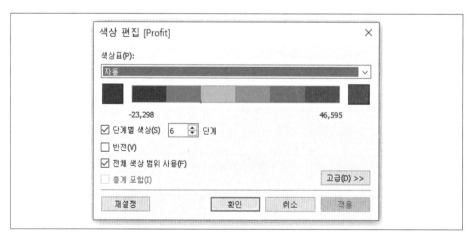

그림 1.22: 색상 편집 대화상자에는 단계 수 변경, 반전, 전체 색상 범위 사용(총계 포함),
범위 및 중심점 조정을 위한 고급 옵션이 포함돼 있다.

채워진 맵과 달리 심볼 맵을 사용하면 데이터의 크기를 사용하는 시각화로 인코딩할 수 있다. 심볼 맵도 더 높은 정밀도를 허용한다. 실제로 데이터에 위도와 경도가 있는 경우 상세 주소 수준의 마크를 매우 정확하게 찍어볼 수 있다. 이러한 유형의 시각화를 사용하면 경계가 아닌 정확한 정의에 의한 위치를 매핑할 수도 있다.

마크 카드의 드롭다운 메뉴에서 수동으로 맵을 선택하는 경우 뷰의 상세 수준에서 지원되지 않는 채워진 맵을 나타낸다는 오류 메시지가 표시될 것이다. 이런 경우 태블로는 기본적으로 제공하는, 모양이 없는 지리적 위치를 렌더링한다.

채워진 맵을 사용할 수 없는 경우를 제외하고는 자신이 필요한 것에 가장 적합한 유형을 결정해야 한다. 또한 이후 장에서는 채워진 맵과 심볼 맵을 단일 보기로 결합할 수 있는 가능성도 살펴볼 것이다.

밀도 맵

밀도 맵density maps은 지리적인 영역 내에서의 확산 값과 집중 값을 보여준다. 개별 점이나 기호 대신 마크는 이들을 서로 혼합함으로써 지역에서 높은 집중도를 갖는, 즉 더 큰 강도를 보여준다. 여기서는 색상, 크기, 강도를 제어할 수 있다.

Order의 지리적 집중도를 이해하고 싶다고 가정해보자. 다음 과정에 따라 밀도 맵을 만들어보자.

1. Density of Orders 시트로 이동한다.
2. 데이터 패널의 Postal Code 필드를 더블 클릭한다. 앞에서와 같이 태블루는 위도(생성됨), 경도(생성됨), State 필드를 사용해서 심볼 맵의 지리적 시각화를 자동으로 생성할 것이다.
3. 마크 카드의 드롭다운 메뉴를 사용해 마크 유형을 밀도로 변경한다. 이제 개별 원이 함께 혼합돼 집중도를 표시한다.

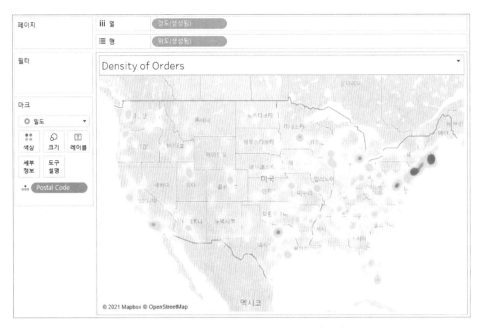

그림 1.23: 우편번호별 집중도를 보여주는 밀도 맵

색상, 크기 옵션을 시험해보자. 예를 들어 색상을 클릭하면 밀도 마크 유형에 특정한 몇 가지 옵션이 표시된다.

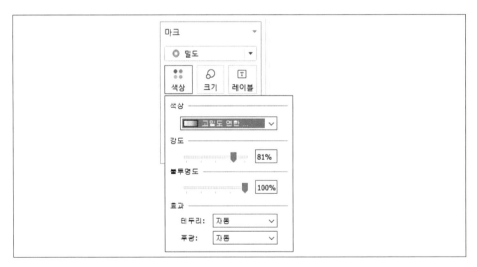

그림 1.24: 밀도 마크의 색상, 강도, 불투명도, 효과를 조정하기 위한 옵션

집중도 표시에 적합한 여러 가지 색상 팔레트를 사용할 수 있다(기본 설정은 밝은 색상 배경에서 잘 작동하지만 다른 배경은 어두운 색상 배경에서 작동하도록 설계됨). **강도** 슬라이더로는 집중도를 얼마나 강하게 표기해야 할지 결정할 수 있다. **불투명도** 슬라이더로는 마크를 얼마나 투명하게 할 것인지 결정할 수 있다.

이 밀도 맵은 동부 해안에 주문이 집중돼 있다는 것을 표시하고 있다. 때로는 단순히 인구 밀도를 반영하는 패턴을 볼 수 있다. 이러한 경우 분석이 특별히 의미 없을 수도 있다. 여기서는 서해안의 낮은 밀도에 비해 동해안의 높은 밀도가 흥미롭다.

표현 방식 사용

표현 방식은 선택한 필드와 활성 필드를 시각화 유형의 필요한 장소에 배열하는 태블로의 강력한 요소다. **표현 방식** 도구 모음은 여러 가지 유형의 시각화를 작은 썸네일 이미지로 표시하고 있어, 사용자는 한 번의 클릭으로 시각화를 생성할 수 있다. **표현 방식**에는 데이터 패널에서 선택한 필드와 뷰에 이미 있는 필드를 기반으로 사용할 수 있는 시각화는 활성화되고, 권장 시각화는 강조 표시돼 보인다.

다음 과정을 따라 **표현** 방식의 기능을 살펴보자.

1. Show Me 시트로 이동한다.
2. **표현** 방식 창이 확장되지 않으면 도구 모음의 오른쪽 윗부분에 있는 **표현** 방식 단추를 클릭해서 창을 확장한다.
3. Ctrl 키를 누른 채로 데이터 패널에서 Postal Code, State, Profit 필드를 클릭한다. 이 필드들이 강조되면 **표현** 방식은 다음과 같이 보일 것이다.

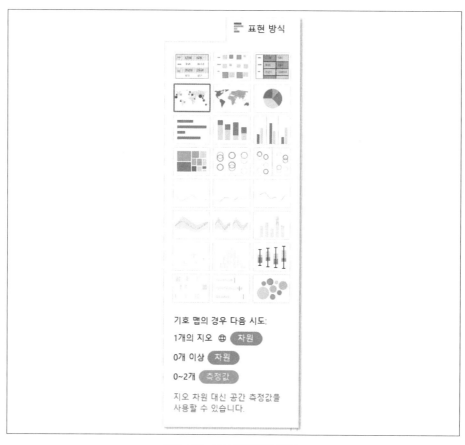

그림 1.25: 표현 방식 인터페이스

표현 방식 창이 텍스트 테이블, 히트 맵, 심볼 맵, 채워진 맵, 막대 차트와 같은 특정 시각화 유형을 활성화했다는 점을 기억하자. 이들은 데이터 패널에서 선택한 필드뿐만 아니라 이미 뷰에 있는 필드만으로도 가능한 시각화다. 표현 방식은 선택한 필드에 대해 권장되는 시각화를 강조 표시하고 각 시각화 유형 위로 마우스를 올려다 놓으면 필요한 필드에 대한 설명을 제공한다. 예를 들어 심볼 맵은 1개의 지리적 차원과 0개~2개의 측정값을 필요로 한다.

라인, 영역 차트, 히스토그램과 같은 시각화는 회색으로 표시됐다. 표현 방식은 현재 뷰에 있는 필드와 데이터 패널에서 선택한 필드로 이러한 시각화 유형을 생성하지 않을 것이다. **표현 방식**에 회색으로 표시된 라인 차트 옵션 위로 마우스를 가져가 보자. 그러면 라인 차트에는 하나 이상의 측정값(선택한)이 필요할 뿐만 아니라 날짜 필드(선택하지 않은)도 필요하다는 것이 표시될 것이다.

 태블로는 날짜가 아닌 필드로 라인 차트를 그린다. 표현 방식은 시각화에 대한 우수 사례로 여겨지는 일반적인 옵션을 제공한다. 그러나 라인 차트가 데이터를 더 잘 나타낼 수 있다는 것을 알고 있는 경우가 있을 수 있다. 항상 표현 방식에 의존하기보다 태블로가 필드와 선반을 기준으로 어떻게 시각화를 렌더링하는지 이해한다면 시각화 작업이 훨씬 유연해질 수 있을 것이다. 또한 표현 방식을 통해 여러분이 원하는 정확한 결과를 얻을 수 없을 때 항목을 재정렬할 수도 있다. 동시에 좋은 시각화 관행에 대한 인식을 배양해야 한다.

표현 방식은 다양한 시각화 유형을 빠르게 반복하면서 데이터에서 통찰력을 찾아 나갈 수 있는 강력한 방법이다. 그러나 데이터 탐색가, 분석가, 스토리텔러로서 여러분은 **표현 방식**을 시각화를 제안해주는 유용한 가이드 정도로 여겨야 한다. 특정 시각화 유형은 **표현 방식**이 제안해주는 것보다 훨씬 효과적으로 여러분의 질문에 답할 수 있을 것이다. **표현 방식**에는 포함되지 않았더라도 잘 작동하는 시각화 유형을 대시보드의 일부로 계획하고 있을 수도 있다.

표현 방식을 효과적으로 사용할 수 있지만 **표현 방식** 없이도 편안하게 시각화를 구축할 수 있게 하는 것이 태블로를 배우고 마스터하는 데 도움이 될 것이다. **표현 방식**은 통찰력을 찾고 새로운 질문을 제기할 때 시각화를 빠르게 반복하는 데 효과적이다. 사용자 지정이 필요한 표준 시각화로 시작해야 하는 경우 유용하고, 교육과 학습 도구로도 훌륭하다.

그러나 시각화가 실제로 데이터에서 어떻게 만들어지는지 이해하지 못한 채 이를 버팀목으로 사용하지 않도록 주의하자. 시간을 내어 특정 시각화가 가능하거나 불가능한 이유를 평가해야 한다. 특정 시각화 유형을 선택할 때 잠시 중지하고 사용된 필드와 선반을 살펴보자.

표현 방식에서 다양한 시각화 유형을 클릭해보며 실험해봄으로써 시각화 유형에 따라 다소 불명확할 수 있는 데이터에 관한 통찰력을 찾아보면서 예제를 종료하자. 원 뷰 혹은 **박스 플롯**은 각 주^{state}에 대한 우편번호 분포를 보여준다. 막대 차트를 사용하면 손해가 난 지역들의 우편번호를 쉽게 알 수 있다.

이제 데이터의 개별 뷰를 만드는 방법에 익숙해졌으므로 대시보드에 모두 통합하는 데 집중해보자.

▌모든 것을 대시보드에 통합

데이터의 전체 스토리를 전달하고자 하나 이상의 시각화가 필요할 때가 있다. 이 경우 태블로 대시보드에서 여러 시각화를 함께 사용하는 것은 아주 쉽다. 태블로에서 **대시보드**는 데이터 스토리를 전달하고자 함께 작동하는 뷰, 필터, 매개변수, 이미지, 기타 개체의 모음이다. 대시보드가 대화형인 경우 최종 사용자는 데이터의 다양한 측면을 탐색할 수 있다.

대시보드는 여러 가지 용도로 사용할 수 있고 다양한 청중에 맞게 조정할 수도 있다. 다음과 같은 대시보드를 고려해보자.

- 경영진이 회사의 현재 상태를 한눈에 볼 수 있도록 수익과 매출에 대한 요약 수준의 뷰를 제공하는 대시보드
- 대화형 대시보드를 통해 영업 관리자가 영업 지역을 세부적으로 분석해 위협이나 기회를 식별할 수 있게 해주는 대시보드
- 의사가 환자의 재입원, 진단, 절차를 추적해 환자 치료에 대한 더 나은 결정을 내릴 수 있게 해주는 대시보드
- 부동산 회사의 경영진이 다양한 아파트 단지의 동향을 파악하고 의사결정을 내릴 수 있게 해주는 대시보드
- 대출 담당자가 신용 등급 및 지리적 위치별로 분류된 포트폴리오를 기반

으로 대출 결정을 내릴 수 있게 해주는 대화형 대시보드

다양한 대상과 고급 기술에 대한 고려 사항은 8장에서 자세히 다룬다.

대시보드 인터페이스

새 대시보드를 만들 때 인터페이스는 단일 뷰를 설계할 때와 약간 다르다. 인터페이스를 간략히 살펴본 후 첫 번째 대시보드의 설계를 시작해보자. Superstore Sales 시트로 이동해 직접 살펴볼 수 있다.

대시보드 창은 몇 가지 주요 요소로 구성된다. 이러한 개체를 사용하는 기술은 8장에서 자세히 설명한다. 지금은 사용할 수 있는 옵션에 익숙해지는 데 초점을 맞출 것이다. 한 가지 눈에 띄는 것은 왼쪽 사이드바가 대시보드 관련 콘텐츠로 대체됐다는 점이다.

왼쪽 사이드바에는 두 개의 탭이 있다.

- **대시보드 탭:** 옵션의 크기를 조정하고 시트와 개체를 대시보드에 추가하기 위한 탭
- **레이아웃 탭:** 대시보드에서 다양한 개체의 레이아웃을 조정하기 위한 탭

대시보드 창은 미리 보기에 대한 옵션을 포함하는데, 이는 대상 장치에 따라 조절되며 다음과 같은 영역으로 나눠져 있다.

- **크기 영역:** 대시보드 크기 조정 옵션이다.
- **시트 영역:** 대시보드에 배치할 수 있는 모든 시드(뷰)를 포함하고 있다.
- **개체 영역:** 대시보드에 추가할 수 있는 추가 개체가 있다.

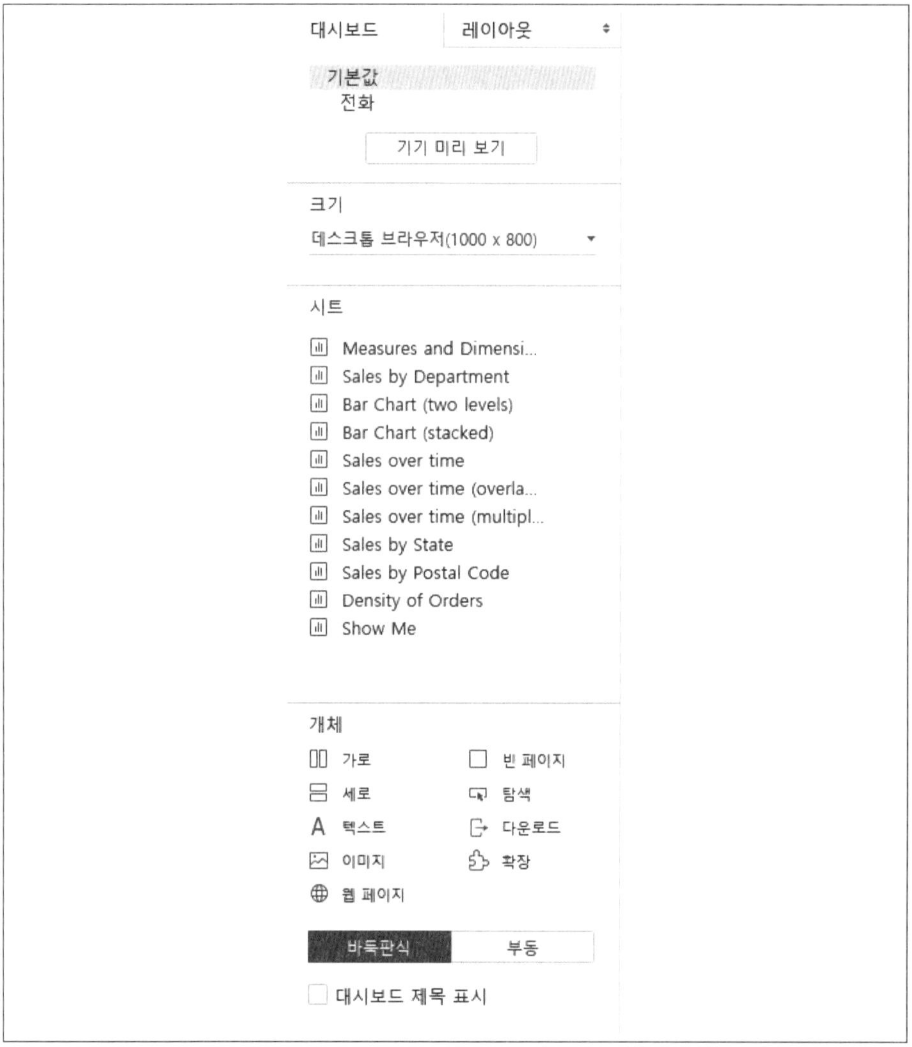

그림 1.26: 대시보드용 사이드바

드래그앤드롭으로 대시보드에 시트나 대시보드를 추가할 수 있다. 뷰를 끌어다 떨어뜨리면 대시보드에서 시트의 위치가 밝은 회색 음영으로 표시된다. 아무 시트나 더블 클릭해서 자동으로 추가할 수도 있다.

시트를 추가하는 것 외에도 대시보드에 다음과 같은 개체들을 추가할 수 있다.

- 가로 및 세로 레이아웃 컨테이너를 사용하면 레이아웃을 좀 더 세밀하게 제어할 수 있다.
- **텍스트**를 사용하면 텍스트 레이블과 제목을 추가할 수 있다.
- 이미지나 웹 페이지가 포함된 콘텐츠도 추가할 수 있다.
- **빈 페이지**를 사용하면 대시보드에 빈 공간을 확보하는 데 활용할 수 있고, 추가 내용이 설계될 때까지 위치 표시자 역할을 할 수 있다.
- **탐색** 개체를 사용하면 대시보드 사이를 탐색할 수 있다.
- **내보내기** 단추를 사용해서 대시보드를 파워포인트, PDF 또는 이미지로 내보낼 수 있다.
- **확장**을 사용하면 여러분이나 서드파티가 개발한 컨트롤이나 개체를 추가할 수 있는데, 이것으로 대화형 대시보드나 확장된 기능을 개발할 수 있다.

토글을 사용해 새 개체를 바둑판식 혹은 **부동** 중 어느 것으로 추가할지를 선택할 수 있다. 바둑판식 개체는 다른 바둑판식 개체 옆 또는 레이아웃 컨테이너 내에 바둑판식 레이아웃으로 스냅된다. **부동** 개체는 연속 레이어에서 대시보드 상단에 떠있게 된다.

워크시트를 대시보드에 추가하면 워크시트 보기에 표시됐던 범례, 필터, 매개변수가 대시보드에 추가된다. 나중에 추가하려면 대시보드에서 시트를 선택하고 오른쪽 상단에 있는 작은 드롭다운 기호를 클릭한다. 거의 모든 개체에는 드롭다운 기호가 있어 개체의 모양을 미세 조정하고 동작을 제어할 수 있는 많은 옵션을 제공한다.

대시보드에서 선택한 개체에 대해 표시되는 다양한 컨트롤을 기록해두자.

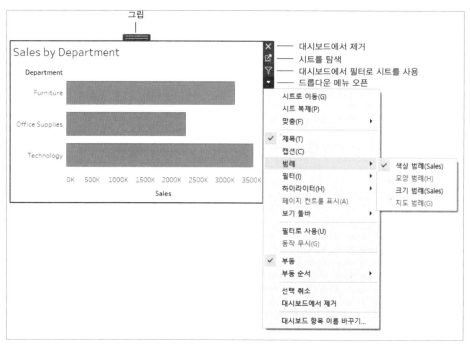

그림 1.27: 대시보드에서 개체를 선택하면 다양한 컨트롤과 UI 요소가 표시된다.

테두리를 사용해 대시보드에서 개체의 크기를 재조정할 수 있다. 그림 1.27에 표시된 그립은 한 번 배치된 개체를 이동할 수 있게 해준다. 앞으로 진행하면서 다른 옵션들도 찾아볼 것이다.

대시보드 구축

인터페이스 전체 보기를 통해, 이제 다음과 같은 과정을 따라 대시보드를 구축할 준비가 됐다.

1. Superstore Sales 시트로 이동한다. 빈 대시보드를 볼 수 있을 것이다.
2. 왼쪽의 대시보드 영역에 정렬된 시트 Sales by Department, Sales over time, Sales by Postal Code를 각각 더블 클릭하면 대시보드 레이아웃에 추가된다.

3. 사이드바 왼쪽 하단에서 **대시보드 제목 표시**를 선택해 대시보드에 제목을 추가한다.

4. 대시보드에서 Sales by Department 시트를 선택하고 드롭다운 화살표를 클릭해 메뉴를 표시한다.

5. **맞춤 › 전체 보기**를 선택한다. 맞춤 옵션은 시각화가 가능한 공간을 채우는 방법이다.

다양한 맞춤 옵션을 사용할 때 주의하자. 크기가 고정되지 않은 대시보드를 사용하거나 뷰에서 대화형 작업을 기반으로 표시되는 항목 수를 동적으로 변경하는 경우 보기 좋았던 항목이 뷰에 거의 맞지 않을 수도 있다.

6. Sales 크기 범례를 선택한다. X 옵션을 사용해 대시보드에서 범례를 제거한다.

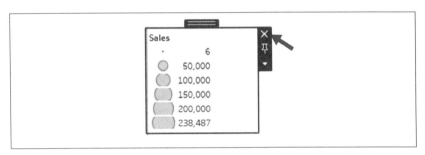

그림 1.28: 범례를 클릭해 선택한 다음 X를 클릭해 대시보드에서 제거한다.

7. Profit을 클릭해서 색상 범례를 선택한다. 그립을 사용해 이것을 맵 아래에 드래그앤드롭한다.

8. 각가의 뷰(Sales by Department, Sales by Postal Code, Sales over time)에서 뷰의 빈 영역을 클릭해 뷰를 선택한다. 그런 다음 **필터로 사용** 옵션을 클릭해 해당 뷰를 대시보드에 대한 대화형 필터로 만든다.

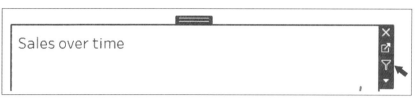

그림 1.29: 대시보드에서 필터로 사용 단추를 클릭해 뷰를 필터로 사용한다.

이제 대시보드는 다음과 같이 보일 것이다.

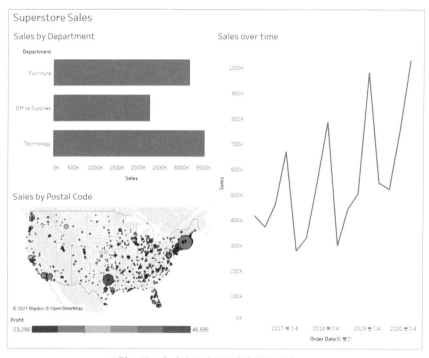

그림 1.30: 세 가지 보기로 구성된 최종 대시보드

9. 잠시 시간을 내서 작동시켜보자. 막대나 상태, 점과 같은 다양한 마크를 클릭해보자. 각 선택 항목은 대시보드의 나머지 부분을 필터링한다. 선택한 마크를 클릭하면 선택이 해제되고 필터가 지워진다. 또한 여러 뷰에서 마크를 선택하면 필터가 함께 작동한다. 예를 들어 Sales by Department에서 Furniture 막대와 Sales over time에서 2019년 4분기를 선택하면 2019년 4분기

에 가구 매출이 일어난 모든 우편번호 코드 지역을 볼 수 있을 것이다.

이제 대화형 분석을 수행할 수 있는 대시보드가 만들어졌다.

Superstore 체인의 분석가로서 시각화를 통해 데이터를 탐색하고 분석할 수 있었다. 생성한 대시보드는 관리 구성원과 공유할 수 있으며 데이터를 보고 이해해 더 나은 의사결정을 내리는 데 도움이 되는 도구로 사용할 수 있다. 관리자가 Furniture 부서를 선택하면 매출은 상당히 높지만 실제로는 수익이 매우 낮은 것을 알 수 있다. 이로 인해 마케팅 방향의 변경이나 해당 위치에 대한 새로운 영업 방식의 도입과 같은 결정이 내려질 수 있다. 대부분의 경우 최선의 조치를 결정하려면 추가 분석이 필요하다. 이 경우 태블로를 통해 검색, 분석, 스토리텔링을 주기적으로 계속할 수 있다.

▌요약

태블로의 시각적 환경은 데이터를 시각적으로 반복해서 탐색하고 분석하는 작업을 빠르게 해준다. 1장에서는 플랫폼 사용 방법을 이해하기 위한 첫 번째 단계를 수행했다. 데이터에 연결한 다음 막대 차트, 라인 차트, 지리적 시각화와 같은 몇 가지 주요 시각화 유형을 사용해 데이터를 탐색하고 분석했다. 그 과정에서 측정 값과 차원의 차이, 불연속형 및 연속형 필드와 같은 기법을 배우고 주요 개념을 이해하는 데 집중했다. 마지막으로 모든 부분을 통합해 최종 사용자가 분석을 이해하고 스스로 발견할 수 있는 완전한 기능의 대시보드를 만들어봤다.

2장에서는 태블로가 데이터를 사용하는 방식을 살펴볼 것이다. 다양한 데이터 원본에 연결하는 방법의 기본 개념과 실제 예를 접하게 될 것이다. 시각화 구축에 대해 방금 배운 주요 개념과 결합하면 고급 시각화, 심층 분석, 완전한 대화형 데이터 스토리를 전달할 수 있는 준비를 갖추게 될 것이다.

태블로에서 데이터에 연결

태블로는 거의 모든 데이터 원본에 연결할 수 있는 기능을 제공한다. 보유하고 있는 데이터베이스 엔진의 성능과 효율성을 활용하거나 로컬 컴퓨터에서 데이터를 추출하는 패러다임으로 이를 수행한다. 여기서는 조인, 혼합, 유니언 기능을 살펴보고, 13장에서 새로운 개체 모델을 살펴볼 것이다. 2장에서는 태블로가 데이터에 연결하고 작동하는 방식의 필수 개념에 초점을 맞춰 다음과 같은 주제를 다룬다.

- 태블로 패러다임
- 데이터에 연결
- 데이터 원본 메타데이터 관리
- 라이브 연결 대신 추출로 작업
- 데이터 필터링

태블로가 데이터에 대해 어떻게 작동하는지, 기본 패러다임을 이해하는 것부터 시작해보자.

▎태블로 패러다임

태블로 고유의 데이터를 사용해 작업하는 흥미로운 경험은 VizQL^{Visual Query Language}(시각적 쿼리 언어)의 결과다.

VizQL은 인간이 세상을 시각적으로 인식하는 자연스러운 방식과 이를 데이터 시각화에 적용할 수 있는 방법에 관한 스탠포드대학교 연구 프로젝트에서 개발됐다. 사람은 자연스럽게 크기, 모양, 공간적 위치, 색상의 차이를 인식한다. VizQL을 사용하면 태블로에서 시각적 환경 내의 데이터 필드를 드래그앤드롭할 때 데이터가 시각적 요소를 인코딩하는 방법을 정의하는 쿼리 언어로 작업을 변환할 수 있다. VizQL은 읽거나 쓰거나 디버깅할 필요가 없다. 크기, 색상, 모양, 공간 위치를 정의하는 다양한 선반에 필드를 드래그앤드롭하면 태블로가 이면에서 VizQL을 생성한다. 이를 통해 사용자는 코드 작성이 아닌 데이터 시각화에 집중할 수 있다.

VizQL의 장점 중 하나는 뷰 내의 다양한 필드들이 데이터와 관련되는 쿼리를 어떻게 정의하는지 설명하는 방법을 제공한다는 것이다. 이런 기준은 다양한 SQL, MDX, TQL^{Tableau Query Language, 태블로 쿼리 언어}(추출된 데이터에 사용됨)로 변환될 수 있다. 태블로는 VizQL을 데이터 원본 엔진에서 실행할 네이티브 쿼리로 자동 변환한다.

가장 간단한 형태로 데이터 작업에 관한 태블로 패러다임을 그려보면 다음 다이어그램과 같다.

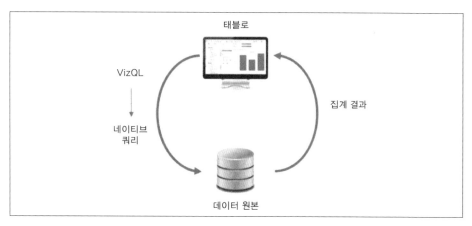

그림 2.1: 데이터 작업을 위한 기본적인 태블로 패러다임

이 패러다임이 실제 사례에서 어떻게 작동하는지 살펴보자.

간단한 예

디렉터리 \Learning Tableau\Chapter 02 안에 있는 Chapter 02 Starter.twbx 통합
문서를 열어 Tableau Paradigm 시트로 이동한다. 이 뷰는 열 선반에는 차원 Region
을, 행 선반에는 측정값 Sales를 놓으면 생성된다. 화면은 다음과 같다.

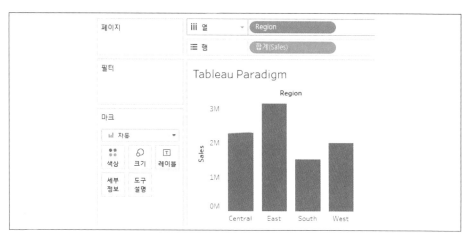

그림 2.2: 이 막대 차트는 4개의 집계 데이터 행을 반환한 쿼리 결과다.

뷰는 두 개의 필드로 정의된다. Region은 유일한 차원이다. 즉, 뷰의 세부 수준을 정의하고 지역별로 막대가 생성되도록 측정값을 분할한다. Sales는 각 지역 내의 판매를 합산해 집계된 측정값으로 사용된다(또한 Region은 불연속형 값이므로 열 머리글이 되고, Sales는 연속형 값이므로 축이 된다).

이 예제의 목적을 위해(원칙적으로는 모든 데이터 원본에 적용할 수 있지만) 테이블에 저장된 **Superstore** 데이터를 사용해 SQL 서버 데이터베이스에 라이브로 연결됐다고 가정해보자. 앞의 화면을 처음 만들면 태블로가 VizQL 스크립트를 생성하며, 이 스크립트는 SQL 스크립트로 변환돼 SQL 서버로 전송된다. SQL 서버 데이터베이스 엔진은 쿼리를 평가하고 집계된 결과를 태블로에 반환한 다음 시각적으로 렌더링한다.

전체 프로세스는 다음 다이어그램과 유사하다.

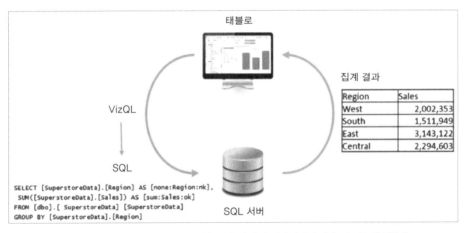

그림 2.3: 태블로는 이러한 패러다임을 사용해 이전 이미지에서 막대 차트를 생성했다.

SQL 서버에는 수백, 수천 또는 수백만 행의 판매 데이터가 있고, SQL 서버가 쿼리를 처리할 때 집계 결과를 반환한다. 이 경우 SQL 서버는 태블로에 데이터의 집계 행 4개(지역당 한 행)만 반환한다.

경우에 따라 데이터베이스 관리자는 성능 문제를 디버깅하거나 좀 더 효율적인 인덱싱 혹은 데이터 구조를 결정하고자 특정 데이터베이스에 대해 실행 중인 스크립트를 확인하려 할 수 있다. 많은 데이터베이스가 프로파일링 유틸리티를 제공하거나 쿼리 실행을 기록한다. 또한 My Tableau Repository\Logs 디렉터리에 있는 로그에서 태블로로 생성한 SQL이나 MDX를 확인할 수 있다.

사용자는 이미 실행된 쿼리를 찾고자 태블로에서 기본적으로 제공되는 **성능 기록**을 사용할 수 있다. 상단 메뉴에서 **도움말 > 설정 및 성능 > 성능 기록**을 선택하고 뷰와 상호작용한 다음, 마지막으로 메뉴에서 기록을 중지한다. 태블로는 기록 세션 중에 실행된 작업, 성능, 쿼리를 볼 수 있는 대시보드를 열 것이다.

태블로가 뷰를 그리는 데 사용한 집계 데이터를 보려면 Ctrl + A를 눌러 모든 막대를 선택하고 그중 하나를 마우스 오른쪽 단추로 클릭하고 데이터 보기를 선택한다.

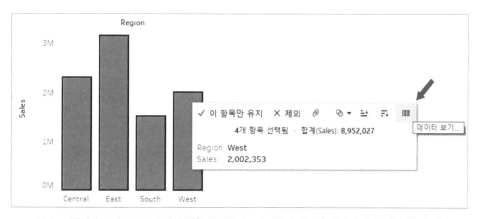

그림 2.4: 데이터 보기의 도구 설명 옵션을 사용해 마크에 대한 요약이나 기본 데이터를 확인할 수 있다.

그러면 데이터 보기 창이 나타난다.

그림 2.5: 요약 탭에는 태블로가 뷰 내에서 각각의 마크를 렌더링하는 데 사용된 집계 데이터가 표시된다.

데이터 보기 창에서 뷰의 데이터를 관찰할 수 있다. 요약 탭은 뷰를 렌더링하는 데 사용된 집계 수준의 데이터를 표시한다. 여기서 Sales 값은 각 지역의 매출 합계다. 전체 데이터 탭을 클릭하면 태블로가 데이터 원본을 쿼리해 집계 레코드를 구성하는 모든 레코드를 추출한다. 여기에는 다음 화면의 오른쪽 하단 모서리에 있는 상태 표시줄에 표시된 것처럼 9,426개의 기본 레코드가 있다.

Region	Category	City	Container	Customer ID	Customer Name
East	Scissors, Rulers and Trimmers	Washington	Small Pack	2867	Dana Teague
East	Storage & Organization	Oxford	Medium Box	1821	Vanessa Boyer
Central	Telephones and Communication	Irving	Small Box	1402	Wesley Tate
Central	Paper	Irving	Small Box	1402	Wesley Tate

그림 2.6: 전체 데이터 탭에는 데이터베이스의 행 수준 데이터가 표시된다.

태블로가 뷰를 그리는 데는 9,426개의 레코드가 필요하지 않았고, 전체 데이터 탭을 클릭할 때까지 데이터 원본으로부터 요청되지 않았다.

데이터베이스 엔진은 데이터 집계를 수행하는 데 최적화돼 있다. 일반적으로 이러한 데이터베이스 엔진은 강력한 서버에도 있다. 태블로는 기본 데이터 원본의 강력한 기능과 최적화를 활용한다. 이러한 방식으로 태블로는 대규모 데이터 세트를 시각화하는 데 데이터의 로컬 처리가 상대적으로 적은 데이터 세트를 사용할 수 있다.

또한 태블로는 새로운 쿼리나 뷰의 새로 고침이 필요한 변경을 수행할 때만 데이터 원본을 쿼리하게 된다. 그렇지 않으면 다음과 같이 로컬 캐시에 저장된 집계 결과를 사용한다.

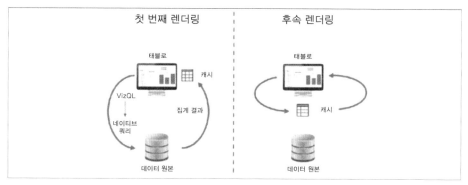

그림 2.7: 주어진 필드 집합을 사용한 첫 번째 렌더링은 데이터 원본을 직접 쿼리한다.
후속 렌더링은 동일한 필드가 뷰에서 재정렬되더라도 캐시를 쿼리한다.

앞의 예에서 차원으로 Region을 사용하고 측정값으로 Sales의 합계를 사용하는 쿼리는 데이터 원본에서 한 번만 실행된다. 집계된 결과의 4개 행이 반환되면 캐시에 저장된다. 초기 렌더링 후 Region을 색상과 같은 다른 시각적 인코딩 선반으로 이동하거나 Sales를 크기와 같은 다른 시각적 인코딩 선반으로 이동하면 태블로는 캐시에서 집계된 행을 추출하고 뷰를 다시 렌더링한다.

 F5 키를 누르거나 데이터 메뉴에서 데이터 원본을 선택하고 **새로 고침**을 선택하면 태블로가 캐시를 사용하지 않고 데이터 원본의 데이터를 새로 고치게 할 수 있다. 라이브 데이터 원본의 가장 최근 변경 사항을 뷰에 반영하려면 언제든지 이 작업을 수행해보자.

캐시된 결과가 없던 뷰에 새로운 필드를 가져다두면 태블로는 데이터 원본에 새로운 쿼리를 보내고 집계된 결과를 추출한 다음 해당 결과를 캐시에 추가한다.

▌ 데이터에 연결

태블로가 시각화할 수 있는 데이터에는 사실상 제한이 없다. 새 버전의 태블로는 대부분의 경우 새로운 기본 커넥터를 추가한다. 태블로는 클라우드 기반의 데이터용 기본 커넥터를 계속 추가한다. 웹 데이터 커넥터는 사용자가 추출하고자 하는 온라인 데이터에 대한 커넥터를 작성할 수 있게 해준다. 태블로 하이퍼 API^{Tableau Hyper API}를 사용하면 프로그래밍 방식으로 데이터를 읽고 쓸 수 있어 모든 데이터 원본에 접근하고 이를 기본 태블로 형식에 쓸 수 있다. 또한 기본으로 제공되는 연결이 없는 모든 데이터베이스의 경우 태블로는 일반 ODBC 연결을 사용할 수 있게 해준다.

동일한 통합 문서에 여러 가지 데이터 원본이 존재할 수 있다. 각각의 원본은 왼쪽 사이드바의 데이터 탭 아래에 표시된다.

 연결이라는 용어는 데이터 원본이라는 용어와 서로 바꿔서 사용되는 경우가 있지만 원래의 의미를 정확히 구분해보면 다음과 같다. 연결이라는 단어는 기술적으로 하나의 데이터베이스에 있는 테이블들이나 동일한 디렉터리 구조에 있는 동일한 유형의 파일과 같이 단일 위치의 데이터에 대한 연결을 나타낸다. 데이터 원본은 엑셀 테이블에 결합돼 있는 스노우플레이크 데이터베이스 내의 SQL 서버상의 테이블처럼 함께 결합될 수 있는 하나 이상의 연결을 포함한다. 이를 다음과 같이 생각해볼 수 있다. 태블로 통합 문서에는 하나 이상의 데이터 원본이 포함될 수 있으며 각 데이터 원본에는 하나 이상의 연결이 포함될 수 있다. 이 책에서는 이 차이를 구분해 사용할 것이다.

이번 절에서는 다양한 데이터 원본에 연결하는 몇 가지 실제 예를 중점적으로 살펴볼 것이다. 가능한 모든 유형의 연결을 다루는 대신 대표적인 연결 유형을 다룰 것이다. 다음 예의 일부 데이터 원본에 대한 접근 권한은 있을 수도 있고 없을 수도 있다. 각 예를 따를 수 없더라도 걱정하지 말고 차이점을 관찰해보자.

파일 기반의 데이터에 연결

파일 기반의 데이터는 파일에 저장돼 있는 데이터가 위치한 곳의 모든 데이터 원본을 포함한다. 파일 기반의 데이터 원본에는 다음이 포함된다.

- **추출:** .hyper 또는 .tde 파일은 원본 소스에서 추출된 데이터를 포함한다.
- **마이크로소프트 액세스**^{Microsoft Access}: 액세스^{Access}에서 만든 .mdb 또는 .accdb 데이터베이스 파일
- **마이크로소프트 엑셀**^{Microsoft Excel}: .xls, .xlsx, .xlsm과 같은 엑셀에서 만든 스프레드시트로, 여러 엑셀 시트나 하위 테이블은 단일 연결에서 함께 조인되거나 유니온될 수 있다.
- **텍스트 파일:** 텍스트 파일로 가장 일반적인 것은 .txt, .csv 또는 .tab이다. 하나의 디렉터리에 있는 여러 텍스트 파일을 하나의 연결로 조인하거나 유니온할 수 있다.
- **로컬 큐브 파일:** .cub 파일은 다차원 데이터를 포함한다. 이러한 파일은 일반적으로 OLAP 데이터베이스에서 내보내진다.
- **어도비 PDF**^{Adobe PDF}: .pdf 파일이 태블로에서 구문 분석할 수 있는 데이터 테이블이 포함될 수 있다.
- **공간 파일:** .kml, .shp, .tab, .mif, 공간 JSON 및 ESRI 데이터베이스 파일 형식으로 지원되는 넓고 다양한 공간 형식으로, 이러한 형식에는 태블로에서 렌더링할 수 있는 공간 개체가 포함된다.
- **통계 파일:** .sav, .sas7bdat, .rda, .rdata 파일은 SAS나 R과 같은 통계 도구에 의해 생성된다.
- **JSON 파일:** .json 파일은 JSON 형식의 데이터를 포함한다.

앞서 언급한 것 외에도 태블로 파일에 연결해 다른 태블로 통합 문서(.twb 또는 .twbx)에 저장한 연결을 가져올 수 있다. 연결을 가져오면 변경 사항은 현재 통합 문서에만 영향을 미칠 것이다.

엑셀 파일에 대한 연결을 보려면 다음 예를 따라 해보자.

1. Chapter 02 Starter.twbx 통합 문서에서 Connect to Excel 시트로 이동한다.
2. 메뉴에서 데이터 > 새 데이터 원본을 선택하고 가능한 연결 목록에서 Microsoft Excel을 선택한다.
3. 열기 대화상자에서 \Learning Tableau\Chapter 02 디렉터리 내의 Superstore. xlsx 파일을 연다. 태블로가 데이터 원본 화면을 띄울 것이다. 그러면 왼쪽에 정렬돼 있는 두 개의 엑셀 문서 시트를 볼 수 있다.
4. Order 시트를 더블 클릭한 다음, Return 시트를 더블 클릭한다. 태블로에서 관계 편집 대화상자가 표시될 것이다. 관계에 대해서는 13장에서 자세히 다룬다. 여기서는 대화상자를 닫아 기본값을 수락한다.

데이터 원본 화면은 다음 화면과 유사해야 한다.

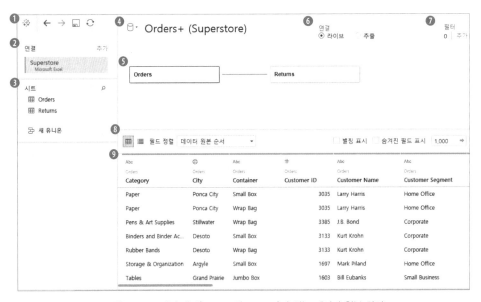

그림 2.8: 두 개의 개체(Orders 및 Returns)가 있는 데이터 원본 화면

시간을 내어 다음 기능(이전 화면에 번호가 매겨짐)이 있는 데이터 원본 화면 인터페이스에 익숙해지자.

● **도구 모음:** 도구 모음에는 실행 취소, 다시 실행, 저장을 비롯한 몇 가지 익숙한 컨트롤이 있다. 또한 현재 데이터 원본을 새로 고치는 옵션도 포함돼있다.

● **연결:** 현재 데이터 원본의 모든 연결이다. 추가를 클릭해 현재 데이터 원본에 새 연결을 추가한다. 이를 통해 다양한 연결 유형의 데이터를 결합할 수있다. 각 연결은 어떤 데이터가 어떤 연결에서 오는지 구별할 수 있도록 색상으로 구분된다.

● **시트(또는 테이블):** 지정된 연결에 사용할 수 있는 모든 데이터 테이블을 나열한다. 여기에는 엑셀용 시트나 서브테이블과 명명된 범위, 관계형 데이터베이스에 대한 테이블, 뷰 및 저장 프로시저, 새 유니온이나 **사용자 정의 SQL**과 같이 연결에 독립적인 기타 옵션들이 포함된다.

● **데이터 원본 이름:** 현재 선택된 데이터 원본의 이름이다. 데이터베이스 아이콘 옆에 있는 드롭다운 화살표를 사용해 다른 데이터 원본을 선택할 수도 있다. 데이터 원본의 이름을 클릭해 편집할 수 있다.

● **개체/데이터 모델 캔버스:** 왼쪽에서 시트와 테이블을 가져다 이 영역에 떨어뜨려서 연결의 일부로 만든다. 드래그앤드롭 또는 더블 클릭해 테이블을 더 추가할 수 있다. 각각은 개체 모델에 개체로 추가된다. 또한 테이블을 유니온으로 추가하거나 개체를 더블 클릭해 기본 테이블과 조인을 편집한다. 자세한 내용은 13장에서 광범위하게 다룬다. 지금은 Order와 Return이 OrderID로 서로 관련돼 있다는 점에 유의한다.

● **라이브 또는 추출 옵션:** 많은 데이터 원본의 경우 라이브 연결을 사용할 것인지 추출된 연결을 사용할 것인지 선택할 수 있다. 이 장의 뒷부분에서 더 자세히 살펴본다.

● **필터:** 데이터 원본에 필터를 추가할 수 있다. 이는 데이터 원본 수준에 적

용되므로 통합 문서에서 이 데이터 원본을 사용하는 모든 데이터 뷰에 적
용된다.

❽ **미리 보기 창 옵션:** 이 옵션을 사용하면 데이터 또는 메타데이터 목록을 미
리 볼 것인지 여부와 데이터 미리 보기하는 방법을 지정할 수 있다(예, 별칭
값, 숨겨진 필드 표시, 미리 보려는 행).

❾ **미리 보기 창/메타데이터 보기:** 옵션에서 선택한 항목에 따라 이 공간에는 데
이터 미리 보기 또는 추가 메타데이터가 있는 모든 필드 목록이 표시된다.
이러한 뷰는 데이터 유형 변경, 필드 숨기기 또는 이름 변경, 여러 가지 데
이터 변환 기능 적용과 같은 다양한 옵션을 제공한다. 이 장과 이후 장에서
이 옵션 중 일부를 살펴볼 것이다.

 데이터 원본을 만들고 구성한 후에는 아무 시트나 클릭해 사용할 수 있다.

다음과 같은 과정으로 이 연습을 완료한다.

1. 데이터 원본 이름을 클릭해 텍스트를 편집하고 데이터 원본의 이름을
   Orders and Returns로 한다.
2. Connect to Excel 시트로 이동한 후 Orders and Returns 데이터 원본을 사용
   해 Return Reason별 카운트(Returns)를 보여주는 시계열을 생성한다. 뷰는
   다음 화면과 같아야 한다.

그림 2.9: 반품 사유(return reason)별 반품(returns) 건수

언제든지 연결을 편집해야 하는 경우 메뉴에서 데이터를 선택하고 연결을 찾은 다음 데이터 원본 편집...을 선택한다. 또는 왼쪽 사이드바의 데이터 탭에서 데이터 원본을 마우스 오른쪽 단추로 클릭하고 데이터 원본 편집...을 선택하거나 왼쪽 하단 모서리에 있는 데이터 원본 탭을 클릭한다. 태블로 데스크톱^{Tableau Desktop}의 왼쪽 아래 모서리에 있는 데이터 원본 탭을 클릭하면 언제든지 데이터 원본 화면에 접근할 수 있다.

서버의 데이터에 연결

SQL 서버, 스노우플레이크^{Snowflake}, 버티카^{Vertica}, 오라클^{Oracle}과 같은 데이터베이스 서버는 하나 이상의 서버에서 데이터를 호스팅한다. 강력한 데이터베이스 엔진을 사용해 클라이언트 애플리케이션의 쿼리를 기반으로 데이터를 저장, 집계, 정렬, 제공한다. 태블로는 이러한 서버의 기능을 활용해 시각화와 분석을 위한 데이터를 검색할 수 있다. 또는 이러한 원본에서 데이터를 검색해 추출에 저장할 수 있다.

서버 데이터 원본에 연결하는 예로 SQL 서버에 연결하는 방법을 살펴보자. 서버 기반의 데이터 원본에 대한 접근 권한이 있는 경우 새 데이터 원본을 만들고 세부 정보를 탐색할 수 있다. 그러나 이 예제는 이 장의 통합 문서에 포함돼 있지 않다.

마이크로소프트 SQL 서버 연결을 선택하면 인터페이스에 다음과 같은 일부 초기
구성 옵션이 표시된다.

Microsoft SQL Server   ✕

일반   초기 **SQL**

서버
TDS-WXYZ|

데이터베이스
Optional

인증
Windows 인증 사용(기본 설정)(W)   ▼

☐ SSL 필요

☐ 커밋되지 않은 데이터 읽기

로그인

그림 2.10: 마이크로소프트 SQL 서버용 연결 편집기

SQL 서버에 연결하려면 서버 이름과 인증 정보가 필요하다.

데이터베이스 관리자는 Windows 인증 사용 또는 SQL 서버에 대한 사용자 이름과
비밀번호를 이용해 SQL 서버를 설정할 수 있다. SQL 서버를 사용하면 커밋되지
않은 데이터 읽기를 선택적으로 허용할 수도 있다. 이렇게 하면 잠재적으로 성능
이 향상될 수 있지만 태블로가 쿼리하는 동시에 데이터가 삽입, 업데이트, 삭제되
는 경우 예측할 수 없는 결과가 발생할 수도 있다. 또한 초기 SQL... 탭을 사용해 연
결할 때 SQL이 실행되도록 지정할 수 있다.

 높은 수준의 보안을 유지하고자 태블로는 데이터 원본 연결의 일부로 암호를 저장하지 않는다. 즉,
다른 사람과 라이브 연결을 사용해 통합 문서를 공유하는 경우 데이터에 접근하려면 자격증명이 있
어야 한다. 이것은 통합 문서를 처음 열 때 암호가 필요한 연결은, 어떤 연결이라도 암호를 다시 입력
해야 함을 의미한다.

남색 **로그인** 단추를 클릭하면 엑셀에서 본 연결 화면과 매우 유사한 화면이 표시된다. 주요한 차이점은 왼쪽에 있는데, 다음 화면과 같이 데이터베이스를 선택하는 옵션이다.

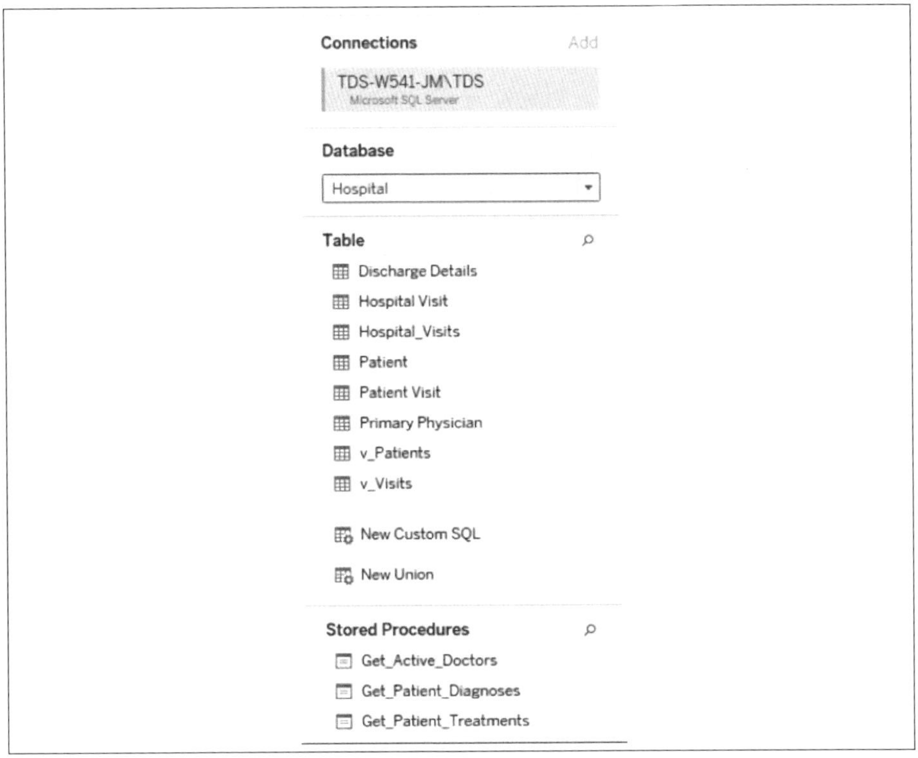

그림 2.11: 데이터베이스에 연결되면 태블로는 테이블, 뷰, 저장 프로시저를
개체 모델에 추가할 수 있는 옵션으로 표시한다.

데이터베이스를 선택하면 다음이 표시된다.

- **테이블:** 선택한 데이터베이스에 포함된 모든 데이터 테이블이나 뷰를 표시한다.
- **새로운 사용자 지정 SQL:** 사용자 지정 SQL 스크립트를 작성해 테이블로 추가할 수 있다. 다른 테이블이나 뷰와 마찬가지로 이들을 결합할 수 있다.

- **새로운 유니온:** 데이터베이스의 테이블을 통합할 수 있다. 태블로에서는 이름과 데이터 유형을 기반으로 필드를 맞춰보고 필요에 따라 추가로 필드를 병합할 수도 있다.
- **저장 프로시저:** 데이터 테이블을 반환하는 저장 프로시저를 사용할 수 있다. 저장 프로시저 매개변수의 값을 설정하거나, 태블로 매개변수를 사용하거나 만들어서 값을 전달할 수 있는 옵션이 제공된다.

연결 구성을 마치면 시트의 탭을 클릭해 데이터 시각화를 시작한다.

추출 사용

데이터가 추출되고 있는 모든 데이터 원본에는 다음 화면에서 볼 수 있는 것처럼 원래의 원본에서 데이터가 추출됐음을 나타내는 고유한 아이콘이 표시된다.

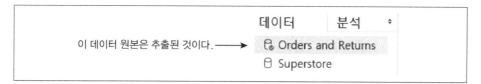

그림 2.12: 데이터 원본 옆의 아이콘은 추출 여부를 나타낸다.

이전 데이터 패널의 첫 번째 데이터 연결은 추출됐지만 두 번째는 추출되지 않았다. 추출이 생성된 후 추출 사용 여부를 선택할 수 있다.

데이터 원본을 마우스 오른쪽 단추로 클릭하면(또는 메뉴에서 데이터를 선택한 다음 데이터 원본을 선택) 다음과 같은 메뉴 옵션이 표시된다.

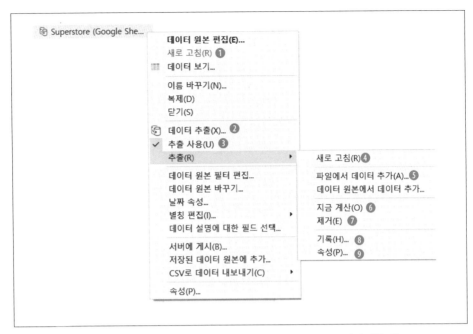

그림 2.13: 추출 옵션에 번호가 매겨진, 데이터 패널의 데이터 연결에 대한 메뉴

이 메뉴들을 좀 더 자세히 알아보자.

❶ **새로 고침:** 데이터 원본 아래의 새로 고침 옵션은 태블로가 단지 데이터의 로컬 캐시를 새로 고침 한다는 의미다. 라이브 데이터 원본을 사용하면 기본 데이터를 다시 쿼리할 것이다. 추출된 원본을 사용하면 캐시가 지워지고 추출이 필요하지만 이 새로 고침 옵션은 원래의 원본에서 추출을 업데이트하지는 않는다. 이렇게 하려면 추출 하위 메뉴에서 새로 고침을 사용한다 (이 목록의 ❹번 참고).

❷ **데이터 추출...:** 데이터 원본에서 새 추출을 만든다(기존 추출이 있는 경우 대체).

❸ **추출 사용:** 지정된 데이터 원본에 대한 추출이 있는 경우 이 옵션이 활성화된다. 이 옵션을 선택 취소하면 태블로가 추출 대신 라이브 연결을 사용하도록 지시한다. 추출은 제거되지 않으며 언제든지 이 옵션을 선택해 다시

사용할 수 있다. 이 통합 문서에서 데이터 원본을 사용할 수 없는 경우 태블로는 데이터 원본을 찾을 위치를 묻는다.

❹ **새로 고침**: 새로 고침 옵션은 데이터 원본에서 추출을 새로 고친다. 사용자가 만든 일부 변경(예, 필드 숨기기 또는 새 계산 만들기)에 대해서는 추출을 최적화하지 않는다.

❺ **파일에서 데이터 추가...** 또는 **데이터 원본에서 데이터 추가...**: 이 옵션을 사용하면 원본과 동일한 데이터 구조를 갖고 있는 경우 기존 추출에 추가 파일이나 데이터 원본을 추가할 수 있다. 이렇게 하면 기존 추출에 행이 추가된다. 새 열을 추가하지는 않는다.

❻ **지금 계산**: 추출을 처음 생성한 이후 변경한 내용을 기반으로 추출을 재구성해 최대한 효율적으로 만든다. 계산된 특정 필드는 구체화될 수 있다(즉, 결과값이 저장될 수 있음). 새로 숨겨진 열이나 삭제된 계산이 추출에서 제거된다.

❼ **제거**: 추출의 정의를 제거하고 선택적으로 추출 파일을 삭제하며 데이터 원본에 대한 라이브 연결을 다시 시작한다.

❽ **기록**: 추출 및 새로 고침 기록을 볼 수 있다.

❾ **속성**: 위치, 기본 원본, 필터, 행 제한과 같은 추출 속성을 볼 수 있다.

이제 추출을 사용했을 때 성능 영향을 살펴보자.

클라우드 데이터에 연결

특정 데이터 연결은 클라우드에 호스팅되는 데이터에 연결된다. 여기에는 아마존 RDS^{Amazon RDS}, 구글 빅쿼리^{Google BigQuery}, 마이크로소프트 SQL 애저^{Microsoft SQL Azure}, 스노우플레이크^{Snowflake}, 세일즈포스^{Salesforce}, 구글 스프레드시트^{Google Sheet} 등이 포함된다. 각각을 자세히 살펴보는 것은 이 책의 범위를 넘어서는 것이어서 클라우드 데이터 원본에 대한 하나의 예로 구글 스프레드시트에 연결하는 정도를 살펴보자.

구글 스프레드시트를 사용하면 온라인에서 데이터 스프레드시트를 만들고 유지할 수 있다. 스프레드시트는 여러 사용자가 공유하고 공동 작업할 수 있다. 여기서는 링크를 통해 공유되는 시트에 연결하는 예를 살펴보자.

예제를 따라 하려면 무료 구글 계정이 필요하다. 자격증명을 사용해 다음 과정을 따라 해보자.

1. 다음과 같이 도구 모음에서 새 데이터 원본 추가 단추를 클릭한다.

그림 2.14: 데이터 추가 단추

2. 가능한 데이터 원본 목록에서 Google 스프레드시트를 선택한다. 검색 상자를 사용해서 목록을 빠르게 줄일 수 있다.

3. 다음 화면에서 구글 계정에 로그인하고 태블로 데스크톱에 적절한 권한을 허용한다. 그러면 다음 화면과 같이 미리 보기 및 검색 기능과 함께 모든 구글 스프레드시트 목록이 표시된다.

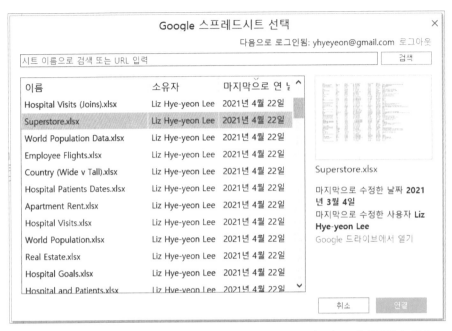

그림 2.15: 보기 권한이 있는 구글 스프레드시트를 선택하거나 공유 시트의 URL을 입력할 수 있다.

4. 검색 상자에 다음 URL을 입력하고 검색 단추를 클릭한다. https://docs.
   google.com/spreadsheets/d/1YUZ1UnryuCX7cwbfNptGuzx0G4yth7i-
   m9Jrkce9_PE/edit?usp=sharing[1]

5. 목록에서 Superstore 시트를 선택한 다음 연결 단추를 클릭한다. 이제 데이
   터 원본 화면이 표시된다.

6. 데이터 원본 이름을 클릭해 Superstore (Google Sheets)으로 이름을 바
   꾼다.

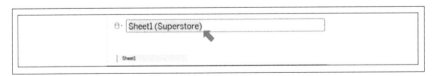

그림 2.16: 데이터 원본 이름 바꾸기

---

1. Starter 통합 시트의 Connect to Google Sheets 탭에 포함돼 있는 URL 역시 이 URL로 바뀐다. – 옮긴이

7. 이 예의 목적은 **연결** 옵션을 라이브에서 **추출**로 전환하는 것이다. 자신의 Google 스프레드시트 데이터에 연결할 때 라이브 또는 **추출**을 선택할 수 있다.

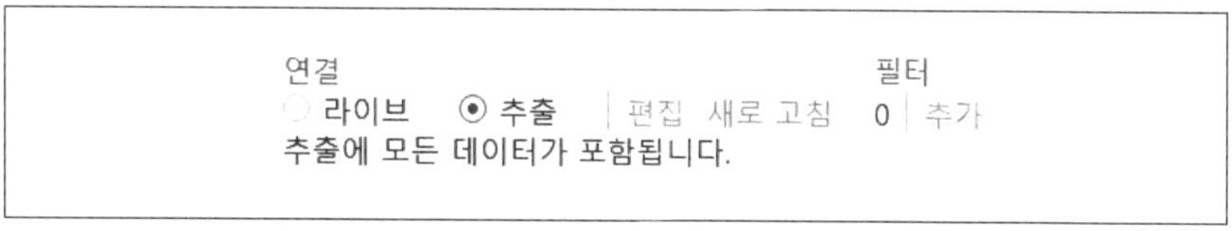

> 연결　　　　　　　　　　　　　　　　　　　　　　　　　　필터
> ◯ 라이브　　◉ 추출　　│ 편집 새로 고침　　0 │ 추가
> 추출에 모든 데이터가 포함됩니다.

그림 2.17: 라이브 및 추출 간 전환, 추출 옵션 편집 및 필터 추가

8. Connect to Google Sheets 탭을 클릭한다. 추출을 저장할 위치를 입력하라는 메시지가 표시된다. 기본 이름을 수락하고 Learning Tableau\Chapter 02 디렉터리에 저장한다(필요한 경우 기존 파일을 덮어쓰려면 예를 선택한다). 데이터는 몇 초 내에 추출돼야 한다.[2]

9. Profit을 색상과 라벨로 정의해 State별 Profit이 표기되는 채우기 맵을 작성한다.

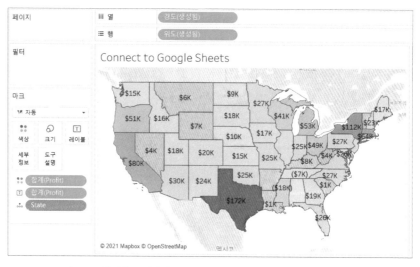

그림 2.18: 클라우드 기반의 데이터 원본에 연결하는 기능을 보여주는 채우기 맵

---

2. 이 부분은 태블로 버전에 따라 나타날 수도 있고 나타나지 않을 수도 있다. – 옮긴이

위치가 미국 이외의 지역인 경우 태블로가 맵에 현재의 지역을 올바르게 표시할 수 있도록 지역 설정을 변경해야 할 수 있다. 메뉴를 사용해 **파일 ▸ 통합 문서 로캘 ▸ 자세히**를 클릭하고 원하는 지역을 선택한다.

지금까지 데이터에 연결하는 구체적인 예를 살펴봤다. 이제 몇 가지 빠른 방법과 데이터 원본을 관리하는 방법을 알아보자.

빠르게 데이터 연결

특정 연결은 매우 빠르게 만들 수 있다. 이런 옵션을 사용하면 좀 더 빠르게 분석을 시작할 수 있다.

- 클립보드에서 데이터를 붙여 넣는다. 모든 원본(예, 스프레드시트, 웹 페이지의 테이블 또는 텍스트 파일)에서 시스템 클립보드의 데이터를 복사한 경우 데이터를 태블로에 직접 붙여 넣을 수 있다. Ctrl + V를 사용하거나 메뉴에서 **데이터 ▸ 데이터 붙여넣기**를 사용해 실행할 수 있다. 데이터는 파일로 저장되며, 사용자가 통합 문서로 저장할 때 해당 위치에 대한 경고가 표시된다.
- **파일 ▸ 열기** 메뉴에서 선택한다. 이렇게 하면 태블로에서 지원하는 텍스트 파일, 엑셀 파일, 액세스 파일(맥OS에서는 사용할 수 없음), 공간 파일, 통계 파일, JSON, 오프라인 큐브(.cub) 파일과 같은 모든 데이터 파일을 열 수 있다.
- 윈도우 탐색기나 파인더에서 태블로 작업 영역으로 파일을 드래그앤드롭 한다. 유효한 파일 기반의 데이터 원본은 태블로 작업 영역이나 데스크톱, 작업 표시줄의 태블로 바로가기에 놓을 수 있다.
- 기존의 데이터 원본을 복제한다. 기존의 데이터 원본을 마우스 오른쪽 단추로 클릭하고 **복제**를 선택해 데이터 원본을 복제할 수 있다.

이러한 빠른 실행 방법은 우리가 데이터를 분석할 때 필요한 빠른 방법을 제공해 준다. 이제 데이터 원본의 관리 방법을 살펴보자.

▌데이터 원본의 메타데이터 관리

태블로의 데이터 원본은 연결에 관한 정보를 저장한다. 연결 자체(예를 들면 데이터베이스 서버 이름, 데이터베이스, 파일명) 외에도 데이터 원본에는 사용 가능한 모든 필드에 대한 정보도 포함된다(필드명, 데이터.타입, 기본 형식, 설명, 별칭 등). 데이터에 대한 이런 데이터를 메타데이터라고 한다.

데이터 패널의 필드를 오른쪽 클릭하면 메타데이터 옵션에 관한 메뉴가 표시된다. 이러한 옵션 중 일부는 이후 실습에서 설명할 것이고, 다른 것들은 책 전반에 걸쳐 설명할 것이다. 다음은 마우스 오른쪽 단추를 클릭해 사용할 수 있는 몇 가지옵션이다.

- 필드명 변경
- 필드 숨김
- 날짜가 아닌 차원 값의 별칭 변경
- 계산된 필드, 그룹, 집합, 빈^{bin} 또는 매개변수 생성
- 필드 나누기
- 날짜 또는 숫자 필드의 기본 사용 유형을 불연속형이나 연속형으로 변경
- 필드를 차원이나 측정값으로 재정의
- 필드의 데이터 유형 변경
- 필드에 지리적 역할 할당
- 기본 색상과 모양, 숫자 또는 날짜 형식, 정렬 순서(차원인 경우), 집계 유형 (측정값인 경우)과 같이 필드가 시각화에 표시되는 방식에 대한 기본값 변경
- 시각화에서 필드가 표시되는 방식에 대한 기본값 변경

- 필드에 대한 기본 설명 추가(데이터 패널에서 필드 위로 마우스를 가져가면 도구 설명으로 표시되거나 메뉴에서 설명...을 선택하면 설명의 일부로 표시됨)
- 계층에 필드를 추가하거나 계층에서 필드 제거

> 기본 정렬 순서 혹은 기본 숫자 형식과 같은 필드의 시각적 표시와 관련된 메타데이터 옵션으로 필드에 대한 전체 기본값을 정의한다. 그러나 선반에서 활성 필드를 마우스 오른쪽 단추로 클릭하고 원하는 옵션을 선택해 개별 뷰의 기본값을 재정의할 수 있다.

이 작업을 어떻게 하는지 보려면 Connect to Google Sheets 뷰에서 작성한 State별 Profit에 관한 채워진 맵을 참고하자. 이 뷰를 만들지 않은 경우 결과 뷰가 약간 다르겠지만 Order and Returns 데이터 원본을 사용해볼 수 있다. 채워진 맵으로 다음 과정을 따라 해보자.

1. 데이터 패널에서 Profit 필드를 마우스 오른쪽 단추로 클릭하고 기본 속성 ❯ 숫자 형식....을 선택한다. 이제 표시되는 대화상자에는 숫자 형식에 관한 많은 옵션이 보일 것이다.
2. 통화(사용자 지정) 옵션에서 소수 자릿수는 0으로, 디스플레이 장치는 천(K)으로 설정한다. 확인을 클릭하면 맵의 레이블이 통화 표기를 포함하도록 업데이트된 것을 확인할 수 있을 것이다.

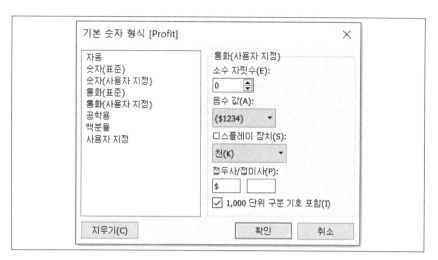

그림 2.19: 필드의 기본 숫자 형식 편집

3. Profit 필드를 마우스 오른쪽 단추로 다시 클릭해서 기본 속성 ❯ 색상...을 선택한다. 그러면 대화상자는 사용자가 Profit 필드의 기본 색상 인코딩을 선택하고 지정할 수 있는 옵션을 제공한다. 다양한 팔레트와 설정을 실험해 보자. 적용 단추를 클릭할 때마다 시각화가 업데이트된다.

다중 팔레트(한 색상에서 다른 색상으로 섞여서 혼합되는 팔레트)는 음수와 양수 값을 가질 수 있는 Profit과 같은 필드에 특히 적합하다. 가운데 값을 0으로 사용하면 표시된 색상에 따라 양수인지 음수인지 쉽게 알 수 있다.

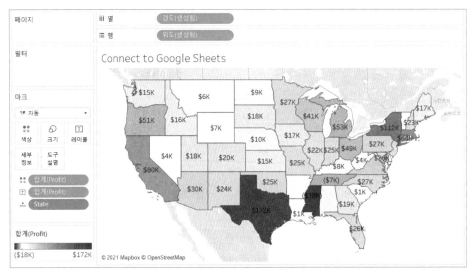

그림 2.20: 색상의 사용자 지정

데이터 원본 수준에서 필드에 대한 기본 형식을 설정했기 때문에 Profit을 사용해서 만드는 모든 추가 뷰에는 사용자가 지정한 기본 형식이 포함된다.

> **TIP**
>
> 시각화에는 색맹을 배려하는 색상을 사용하는 것이 좋다. 일반적으로 주황색과 파란색은 적녹 색맹에 대한 대안이 된다. 태블로에는 개별 색맹을 배려한 팔레트도 포함하고 있다. 또한 색상의 강도를 조정하고 레이블과 다른 시각화를 사용해서 시각화에 더 쉽게 접근할 수 있다.

❘ 라이브 연결 대신 추출로 작업

거의 모든 데이터 원본은 라이브 연결이나 데이터 추출 옵션을 허용한다. 일부 클라우드 기반의 데이터 원본에는 추출이 필요하다. 반대로 OLAP 데이터 원본은 추출을 사용할 수 없으며 라이브 연결이 필요하다.

추출은 태블로가 데이터를 사용하는 방식을 확장해준다. 다음 다이어그램을 생각해보자.

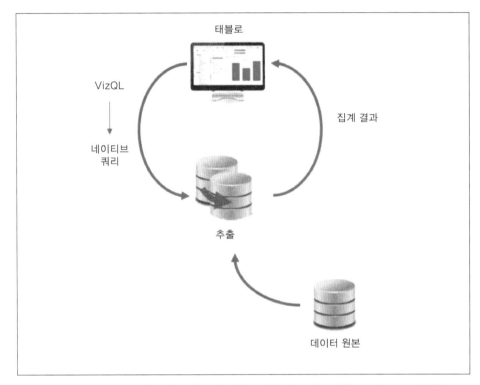

그림 2.21: 원래의 데이터 원본에서 태블로가 자체 보관하는 데이터의 스냅샷으로 데이터가 추출됐다.

라이브 연결을 사용할 때 태블로는 데이터 원본에 직접 쿼리를 실행한다(가능한 경우 캐시 데이터를 사용한다). 데이터를 추출할 때 태블로는 원래의 원본에서 데이터의 일부 또는 전체를 가져와 추출 파일에 저장한다. 버전 10.5 이전의 태블로는, 태블로 데이터 추출(.tde) 파일을 사용했다. 버전 10.5부터 태블로는 하이퍼Hyper 추출(.hyper)을 사용하며, 이전 통합 문서를 업데이트할 때 .tde 파일을 .hyper로 변환한다.

태블로가 데이터와 함께 작동하는 방식의 기본 패러다임이 변경되는 것은 아니고 태블로가 이제 쿼리를 수행하고 추출 결과를 가져올 것임을 알 수 있다. 데이터는 원본에서 다시 검색돼 추출을 새로 고침 할 수 있다. 즉, 각각의 추출은 가장 최근에 새로 고침된 시점에서의 데이터 원본에 관한 스냅샷이다. 추출은 휴대할 수 있고 대단히 효율적이라는 장점이 있다.

추출 생성

추출은 다음과 같이 여러 가지 방법으로 생성할 수 있다.

- 다음과 같이 데이터 원본 화면에서 추출을 선택한다. 편집 링크를 누르면 추출을 구성할 수 있다:

연결
◯ 라이브   ◉ 추출   │ 편집 새로 고침
추출에 모든 데이터가 포함됩니다.

그림 2.22: 연결에서 라이브나 추출을 선택하고 편집을 클릭해 추출 옵션을 구성한다.

- 데이터 메뉴에서 데이터 원본을 선택하거나 데이터 패널에서 데이터 원본을 마우스 오른쪽 단추로 클릭하고 데이터 추출을 선택한다. 다음 화면에 보이는 것처럼 추출에 대한 구성 옵션을 설정할 수 있다.

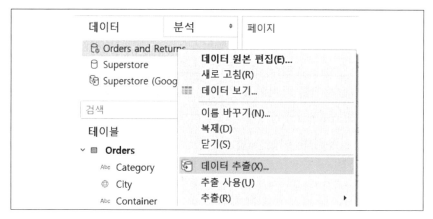

그림 2.23: 데이터 추출... 옵션

- 개발자는 태블로 하이퍼 API를 사용해 추출을 만들 수 있다. 이 API를 사용하면 파이썬^Python, 자바^Java, C ++, C#/.NET을 사용해 하이퍼 추출을 프로그래밍 방식으로 읽고 쓸 수 있다. 이 접근 방식에 대한 자세한 내용은 이 책의 범위를 벗어나므로 이와 관련된 더 많은 정보는 태블로 웹 사이트(https://help.tableau.com/current/api/hyper_api/en-us/index.html)의 설명서를 참고하자.

- 알터릭스^Alteryx 또는 태블로 프렙^Tableau Prep과 같은 특정 도구로 태블로 추출을 만들 수 있다.

추출 구성에는 몇 가지 옵션이 있다. 이러한 옵션을 편집하려면 데이터 원본 화면에서 **추출**을 선택한 다음 **편집...**을 선택하거나 데이터 패널에서 데이터 원본을 마우스 오른쪽 단추로 누르면 표시되는 메뉴에서 **데이터 추출...**을 선택한다. 추출을 구성할 때 다음과 같이 특정 옵션을 선택하라는 메시지가 표시된다.

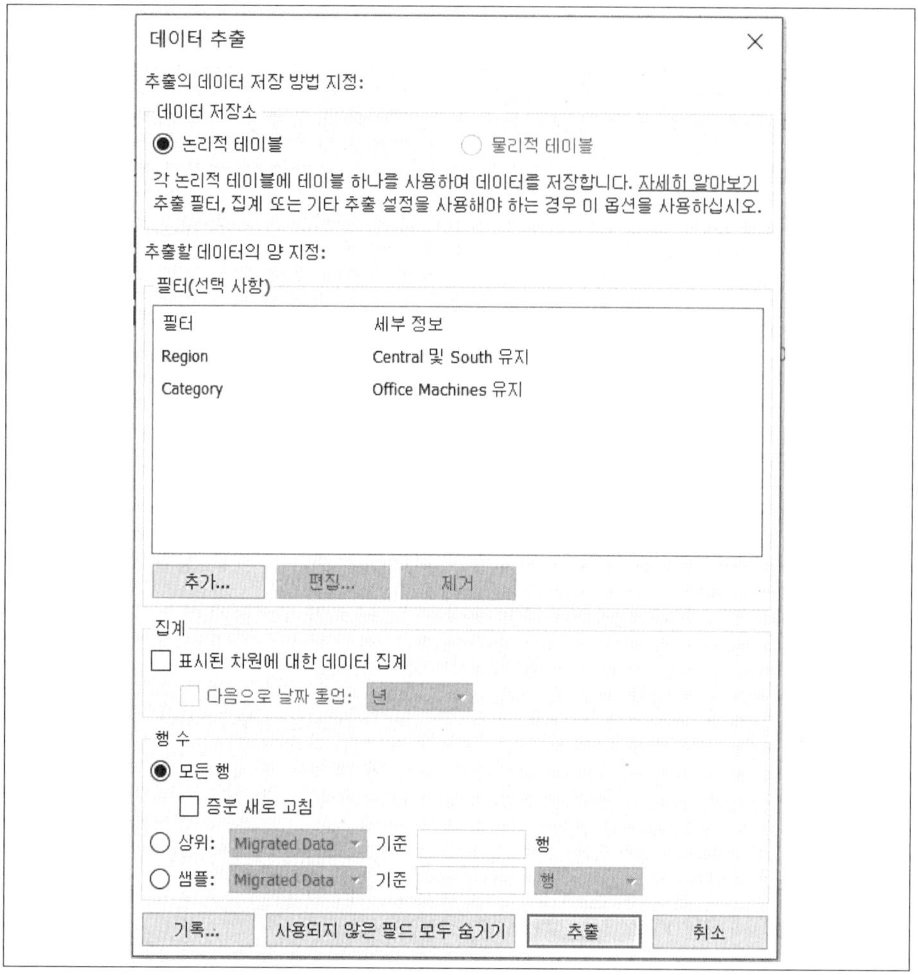

그림 2.24: 데이터 추출 대화상자는 추출을 구성하는 방법에 대한 몇 가지 옵션을 제공한다.

추출을 구성할 때 많은 제어 권한이 있다. 다음에서 다양한 옵션에 대한 선택이 성능과 유연성에 미치는 영향을 살펴보자.

- 생성한 데이터 원본과 개체 모델에 따라 논리 테이블과 실제 테이블 중에서 선택할 수 있다. 자세한 내용은 13장에서 살펴본다.
- 선택적으로 추출 필터를 추가해 추출을 원본 소스의 하위 집합으로 제한할 수 있다. 이 예에서 Region은 Central 또는 South, Category는 Office Machines

114

인 레코드가 추출에 포함됐다.

- 체크 박스를 선택해 추출을 집계할 수 있다. 즉, 데이터가 시간과 관련된 차원 수준으로 집계된다. 선택적으로는 연도나 월과 같이 지정된 날짜 수준으로도 가능하다.

보이는 필드는 데이터 패널에 표시된다. 필드를 마우스 오른쪽 단추로 클릭하고 숨기기를 선택해 데이터 원본 화면이나 데이터 패널에서 필드를 숨길 수 있다. 이 옵션은 통합 문서의 뷰에서 필드를 사용하는 경우 비활성화된다. 숨겨진 필드는 뷰에서 사용할 수 없다. 추출을 생성하거나 최적화하기 전에 숨겨진 필드가 아닌 이상 숨겨진 필드는 추출에 포함되지 않는다.

앞의 예에서 Region과 Category 차원만 표시되는 경우 추출된 결과물은 두 개의 데이터 행만 포함한다(Central 및 South 각각에 대해 한 개의 행). 또한 모든 측정값은 Region/Category 수준에서 집계되며 추출 필터와 관련돼 실행된다. 예를 들어 Sales는 Central/Office Machines 및 South/Office Machines의 판매 합계로 집계된다. 모든 측정값은 기본 집계 방식에 따라 집계된다.

데이터 세트의 모든 행을 포함하거나 상위 n개 행을 샘플링해 추출 행수를 조정할 수 있다. 모든 행을 선택하면 증분 새로 고침을 표시할 수 있다. 원본 데이터의 레코드가 증가하는 만큼 추가된 새로운 레코드를 식별하는 데 사용할 수 있는 ID 칼럼이나 날짜 필드가 있다면 증분 추출을 사용해 전체를 다시 추출하지 않고도 기존 추출에 추가해 업데이트된 전체 데이터를 사용할 수 있을 것이다. 앞의 예에서 Row ID가 이전 추출의 가장 높은 값보다 더 높은 값이면 어떤 새로운 행이든 다음 증분 새로 고침에 포함될 것이다.

증분 새로 고침은 시간이 지남에 따라 증가하는 대량의 데이터를 처리하는 좋은 방법이 될 수 있다. 그러나 증분 새로 고침은 지정한 필드에 따라 새 데이터 행만 추가하므로 주의해서 사용해야 한다. 기존 행은 변경되지 않고 원본에서 삭제된 경우 행이 제거되지 않는다. 새 행이라고 해도 증분 필드의 값이 기존 추출의 최대값보다 작은 경우 새 행도 누락될 수 있다.

이제 추출을 만들고 구성하는 방법을 살펴봤으므로 추출을 사용하는 방법을 살펴보자.

성능

태블로에는 두 가지 유형의 추출이 있다.

- **태블로 데이터 추출(.tde 파일)**: 태블로 10.5 이전에는 이것이 사용할 수 있는 유일한 추출 유형이었다.
- **하이퍼 추출(.hyper 파일)**: 태블로 10.5 이상에서 사용할 수 있다.

규모와 볼륨에 따라 .hyper 및 .tde 추출 모두 대부분의 기존 라이브 데이터베이스 연결보다 빠르게 수행될 수 있다. 대부분의 경우 태블로는 기본적으로 하이퍼 추출을 생성한다. 태블로의 오래된 버전을 사용하지 않는 이상, 예전의 .tde 를 사용할 이유는 별로 없을 것이다. 태블로 추출의 놀라운 성능은 다음을 비롯한 여러 요소를 기반으로 한다.

- 하이퍼 추출은 OLTP와 OLAP 모델을 융합해서 사용하는 것으로, 엔진이 최적 쿼리를 결정한다. 태블로 데이터 추출은 열 형식으로 쿼리하기에 매우 효율적이다.
- 추출은 추가 처리 없이 메모리에 빠르게 로드되고 메모리와 디스크 저장소 간 이동할 수 있도록 구조화돼 있어 추출의 크기가 사용할 수 있는 RAM의 양에 제한되지 않고, RAM이 성능을 높이고자 효율적으로 사용된다.
- 많은 계산된 필드가 추출에서 구체화된다. 추출에 저장된 미리 계산된 값은 쿼리가 실행될 때마다 계산을 실행하는 것보다 더 빨리 읽을 수 있는 경우가 많다. 하이퍼 추출은 잠재적으로 많은 집계를 구체화해 이를 확장한다.

추출을 사용하면 기존 데이터베이스에 비해 성능을 향상시킬 수 있다. 성능 향상을 최대화하려면 다음 방법을 참고하자.

- 추출을 만들기 전에 사용하지 않는 필드를 숨긴다. 원하는 시각화를 모두 만든 경우 **추출 대화상자에서 사용하지 않는 필드 숨기기** 단추를 클릭해 뷰나 계산에 사용되지 않는 모든 필드를 숨길 수 있다.
- 가능하면 원래 데이터 원본의 데이터 하위 집합을 사용한다. 예를 들어 지난 10년 동안의 기록 데이터가 있지만 분석을 위해 지난 2년만 필요한 경우 Date 필드별로 추출을 필터링한다.
- 계산된 필드를 생성하거나 편집한 후 필드를 삭제하거나 숨기고자 추출을 최적화한다.
- 드라이브에 추출을 저장한다.

성능은 추출 사용을 고려하는 주요 이유 중 하나지만 고려해야 할 다른 요소가 있다.

휴대성과 보안

데이터가 사무실 네트워크 내부에서만 접근할 수 있는 데이터베이스 서버에서 호스팅된다고 가정해보자. 일반적으로 데이터 작업을 하려면 현장에 있거나 VPN을 사용해야 한다. 클라우드 기반의 데이터 원본은 인터넷 연결이 필요하다. 추출을 사용하면 데이터를 가져와 오프라인으로 작업할 수 있다.

추출 파일에는 원본에서 추출된 데이터가 포함된다. 통합 문서를 저장할 때 태블로 통합 문서(.twb) 파일이나 태블로 패키지 통합 문서(.twbx) 파일로 저장할 수 있다. 이 파일들의 차이점은 다음과 같다.

- 태블로 통합 문서(.twb)에는 모든 연결, 필드, 시각화, 대시보드에 대한 정의가 포함돼 있지만 데이터나 이미지와 같은 외부 파일은 포함되지 않는다. 태블로 통합 문서는 태블로 데스크톱에서 편집하고 태블로 서버^{Tableau Server}에 게시할 수 있다.

- 태블로 패키지 통합 문서(.twbx)는 태블로 통합 문서(.twb) 파일의 모든 항목을 포함하지만 통합 문서와 함께 단일 파일로 패키지된 추출 및 외부 파일이 포함된다. 추출을 사용하는 패키지 통합 문서는 태블로 데스크톱, 태블로 리더에서 열고 태블로 퍼블릭^{Tableau Public}이나 태블로 온라인^{Tableau Online}에 게시할 수 있다.

 TIP 패키지 통합 문서 파일(.twbx)은 실제로 압축된 .zip 파일이다. 확장자 이름을 .twbx에서 .zip으로 바꾸면 다른 .zip 파일과 마찬가지로 콘텐츠에 접근할 수 있다.

추출을 사용할 때 염두에 둬야 할 몇 가지 보안 고려 사항이 있다. 첫째, 사용된 자격증명에 따라 접근할 수 있는 데이터를 제한하는 보안 계층은 추출이 생성된 후에는 적용되지 않는다. 추출에는 사용자 이름이나 암호가 필요하지 않다. 추출의 모든 데이터는 누구나 읽을 수 있다. 둘째, 추출 파일(.hyper 또는 .tde)에 포함된 보이는(숨겨지지 않은) 필드를 위한 모든 데이터와 통합 문서 패키지(.twbx)에 포함된 추출은 데이터가 시각화에서 보이지 않더라도 접근할 수 있다. 민감하거나 독점적인 데이터가 추출 또는 패키지 통합 문서에 포함된 경우 접근 제한에 신경 써야 한다.

추출을 사용하는 경우

추출의 사용 여부를 결정할 때는 다양한 요소를 고려해야 한다. 경우에 따라서는 선택의 여지가 없이 그냥 따라야 할 때가 있다(예, OLAP에는 라이브 연결이 필요하고 일부 클라우드 기반의 데이터 원본에는 추출이 필요함). 그렇지 않은 경우에는 여러 사항을 생각해봐야 한다.

일반적으로 다음과 같은 경우 추출을 사용한다.

- 라이브 연결보다 더 나은 성능이 필요한 경우

- 휴대할 수 있는 데이터가 필요한 경우
- 데이터베이스 데이터 엔진에서 지원하지 않는 함수를 사용해야 하는 경우(예를 들면 MEDIAN(중앙값)은 SQL 서버에 대한 라이브 연결이 지원되지 않음)
- 패키지 통합 문서를 공유하려고 하는 경우로, 이는 추출된 데이터가 포함된 패키지 통합 문서만 읽을 수 있는 무료 태블로 리더Tableau Reader를 사용하는 사람과 패키지 통합 문서를 공유하려는 경우 특히 그렇다.

일반적으로 다음과 같은 경우 추출을 사용하지 않는다.

- **특정 사용자가 접근할 수 없는 민감한 데이터가 있거나 추출에 접근할 수 있는 사람을 제어할 수 없는 경우.** 그러나 추출을 만들기 전에 민감한 필드를 숨길 수 있으며 이 경우 더 이상 추출의 일부가 아니다.
- **로그인 자격증명을 기반으로 보안 관리해야 하는 경우.** 그러나 태블로 서버를 사용하는 경우 로그인으로 보호되는 태블로 서버에서 호스팅되는 추출된 연결을 계속 사용할 수 있다. 16장에서 태블로 서버와의 작업 공유를 살펴본다.
- **실시간으로 업데이트된 데이터 원본의 변경 사항을 확인해야 하는 경우.**
- **데이터 양으로 인해 추출을 작성하는 데 필요한 시간이 터무니없이 많이 걸리는 경우.** 적절한 시간 내에 추출할 수 있는 레코드 수는 필드의 데이터 유형, 필드 수, 데이터 원본의 속도, 네트워크 대역폭과 같은 요소에 따라 달라진다. 하이퍼 엔진은 이전의 .tde 파일을 생성하던 것보다 훨씬 빠르게 .hyper 추출을 생성한다.

추출을 생성하고 괸리하고 사용하는 것에 관한 지금까지의 이해를 바탕으로 태블로에서 데이터를 필터링하는 다양한 방법을 알아보자.

데이터 필터링

데이터 하위 집합에 대한 분석을 수행하거나, 초점을 좁히거나, 세부 정보로 자세히 분석하고자 태블로에서 데이터를 필터링해야 할 때가 있다. 태블로는 데이터를 필터링하는 여러 가지 방법을 제공한다.

분석 범위를 데이터 하위 집합으로 제한하려면 다음 기술 중 하나를 사용해 데이터 원본에서 데이터를 필터링할 수 있다.

- 데이터 원본 필터는 다른 모든 필터보다 먼저 사용되며, 분석을 데이터 하위 집합으로 제한하려는 경우 유용하다. 이러한 필터는 다른 필터들보다 먼저 적용된다.
- 추출 필터는 추출(.tde 또는 .hyper)에 저장된 데이터를 제한한다. 데이터 원본 필터는 데이터를 추출할 때 추출 필터로 변환되기도 한다.
- 사용자 지정 SQL 필터는 사용자 지정 SQL로 수행되는 라이브 연결을 사용하면 가능하다. 이 경우 WHERE절에 태블로 매개변수가 있다. 매개변수에 관해서는 4장에서 알아본다.

또한 다음 기술 중 하나를 사용해 하나 이상의 뷰에 필터를 적용할 수 있다.

- 데이터 패널의 필드를 필터 선반으로 드래그앤드롭한다.
- 다음과 같이 뷰에서 하나 이상의 마크나 머리글을 선택한 다음 이 항목만 유지 또는 제외를 선택한다.

✓ 이 항목만 유지   ✕ 제외

그림 2.25: 선택한 마크와 일치하는 값에 대해 이 항목만 유지 또는 제외 기능을 사용할 수 있다.

- 데이터 패널이나 뷰에서 필드를 마우스 오른쪽 단추로 클릭하고 필터 표시를 선택한다. 필터는 뷰나 대시보드의 최종 사용자가 필터를 변경할 수 있

컨트롤(예들은 드롭다운 목록과 확인란을 포함하고 있다)로 표시된다.

- 필터 동작을 사용한다. 대시보드 컨텍스트에서 필터와 필터 동작을 자세히 살펴보자.

이러한 각 옵션은 뷰의 필터 선반에 하나 이상의 필드를 추가한다. 필터 선반에 필드를 놓으면 필터를 정의하는 옵션이 표시된다. 필터 옵션은 필드가 불연속형인지 연속형인지에 따라 다르다. 필드가 차원이나 측정값으로 필터링되는지 여부는 필터 적용 방법과 결과에 큰 영향을 미친다.

불연속형(파란색) 필드 필터링

불연속형 필드를 사용해 필터링하면 유지하거나 제외할 개별 값을 선택할 수 있는 옵션이 제공된다. 예를 들어 불연속형인 Department 차원을 필터 선반에 놓으면 태블로는 다음 옵션을 제공할 것이다.

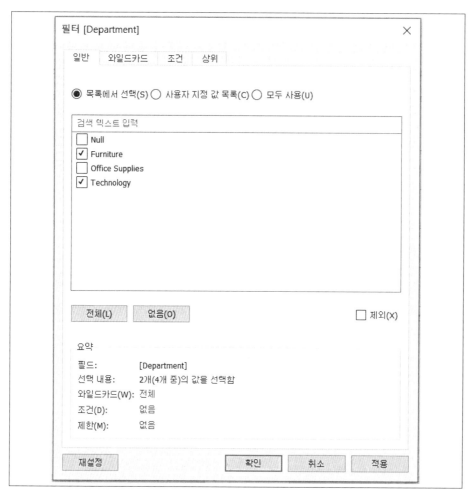

그림 2.26: 불연속형 필드에 대한 필터는 개별 값을 포함하거나 제외하는 옵션을 표시한다.

필터 옵션은 일반, 와일드카드, 조건, 상위 탭을 포함한다. 필터는 각각의 탭에서 옵션을 포함할 수 있다. 일반 탭의 요약 부분에는 선택한 모든 옵션이 표시된다.

- 일반 탭을 사용하면 목록에서 항목들을 선택할 수 있다(많은 경우의 수를 포함하고 있어서 로드하는 데 시간이 많이 걸리는 차원의 경우 아이템들을 수동으로 목록에 추가해 사용자 지정 목록을 만들 수 있다). 제외 옵션을 사용해 선택한 항목을 제외할 수 있다.

- 와일드카드 탭에는 문자열을 포함하는 경우, 시작 문자가 일치하는 경우, 끝 문자가 일치하는 경우, 정확히 일치하는 경우의 옵션을 사용해서 검색할 수 있는 기능이 포함돼 있다.
- 조건 탭에서는 조건을 충족하는 여러 필드의 집계를 기반으로 충족 조건을 지정할 수 있다(예를 들어 $1,000,000보다 큰 매출 합계를 가진 모든 Department의 조건을 유지함). 또한 사용자 지정 계산을 작성해 복잡한 조건을 작성할 수 있다. 계산에 관해서는 4장, 6장에서 더 자세히 다룬다.
- 상위 탭은 맨 위 또는 맨 아래 항목의 필터를 제한할 수 있다. 예를 들어 매출 합계 기준 상위 5개 항목만 유지하도록 결정할 수 있다.

 불연속형 측정값(테이블 계산을 사용하는 계산된 필드 제외)은 **필터 선반**에 추가할 수 없다. 필드에 날짜 또는 숫자 값이 있는 경우 필터링하기 전에 연속 필드로 변환할 수 있다. 다른 데이터 유형인 경우 필터링하려는 값을 연속형의 숫자 값으로 변환하려면 계산된 필드를 만들어야 한다.

이제 연속형 필터가 필터링하는 방법을 알아보자.

연속형(녹색) 필드 필터링

연속형 차원을 필터 선반에 가져다 두면 다른 옵션 집합을 보게 된다. 다음과 같이 필드를 필터링할 방법을 묻는 메시지가 먼저 표시되는 경우가 있다.

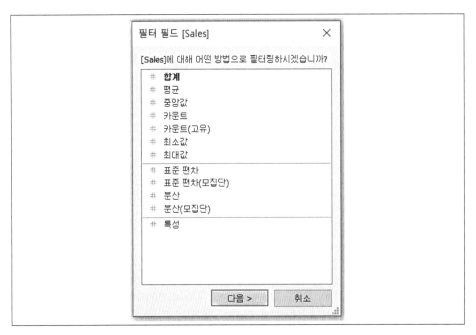

그림 2.27: 숫자 값의 경우 필터의 일부로 값을 집계하는 옵션이 표시되는 것을 볼 수 있다.

이 옵션들은 두 가지 주요 범주로 나뉜다.

- **집계**: 필터는 지정된 집계(예, 합계, 평균, 최소값, 최대값, 표준편차, 분산)를 기반으로 하며, 집계는 뷰의 세부 수준에서 수행된다. 예를 들어 카테고리 수준의 뷰에서 매출 합계가 $100,000 이상인 경우만 유지하는 필터는 총 매출이 $100,000 이상인 카테고리만 유지한다.
- **특성**: 필터는 행별로 필드의 개별 값을 기반으로 한다. 예를 들어 매출 $100 이상으로 유지하는 특성 필터는 기본 데이터의 각 레코드를 평가하고 개별 매출이 $100 이상인 경우만 유지한다.

필터링 방법을 선택하고 나면(또는 선택한 필드에 적용할 수 없는 경우) 다음과 같이 실제 필터를 설정할 수 있는 다른 인터페이스가 나타난다.

124

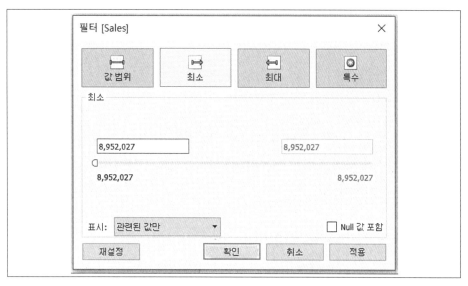

그림 2.28: Sales에 대한 필터 옵션 (합계와 같은)

여기에는 시작, 끝 또는 양쪽 범위를 기반으로 연속 값을 필터링하는 옵션이 표시된다. 특수 탭은 모든 값, NULL 값, NULL이 아닌 값을 표시하기 위한 옵션을 제공한다.

사용자 인터페이스 관점에서 필터링 옵션의 가장 큰 차이는 필드가 불연속형인지 연속형인지 여부에 따라 달라진다. 연산의 순서를 기반으로 해 얻게 될 결과의 종류를 이해하려면 필드를 차원 필터로 사용하고 있는지 혹은 측정값 필터로 사용하고 있는지 생각해봐야 한다. 연산 순서에 관한 자세한 내용은 다음의 태블로 도움말 페이지를 참조하라.

https://help.tableau.com/current/pro/desktop/en-us/order_of_operations.htm

- 차원 필터는 데이터의 세부 행을 필터링 한다. 예를 들어 Central Region을 필터링하면 그 지역의 모든 행을 제거할 것이다. 해당 지역의 모든 주가 표시되지 않으며, 합계(Sales)와 같은 집계 결과에는 해당 지역의 값이 포함되지 않을 것이나.

- 측정값 필터는 여러분의 뷰에 포함된 차원으로 정의한 세부 수준에서 데이터 행을 집계해 필터링 한다. 예를 들어 합계(Sales) $100,000 이상만 필터링하고, 여러분의 뷰가 Region과 Month를 포함하고 있었다면 결과 뷰는 해당 월의 매출이 $100,000 이상인 Region의 값만을 포함할 것이다.

이제 불연속형 필드와 연속형 필드의 필터링 이외에도 날짜 필터링에 관한 몇 가지 다른 옵션들도 확인해보자

날짜 필터링

3장의 '날짜와 시간 시각화' 절에서 태블로가 날짜를 처리하는 특별한 방법을 살펴볼 것이다. 지금은 다음과 같이 Order Date 필드를 필터 선반에 놓을 때 사용할 수 있는 옵션을 살펴본다.

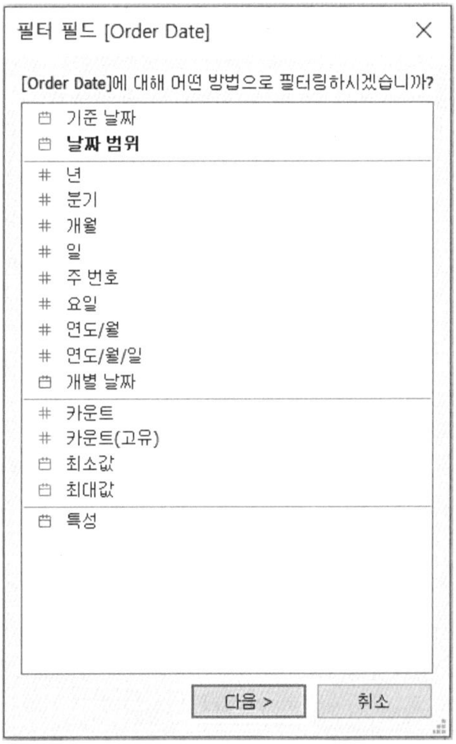

그림 2.29: 날짜 필드에 대한 초기 필터 옵션

옵션에는 다음이 포함된다.

- **기준 날짜:** 이 옵션을 사용하면 특정 날짜를 기준으로 필터링할 수 있다(예, 오늘부터 최근 3주, 1월 1일부터 지난 6개월).
- **날짜 범위:** 이 옵션을 사용하면 시작 날짜, 종료 날짜 또는 둘 다를 포함하는 범위를 기준으로 날짜를 필터링할 수 있다.
- **날짜 부분:** 이 옵션을 사용하면 년, 월, 일과 같은 날짜의 개별 부분이나 월/연도와 같은 부분 조합을 기준으로 필터링할 수 있다. 선택 사항에 따라 다양한 필터링 옵션이 있으며 데이터의 최신 값으로 기본값을 설정할 수 있다.
- **개별 날짜:** 이 옵션을 사용하면 데이터에 있는 날짜 필드의 개별 값을 기준으로 필터링할 수 있다.
- **카운트 또는 카운트(고유):** 이 옵션을 사용하면 데이터에 있는 날짜 값의 개수나 고유 개수를 기준으로 필터링할 수 있다.

선택에 따라 필터링을 위한 추가 옵션이 제공된다.

기타 필터링 옵션

필터링의 기타 옵션은 다음과 같다.

- 필드를 마우스 오른쪽 단추로 클릭하고 **필터 표시**를 선택해서 거의 모든 필드의 필터 제어를 표시할 수 있다. 제어 유형은 불연속형이든 연속형이든 필드 유형에 따라 다르며, 필터 제어의 오른쪽 상단에 있는 작은 드롭다운 화살표를 사용해 사용자 정의할 수 있다.
- 컨텍스트에 필터를 추가할 수 있다. 이 책 전반에 걸쳐 다양한 예에서 컨텍스트가 중요한 이유를 알게 될 것이다. 시금은 옵션에 유의한다. 이 옵션은 필터 컨트롤의 드롭다운 메뉴 또는 필터 선반의 필드를 통해 사용할 수 있다.
- 데이터베이스의 모든 값, 컨텍스트의 모든 값, 계층의 모든 값 또는 다른 필터를 기반으로 하는 관련 값만 표시하도록 필터를 설정할 수 있다. 이러

한 옵션은 필터 컨트롤의 드롭다운 메뉴 또는 필터 선반의 필드를 통해 사용할 수 있다.

- 태블로 서버를 사용할 때 사용자 자격증명을 기반으로 필터링해 행 수준 보안을 제공할 수 있는 사용자 필터를 정의할 수 있다.

- 기본적으로 필터 선반에 배치된 모든 필드는 현재 뷰와 관련된 필터를 정의한다. 그러나 필터 선반의 필드에 대한 메뉴를 사용해 범위를 지정할 수 있을 것이다. 적용을 선택하고 다음 옵션 중 하나를 선택한다.

  - **관련된 모든 데이터 원본:** 모든 데이터 원본이 지정된 값으로 필터링된다. 필드의 관계는 혼합과 동일하다(즉, 기본 이름 및 유형 일치 또는 데이터 ▶ 혼합 관계 편집... 메뉴 옵션을 통해 사용자 지정됨). 관련 데이터 원본을 사용하는 모든 뷰는 필터의 영향을 받는다. 이 옵션을 교차 데이터 원본 필터링이라고도 한다.

  - **현재 데이터 원본:** 해당 필드의 데이터 원본이 필터링된다. 해당 데이터 원본을 사용하는 모든 뷰는 필터의 영향을 받는다.

  - **선택한 워크시트:** 필드의 데이터 원본을 사용하는 선택된 모든 워크시트가 필터의 영향을 받는다.

  - **현재 워크시트:** 현재 뷰만 필터의 영향을 받는다.

이 책 전반에서 데이터 필터링에 대한 실제적인 예를 많이 볼 수 있을 것이며, 그중 대부분은 이러한 옵션 중 일부를 사용할 것이다.

▌요약

2장에서는 태블로가 데이터를 사용하는 방식에 대한 주요 개념을 다뤘다. 일반적으로 태블로가 기본 데이터 엔진에 질의하고자 생성하는 쿼리는 신경 쓰지 않지만 태블로의 패러다임을 확실히 이해하면 데이터를 분석하는 데 큰 도움이 된다.

서로 다른 데이터 원본에 대한 서로 다른 연결의 여러 예를 살펴보고 데이터 추출 사용의 이점과 잠재적인 단점, 메타데이터를 관리하는 방법, 데이터 필터링 옵션을 살펴봤다.

데이터 작업은 태블로에서 수행하는 모든 작업의 기본이다. 다양한 데이터 원본에 연결하는 방법, 추출 작업 시기, 메타데이터의 사용자 지정 방법을 이해하는 것은3장에서 다룰 심층 분석과 더욱 복잡한 시각화를 시작할 때 중요하다.

03

기본 시각화를 넘어서

이제 고급 시각화를 만드는 모험을 시작할 준비가 됐다. 태블로를 사용하면 많은 시각화를 쉽게 만들 수 있으므로 고급이라고 해서 어려운 것은 아니다. 고급이라고 해서 반드시 복잡한 것을 의미하는 것도 아니다. 우리의 목표는 불필요한 복잡성으로 인해 데이터가 모호해지는 것을 방지해 데이터를 전달하는 것이다.

즉, 언제 사용해야 하는지, 어떤 면에서 유용한지, 태블로의 기능을 활용해서 어떻게 만들 수 있는지 등의 이해를 바탕으로 하는 시각화가 바로 고급이라고 할 수 있다. 또한 앞으로 살펴볼 많은 예제에서는 계산과 같은 몇 가지 고급 기술을 도입해 기초 시각화의 유용성을 확장할 것이다. 이러한 기술의 대부분은 이후의 장들에서 완전하게 개발될 것이므로 지금 당장 모든 세부 사항을 파악하려고 노력할 필요는 없다.

3장에 있는 대부분의 예제는 따라 할 수 있게 설계됐다. 그러나 단순히 일련의 지침을 외우는 것에 그치지 말자. 대신 다양한 유형의 필드를 여러 가지 선반에 배치해가며 그 조합으로 인해 머리글, 축, 마크가 렌더링되는 방식이 어떻게 변경되는지 시간을 내어 이해해보자. 가이드를 실험해보기도 하고 벗어나 보기도 하며 다른 것이 가능한지 확인해보자. 언제든지 태블로의 뒤로 단추를 사용해 예제를 다시 따라 해볼 수 있다.

3장의 시각화는 다음과 같은 내용을 주로 다룬다.

- 비교
- 날짜와 시간
- 데이터의 일부를 전체에 연결
- 분포
- 여러 축

이 목록에는 공간적 위치나 지리적 범주가 없음을 눈치 챘을 것이다. 매핑은 1장에서 소개했으며, 12장에서 몇 가지 고급 지리적 기능을 설명한다.

Chapter 03 Starter.twbx 통합 문서를 사용해 3장에 있는 예제를 다시 만들거나 빈 통합 문서를 사용해 Learning Tableau/Chapter 03 폴더에 있는 Hospital Visits.csv 파일에 연결해 처음부터 시작할 수도 있다. 완성된 예제는 Chapter 03 Complete.twbx 통합 문서에서 찾을 수 있다.

양적 비교에 효과적인 시각화 유형을 평가하는 것으로 시작해보자.

▌값 비교

가끔은 서로 다른 범주에서 측정된 값 사이의 차이를 비교해야 할 때가 있다. 다음과 같은 질문을 할 수 있다.

- 각 상점은 몇 명의 고객에게 서비스를 제공했는가?
- 각 풍력 발전 단지는 얼마나 많은 에너지를 생산했는가?
- 각각의 의사는 몇 명의 환자를 봤는가?

각각의 경우 일부 정량적 측정(고객 수, 메가와트 전력, 환자의 방문 횟수) 측면에서 비교할 대상(상점, 풍력 발전 단지, 의사)이 있다.

이러한 유형의 질문에 답하는 데 도움이 되는 시각화의 몇 가지 예를 살펴보자.

막대 차트

다음은 1장에서 구축한 것과 유사한 간단한 막대 차트다.

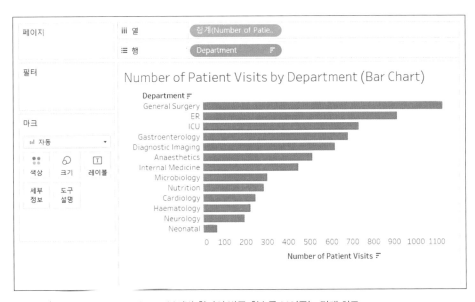

그림 3.1: 부서별 환자의 방문 횟수를 보여주는 막대 차트

이 막대 차트를 사용하면 병원의 여러 부서 간 환자 방문 횟수를 쉽게 비교할 수 있다. 차원인 Department(부서)는 ER(응급실), ICU(집중치료실) 또는 Cardiology(순환기 내과)와 같은 각각의 고유한 값에 따라 데이터를 분할한다. 불연속형(파란색)이

기 때문에 이러한 값에 대한 머리글을 생성한다. 측정값으로 Number of Patient Visits(환자의 방문 횟수)는 각 부서에 방문한 환자 수의 합을 제공한다. 연속형(녹색) 필드이기 때문에 축을 정의하고 값을 시각화하는 막대가 렌더링된다.

막대 차트에는 환자 방문 수의 합계가 가장 높은 부서가 상단에 위치하고 가장 낮은 곳이 하단에 위치하는 식으로 부서별로 정렬돼 있다. 막대 차트를 정렬하면 비교 및 순위 순서를 쉽게 확인할 수 있으므로 분석에 많은 가치가 추가되는 경우가 있다. 예를 들어 Microbiology(미생물학과)에 Nutrition(영향학과)보다 더 많은 환자가 방문했음을 쉽게 알 수 있다. 차트가 정렬되지 않았다면 이는 분명하지 않았을 수 있다.

다음과 같이 여러 방법으로 뷰를 정렬할 수 있다.

- 도구 모음에서 정렬 아이콘 중 하나를 클릭한다. 그러면 축을 정의한 측정 값을 기반으로 차원이 자동 정렬된다. 정렬 순서를 새롭게 하는 데이터 또는 필터링의 변경 사항이 뷰에 반영된다.

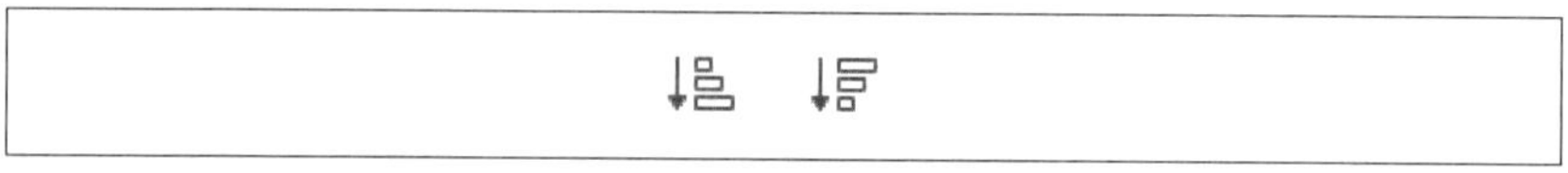

↓昌 ↓팀

그림 3.2: 도구 모음 정렬 아이콘

- 축에서 정렬 아이콘을 클릭한다. 축 위로 마우스를 가져가면 옵션 아이콘이 표시되고 정렬을 활성화하면 그대로 유지된다. 그러면 자동 정렬도 수행될 것이다.

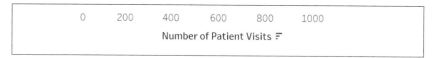

그림 3.3: 축 정렬 아이콘

- 활성화된 차원 필드의 드롭다운을 사용하고 정렬을 선택해 정렬 옵션을 보고 편집한다. 정렬 지우기를 선택해 정렬을 제거할 수도 있다.

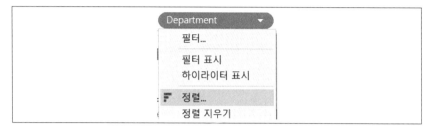

그림 3.4: 드롭다운 메뉴를 사용한 정렬

- 행에 대한 필드 레이블의 드롭다운을 사용하고 원하는 정렬 옵션을 선택한다.

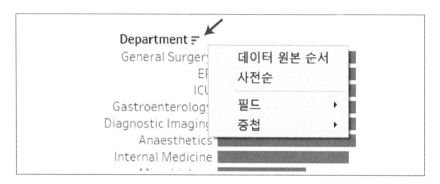

그림 3.5: 필드 레이블로 정렬

- 행 머리글을 드래그해 수동으로 재정렬한다. 이로 인해 데이터 새로 고침이 업데이트되지 않는 수동 정렬이 발생한다.

이러한 모든 정렬 방법은 하나의 뷰에만 특정해 작용하고 메타데이터에서 정의한 모든 기본 정렬에 우선한다.

막대 차트 변형

기본 막대 차트는 여러 가지 목적을 달성하고자 다양한 방법으로 확장될 수 있다. 다음으로 변형해보자.

- 목표, 대상, 임계값에 대한 진행 상황을 보여주는 불릿 차트
- 목표에 대한 진행 상황을 표시하거나 범주 내에서 두 개의 측정값을 비교하는 가로 막대형 차트
- 관심 있는 카테고리 강조

불릿 차트

불릿 그래프Bullet Graph(때로는 불릿 차트Bullet chart라고도 함)은 측정값을 목표, 대상 또는 임계값과 시각적으로 비교할 수 있는 아주 좋은 방법이다. 막대는 측정값을 나타내고 선은 목표를 나타낸다. 태블로는 목표 또는 임계값까지의 거리 60% 및 80%를 나타내는 음영 처리도 기본으로 사용한다. 선과 음영은 조정할 수 있는 참조선이다(이어지는 장들에서 자세히 살펴보자).

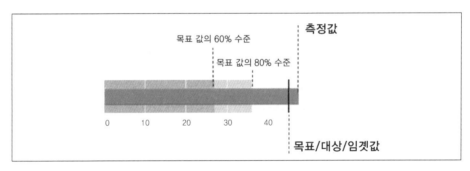

그림 3.6: 불릿 그래프의 일부

이 시나리오에서는 수익 목표와 관련해 병원이 어떻게 운영됐는지 살펴볼 것이다. 병원 행정부는 2019년에 다음과 같은 수익 목표를 설정했다. 이제 각 부서가 실제로 어떻게 수행했는지 살펴보자.

Department	Goal
Anaesthetics	$300,000
Cardiology	$5,000,000
Diagnostic Imaging	$500,000
ER	$6,000,000
Gastroenterology	$900,000
General Surgery	$8,000,000
Haematology	$800,000
ICU	$3,800,000
Internal Medicine	$200,000
Microbiology	$50,000
Neonatal	$10,000
Neurology	$3,000,000
Nutrition	$10,000

그림 3.7: 부서의 목표는 여기에 표시된 대로 스프레드시트에 저장된다.

환자 방문과 수익 데이터는 Hospital Visits.csv에 포함돼 있으며, 수익 목표는 Hospital Goals.csv에 있다. 이 두 데이터 연결은 Starter 및 Complete 통합 문서의 데이터 모델에서 관계된다. 13장에서 데이터 모델을 자세히 다룬다. 지금은 Hospital Visits & Revenue 데이터 원본을 사용해 이 장의 예제를 완료해보자.

Hospital Visits와 Hospital Goals 스프레드시트 데이터 원본을 포함하고 있는 Chapter 3 통합 문서를 사용해 불릿 차트를 작성한다. 이 두 데이터 원본을 사용해 실제 서비스 시간과 목표 서비스 시간 간의 관계를 시각화한다.

1. Revenue per Department (Bullet Chart) 시트로 이동한다.
2. 기본적인 Department당 Revenue 막대 차트를 생성한다.
3. Department를 가장 높은 값에서 가장 낮은 값의 순으로 정렬한다.
4. 년(Date of Admit)으로 필터링하고 2019년 데이터만 유지한다. 이 시점에서 뷰는 다음과 같을 것이다

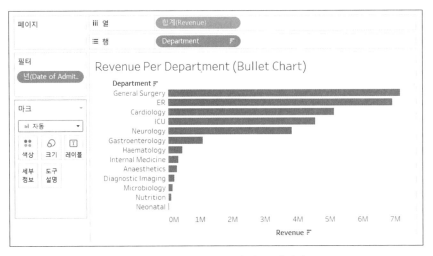

그림 3.8: 불릿 그래프를 만드는 중간 단계

5. 데이터 패널에서 Hospital Goals.csv 테이블 아래의 Goal을 선택한다.

6. 표현 방식을 열고 불릿 그래프를 선택한다. 이제 태블로는 이미 뷰에 있는 Goal 필드와 데이터 패널에서 선택한 필드를 사용해 불릿 그래프를 만들 것이다.

TIP

표현 방식을 사용해 불릿 차트를 만들 때 태블로가 의도한 것과 반대 순서로 필드를 사용하는 경우가 있다(잘못된 측정값으로 축과 막대를 정의하고 다른 측정값은 참조선을 정의한다). 이런 경우 간단히 축을 마우스 오른쪽 단추로 클릭하고 **참조선 필드 바꾸기**를 선택한다.

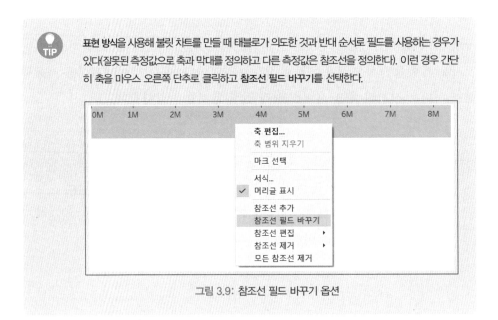

그림 3.9: 참조선 필드 바꾸기 옵션

138

완성된 불릿 차트는 다음과 같아야 한다.

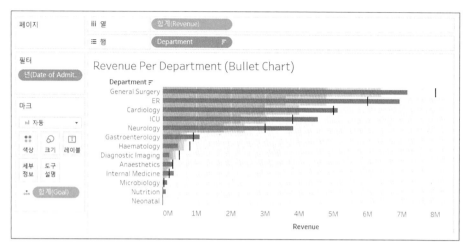

그림 3.10: 완성된 불릿 그래프

완성된 불릿 그래프를 사용하면 어느 부서가 목표를 달성했으며 어느 부서가 그 뒤에 있는 지 알 수 있다. 이제 이를 더욱 강조할 수 있는 방법을 살펴보자.

임계값 불러오기

불릿 차트에서 임계값을 충족하지 않거나 초과하는 막대를 시각적으로 표시하는 것이 도움 될 수 있다. 4장에서 계산에 대해 자세히 살펴보겠지만 여기서는 다음 과정을 통해 이 예제를 완료해보자.

1. 데이터 패널의 드롭다운 화살표를 사용해 계산된 필드 만들기...를 선택한다.

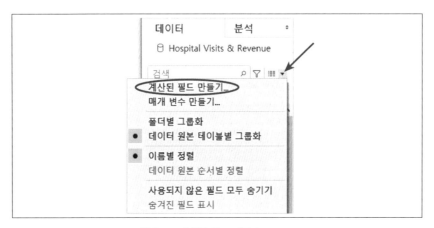

그림 3.11: 계산된 필드 만들기

2. 다음 코드를 사용해 **Goal Met?**라고 이름을 붙여 계산된 필드를 만든다.

```
SUM([Revenue]) >= SUM([Goal])
```

3. 확인을 클릭하고 데이터 패널에서 새로운 **Goal Met?** 필드를 끌어다 색상 선반에 떨어뜨린다.

부서의 Revenue(수익)이 목표값보다 크면 계산은 참을 반환하고 그렇지 않으면 거짓을 반환한다. 색상 선반에서 계산된 필드를 사용하면 2019년에 목표를 달성한 부서를 쉽게 확인할 수 있다.

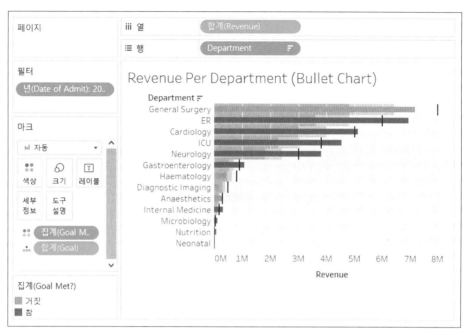

그림 3.12: 목표를 달성 한 부서는 이 불릿 차트 내에서 강조 표시된다.

색상은 시각화로 관심을 끌 수 있는 가장 강력한 방법이다. 의도적으로 색상을 사용해보자. 실적이 좋은 것을 강조할 것인지 나쁜 것을 강조할 것인지 결정하자.

겹 막대 차트

개별 범주에 대한 두 값 사이의 관계를 보여주는 또 다른 방법이 겹 막대 차트^{Bar-in-bar chart}다. 불릿 차트와 마찬가지로 가로 막대형 차트는 목표에 대한 진행 상황을 표시할 수 있다. 두 값을 비교하는 데도 사용할 수 있다. 예를 들어 수익을 목표와 비교하거나 현재 연도의 수익을 전년도와 비교할 수 있다.

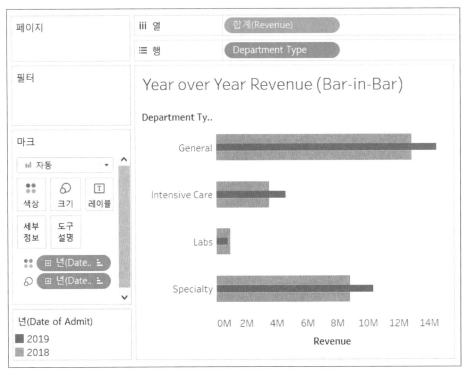

그림 3.13: 겹 막대 차트

이 뷰를 만들어보려면 동일한 통합 문서에서 다음 과정을 따라 해보자.

1. Year over Year Revenue (Bar-in-Bar) 시트로 이동한다.

2. Revenue를 뷰의 수평축에 드래그앤드롭한다(이렇게 하는 것은 열 선반에 떨어뜨려 놓는 것과 동일한 결과를 갖는다).

3. Department Type을 행 선반에 드래그앤드롭한다.

4. Date of Admit을 색상 선반에 드래그앤드롭한다. 다음 절에서 날짜에 대해 자세히 설명하겠지만 태블로는 날짜의 연도를 사용해 다음과 같은 누적 막대 차트를 제공한다는 것을 알 수 있다.

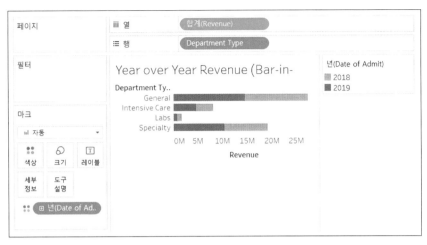

그림 3.14: 겹 막대 차트를 만드는 중간 단계

5. 겹 막대 차트의 경우 마크가 쌓이는 것을 원하지 않으므로 누적되는 형식을 끄려면 메인 메뉴에서 분석 ❯ 마크 누적 ❯ 해제를 선택한다.

6. 이제 모든 막대 조각은 0에서 시작하고 일부 막대는 다른 막대를 완전히가릴 수 있다. 각각의 막대를 보려면 다른 시각적 요소를 조정해야 한다.이 경우 Ctrl 키를 누른 상태에서 현재 마크 카드의 색상에 있는 년(Date of Admit) 필드를 크기로 드래그앤드롭한다.

 필드를 하나의 선반에서 다른 선반으로 복사해서 옮길 때 필드의 복사본을 생성하는 대신 Ctrl 키를누른 채로 필드를 이동할 수 있다.

이전 단계를 완료하면 크기 범례가 나타난다. 막대는 연도를 기준으로 크기가 조정되며, 겹치는 경우에도 사용할 수 있는 모든 조각을 볼 수 있다.

7. 2019년이 2018년도 앞에 있기를 원한다면 크기 범례 내에서 2018년을2019년도 뒤로 드래그앤드롭한다.

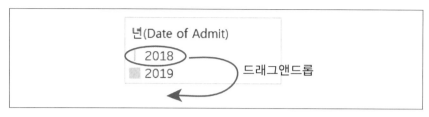

그림 3.15: 범례에서 항목을 드래그앤드롭해 순서를 변경할 수 있다.

8. **색상 범례를 더블 클릭해 2019가 강조되도록 색상을 편집한다.** 2019년에는 진한 주황색이나 파란색, 2018년에는 밝은 회색이 이 목적에 적합하다(원하는 다른 색상 조합을 찾을 수도 있다).

여기까지 하고 나면 뷰는 이 절의 시작부분에서 소개됐던 그림 3.13의 막대형 차트처럼 보일 것이다. 이제 다음을 수행해 시각화를 더욱 향상시킬 수 있다.

- 막대에 테두리를 추가한다. 색상 선반을 클릭하고 테두리 옵션을 사용해 이를 수행한다.
- 크고 작음의 극단적인 차이를 줄이고자 크기 범위를 조정한다. 크기 범례를 더블 클릭해서 이를 수행할 수 있다(또는 드롭다운을 사용하고 메뉴에서 편집을 선택해도 조정할 수 있다).
- 뷰의 크기를 조정한다. 마우스 커서가 크기 조정 커서로 변경될 때까지 캔버스 위로 마우스를 이동해 아래쪽 테두리 바로 위에 놓은 다음 클릭하고 마우스를 끌어 뷰의 크기를 조정한다. 뷰가 공간을 채우는 방식을 조정할 수도 있다. 도구 모음의 드롭다운을 사용하고 옵션을 실험해보자.

그림 3.16: 이 드롭다운은 현재 뷰의 크기를 결정한다.

- 크기 범례를 숨긴다. 크기가 겹치는 막대를 볼 수 있게 하기 위해서만 사용

됐으므로 크기 범례가 이 특정 뷰에 아무것도 추가하지 않는다고 할 수 있다. 범례를 숨기려면 범례의 드롭다운 화살표를 사용한 다음 카드 숨기기를 선택한다.

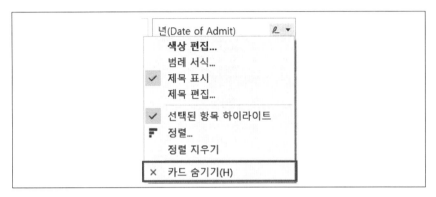

그림 3.17: 범례에 대한 카드 숨기기 옵션

겹 막대 차트는 값들을 비교할 수 있는 또 다른 방법을 제공한다. 다음으로 관심 영역을 강조할 수 있게 해주는 방법을 살펴볼 것이다.

관심 있는 카테고리 강조

다음 중 하나를 가정해보자. 병원에서 주요 책임은 ICU(집중치료실) 및 Neonatal(신생아 부서)의 환자 방문 횟수를 모니터링하는 것이다. 다른 부서의 세부 사항에 반드시 신경 쓰지 않아도 되지만 두 부서가 다른 부서와 어떻게 비교되는지 추적하고자 한다. 다음과 같이 설계해보자.

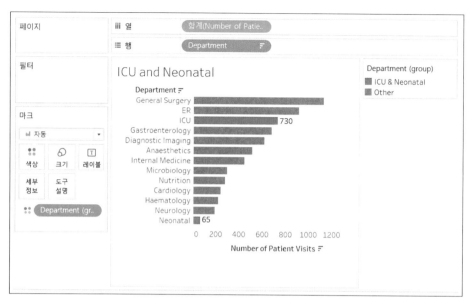

그림 3.18: 두 개의 막대가 색상을 통해 강조 표시된 막대 차트

이제 시간이 지남에 따라 데이터가 새로 고쳐지면서 관심을 갖고 있는 두 부서가 다른 부서와 비교해서 어떻게 변화하는지 바로 볼 수 있을 것이다. 이 뷰를 만들고자 다음 과정을 따라 해보자.

1. ICU and Neonatal 시트로 이동한다.
2. 행 선반에 Department를, 열 선반에는 Number of Patient Visits를 둔다. 막대 차트를 내림차순으로 정렬한다.
3. ICU에 대한 막대를 클릭하고 Ctrl 키를 누른 채로 Neonatal 막대를 누른다.
4. 몇 초 동안 선택한 막대 중 하나 위에 커서를 놓고 나타나는 메뉴에서 **그룹 만들기** 단추(종이 클립 모양)를 클릭한다.

146

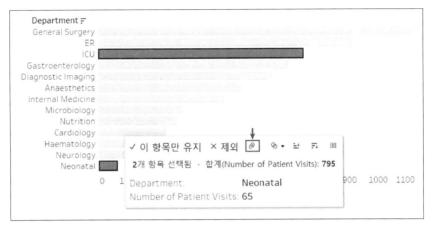

그림 3.19: Ctrl 키를 누른 채 두 개의 막대를 클릭한 후 종이 클립 아이콘을 사용해 그룹화한다.

그러면 왼쪽 데이터 패널에 Department(그룹)이라는 이름의 새 차원이 생성된 것을 볼 수 있을 것이다. 태블로는 이 필드를 **색상 선반**에 자동으로 할당한다.

 태블로에서 임시 그룹은 강력하다. 뷰에서 그룹을 만들거나(앞에서 한 것처럼) 데이터 패널에서 차원을 선택하고 오른쪽 마우스 단추를 눌러 **만들기 ▶ 그룹**을 선택해 생성할 수도 있다. 다른 차원과 똑같이 사용할 수 있다.

5. 두 부서의 막대에만 레이블을 추가하려면 각 막대를 마우스 오른쪽 단추로 클릭하고 **마크 레이블 ▶ 항상 표시**를 선택한다. 뷰에 대해 다른 레이블이 꺼져 있거나 레이블이 마크 또는 다른 레이블과 겹치는 경우에도 마크의 레이블은 항상 표시된다.

색상을 사용하면 계속해서 모니터링하는 작업을 쉽게 할 수 있다. 레이블은 선택한 두 부서에 대해서만 표시되며 변경된 데이터로 업데이트된다.

막대 차트를 사용해 값을 비교하는 방법과 몇 가지 예제를 살펴봤으므로 이제 날짜와 시간에 관한 시각화를 살펴보자.

날짜와 시간 시각화

분석에서 어떤 일이 발생한 시점을 이해하고 싶을 때가 있다. 이런 때에 다음과 같은 질문을 하게 된다.

- 가장 많은 신규 고객을 확보한 시기는 언제인가?
- 이익이 증가하거나 감소하고 있는가?
- 통화량이 가장 많은 시간대는 언제인가?
- 판매에서 어떤 종류의 계절적 추세를 볼 수 있는가?

다행히 태블로를 사용하면 이러한 종류의 시각적 검색과 분석을 쉽게 수행할 수 있다. 이 절에서는 태블로가 날짜와 함께 작동하는 방식과 시간을 시각화할 수 있는 몇 가지 다양한 방법을 살펴본다.

날짜, 날짜 값, 정확한 날짜

사용자가 플랫 파일이나 관계형 데이터 원본 또는 추출된 데이터 원본에 연결할 때 태블로는 모든 날짜 필드에 대해 강력한 날짜 계층 구조를 기본적으로 제공한다.

 큐브/OLAP 연결은 태블로 계층 구조를 허용하지 않는다. 이때에는 필요한 모든 날짜 계층 구조와 날짜 값이 큐브에 정의돼 있는지 확인해야 한다.

이 동작을 보려면 Chapter 3 통합 문서의 Built-in Date Hierarchy 시트로 이동한다. 행 선반에는 Number of Patient Visits를 가져다두고 열 선반에는 Date of Admit을 가져다두면 다음에 생성되는 것과 유사한 뷰가 보일 것이다. 열 선반의 년(Date of Admit) 필드는 다음과 같이 더하기 기호를 표시하고 있을 것이다.

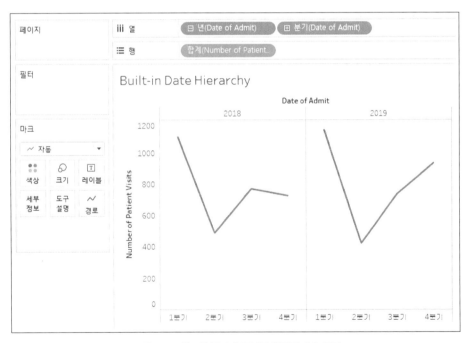

⊞ 년(Date of Admit)

그림 3.20: 날짜 계층 구조의 연도 부분을 나타내는 필드

또한 다음과 같이 머리글 위로 마우스를 가져가면 더하기 또는 빼기 표시를 찾을 수 있다.

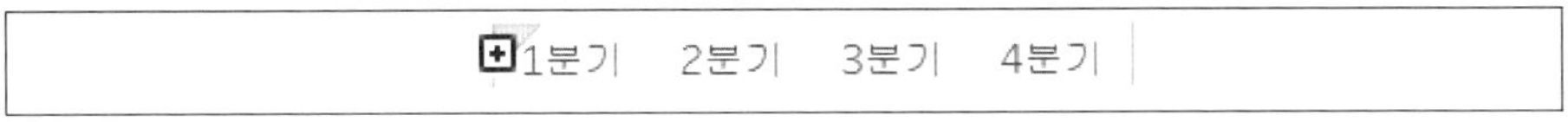

⊞ 1분기   2분기   3분기   4분기

그림 3.21: 계층을 확장하는 데 사용할 수 있는 열 머리글의 더하기 아이콘

클릭하면 열의 년(Date of Admit) 오른쪽에 분기(Date of Admit)를 추가해 뷰는 새로운 계층 구조 수준으로 확장된다.

그림 3.22: 연도와 분기가 표시된 확장된 계층 구조

년(Date of Admit) 필드에는 이제 원래의 연도 수준으로 돌아갈 수 있는 빼기 표시가

보인다. 분기 필드 또한 더하기 기호가 있어 계층을 더 확장할 수 있음을 나타낸다. 년으로 시작하면 계층 구조는 년 | 분기 | 월 | 일과 같다. 필드가 날짜 및 시간이면 시간 | 분 | 초다. 계층 구조의 모든 부분에 관해 뷰 내에서 이동하거나 뷰에서 완전히 제거할 수 있다.

계층 구조는 날짜 필드를 사용할 수 있는 세 가지 방법 중 하나인 날짜 부분으로 구성된다. 뷰에서 날짜 필드를 마우스 오른쪽 단추로 클릭하거나 드롭다운 메뉴를 사용하면 다음과 같은 여러 날짜 옵션이 표시된다.

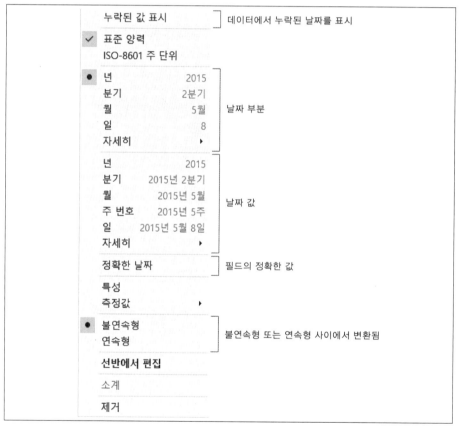

그림 3.23: 활성화된 날짜 필드의 드롭다운 메뉴는 태블로에서 날짜의 다양한 측면을 보여준다.[1]

---

1. 날짜의 드롭다운 메뉴의 항목은 태블로의 버전에 따라 다르게 보일 수 있다. – 옮긴이

세 가지 주요한 날짜 유형은 메뉴에서 다음과 같이 레이블이 지정된다.

- **날짜 부분:** 이 필드는 분기 또는 월과 같은 날짜의 특정 부분을 나타낸다. 날짜 부분은 날짜의 다른 부분을 참조하지 않고 단독으로 사용된다. 즉, 1980년 11월 8일이라는 날짜가 월로 사용되면 뷰에는 11월만 표시된다. 뷰에서 선택된 11월은 데이터 세트 내의 모든 11월에 관한 값을 표시하게 된다. 여기서는 2018년과 2019년 두 해에 관한 값(환자 방문 수)이 표시된다.

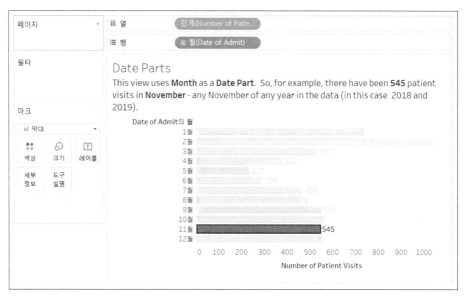

그림 3.24: 이 보기는 월을 날짜 부분으로 사용한다.
환자 방문 횟수는 연도와 상관없이 해당 월의 합계를 나타낸다.

- **날짜 값:** 이 필드는 특정 날짜 값을 나타내며, 우리가 선택한 수준으로 집계하거나 자른다. 예를 들어 날짜 값으로 월을 선택하면 2019년 11월 8일이 연도와 월로 잘려서 2019년 11월이 된다. 2018년 11월과 2019년 11월이 머리글과 분리된 막대로 별도의 값을 갖고 있는 것을 알 수 있을 것이다.

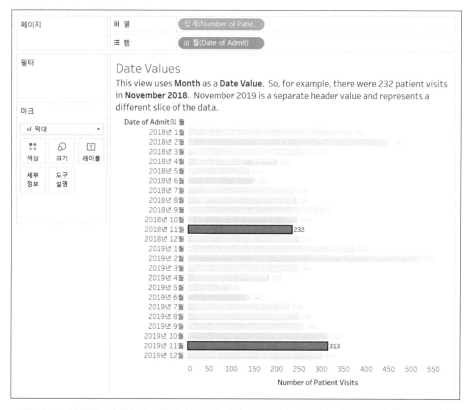

그림 3.25: 이 보기는 월을 날짜 값으로 사용한다. 환자 방문 횟수는 해당 연도에 대한 해당 월의 총합이다.

- **정확한 날짜:** 이 필드는 데이터의 정확한 날짜 값(해당되는 경우 시간 포함)을 나타낸다. 즉, 1980년 11월 8일 오전 2:01은 1980년 11월 8일 오후 3:08과 다른 것으로 처리된다.

이 옵션들의 대부분이 불연속형 필드 또는 연속형 필드로 사용될 수 있는 점은 상당히 중요하다. 기본적으로 날짜 부분은 불연속형이며 날짜 값과 정확한 날짜는 연속형이다. 하지만 시각화에서 유연할 수 있도록 불연속형과 연속형 사이에서 전환할 수 있다.

예를 들어 참조선을 생성하려면 축(연속형 필드 필요)이 있어야 한다. 또한 태블로 는 행 머리글이나 열 머리글의 가장 낮은 수준에서만 라인을 연결할 것이다. 여러 개의 불연속형 날짜 부분 대신 연속형 날짜 값을 사용하면 여러 연도나 분기, 월에 걸쳐 라인을 연결할 수 있다.

 날짜 필드를 마우스 오른쪽 단추로 클릭한 다음 뷰에 드래그앤드롭하면 뷰를 그리기 전에 날짜 필드를 사용하는 방법에 대한 옵션 메뉴를 빠르게 실행할 수 있다.

이제 날짜와 시간을 시각화할 수 있는 다양한 방법을 살펴보자.

날짜와 시간 시각화의 변형

날짜의 다양한 부문과 값을 사용할 수 있다거나 심지어 이들을 혼합해서 사용할 수 있다면 독창적이고 유용한 시각화를 생성할 수 있을 것이다.

예를 들어 열에 월 날짜 부분을 사용하고 색상에 연도 날짜 부분을 사용하면 연간 시계열 비교를 시각적으로 매우 쉽게 할 수 있다. 연도 날짜 부분을 레이블 선반에 복사해두면 라인에 레이블을 지정할 수 있다.

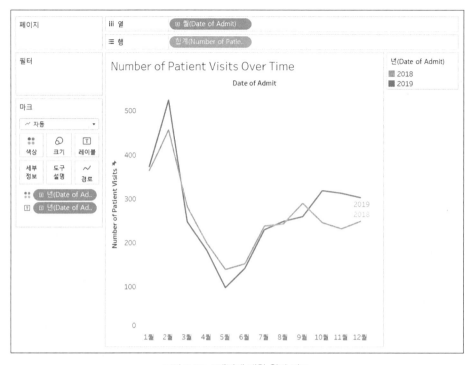

그림 3.26: 2개년에 대한 월별 비교

이러한 종류의 뷰를 통해 년 간 비교를 쉽게 할 수 있다.

 TIP **마크 카드의 선반을 클릭하면 옵션 메뉴가 제공된다. 여기서 레이블을 클릭하고 각 라인의 끝에만
표시되도록 레이블을 조정했다.**

다음 히트 맵은 여러 선반에서 날짜 부분을 사용해 유용한 분석을 수행하는 또 다
른 예다. 이러한 종류의 시각화는 서로 다른 시간 영역을(예를 들면 하루 내의 시간
들, 한 달 내의 주들과 같은) 넘나들며 패턴을 살펴볼 때 매우 유용할 수 있다. 여기에
서는 월과 일별로 얼마나 많은 환자가 입원했는지 살펴보자.

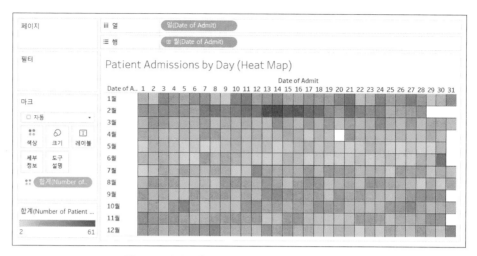

그림 3.27: 일별 및 월별 환자 방문 강도를 보여주는 히트 맵

이 뷰에 연도는 포함되지 않았으므로 이 분석은 데이터 내의 모든 연도에 대한 것이며 여기에 계절적 패턴이나 핫스팟이 있는지 여부를 확인할 수 있다. 전염병, 의사일정 또는 보험 혜택 시기와 관련된 패턴을 발견할 수 있다. 2월의 증가된 환자 입원 강도는 독감 시즌 때문일 것이다.

색상 선반에 연속형 필드를 배치하면 태블로가 행과 열의 각 교차점을 환자 방문 합계로 인코딩한 색상 음영으로 완전히 채운다. 색상 선반을 클릭하면 마크에 테두리를 추가하는 옵션을 포함해 몇 가지 미세 조정 옵션이 표시된다. 이 뷰에서는 각 셀을 구분하는 데 도움이 되도록 검은색 테두리를 추가했다.

간트 차트

간트 차트Gantt chart는 기간에 걸친 일련의 이벤트를 이해하는 데 매우 유용하다. 특히 이러한 이벤트 간 일종의 관계가 있는 경우에는 더욱 그렇다. 시각적으로 특정 이벤트가 겹치는지, 종속성이 있는지, 다른 이벤트보다 시간이 더 오래 걸리는지, 적게 걸리는지를 결정하는 데 매우 유용하다.

예를 들어 (통합 문서에 포함되지 않음) 다음 간트 차트는 애플리케이션이 시작될 때 실행되는 일련의 프로세스를 보여준다. 이러한 프로세스 중 일부는 병렬로 실행되고 일부는 다른 프로세스에 종속된다. 간트 차트는 이러한 종속성을 명확하게 해준다.

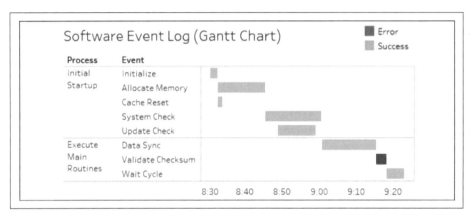

그림 3.28: 각 프로세스가 시작된 시간과 각 프로세스에 소요된 시간을 보여주는 간트 차트

간트 차트는 마크 카드 드롭다운 메뉴에서 **간트 차트** 마크 유형을 선택하면 이용할 수 있다. 간트 막대 마크는 축을 정의하는 행 필드에 지정된 값에서 시작한다. 간트 막대의 길이는 크기 카드의 필드에 의해 결정되며 양수 값은 오른쪽으로, 음수 값은 왼쪽으로 늘어난다.

병원에서는 2019년에 각 환자의 ER(응급실) 방문을 보고 각 방문이 얼마나 오래 지속됐는지, 환자가 병원으로 돌아왔는지, 방문 사이에 얼마나 많은 시간이 있었는지 파악하고 싶을 수 있다. 다음과 같은 과정을 따라 간트 차트를 만드는 방법을 살펴보자.

1. 필터에 Department를 가져다 두고 ER만 선택한다.
2. 필터에 Date of Admit를 가져다 두고 필터링 옵션에서 Years를 선택한 후 2019년만 선택한다.
3. 열 선반에 Date of Admit을 가져다 두고 이것을 연속형인 정확한 날짜 혹은

날짜 값으로 선택한다(날짜 부분으로 하지 않는다). 태블로의 기본적인 자동 마크 유형이 간트 차트가 된 것을 확인하자.

그림 3.29: 이 경우 자동으로 간트 차트가 마크 유형이 됐다.

4. Doctor와 Patient Name을 행에 가져다 둔다. 그 결과는 의사별로 그룹이 된 각 환자에 대한 행이다. 간트 차트는 병원에 머문 것을 나타낸다.

 많은 경우 동일한 이름을 가진 환자를 시각화에서 구별하고자 Patient ID와 같은 고유 식별자를 뷰에 추가하고 싶을 것이다. 이 데이터 세트에서는 모든 이름이 고유하기 때문에 필요하지 않지만 데이터로 작업할 때 매우 중요할 수 있다.

5. 간트 차트의 길이는 기간 값이 있는 필드를 크기 선반에 배치해 설정한다. 이 데이터 세트에는 이러한 필드가 없다. 그러나 Date of Discharge를 사용해서 기간에 관해 계산된 필드를 만들 수 있다. 계산에 대해서는 4장에서 더 자세히 다룬다. 여기서는 메뉴에서 분석을 선택하고 계산된 필드 만들기... 를 클릭한다. 필드의 이름을 Days in the Hospital로 지정하고 다음 코드를 입력한다.

```
DATEDIFF('day', [Date of Admit], [Date of Discharge])
```

6. 새 계산된 필드가 데이터 패널의 **측정값** 아래에 표시된다. 필드를 크기 선반으로 드래그앤드롭한다. 이제 환자가 입원한 시기와 각 방문이 얼마나 오래 지속됐는지 보여주는 간트 차트가 생성됐다.

최종 뷰는 다음과 같아야 한다.

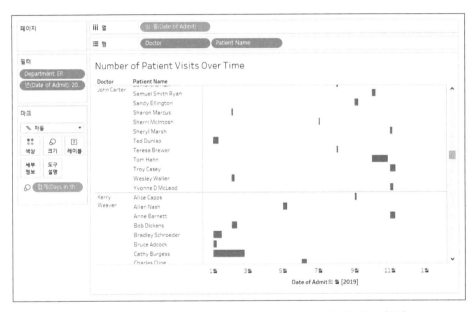

그림 3.30: 최종 간트 차트는 각 환자, 입원 시기, 체류 기간, 복귀 여부를 보여준다.

이 유형의 차트는 시간이 지남에 따라 엔티티 간의 패턴과 관계를 보는 데 매우 유용하다.

날짜와 종료 날짜 사이의 시간(초)을 변환한 다음 86,400으로 나눠 결과를 소수 부분을 포함한 일자 단위로 변환한다.

```
DATEDIFF('second', [Start Date], [End Date]) / 86400
```

태블로가 날짜 및 시간과 함께 작동하는 방식에 관한 이해를 바탕으로 시각화를 위한 다양한 옵션을 살펴봤다. 다음으로 부분과 전체 간 관계를 시각화하는 방법을 알아보자.

▌ 데이터의 일부를 전체에 연결

데이터를 탐색하고 분석할 때 다양한 부분들이 어떻게 전체에 더해지는지 이해하고 싶을 것이다. 예를 들면 다음과 같은 질문을 해볼 수 있다.

- 각각의 발전 방식(풍력, 태양 광, 석탄 및 원자력)이 총에너지 생산량에 얼마나 기여하는가?
- 각 지역에서 총수익의 몇 %가 발생하는가?
- 내 하드 디스크에서 각각의 파일, 하위 디렉터리, 디렉터리가 차지하는 공간은 얼마인가?

이러한 유형의 질문은 부분(생산 방법, 상태, 파일/디렉터리)과 전체(총에너지, 전국 판매, 하드 디스크 전체) 간의 관계를 묻고 있다. 이런 분석에 도움이 될 수 있는 여러 유형의 시각화와 변형 시각화가 있다.

이제 부분과 전체 간 관계를 표시하는 방법을 고려할 때 도움이 될 몇 가지 시각화 예제를 살펴보자.

누적 막대

1장에서 누적 막대를 살펴봤고 누적 막대는 대부분의 범주에서 값을 비교하기가 어렵다는 단점이 있다는 것을 언급했다. 맨 왼쪽(또는 맨 아래) 막대를 제외하고 다른 막대 조각은 시작점이 다르므로 길이를 비교하기가 훨씬 더 어렵다. 누적 막대를 절대 사용해서는 안 된다는 의미는 아니지만 정확하게 의사소통하고자 주의를 기울여야 한다.

여기에서는 누적 막대를 사용해 전체 구성을 시각화한다. 우리는 범주 간 시각적 비교보다는 범주의 구성을 살펴보는 데 더 관심이 있다.

예를 들어 병원에서 부서 유형별로 환자 인구가 어느 정도인지 알고 싶을 것이다. 각 환자는 입원할 때 환자 위험 분류표를 할당받았을 것이다.

다음과 같이 위험 분류별로 분류된 방문 수를 누적 막대로 시각화할 수 있다.

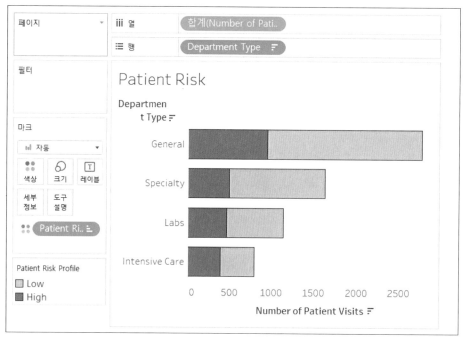

그림 3.31: 부서 유형별 총 환자 수를 저위험 및 고위험 분류로 보여주는 누적 막대 차트

이는 각 부서의 방문에 관한 내림차순 뷰다. 더 많은 사람이 일반 부서를 방문한다고 말할 수 있고 Specialty(전문 부서)와 Lab(실험실)에 관련된 고위험 환자 비율은 거의 같다고 할 수 있다. Intensive Care(중환자실)의 고위험 환자가 이들보다 적다. 전체 중에서도 고위험 환자 수가 적은 편이다. 그러나 이는 이야기의 일부일 뿐이다.

누적 막대는 절대값은 제공하지 않지만 각 부서에 대해 백분율은 제공한다는 것을 기억하자.

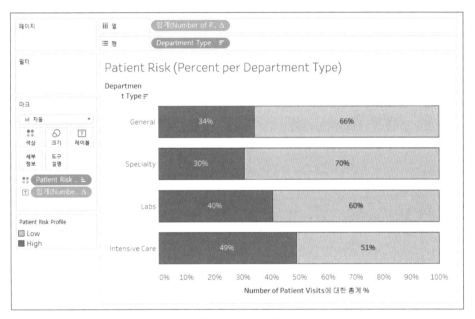

그림 3.32: 부서당 고위험 및 저위험 환자의 상대적인 수를 보여주는 누적 막대 차트

앞서 살펴본 두 개의 누적 막대 차트를 비교해보자. 사실 두 차트에서 모두 Intensive Care(중환자실)의 환자 50% 정도가 고위험으로 여겨지는 것처럼 보인다. 그러나 두 번째 차트에서는 이것이 분명하게 드러난다.

두 차트 간에 변경된 데이터는 없지만 두 번째 차트의 막대는 각 부서의 총합에 대한 백분율을 나타낸다. 더 이상 절대값을 비교할 수 없지만 각 부서의 상대적 분류

비교가 훨씬 쉬워졌다. Intensive Care에는 전체 환자 수는 적지만 훨씬 더 높은 비율의 환자가 고위험 범주에 속한다.

태블로에서 앞의 차트들을 만들어 하나의 시각화로 결합하는 방법을 알아보자. 빠른 테이블 계산을 사용할 것이다. 6장에서 테이블 계산을 더 자세히 다룬다. 여기서는 다음 과정을 따라 해보자.

1. Department Type(부서 유형)을 행에, Number of Patient Visits(방문한 환자 수)를 열에, Patient Risk Profile(환자 위험 분류표)을 색상 선반에 배치해 누적 막대 그래프를 생성한다. 이제 단일 누적 막대 차트가 생성됐다.

2. 막대 차트를 내림차순으로 정렬한다.

3. 열에 있는 Number of Patient Visits 필드를 Ctrl 키를 누른 채 끌어다 Number of Patient Visits 필드 오른쪽 옆에 두어 복사한다. 이렇게 하는 대신 이 필드를 데이터 패널에서 열에 끌어다 둘 수도 있다. 이제 두 개의 Number of Patient Visits 축이 있는데, 이는 누적 막대 차트를 복제한 효과가 있다.

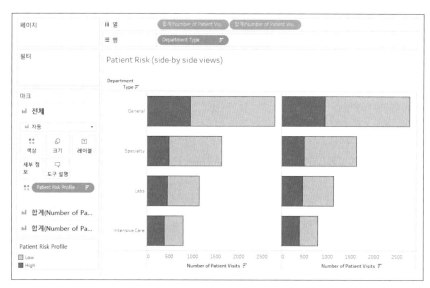

그림 3.33: 누적 막대를 만드는 중간 단계

162

4. 두 번째 Number of Patient Visit 필드의 드롭다운 메뉴를 사용해 **퀵 테이블 계산 ▶ 구성 비율**을 선택한다. 이 테이블 계산은 데이터 원본에서 반환된 값들에 대해 보조 계산을 실행해 합계의 백분율을 계산한다. 여기서 합계를 계산하는 방법은 추가로 지정해야 한다.

5. 동일한 드롭다운 메뉴를 사용해 **다음을 사용해 계산 ▶ Patient Risk Profile**을 선택한다. 이렇게 하면 태블로가 부서 내에서 각각의 Patient Risk Profile의 비율을 계산한다. 이렇게 하면 각 부서에 대한 값의 합은 100%가 된다.

6. 상단의 툴바에서 T 단추를 클릭해 레이블을 켠다. 이렇게 하면 각 마크에 대한 기본 레이블이 설정된다.

그림 3.34: 이 도구 모음 옵션으로 레이블을 켜거나 끌 수 있다.

앞의 과정을 완료하고 나면 누적 막대 차트는 다음과 같이 보여야 한다.

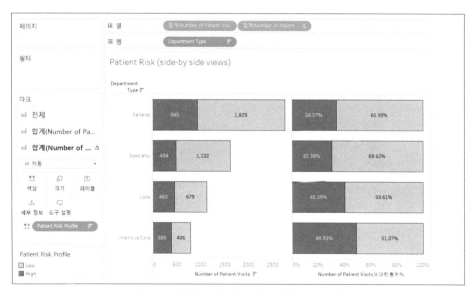

그림 3.35: 절대값과 상대값이 있는 최종 누적 막대 뷰

단일 뷰에서 절대값과 백분율을 모두 사용하면 둘 중 하나의 차트만 사용했을 때 모호할 수 있는 중요한 측면과 세부 사항을 드러낼 수 있다.

트리 맵

트리 맵Treemaps은 전체의 부분들을 표시하고자 일련의 중첩된 직사각형, 특히 계층적 관계를 사용한다. 트리 맵은 계층이 있고 카디널리티가 높은(고유값의 수가 많은) 차원이 있는 경우 특히 유용하다.

다음은 환자가 병원에서 보낸 일수를 보여주는 트리 맵의 예다. 가장 큰 직사각형은 Department Type을 표시한다. 그 안에는 부서와 환자가 있다.

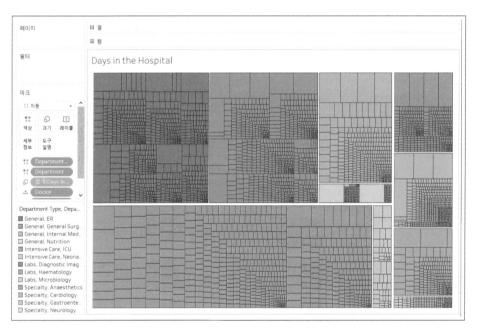

그림 3.36: 부서 유형/과/의사/ 환자의 부분과 전체 간 관계를 보여주는 트리 맵

트리 맵을 만들려면 **크기** 선반에 측정값을 배치하고 **세부 정보** 선반에 차원을 배치하기만 하면 된다. 세부 정보 선반에 차원을 추가해 뷰의 세부 정보 수준을 높일

수 있다. 태블로는 다양한 두께의 테두리를 추가해 여러 차원으로 생성되는 세부 수준을 구분한다. 앞의 뷰에서는 부서 유형, 부서, 의사, 개별 환자의 구분을 쉽게 볼 수 있었다. 색상 선반을 클릭해 가장 낮은 수준의 테두리를 조정할 수도 있다.

마크 카드의 차원 순서는 트리 맵이 사각형을 그룹화하는 방식을 정의한다. 또한 행이나 열에 차원을 추가해 트리 맵을 여러 개로 분할할 수 있다. 그 결과는 트리 맵의 바 차트가 되는 것이다.

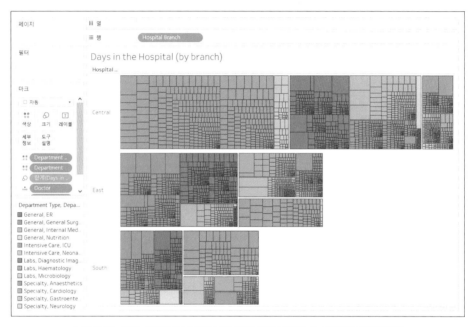

그림 3.37: 행에 차원을 추가하면 트리 맵의 막대 차트가 효과적으로 만들어진다.

앞의 트리 맵은 트리 맵이 여러 행(또는 열)을 가질 수 있는 기능을 보여줄 뿐만 아니라 색상 선반에 여러 필드를 배치하는 기술도 보여준다. 이 작업은 불연속 필드에서만 수행할 수 있다. Shift 키를 누른 상태에서 두 번째 필드를 색상에 놓으면 둘 이상의 색상을 할당할 수 있다. 또는 마크 카드의 각 필드 왼쪽에 있는 아이콘이나 공간을 클릭해 필드에 사용되는 선반을 변경할 수 있다.

그림 3.38: 마크 카드의 필드 옆에 있는 아이콘을 클릭하면 사용되는 선반을 변경할 수 있다.

 트리 맵, 버블 차트, 워드 클라우드, 이외에는 이런 비직교 차트라고 불리는 차트 유형은 거의 없다. 즉, 이런 차트는 x, y축 없이 그려지며 행이나 열 머리글도 필요하지 않다. 이러한 차트 유형을 만들려면 다음을 따라하면 된다.

- 행이나 열에 연속형 필드가 사용되지 않았는지 확인한다.

- 크기에 대한 측정값으로 필드를 사용한다.

- 원하는 차트 유형에 따라 마크 유형을 변경한다. 트리 맵의 경우 사각형, 버블 차트의 경우 원, 워드 클라우드의 경우 텍스트(원하는 필드는 레이블에 있음)로 변경한다.

영역 차트

라인 차트를 그리고 난 후 라인 아래를 채운다. 여러 개의 라인이 있는 경우 채워진 영역을 서로 겹쳐 쌓는다. 이것이 영역 차트^{Area chart}의 방법이다.

실제로 태블로에서는 앞에서 한 것처럼 라인 차트를 만들고 나서 마크 카드의 마크 유형을 영역으로 쉽게 변경할 수 있다. 색상, 레이블, 세부 정보 선반에 있는 모든 차원은 서로 위에 쌓이는 영역 조각들을 생성하는 데 적용된다. 크기 선반은 영역 차트에 적용되지 않는다.

예를 들어 병원 지점별로 분류된 시간 경과에 따른 환자 방문의 시각화를 고려해 보자.

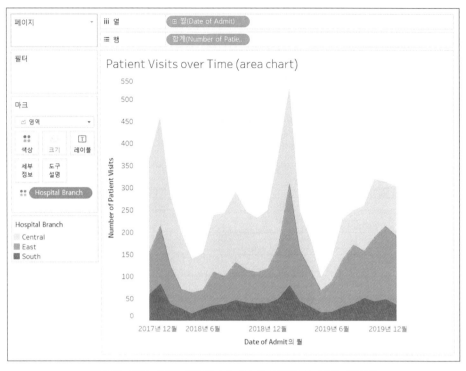

그림 3.39: 병원 지점별 시간 경과에 따른 환자 방문을 보여주는 영역 차트

각각의 대역은 다른 병원의 지점 위치를 나타낸다. 여러 면에서 이 뷰는 미적으로 만족스럽고 데이터의 일부 패턴을 강조하지만 누적 막대 차트와 동일한 약점이 있다. 축의 값으로 아래쪽 대역(South)만 읽을 수 있다는 것이다.

다른 대역 위에 겹쳐 비교하기는 매우 어렵다. 예를 들어 매년 2월경에 급증하는 것이 분명하지만 모든 지점에서 그렇다고 할 수 있을까? 아니면 낮은 대역 중 하나가 높은 대역을 밀어 올리는 것일까? 가장 큰 급증세가 있는 대역은 어디일까?

이제 다음 뷰를 살펴보자.

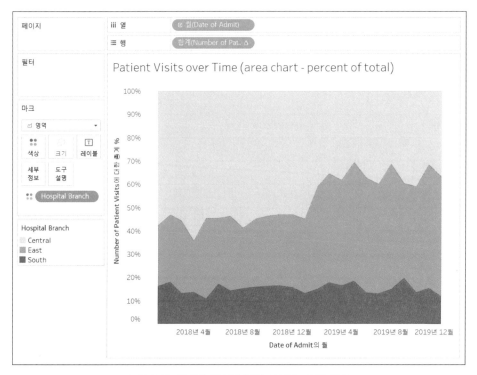

그림 3.40: 절대값 대신 백분율을 표시하는 영역 차트

이 뷰는 누적 막대 그래프의 예와 같이 빠른 테이블 계산을 사용한다. 첫 번째 차트처럼 더 이상 급증을 볼 수는 없다. 그러나 2019년 2월경 East(중간 대역)에서 진료한 환자의 비율이 급격히 증가했으며, East에서 지난 2019년 말까지 상당한 수의 환자를 계속 봤음을 알 수 있다.

다른 차트 유형을 선택해 데이터 스토리의 어떤 측면이 강조되거나 숨겨지는지 이해하는 것이 중요하다. Chapter 3통합 문서의 첫 번째 영역 차트를 라인 차트로 변경해 실험할 수도 있다. 지점당 환자 방문의 절대적인 증가와 감소뿐만 아니라 급증도 볼 수 있다. 각각의 차트 유형은 특정 데이터 스토리에 강한 것이다.

TIP 마크 카드의 선반에 있는 차원의 정렬 순서를 변경해 영역이 누적되는 순서를 정의할 수 있다. 또한 색상 범례 내에 끌어다 놓음으로써 재정렬할 수도 있다.

파이 차트

파이 차트$^{Pie\ chart}$는 부분과 전체 간의 관계를 표시하는 데 사용된다. 태블로에서 파이 차트를 만들려면 마크 유형을 파이 차트로 변경하면 된다. 그러면 측정값을 인코딩하는 데 사용할 수 있는 각도 선반이 제공된다. 그에 따라 마크 카드(일반적으로 색상 선반에 있음)에 배치하는 차원에 관계없이 파이 조각이 정의될 것이다.

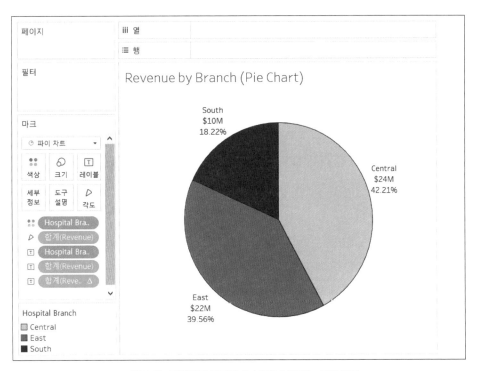

그림 3.41: 지점별로 분류된 총수익을 보여주는 파이 차트

앞의 파이 차트는 각 조각의 각도를 정의할 때 수익의 합계를 사용한다. 즉, 합계

가 클수록 슬라이스가 넓어진다. Hospital Branch 차원은 측정값을 나누고 파이의 조각을 정의한다. 이 뷰는 레이블 선반에 여러 필드를 배치하는 기능도 보여준다. 두 번째 합계(Revenue) 필드는 앞에서 봤던 전체 테이블 계산의 백분율이다. 이를 통해 수익의 절대값과 전체에 대한 비율을 볼 수 있다.

> 파이 차트는 몇 개의 조각으로 잘 작동할 수 있다. 대부분의 경우 조각이 두세 개 이상이면 이해하기 매우 어려워진다. 또한 조각을 정의하는 차원을 정렬해 조각을 정렬하는 것도 좋은 방법이다. 앞의 예에서 Hospital Branch 차원은 수익 합에 대한 내림차순으로 정렬됐다. 이는 드롭다운 메뉴 옵션을 사용해 수행됐다. 이로 인해 슬라이스가 가장 큰 것에서 가장 작은 것까지 정렬됐고 차트를 읽는 사람은 크기와 각도가 거의 동일하더라도 어떤 조각이 더 큰지 쉽게 확인할 수 있다.

부분과 전체 간 관계를 시각화하는 몇 가지 기술을 이해했다면 이제 분포 시각화로 넘어가보자.

▍분포 시각화

간단히 전체, 합계, 부분과 전체 간의 분석을 이해하는 것은 전체 그림의 일부만을 제공한다. 대부분의 경우 개별 항목이 유사한 항목의 분포 어디쯤에 포함되는지 이해하고 싶을 것이다.

다음과 같은 질문을 할 수 있다.

- 각 고객이 매장에서 지출하는 비용은 전체 고객과 비교했을 때 어느 정도 수준인가?
- 대부분의 환자는 병원에 얼마나 오래 머물러 있는가? 어떤 환자가 정상 범위를 벗어나는가?
- 기계 부품의 평균 수명은 얼마이며 평균 이상 지속되는 부품은 무엇인가? 수명이 매우 길거나 매우 짧은 부품이 있는가?

- 학생들은 얼마나 높거나 낮은 시험 점수로 합격했는가?

이런 질문들은 모두 유사점이 있다. 각각의 경우 개인(고객, 환자, 부품, 학생)이 그룹과 어떻게 관련되는지 이해하고자 한다는 점이다. 이 경우들은 상대적으로 많은 수의 개별 값들이 있을 가능성이 크다. 데이터 측면에서 상대적으로 많은 개별 값들을 나타내는 차원(고객, 환자, 부품, 학생)과 비교하려는 일부 측정값(사용한 금액, 체류 기간, 기대 수명, 테스트 점수)이 있다. 다음 시각화 중 하나 이상을 사용하는 것이 이 작업을 수행하는 좋은 방법일 수 있다.

원형 차트

원형 차트^{Circle chart}는 분포를 시각화하는 방법 중 하나다. 다음 뷰를 생각해보자. 환자가 병원에 머무는 평균 일수를 기준으로 각각의 의사를 동일한 유형의 부서에 있는 다른 의사와 비교하는 방법을 보여준다.

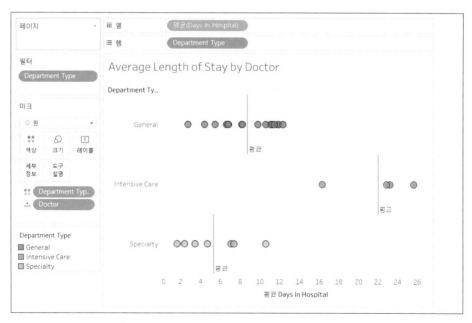

그림 3.42: 각 부서 유형별, 의사별 환자의 평균 입원 기간을 보여주는 원형 차트

여기에서 평균적으로 병원에 더 오래 또는 더 짧게 입원하는 환자가 있는 의사를 확인할 수 있다. 특정 부서는 다른 부서에 비해 환자의 평균 체류 기간이 더 길다. 이는 각 부서별로 다른 요구를 가진 환자가 있기 때문일 것이다. Intensive Care(집중 치료)를 받는 환자가 더 오래 머무르는 경향이 있다. 특정 부서에는 다른 목표나 요구 사항이 있을 수 있기 때문이다. 즉, 자신의 부서 내에서 의사를 평가할 수 있다는 것은 비교를 훨씬 더 의미 있게 만드는 것이다.

앞의 원형 차트를 만들려면 표시된 선반에 필드를 배치한 다음 표시 유형을 **자동**(막대 표시)에서 원으로 변경하면 된다. Department Type(부서)를 행으로 정의하고 각 원은 마크 카드의 세부 정보의 수준에 Doctor(의사)를 가져다 두면 그려진다. 마지막으로 평균 선을 추가하려면 왼쪽 패널을 분석 패널로 전환하고 **평균 라인**을 뷰로 끌어다 셀 옵션에 떨어뜨린다.

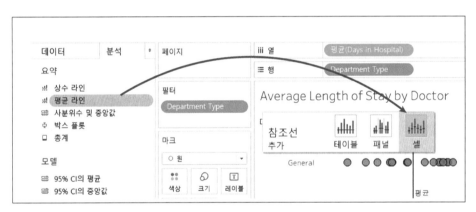

그림 3.43: 분석 패널에서 뷰로 끌어다 참조선 등을 추가할 수 있다.

이제 보이는 결과 평균 라인 중 하나를 선택하고 **편집**을 선택해 레이블링과 같은 미세 조정을 한다.

지터링

원형 차트나 기타 유사한 시각화 유형을 사용할 때 종종 마크가 겹쳐 진짜 스토리의 일부가 가려지는 것을 볼 수 있다. 그저 보는 것만으로도 Intensive Care(집중 치료) 부서의 평균값 이상을 갖는 의사가 특정 의사인지 혹은 어느 정도 되는지 알 수 있을까? 또는 둘 이상의 원이 정확히 겹치는 경우가 있을까? 이러한 현상을 최소화하는 방법 중 하나는 색상 선반을 클릭해서 각 원의 경계선에 대한 불투명도를 추가하는 것이고, 또 하나의 방법은 **지터링**^jittering이라는 기법을 사용하는 것이다.

 지터링은 전달되는 내용의 무결성을 손상시키지 않고 겹침을 방지하고자 시각화에 약간의 의도적인 노이즈를 추가하는 데이터 시각화의 일반적인 기법이다. 알란 엘드리지(Alan Eldridge)와 스티브 웩슬러(Steve Wexler)는 태블로의 지터링 기술을 개척한 사람들이다.

Index()나 Random() 함수를 사용하는 것과 같은 다양한 지터링 기법은 태블로 포럼에서 jittering을 검색하거나 검색 엔진에서 Tableau jittering을 검색해 찾을 수 있다.

다음은 Index() 함수를 사용해 행 필드에서 Doctor를 연속형 필드로 계산하는 접근 방식이다. Index()는 연속형(녹색)이고, 이것은 축 선을 정의하며 세로로 확산시키는 기능을 한다. 이제 각각의 마크를 더욱 선명하게 볼 수 있고 겹치는 것으로 인해 데이터의 실제 모습을 가리지 않는 것을 확인할 수 있다.

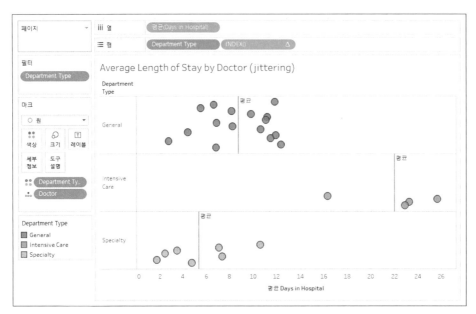

그림 3.44: 여기서 INDEX( )가 행에 연속형 필드로 추가됐다(테이블 계산은 Doctor를 따라 계산됨).

 TIP 앞의 뷰에는 Index 필드로 생성된 세로축이 숨겨져 있다. 축을 정의하는 필드의 드롭다운 메뉴를 사용하거나 머리글 표시 선택을 취소해 축이나 머리글을 숨길 수 있다. 또는 뷰에서 축이나 머리글을 마우스 오른쪽 단추로 클릭하면 동일한 옵션을 선택할 수 있다.

점 차트^{Dot plots}나 산점도^{Scatterplot}와 같이 이론적으로 겹칠 수 있는 고정점을 그리는 것과 관련된 다양한 종류의 시각화에서 지터링 기술을 사용할 수 있다. 이제 또 하나의 유용한 분포 시각화 기술인 박스 플롯을 알아보자

상자 수염 플롯

상자 수염 플롯^{box and whisker plots}(때때로 박스 플롯^{Box plots}이라고 함)은 분포에 통계적 맥락을 더한다. 상자 수염 플롯을 이해하려면 다음 다이어그램을 살펴보자.

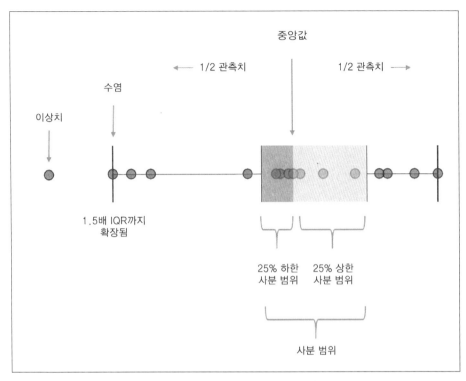

그림 3.45: 상자 수염 플롯에 대한 설명

여기에서 박스 플롯이 원 그래프에 추가됐다. 상자는 중앙값으로 나뉜다. 즉, 값의 절반은 중앙값 위에 있고 절반은 아래에 있다. 또한 상자는 각각 값의 1/4을 포함하는 하위 및 상위 사분위수를 나타낸다. 상자의 너비는 사분 범위로 구성된다. 수염은 IQR 값(또는 데이터의 최대 범위)의 1.5배까지 확장된다. 수염을 벗어난 모든 표시는 이상치^{outlier}다.

상자 수염 플롯을 추가하려면 왼쪽 사이드바의 **분석** 패널에서 **박스 플롯**을 뷰로 드래그한다. 그림 3.42에서 살펴봤던 원형 차트에 이를 수행하면 다음 차트가 생성된다.

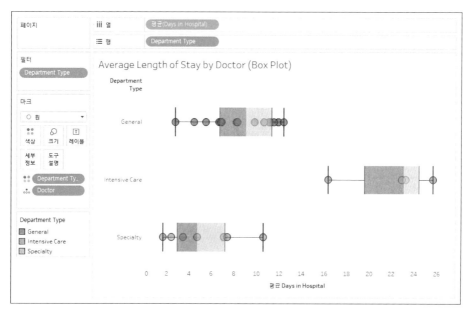

그림 3.46: 이전 원형 차트에 적용된 박스 플롯

박스 플롯은 데이터의 중앙값, 범위, 값의 집중도, 이상치들을 보고 비교하는 데 도움이 된다. 상자나 수염을 클릭하거나 마우스 오른쪽 단추로 클릭하고 **편집**을 선택해 박스 플롯을 편집할 수 있다. 이렇게 하면 수염을 어떻게 그려야 하는지, 이상치만 표시할 수 있는지, 기타 형식을 지정할 수 있는지 등 여러 옵션이 표시된다.

히스토그램

분포를 보여줄 수 있는 또 다른 방법은 히스토그램^{Histograms}을 사용하는 것이다. 히스토그램은 막대 차트와 비슷하지만 히스토그램의 막대들은 값의 발생 횟수를 표시한다는 것이 다르다. 예를 들어 시험 감독은 성적 변조의 증거를 찾고자 학생 시험 점수에 관한 히스토그램을 구성할 수 있다. 관련된 분포는 다음의 예와 비슷할 수 있다(통합 문서에 포함되지 않음).

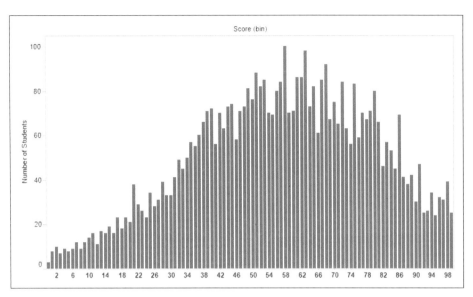

그림 3.47: 시험 점수 히스토그램

시험 점수는 x축에 표시되고 각 막대는 해당 점수에 대한 학생 수를 표시한다. 일반적으로 종 모양의 분포를 갖는 경우가 많다. 이런 경우 일부 학생은 점수가 별로 좋지 않고 일부는 대단히 잘했지만 대부분은 중간 정도의 점수를 받았다고 해석할 수 있다.

시험 감독이 다음과 같은 그래프를 봤다면 어떨까?

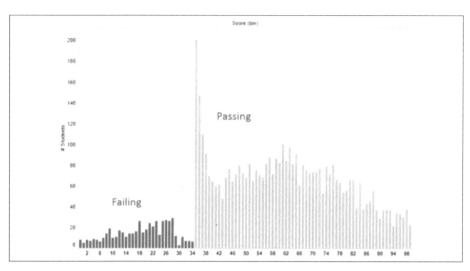

그림 3.48: 일반적인 종 모양의 곡선이 없는 히스토그램으로, 몇 가지 질문을 제기하게 된다.

분명 뭔가 잘못됐다. 아마도 채점자들은 거의 합격하지 못해 부끄러워하는 학생들을 끌어 올렸을 것이다. 이는 노골적인 조작 대신 주관적인 등급 매기기 편향을 나타낼 수도 있다. 성급하게 결론을 내리면 안 되지만 패턴은 정상이 아니므로 조사가 필요하다. 히스토그램은 이와 같은 이상을 포착하는 데 매우 유용하다.

이제 우리가 본 히스토그램의 예에서 병원 데이터로 다시 이동해 예를 들어 보겠다. 다양한 환자 집단의 패턴을 관찰할 수 있도록 환자 치료를 시작하는 데 걸리는 시간을 시각화하려면 어떻게 해야 할까? 비어 있는 뷰에서 다음 과정을 따라 해보자.

1. 데이터 패널의 **측정값** 아래에서 Minutes to Service(서비스 소요 시간) 필드를 클릭해 선택한다.
2. 필요한 경우 **표현 방식**을 확장하고 히스토그램을 선택한다.

히스토그램을 선택하면 태블로는 새로운 차원 Minutes to Service(구간 차원)을 생성해 차트를 만든다. 이것은 **카운트**(Minutes to Service)와 함께 뷰에서 뷰를 렌더링하는 데 사용된다.

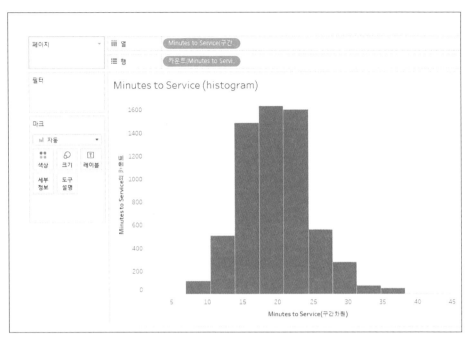

그림 3.49: 서비스 시간에 따른 환자 분포를 보여주는 히스토그램

구간 차원은 데이터를 조각 차원으로 사용할 수 있는 측정값 범위다. 저장소를 버킷으로 생각할 수 있다. 예를 들어 시험 점수를 0-5%, 5-10% 등으로 보거나 사람들의 연령을 0-10, 10-20 등으로 볼 수 있다. 저장소를 만들 때 크기나 범위를 설정하고 언제든지 편집할 수 있다. 또한 태블로는 데이터에 있는 값을 확인하는 알고리듬을 기반으로 구간의 크기를 제안한다. 태블로는 모든 구간에 대해 균일한 구간의 크기를 사용한다.

이 뷰의 경우 태블로는 자동으로 구간의 크기를 3.47분으로 설정한다. 이는 매우 직관적이지 않다. 데이터 패널에서 Minutes to Service(구간 차원) 필드를 마우스 오른쪽 단추로 클릭하거나 드롭다운을 사용하고 편집을 선택해 다양한 값을 시험해 보자. 편집 창은 몇 가지 정보를 제공하며 구간의 크기를 조정할 수 있다.

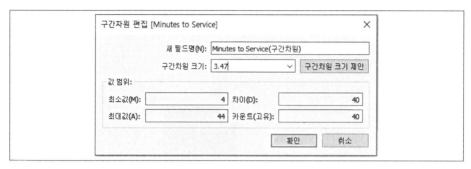

그림 3.50: 구간 차원 편집 옵션

예를 들면 다음은 각 구간 차원 크기가 2분으로 동일하게 설정된 히스토그램이다.

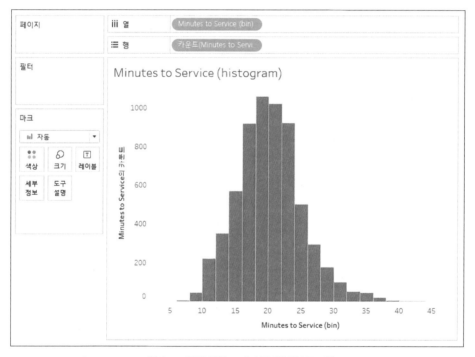

그림 3.51: 구간 차원 크기가 2분인 히스토그램

20분도 채 안 되는 시점에서 최고점에 도달한 후 몇 명의 환자는 40분 동안 기다려야 하는 곡선을 볼 수 있다. 이제 위험 프로필에 따라 환자들의 대기 시간이 어떻게 다른지 다음의 뷰처럼 추가 분석이 하고 싶어질 것이다.

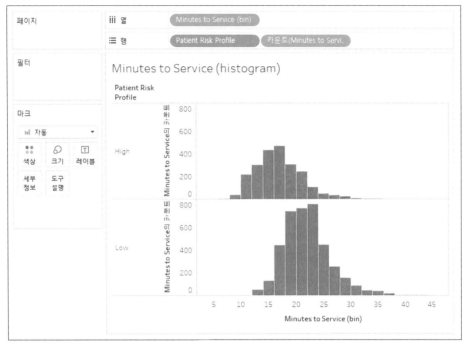

그림 3.52: 환자 위험 분류는 두 개의 히스토그램을 생성해 대부분의 고위험 환자가
더 빨리 치료를 받는다는 것을 보여준다(희망하는 대로).

 숫자 필드를 마우스 오른쪽 단추로 클릭하고 **만들기 > 구간 차원**을 선택한다. 구간 차원 필드에 대한
편집 옵션을 선택해 구간 차원의 크기를 편집할 수 있다.

또한 각 구간 차원의 개수를 세고자 할 경우 행에 배치한다. 표현 방식을 사용한 경
우 태블로는 행에 Minutes to Service에 대한 카운트를 배치한다. 이렇게 하면 값이
비어 있지 않은 모든 레코드의 개수를 세게 된다. 이 경우 데이터 세트는 환자 방
문당 하나의 레코드를 포함하기 때문에 환자 수가 환자 방문 수와 같을 것이다.
하지만 고유한 환자의 수를 알고 싶다면 뷰의 필드를 **카운트([Patient ID])**로 대체해
보자.

날짜와 마찬가지로 뷰 내의 구간 차원 필드가 불연속형인 경우 드롭다운 메뉴에 **결측값 표시** 옵션이 포함된다. 불연속형의 구간 차원 필드를 사용하는 경우 시각화의 왜곡을 방지하고 데이터에서 발생하지 않는 값을 식별하고자 이 옵션을 사용할 수 있다.

지금까지 원, 히스토그램, 박스 플롯으로 분포를 시각화하는 방법을 살펴봤다. 이 제 여러 축을 사용해서 서로 다른 측정값들을 비교할 수 있는 방법을 알아보자.

▍여러 개의 축을 사용해 서로 다른 측정값 비교

서로 다른 측정값을 비교하고 상관관계를 이해하거나 다른 세부 수준에서 동일한 측정값을 분석하고자 하는 경우가 있을 것이다. 이런 경우 둘 이상의 축이 있는 시각화를 사용할 수 있다.

산점도

산점도는 두 측정값 간의 관계를 이해하는 데 필수인 시각화 유형이다. 다음과 같은 질문이 있는 경우 산점도를 고려해보자.

- 마케팅에 지출하는 비용이 실제로 판매에 영향을 미치는가?
- 가열/냉각 정도에 따라 전력 소비가 얼마나 증가하는가?
- 학습 시간과 테스트 성능 간에 상관관계가 있는가?

이러한 질문들은 두 측정값 간의 상관관계(있는 경우)를 이해하려고 한다. 산점도는 이러한 관계를 이해하고 이상치를 확인하는 데 도움이 된다.

부서의 총수익과 환자 방문 횟수 간의 관계를 알 수 있는 다음 산점도를 살펴보자.

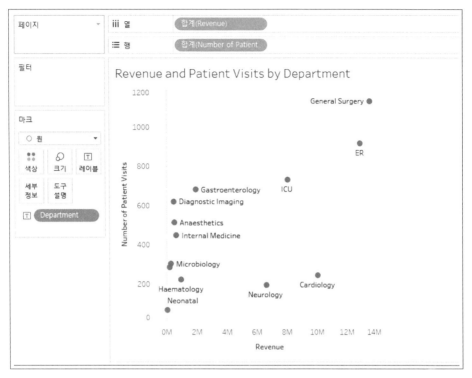

그림 3.53: 수익과 환자 방문 횟수 간의 상관관계를 보여주는 산점도

레이블에 Department 차원을 두고 뷰의 세부 수준을 정의한다. 뷰 내의 각 마크는 부서별 Revenue(수익)의 합계와 Number of Patient Visits(환자 방문 수)의 합계를 나타낸다.

예상대로 대부분의 부서는 환자 수가 많을수록 수익이 더 높다. Neurology(신경과)와 Cardiology(심장과)는 환자 수가 적음에도 불구하고 높은 수익을 내어 눈에 띈다.

 크기와 색상을 사용해 산점도에서 추가 데이터를 인코딩하는 방법을 알아보자. 예를 들어 Department Type을 색상에 추가해 동일한 유형의 부서가 유사한 상관관계를 나타내는지 확인할 수 있다. 더 오래 머무는 환자가 더 높은 수익을 설명할 수 있는지 확인하고자 평균 입원 기간으로 크기를 인코딩할 수 있다.

여러 축을 사용하는 몇 가지 다른 유형의 차트를 고려해보자.

이중 축 및 조합 차트

태블로에서 한 가지 매우 중요한 특징은 이중 축$^{dual-axis}$을 사용할 수 있다는 것이다. 산점도는 두 개의 축을 사용하지만 이것은 X와 Y다. 또한 누적 막대 예제에서 행이나 열에 여러 개의 연속형(녹색) 필드를 나란히 배치하면 여러 개의 나란한 축이 생성되는 것을 관찰했다. 반면 이중 축은 뷰가 공동의 패널에서 서로 마주 보는 두 개의 축을 사용하고 있음을 의미한다.

다음은 Sales와 Profit에 대해 이중 축을 사용하는 예(통합 문서에 포함되지 않음)다.

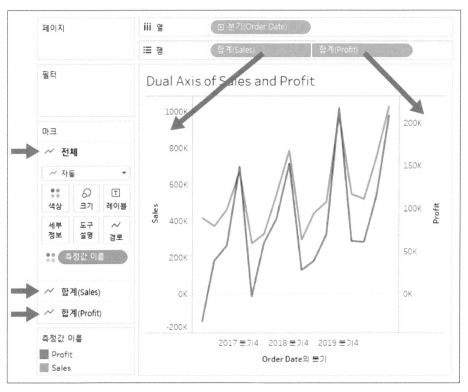

그림 3.54: 두 개의 필드가 각각 축을 정의하는 이중 축 차트

이 뷰에는 다음과 같은 몇 가지 주요 기능이 있다.

- 행의 Sales와 Profit 필드는 평평한 면을 공유해 이중 축이 있음을 나타낸다.
- Sales와 Profit으로 정의된 축은 뷰의 반대쪽에 있다. 또한 동기화되지 않아 대부분의 경우 데이터의 뷰가 왜곡될 수 있다. 수익이 총 매출에 가깝다면 좋겠지만 그렇지 않다. 축을 동기화하려면 오른쪽 축을 마우스 오른쪽 단추로 클릭하고 **축 동기화**를 선택한다. 해당 옵션이 회색으로 표시되면 값 중 하나는 정수 유형이고 다른 하나는 실수 유형일 수 있다. 데이터 패널에서 필드 중 하나를 마우스 오른쪽 단추로 클릭하고 데이터 유형 변경 > 숫자(정수) 또는 숫자(실수)를 선택한다.
- 마크 카드는 이제 **모든** 섹션과 Sales 및 Profit 섹션에 대해 아코디언 같은 컨트롤을 갖는다. 이를 사용해 모든 측정값에 대한 마크를 사용자 정의하거나 Sales 또는 Profit에 대한 마크를 구체적으로 사용자 정의할 수 있다.

이중 축을 만들려면 행이나 **열**에 두 개의 연속형(녹색) 필드를 나란히 놓은 다음 두 번째 드롭다운 메뉴를 사용하고 **이중 축**을 선택한다. 또는 두 번째 필드를 기존 축의 반대쪽 캔버스에 놓을 수 있다.

 축을 정의하는 모든 연속형 필드는 이중 축으로 사용할 수 있다. 여기에는 지리적 시각화를 정의하는 숫자 필드, 날짜 필드, 위도 또는 경도 필드가 포함된다. 위도 또는 경도의 경우 필드 중 하나를 복사해 행 또는 열 선반의 바로 옆에 배치하면 된다. 그런 다음 드롭다운 메뉴를 사용해 **이중 축**을 선택한다.

조합 차트^{Combination chart}는 다른 마크 유형을 덮을 수 있게 허용해 양 축이 확장된다. 이는 마크 카드가 모든 마크를 편집하거나 개별 축에 대한 마크를 사용자 정의할 수 있는 옵션을 제공하기 때문에 가능하다.

 행 또는 열에서 두 개 이상의 연속 필드가 나란히 있으면 언제나 여러 마크 유형을 사용할 수 있다.

조합 차트의 예로 다음 시각화를 살펴보자.

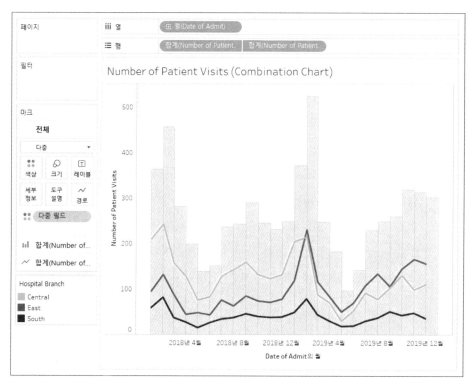

그림 3.55: 개별 지점 방문을 라인으로 표시하고 총 방문을 막대로 표시하는 조합 차트.

이 차트는 시간 경과에 따른 총 환자 방문 수(막대)와 병원 지점별 환자 방문 내역(라인)을 보여주기 위해 막대 그래프와 라인 그래프를 조합해 보여준다. 이런 종류의 시각화는 세부 사항으로 추가 컨텍스트를 제공하기에 대단히 효과적일 수 있다.

이 뷰에 대해 몇 가지 유의할 사항이 있다.

- 색상 선반의 필드는 마크 카드에서 다중 필드로 나열되고 회색으로 표시된다. 이는 마크에 있는 각각의 축에 대한 색상으로 여러 가지 필드가 사용됐음을 나타낸다.
- 이 뷰는 동일한 뷰에서 세부 수준을 혼합하는 기능을 보여준다. 막대는 가장 높은 수준(매월 환자 방문)에 그려지고 라인은 더 낮은 수준(매월 각 지점에 대한 환자 방문)에 그려진다.

- 이 뷰는 동일한 선반(이 경우 행)에서 동일한 필드(이 경우 Patient Visits)를 여러 번 사용하는 기능을 보여준다.
- 두 번째 축(오른쪽의 Patient Visits 필드)에는 뷰의 중복을 제거하고자 숨겨진 머리글이 있다. 뷰의 필드에 있는 드롭다운 메뉴에서 **머리글 표시**를 선택 취소하거나 숨기려는 축 또는 머리글을 마우스 오른쪽 단추로 클릭하면 된다.

이중 축 및 조합 차트는 마크 유형과 레벨을 혼합할 수 있는 광범위한 가능성을 열어줘 고유한 통찰력을 생성하는 데 매우 유용하다. 이 책의 나머지 부분에서 이에 대한 몇 가지 예를 더 볼 것이다. 이 기능을 실험하고 가능한 모든 작업을 통해 상상력을 발휘해보자.

▌요약

3장에서는 꽤 많은 부분을 다뤘다. 이제 특정 유형의 시각화를 사용하는 시기를 잘 파악해야 한다. 데이터에 대한 질문 유형이 특정 유형의 뷰로 연결되는 경우가 있다. 이러한 다양한 유형을 만드는 방법과 계산된 필드, 지터링, 다중 마크 유형, 이중 축과 같은 다양한 고급 기술을 사용해 기본 시각화를 확장하는 방법을 살펴봤다. 그 과정 중 태블로에서 날짜가 작동하는 방식의 세부 정보도 다뤘다.

3장에서 계산을 사용하는 예제를 통해 계산된 필드를 만드는 방법을 더 많이 배우고 싶은 마음이 생겼기를 바란다. 태블로에서 계산을 생성하는 기능은 데이터 분석의 확장, 결과 계산, 시각화 사용사 지성, 풍부한 사용자 상호작용 생성에 대한 무한한 가능성을 열어줄 것이다. 다음 두 개의 장에서는 계산에 대해 자세히 살펴보고 작동 방식과 수행 방법을 확인해본다.

04

계산과 매개변수

태블로에서 데이터에 연결하고 필드를 끌어다 놓는 것만으로도 얼마나 놀라운 발견과 분석, 스토리텔링이 가능한지 살펴봤다. 이제 계산을 통한 모험을 시작해 보자.

계산을 사용하면 태블로에서의 분석, 디자인, 상호작용에 대한 가능성이 크게 확장된다. 4장에서는 계산을 다양하게 사용하는 방법을 살펴본다. 계산을 사용해 데이터의 일반적인 문제를 해결하고 새로운 차원과 측정값을 추가함으로써 데이터를 확장하며, 상호작용에 추가적인 유연성을 제공하는 방법을 알게 될 것이다.

계산은 놀라운 성능과 유연성을 제공하는 동시에 복잡성과 정교함을 제공한다. 4장을 진행하는 동안 태블로에서 계산이 작동하는 방식의 핵심 개념을 이해해보자. 평소와 같이 예제를 따르되 자유롭게 탐색하고 실험해보자. 목표는 단순히 복사할 수 있는 계산 목록을 갖는 것이 아니라 계산을 사용해 문제를 해결하고 시각화와 대시보드에 창의적인 기능을 추가하는 방법의 지식을 얻는 것이다.

4장의 전반부에서는 기초 사항을 학습하는 데 초점을 맞추고, 후반부에서는 몇 가지 실제 사례를 살펴본다. 4장에서 다루는 내용은 다음과 같다.

- 네 가지 주요 계산 유형
- 계산의 생성과 편집
- 행 수준 계산의 예
- 집계 계산의 예
- 매개변수
- 실제 사례
- 성능 고려 사항

태블로의 계산 유형에 관해 먼저 소개하고 몇 가지 예를 살펴보자.

▌계산 소개

계산을 만들 때 대부분의 경우 계산이 데이터 패널에 새 측정값이나 새 차원으로 표시되기 때문에 하나의 계산을 계산된 필드라고 일컫는다. 계산은 함수, 연산, 다른 필드나 매개변수, 상수, 그룹 또는 집합에 대한 참조 코드로 구성된다. 이 코드는 값을 반환한다. 경우에 따라 계산의 결과는 데이터 행별로 수행되며 집계 수준에서 수행되는 경우도 있다. 이제 태블로의 주요 계산 유형 간 차이점을 살펴보자.

네 가지 주요 계산 유형

태블로에서 계산은 다음과 같은 주요한 네 가지 유형으로 나눠진다.

- **행 수준 계산:** 이 계산은 기본 데이터의 모든 행에 대해 수행된다.
- **집계 계산:** 이 계산은 뷰에서 사용되는 차원에 의해 정의되는 집계 수준에서 수행된다.
- **세부 수준 계산:** 이러한 특수 계산은 행 수준에서 사용할 수 있는 결과와 함께 지정된 세부 수준에서 수행되는 집계다.
- **테이블 계산:** 이 계산은 데이터 원본에서 태블로로 반환된 집계 데이터 테이블에서 수행된다.

네 가지 주요 계산 유형을 이해하고 인식하면 태블로에서 계산의 힘과 잠재력을 활용할 수 있을 것이다.

4장에서는 태블로의 네 가지 주요 계산 유형 중 두 가지인 행 수준 계산과 집계 계산을 자세히 살펴본다. 5장과 6장에서 마지막 두 가지 유형을 살펴볼 것이다.

> 계산을 사용해 문제를 해결하고자 할 때 필요한 계산 유형을 생각해보자. 이번 장과 다음 두 개의 장을 통해 특정 유형의 계산을 사용하는 데 도움이 되는 팁을 찾아보자.

이제 태블로의 주요 계산 유형을 살펴봤으므로 계산을 만들고 편집하는 방법을 살펴보자.

계산 생성과 편집

태블로에서 계산된 필드를 생성할 수 있는 여러 가지 방법이 있다.

1. 메뉴에서 **분석 ❯ 계산된 필드 만들기...**를 선택한다.
2. 데이터 패널에서 **차원** 옆에 있는 드롭다운 메뉴를 사용한다.

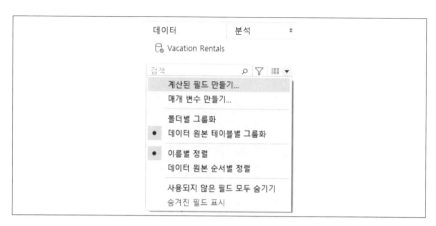

그림 4.1: 계산된 필드 만들기... 옵션

3. 데이터 패널의 빈 영역을 마우스 오른쪽 단추로 클릭하고 계산된 필드 만들기...를 선택한다.

4. 데이터 패널에서 필드, 집합 또는 매개변수의 드롭다운 메뉴를 사용해 만들기 ▶ 계산된 필드...를 선택한다. 그러면 선택한 필드에 대한 참조로 계산이 시작된다.

5. 행, 열, 측정값 선반 또는 마크 카드의 빈 영역을 더블 클릭해서 임시 계산을 생성한다(이렇게 한다고 해서 전체 계산 편집기를 표시하지는 않을 것이다).

6. 계산된 필드를 만들면 만든 시점에 선택된 데이터 원본의 일부가 될 것이다. 데이터 패널에서 드롭다운 메뉴를 사용하고 편집...을 선택해 기존에 계산된 필드를 편집할 수 있다.

계산의 생성과 편집을 위한 인터페이스는 다음과 같다.

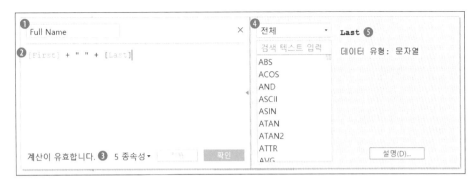

그림 4.2: 계산 생성 및 편집 인터페이스

이 창에는 몇 가지 주요 기능이 있다.

❶ **계산된 필드명:** 계산된 필드의 이름을 여기에 입력한다. 계산된 필드가 생성되면 이 텍스트 상자에 입력한 이름으로 데이터 패널에 필드로 표시된다.

❷ **코드 편집기:** 이 텍스트 영역에 코드를 입력해 계산을 수행한다. 편집기에는 인식된 필드와 기능에 대한 자동 완성 기능이 포함돼 있다. 또한 코드 편집기와 데이터 패널 및 뷰 간에 필드와 텍스트 스니펫을 끌어다 놓을 수 있다.

❸ 편집기 하단의 **표시**는 코드의 오류를 경고한다. 또한 계산이 뷰 또는 기타 계산된 필드에서 사용되는 경우 종속성을 볼 수 있는 드롭다운 표시기를 볼 수 있다. 계산 편집기를 열어 둔 채로 **적용** 단추를 클릭해 통합 문서 전체의 계산에 변경 사항을 적용한다. OK 단추를 눌러 코드 변경 사항이 저장되면 편집기를 닫는다. 변경 사항을 취소하려면 오른쪽 상단 모서리에 있는 X 단추를 클릭해 변경 사항을 취소할 수 있다.

❹ **함수 목록**은 코드에서 사용할 수 있는 모든 함수를 포함한다. 이러한 함수들은 예제에서 사용되거나 이 장에서 다룰 것이다. 태블로는 여러 가지 함수를 용도에 따라 그룹화한다.

- **숫자:** 반올림, 절대값, 삼각함수, 제곱근, 지수와 같은 수학 함수
- **문자열:** 문자열 가져오기, 문자열 내의 일치 항목 찾기, 문자열의 일부

교체, 문자열 값을 대문자나 소문자로 변환하기와 같이 문자열 조작에 유용한 함수

- **날짜:** 두 날짜 사이의 간격 계산, 날짜에 간격 추가하기, 현재 날짜 가져오기, 비표준 형식의 문자열을 날짜로 변환하기 등 날짜 작업에 유용한 함수

- **유형 변환:** 문자열을 정수로, 정수를 부동소수점 십진수로, 문자열을 날짜로 변환하는 것과 같이 한 유형의 필드를 다른 유형으로 변환하는 데 유용한 함수로, 다음 절에서는 태블로의 주요 데이터 유형을 다룬다.

- **논리:** if then else 논리 또는 case문과 같은 의사결정 함수

- **집계:** 합계와 같은 집계, 최소값이나 최대값 가져오기 또는 표준편차나 분산의 계산에 사용되는 함수

- **패스 스루**^{Pass Through}**(SQL 서버와 같은 특정 데이터베이스에 라이브로 연결될 때만 사용할 수 있음):** 이러한 함수를 사용하면 원시 SQL 코드를 기본 데이터베이스에 전달하고 행 수준이나 집계 수준으로 반환된 값을 검색할 수 있다.

- **사용자:** 사용자 이름을 얻고 현재 사용자가 그룹의 구성원인지 확인하는 데 사용되는 함수로, 논리 함수와 함께 사용돼 사용자 경험을 지정하거나 태블로 서버나 태블로 온라인에 게시할 때 사용자 기반의 보안을 구축하는 데 자주 사용된다.

- **테이블 계산:** 이 함수들은 다른 함수들과는 다르다. 기본 데이터 원본에서 반환된 후 뷰를 렌더링하기 직전에 집계된 데이터에 대해 작동한다.

- **공간:** 이 함수들은 공간 데이터로 계산을 수행할 수 있게 해준다.

❺ 선택 목록에서 함수를 사용하거나 코드에서 필드, 매개변수 또는 함수를 클릭하면 오른쪽에 선택 항목에 대한 세부 정보가 표시된다. 이는 코드에서 다른 계산된 필드가 중첩될 때 특정 계산된 필드에 대한 코드를 보고 싶을 때 또는 함수의 구문을 이해하려는 경우 유용하다.

인터페이스에 대해 살펴봤으면 이제 계산에 대한 몇 가지 기본 개념을 살펴보자.

데이터 유형

필드, 매개변수에 의해 저장되는 정보, 함수에 의해 반환되는 정보의 종류를 설명하는 데이터 유형은 계산의 기본 개념이다. 태블로는 다음과 같은 6가지 유형의 데이터를 구분한다.

- **숫자(실수):** 소수점 이하 자리를 포함하는 숫자로, 0.02, 100.377 또는 3.14159와 같은 값들은 실수다.
- **숫자(정수):** 정수 또는 소수 값이나 소수점 뒤에 자리가 없는 수로, 5, 157, 1,455,982는 정수다.
- **날짜 및 시간:** 시간이 함께 표기된 날짜로, November 8, 1980 12:04:33 PM은 날짜 및 시간 유형이다.
- **날짜:** 시간이 없는 날짜로, July 17, 1979는 날짜 유형이다.
- **문자열:** 일련의 문자이다. 문자열은 알파벳 문자, 숫자, 기호 또는 특수 문자의 혼합으로 구성될 수 있고 비어 있을 수도 있다. Hello World, password123, %$@*!와 같은 값들은 모두 문자열이다. 코드에서 문자열은 작은따옴표나 큰따옴표로 묶인다.
- **불리언:** 참이나 거짓 값을 말한다. TRUE, FALSE 표현식 1=1(참으로 평가됨), 1=2(거짓으로 평가됨)는 모두 불리언 유형이다.
- **공간:** 공간 영역과 관련된 위치, 선이나 모양을 설명하는 복합적인 값이다.

태블로의 모든 필드는 이러한 데이터 유형 중 하나를 취하며, 태블로의 모든 함수는 이러한 데이터 유형 중 하나를 반환한다. 일부 함수는 이러한 유형 중 일부와 일치하는 입력을 예상하기 때문에 사용자가 잘못된 유형을 전달하려고 하면 오류가 발생한다.

일부 유형은 다른 유형으로 변환될 수 있다. 예를 들어 앞에서 언급한 일부 유형 변환 함수를 사용해 문자열 "2.81"을 실수 2.81로 변환할 수 있다. 이 실수를 정수로 변환할 수 있지만 이 경우 실수 뒤의 소수점 자리 수는 없어지고 2가 될 것이다.

데이터 유형은 표시된 형식과 다르다. 예를 들어 소수점을 백분율 형식으로 선택할 수 있고(예, 0.2는 20%로 표시 가능), 통화(예, 144.56는 $144.56으로 표시 가능) 또는 소수점 자리가 0 인 숫자(예, 2.81을 반올림해 3으로 표시)로 선택할 수 있다.

계속해서 필드와 함수의 데이터 유형을 살펴보자.

추가 함수와 연산자

태블로는 다양한 함수와 연산자를 지원한다. 계산 화면에 나열된 함수 외에도 태블로는 다음의 연산자나 키워드, 구문 규칙을 지원한다.

연산자/키워드	설명
AND	두 개의 불리언(true/false) 값 또는 문장 사이의 논리적 and
OR	두 불리언 값 또는 문장 간 논리적 or
NOT	불리언 값 또는 문장 간 논리적 not
= 또는 ==	두 문장이나 값이 같은 지 테스트하는 논리적 equal(단일 또는 이중 등호는 태블로 구문에서 동일)
+	숫자 또는 날짜 값 추가 또는 문자열 연결
-	숫자 또는 날짜 값 빼기
*	숫자 값의 곱셈
/	숫자 값 나누기
^	숫자 값으로 거듭제곱
()	작업 순서를 정의하거나 함수 인수를 묶는 괄호

(이어짐)

196

연산자/키워드	설명
[ ]	필드명을 묶는 대괄호
{ }	세부 수준 계산을 묶는 중괄호
//	주석을 시작하는 이중 슬래시

 하나의 단어로 된 필드명은 계산에서 사용할 때 선택적으로 대괄호로 묶을 수 있다. 공백, 특수 문자 또는 보조 데이터 원본을 사용하는 필드명은 대괄호로 묶어야 한다.

다음 몇 장에 걸쳐 이러한 연산자와 함수들을 보게 될 것이므로 사용법을 숙지하자. 이제 몇 가지 실제 예를 통해 이 기능들을 살펴보자.

예제 데이터

예제를 시작하기에 앞서 이번 장의 예제에서 사용할 샘플 데이터 세트를 살펴보자. 간단하고 작기 때문에 계산이 어떻게 진행되고 있는지 쉽게 볼 수 있을 것이다.

이 데이터 세트는 이 책의 리소스에서 \Learning Tableau\Chapter 04 디렉터리에 Vacation Rentals.csv로 포함돼 있으며, **Vacation Rentals**라는 이름의 데이터를 원본으로 해 Chapter 4 통합 문서에 포함돼 있다.

Rental Property	First	Last	Start	End	Discount	Rent	Tax per Night
112-Asbury Atoll	Mary	Slessor	Dec 2	Dec 9	150	1,500	15
112-Asbury Atoll	Amy	Carmi-chael	Dec 9	Dec 15	0	1,500	15
155-Beach Breeze	Charles	Ryrie	Dec 2	Dec 9	260	1,300	10
155-Beach Breeze	Dwight	Pentecost	Dec 16	Dec 23	280	1,400	10
207-Beach Breeze	Lewis	Chafer	Dec 9	Dec 23	280	2,800	10
207-Beach Breeze	John	Wal-voord	Dec 2	Dec 9	60	1,500	10

이 데이터 세트는 Rental Property(휴가용 임대 부동산), First(임차인의 이름), Last(임차인의 이름), Start(임차 시작일), End(임차 종료일), Discount(1박당 할인), Rent(1박당 임대료), Tax per Night(1박당 세금)에 관한 것이다. 4장에서는 이 데이터를 사용해 계산의 몇 가지 예를 살펴볼 것이다. 행 수준 계산부터 시작해보자.

행 수준 계산

이 절에서는 행 수준 계산의 몇 가지 예를 살펴본다. 완료된 계산은 Complete 통합 문서에서 찾을 수 있으며, Starter 통합 문서에서 처음부터 시작하는 것을 추천한다. 가능하면 예제를 통해 작업하면서 자신만의 시각화를 만들어보자.

간단한 예

매우 간단한 예제로 시작하고 점점 복잡한 내용을 다룰 것이다. Chapter 04 통합 문서에서 다음 코드를 이용해 Full Name이라는 새로운 계산된 필드를 생성한다.

```
[First] + " " + [Last]
```

이 코드는 문자열 First와 Last 사이를 공백으로 연결한다. 계산 편집기는 다음과 같아야 한다.

그림 4.3: 편집기에서 Full Name 계산 만들기

확인을 클릭하면 데이터 패널에 새로운 Full Name 필드가 표시되는 것을 볼 수 있을 것이다. 해당 필드의 값은 데이터 행당 계산된다. 즉, 모든 데이터 행에는 임차인의 이름 전체가 포함된다.

더 복잡한 예

Rental Property 필드는 112-Asbury Atoll 또는 207-Beach Breeze와 같은 값은 포함한다는 점에 유의하자. 휴가 임대 데이터에서 임대 단위에 관한 명명 규칙은 방 번호와 건물 이름이 순서대로 나열되고 대시로 구분되는 것이다. 예를 들면 207-Beach Breeze라고 명명된 단위는 Beach Breeze 건물의 207호다.

첫 번째 Room은 다음의 코드로 명명된다.

```
SPLIT([Rental Property], "-", 1)
```

그 후 다음 코드로 Building이라는 이름의 계산된 필드를 만든다.

```
SPLIT([Rental Property], "-", 2)
```

이 두 함수들은 모두 Split() 함수를 사용해 문자열을 여러 값으로 분할한 후 그 값 중 하나를 유지한다. 이 함수는 문자열, 구분 기호(값을 구분하는 문자 또는 문자 집합), 토큰 번호(분할해 유지할 값, 즉 첫 번째, 두 번째, 세 번째 등)의 세 가지 인수를 사용한다. -(대시)를 구분 기호로 사용하는 Room(방 번호)가 첫 번째 값이고 Building(건물 이름)은 두 번째 값이다.

두 개의 계산된 필드를 사용해 다음과 같이 Rent per Building & Room(건물의 방 번호별 임대료)라는 막대 차트를 만든다.

그림 4.4: 계산된 필드를 사용해 뷰 생성

Building과 Room 필드가 데이터 패널에 차원으로 표시된다. 계산된 차원은 다른 차원과 마찬가지로 사용할 수 있다. 데이터를 분할하고 세부 수준을 정의한 후 측정값을 그룹화할 수 있다.

행 수준 계산은 행 수준에서 계산되지만 결과를 집계하도록 선택할 수 있다. 예를 들어 가장 큰(MAX) Room(방) 번호를 찾거나, 고유한(COUNTD) Building(건물) 수를 집계할 수 있다. 실제로 행 수준 계산의 결과가 숫자인 경우 태블로는 기본적으로 결과 필드를 측정값으로 배치하는 경우가 많다. 그러나 지금까지 살펴본 것처럼 행 수준 필드는 뷰에서 차원이나 측정값으로 사용할 수 있다.

태블로는 데이터 패널의 필드 아이콘에 작은 등호를 추가해 계산된 필드임을 나타낸다.

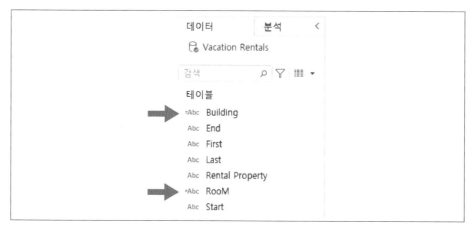

그림 4.5: 작은 = 기호는 필드가 계산임을 나타낸다.

두 계산된 필드의 코드는 모든 데이터 행에 대해 실행되고 행 수준의 값을 반환한다. 원본 데이터를 검사해 코드가 행 수준에서 작동하는지 확인할 수 있다. 차원 옆에 있는 데이터 보기 아이콘을 클릭하면 행 수준의 세부 정보를 볼 수 있다(이전 화면의 돋보기 아이콘 옆에 있음). 여기에서 행 수준 값과 함께 Building과 Room의 새 필드를 명확하게 볼 수 있다.

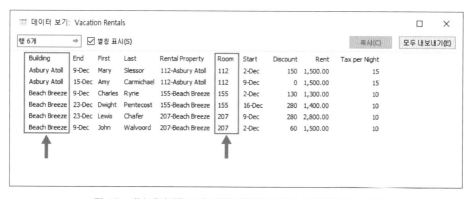

그림 4.6: 기본 데이터를 보면 데이터 행별로 계산이 수행됨을 알 수 있다.

태블로는 필드 분할을 위한 바로 가기를 제공한다. 데이터 패널의 필드에서 드롭다운 메뉴를 사용해 **변환 ➤ 분할 또는 변형 ➤ 사용자 지정 분할...**(비표준 구분자가 있는 경우)을 선택할 수 있다. 결과는 이전에 만든 것과 유사한 계산된 필드지만 데이터 유형을 결정하는 몇 가지 추가 논리가 있다. 분할과 같은 변환 기능은 데이터 원본 화면의 **미리 보기** 또는 메타데이터 뷰의 필드에 대해서도 사용할 수 있다.

예제 확장

예제를 좀 더 확장해보자. 방의 층이 번호로 표시된다는 것을 알고 있다고 가정하면 100 ~ 199호실은 1층에, 200 ~ 299호는 2층에 있음을 알 수 있다. 우리는 이런 정보를 분석에 사용하고자 한다.

잠재적으로 이 속성을 원본 데이터에 추가할 수 있지만 실행하기 어려울 수 있다. 원본 데이터를 변경할 수 있는 권한이 없거나 원본이 매일 자동으로 생성되는 스프레드시트일 수 있으며 모든 변경 사항을 덮어써버릴 수도 있다.

이런 대신 태블로에서 행 수준 계산을 만들어 데이터를 확장할 수 있다. 이렇게 하고자 다음 코드를 활용해 Floor라는 계산된 필드를 만든다.

```
IF LEFT([Room], 1) = "1"
THEN "First Floor"
ELSEIF LEFT([Room], 1) = "2"
THEN "Second Floor"
END
```

이 코드는 LEFT() 함수를 사용해 Room의 가장 왼쪽 문자를 반환한다. 그러면 112 결과는 1이고, 207의 결과는 2가 된다. **IF THEN END** 논리는 true 여부에 따라(First Floor 또는 Second Floor 모두) 결과를 할당한다. 계산에서 Room 필드를 사용했으며, 이는 또 다른 계산이었다는 점을 알아두자.

또 다른 계산에서 사용되는 계산된 필드에 사용되는 참조를 중첩이라고 하며, 다른 계산된 필드를 사용하는 계산을 중첩 계산이라고 한다. 사용할 수 있는 중첩 수준에 대해 이론적 제한은 없지만 중첩 수준을 너무 많이 사용하면 논리를 풀기 어려울 수 있다.

데이터 변화 수용 계획

계산을 작성할 때 작성하려는 계산이 현재 존재하지 않는 데이터의 변화를 수용하고 있는지 여부를 생각해보자.

 태블로에서 계산을 작성할 때마다 자문해볼 수 있는 몇 가지 질문이 있다. 데이터가 변경되면 어떻게 될까? 계산에서 예상치 못한 값이나 잘못된 값을 처리하는가? 모든 케이스를 다뤘는가?

예를 들어 앞에서 다룬 층에 관한 계산은 모든 방이 100층 또는 200층인 경우에만 작동한다. 3층에 306번 방이 있거나 8층에 822번 방이 있다면 어떻게 될까?

이런 질문까지 해결하려면 다음과 같이 계산을 단순화할 수 있다.

```
LEFT([Room], 1)
```

이 코드는 단순히 방 번호의 가장 왼쪽 문자를 반환한다. 306에 대해서는 3을, 822에 대해서는 8을 얻을 수 있을 것이다. 하지만 10층의 1025호나 16층의 1617호와 같은 방 번호가 있다면 다음과 같은 옵션을 고려해야 한다.

```
MID([Room], 0, LEN([Room]) -2)
```

이것은 좀 더 복잡하지만 문자열 함수는 문자열의 시작부분에서 시작해 마지막 두 문자 바로 앞에서 끝나는 문자열을 반환한다. 즉, 1025에 대해서는 10층을, 1856

에 대해서는 18층을 얻을 수 있다.

지금까지 몇 가지 행 수준의 계산 예제를 살펴봤다. 이제 태블로의 또 다른 주요 계산 유형인 집계 수준 계산으로 넘어가보자.

▌집계 계산

태블로에서 sum, min, max와 같은 집계 계산을 이미 살펴봤다. 뷰에서는 주로 단순 집계 필드를 사용하겠지만 가끔은 집계를 사용해서 좀 더 복잡한 계산을 해야 하는 경우가 있을 것이다.

예를 들어 할인된 임대료의 비율을 알아보고 싶은데, 데이터에 이러한 필드가 없다고 해보자. 값이 뷰에 있는 세부 수준에 따라 변경되기 때문에 실제 데이터 원본에는 저장할 수 없다(예, 개별 단위에 대해 할인된 비율이 층 또는 건물당 할인된 비율과 다름). 오히려 집계로 계산하고 세부 수준이 변경되면 다시 계산해야 한다.

다음 코드를 사용해 Discount %라고 명명된 계산을 만들어보자.

```
SUM([Discount]) / SUM([Rent])
```

이 코드는 Discount의 합을 Rent의 합으로 나눠야 함을 가리킨다. 이는 모든 Discount 값이 추가되고 모든 Rent 값이 추가됨을 의미한다. 합계가 계산된 후에만 나눗셈이 발생한다.

> 계산을 만들고 나면 태블로는 새 필드를 데이터 패널에서 **측정값**으로 처리한다는 것을 알 수 있다. 태블로는 기본적으로 숫자 결과가 있는 모든 계산을 측정값으로 처리하지만 원하는 경우 행 수준 계산을 차원으로 변경할 수 있다. 하지만 이 경우 새 필드를 차원으로 재정의할 수도 없다. 태블로가 반환되는 데이터 유형에 관계 없이 모든 집계 계산을 측정값으로 취급하기 때문이다. 이는 집계 계산이 차원에 따라 계산을 수행하는 세부 수준에 의해 정의되기 때문이다. 따라서 집계 계산은 차원 자체가 될 수 없다.

계산 값이 백분율이므로 형식을 백분율로 정의할 수도 있다. 이렇게 하려면 Discount % 필드를 마우스 오른쪽 단추로 클릭하고 기본 속성 ▶ 숫자 형식을 선택한 다음 백분율을 선택한다. 표시되는 소수 자릿수를 조정할 수도 있다.

이제 계산이 뷰의 세부 수준에 따라 다른 결과를 반환하는 방법을 확인할 수 있는 몇 가지 뷰를 만들어보자. 먼저 개별 임대 기간을 볼 수 있는 뷰를 작성한다.

1. Building, Room, Full Name, Start, End를 행에 올려둔다.
2. 데이터 패널의 측정값 부분에서 Rent, Discount, Discount % 필드를 각각 더블 클릭한다. 태블로에서 측정값 이름과 측정값을 사용하면 이러한 측정값들이 뷰에 배치될 것이다.
3. Rent, Discount, Discount % 순서로 측정값 선반의 필드를 다시 정렬한다.

					Rent	Discount	Discount %
Building	**Room**	**Full Name**	**Start**	**End**			
Asbury Atoll	112	Amy Carmichael	9-Dec	15-Dec	1,500	0	0.00%
		Mary Slessor	2-Dec	9-Dec	1,500	150	10.00%
Beach Breeze	155	Charles Ryrie	2-Dec	9-Dec	1,300	130	10.00%
		Dwight Pentecost	16-Dec	23-Dec	1,400	280	20.00%
	207	John Walvoord	2-Dec	9-Dec	1,500	60	4.00%
		Lewis Chafer	9-Dec	23-Dec	2,800	280	10.00%

그림 4.7: Building, Room, Full Name, Start, End 수준에서 계산된 Discount %를 표시한다.

이제 각각의 임대 기간에 대한 할인 방식으로 제공되는 비율을 볼 수 있지만 Building과 Room을 제외한 모든 필드를 제거하면 값이 어떻게 변경되는지 확인해 보자.

그림 4.8: Building과 Room 수준에서 계산된 Discount %를 보여준다.

값이 변경된 이유는 무엇일까? 집계는 뷰의 세부 수준을 정의하는 차원에 따라 달라지기 때문이다. 첫 번째 경우 Building, Room, Full Name, Start, End로 뷰의 세부 수준이 정의됐다. 따라서 계산은 각 임대 기간의 모든 임대료와 임대 기간 동안의 모든 할인을 합한 다음 나눠졌다. 두 번째 경우에는 Building과 Room에 의해 세부 수준이 재정의됐다. 그래서 계산은 각 건물과 방에 대한 모든 가격과 각 건물과 방에 대한 모든 할인을 각각 합산한 다음 나눠졌다.

각 측정값을 더블 클릭하면 특별한 방법으로 뷰 창에 추가되는 것을 알 수 있다. **측정값 이름**과 **측정값**은 모든 데이터 연결(데이터 패널 아래쪽)에 나타나는 특수 필드다. 이들은 뷰에서 동일한 공간을 공유하는 여러 측정값의 자리표시자 역할을 한다.

예를 들어 방금 만든 뷰에서 세 개의 측정값은 창에 있는 모든 공간을 공유한다. 텍스트 마크에 올려져 있는 측정값은 **측정값** 선반에 있는 모든 측정값이 텍스트로 표시돼야 함을 나타낸다. 열 선반에 올려져있는 **측정값 이름** 필드는 각 측정값에 대해 측정값별 이름으로 열을 생성한다.

어떤 차원으로도 분할되지 않게 하고 전체 데이터 세트를 보면 예상대로 값이 다시 변경되는 것을 알 수 있다.

그림 4.9: 전체 데이터 세트에 대해 가능한 최고 수준에서 계산된 Discount %(할인율)을 보여준다.

행 수준과 집계 계산에 대해 기본적인 이해가 이뤄졌으면 이제 이들을 구분하는 것이 중요한 이유를 살펴보자.

행 수준과 집계의 차이가 중요한 이유

다음 코드를 사용해 Discount %(행 수준) 계산을 생성했다고 가정해보자.

```
[Discount] / [Rent]
```

이것은 다음 코드로 앞에서 만들었던 집계 계산과 다르다.

```
SUM([DIscount]) / SUM([Rent])
```

이들 결과는 다음과 같이 아주 많이 다르다.

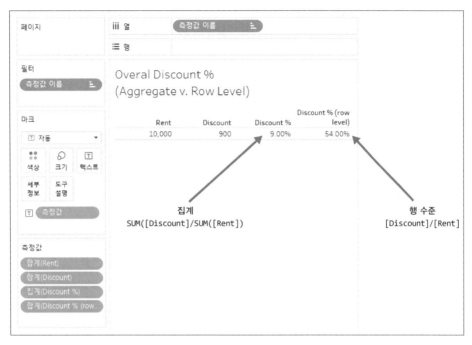

그림 4.10: 행 수준 값과 집계로 계산된 Discount %(할인율)을 표시하고 있다.

결과가 이렇게 많이 다른 이유는 무엇일까? 그것은 계산이 수행된 방식이 다르기 때문이다. Discount %(행 수준)은 합계로 **측정값** 선반에 표시되는 것에 주의하자. 이는 계산이 행 수준 계산이기 때문에 행 단위 계산에 의해 모든 행 수준의 값이 결정되고 나면 측정값으로 집계되기 때문이다. 표시되는 값 **54.00%**는 실제로 기본 데이터의 각 레코드에서 계산된 백분율의 합계다.

실제로 행 수준 계산과 최종 집계는 다음과 같이 수행된다.

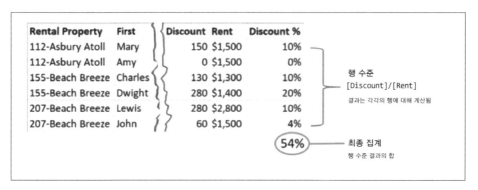

그림 4.11: 각각의 Discount %(할인율) 결과가 행 수준에서 계산된 다음 집계되면 결과가 잘못된 것이다.

집계 계산이 수행된 방식과 대조해보자. 뷰의 측정값 선반에 있는 활성 필드에 나열된 집계는 AGG(집계)이고 SUM(합)이 아니다. 이는 계산에서 집계를 정의했음을 나타낸다. 태블로는 결과를 더 이상 집계하지 않는다. 집계 계산이 수행되는 방법은 다음과 같다.

그림 4.12: 분자와 분모가 먼저 집계되면 Discoun t% 계산이 정확하다.

자신이 기대하고 있는 필요한 결과를 얻으려면 행 수준 계산과 집계 계산의 차이를 이해하는 것이 중요하다. 일반적으로 값을 차원으로 사용하거나 행 수준 값의 집계가 의미가 있다고 확신하는 경우 행 수준 계산을 사용한다. 다른 연산에 앞서 집계를 수행해야 하는 경우 집계 계산을 사용하자.

태블로 계산을 작성하는 동안 발생하는 가장 일반적인 오류 메시지 중 하나는 이 함수는 집계 인수와 비집계 인수를 혼합할 수 없습니다이다. 이 메시지가 나타나면 행 수준 필드와 계산을 집계 필드와 계산으로 부적절하게 혼합하지 않았는지 코드를 확인해보자. 예를 들어 [Discount]/SUM([Rent])와 같은 경우는 생성할 수 없다.

행 수준 값(Discount)과 집계(Rent의 SUM)의 혼합은 유효하지 않다.

행 수준 계산과 집계 계산의 차이가 분명하게 이해됐으면 추가 예제를 만들어보기 전에 매개변수를 논의해보자.

▌ 매개변수

행 수준과 집계 계산의 몇 가지 추가 예제를 살펴보기 전에 계산에서 놀라운 방법으로 사용할 수 있는 매개변수를 살펴보자.

태블로의 매개변수는 숫자, 날짜 또는 문자열과 같은 단일 전역 값에 대한 자리표시자 역할을 한다. 매개변수는 대시보드 또는 뷰의 최종 사용자에게 컨트롤(예, 슬라이더, 드롭다운 목록 또는 입력 텍스트 상자)로 표시돼 매개변수의 현재 값을 변경할 수 있는 기능을 제공한다. 매개변수 값은 동작으로 변경될 수도 있는데, 이것은 8장에서 다룬다.

매개변수 값은 전역이므로 값이 변경되면 해당 매개변수를 참조하는 통합 문서의 모든 뷰와 계산에서 변경된 새 값을 사용한다. 매개변수는 대시보드와 시각화의 최종 사용자에게 풍부한 상호작용을 제공할 수 있는 또 다른 방법을 제공한다.

매개변수를 사용해 뷰나 대시보드와 상호작용하는 모든 사용자가 다음을 비롯한 많은 작업을 동적으로 수행할 수 있다.

- 계산 결과 변경
- 상위 n개 필터 또는 상위 n개 집합의 상위 개수 또는 하위 개수 변경
- 참조선이나 참조 구간 값 설정
- 구간^{bin} 크기 변경
- 데이터 원본에서 사용되는 사용자 지정 SQL문에 값 전달

이들 중 일부는 이후 장에서 살펴보게 될 것이다.

매개변수를 계산에 사용할 수 있고 계산된 필드를 사용해 시각화의 모든 측면(필터, 색상, 행, 열 등)을 정의할 수 있기 때문에 매개변수 값의 변화는 극적인 결과를 가져올 수 있다. 다음 절에서 이에 대한 몇 가지 예를 살펴보자.

매개변수 생성

매개변수를 만드는 것은 계산된 필드를 만드는 것과 비슷하다.

태블로에서 매개변수를 만드는 방법에는 여러 가지가 있다.

- 데이터 패널의 **차원** 옆에 있는 드롭다운 메뉴를 사용해서 매개변수 만들기를 선택한다.
- 데이터 패널에서 빈 영역을 마우스 오른쪽 단추로 클릭하고 매개변수 만들기를 선택한다.
- 데이터 패널에 이미 있는 필드, 세트 또는 매개변수의 드롭다운 메뉴를 사용해서 **만들기 ▶ 매개변수...**를 선택한다.

마지막 경우 태블로는 필드의 **도메인**(고유값)을 기반으로 잠재적인 값 목록이 있는 매개변수를 만든다. 기본적으로 데이터 패널의 **불연속형**(파란색) 필드에 대해 태블로는 필드의 불연속 값과 일치하는 값 목록이 있는 매개변수를 만든다. 데이터 패널의 **연속형**(녹색) 필드에 대해 태블로는 데이터에 있는 필드의 최소값과 최대값으로 설정된 범위를 사용해 매개변수를 만든다.

매개변수를 처음 만들면(혹은 이후에 기존 매개변수를 편집하면) 태블로는 다음과 같은 인터페이스를 표시할 것이다.

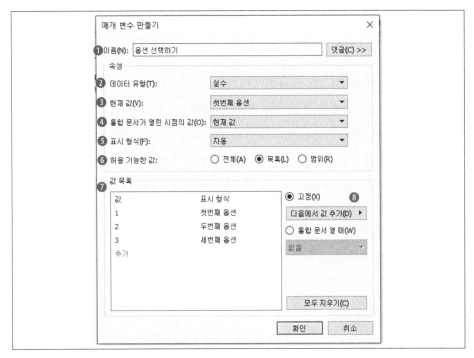

그림 4.13: 아래에 번호별로 설명을 달아 둔 매개변수 만들기 인터페이스

인터페이스에는 다음과 같은 기능이 있다.

❶ 이름은 매개변수 컨트롤의 기본 제목으로 표시되며 계산에서도 참조가 된다. 매개변수 사용법을 설명하는 설명을 추가할 수도 있다.

❷ 데이터 유형은 매개변수 값에 허용되는 데이터 유형을 정의한다. 옵션에는 정수, 부동소수점(부동소수점 십진수), 문자열, 불리언, 날짜 및 시간이 포함된다.

❸ 현재 값은 매개변수의 초기 기본값을 정의한다. 이 화면이나 매개변수 컨트롤이 표시된 대시보드나 시각화에서 이 값을 변경하면 현재 값이 변경된다.

❹ 통합 문서가 열린 시점의 값을 사용하면 계산된 값을 기반으로 통합 문서가 열릴 때 매개변수의 기본값을 선택적으로 변경할 수 있다.

❺ 표시 형식은 값이 표시되는 방식을 정의한다. 예를 들어 정수 값을 달러 금액으로 표시하거나 소수를 백분율로 표시하거나 특정 형식으로 날짜를 표시할 수 있다.

❻ 허용 가능한 값 옵션은 사용자에게 허용된 값의 범위를 제한할 수 있는 기능을 제공한다. 허용 가능한 값에는 다음의 세 가지 옵션이 있다.

- 전체는 매개변수의 데이터 유형과 일치하는 사용자의 입력을 허용한다.
- 목록을 사용하면 사용자가 단일 옵션을 선택해야 하는 값 목록을 정의할 수 있다. 목록은 수동으로 입력하거나 클립보드에서 붙여 넣거나 동일한 데이터 유형의 차원에서 로드할 수 있다.
- 범위를 사용하면 선택적 상한 및 하한과 단계 크기를 포함해 가능한 값의 범위를 정의할 수 있다. 필드 또는 다른 매개변수에서 설정할 수도 있다.

❼ 이전 화면의 예에서는 허용 가능한 값으로 목록을 선택했으므로 가능한 값 목록을 입력할 수 있는 옵션이 제공된다. 이 예에서는 세 항목의 목록이 입력됐다. 값은 데이터 유형과 일치해야 하지만 표시 값은 임의의 문자열 값이 될 수 있다. 목록에서 값을 드래그앤드롭해 목록을 재정렬할 수 있다. 범위가 선택되면 화면에는 범위에 대한 최소, 최대, 단계 크기를 설정하기 위한 옵션이 표시될 것이다.

❽ 또한 목록에는 목록을 채우기 위한 몇 가지 추가 옵션이 있다.

- 고정: 값을 수동으로 입력하거나 클립보드에서 붙여넣거나 데이터에 있는 기존 필드 값에서 설정할 수 있다. 어쨌든 목록은 정적 목록이며 데이터가 업데이트되더라도 변경되지 않는다.
- 통합 문서가 열릴 때 통합 문서를 처음 열 때 해당 필드에 대해 사용할 수 있는 값을 기반으로 목록을 동적으로 업데이트할 필드를 지정할 수 있다.

매개변수에 대한 변경 사항을 저장하려면 확인을 클릭하고 되돌리려면 **취소**를 클릭한다.

매개변수가 생성되면 **매개변수** 섹션이 데이터 패널에 나타난다. 매개변수의 드롭다운 메뉴에는 매개변수 컨트롤을 뷰에 추가하는 **매개변수 표시** 옵션이 표시된다. 매개변수 컨트롤의 오른쪽 상단에 있는 작은 드롭다운 캐럿은 매개변수 컨트롤의 모양과 동작을 사용자 정의하기 위한 메뉴를 표시한다. 다음은 앞에서 만든 매개변수에 대해 단일 값 목록으로 표시한 매개변수 컨트롤이다.

그림 4.14: 단일 선택 라디오 단추 목록으로 표시된 매개변수 컨트롤

이 컨트롤은 모든 시트나 대시보드에 표시될 수 있으며 최종 사용자가 단일 값을 선택할 수 있게 해준다. 값이 변경되면 매개변수를 사용하는 모든 계산, 필터, 집합 또는 구간^{bin}이 다시 평가되고 영향을 받는 모든 뷰가 다시 그려진다.

다음 절에서는 계산에 매개변수를 사용하는 몇 가지 실제 예를 살펴본다.

▌계산과 매개변수의 실제 예

행 수준과 집계 계산에 관한 몇 가지 실제 예를 살펴보자. 목표는 계산으로 가능한 것을 배우고 이해하는 것이다. 분석이나 시각화를 시작할 때 이러한 예제를 기반으로 구축할 수 있다.

https://community.tableau.com/s/explore-forums의 공식 태블로 포럼에서 계산에 대한 도움말과 제안을 찾을 수 있다.

데이터 문제 해결

데이터는 깨끗하지 않은 경우가 있다. 즉, 의미 있는 분석이 이뤄지기 전에 수정해야 할 문제가 있다. 예를 들어 날짜 형식이 잘못 지정됐거나 하나의 필드에 여러 필드로 구분해야 하는 숫자 값과 문자 코드가 혼합돼 있을 수 있다. 계산된 필드는 종종 이러한 종류의 문제를 해결하는 데 사용될 수 있다.

14장에서 데이터를 형성하고 정리하도록 설계된 도구인 태블로 프렙의 사용법을 살펴본다. 태블로 프렙의 계산 구문은 거의 동일하므로 4장의 많은 예제도 해당 컨텍스트에 적용할 수 있다. 태블로 데스크톱이나 태블로 프렙에서 데이터 문제를 해결하는 방법을 알면 큰 도움이 될 것이다.

이제 Vacation Rentals 데이터 작업을 계속할 것이다. 임차 시작일과 임차 종료일은 다음과 같다.

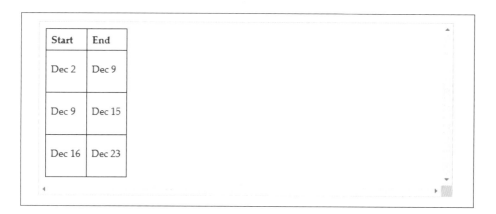

연도가 없으면 태블로는 Start 또는 End 필드를 날짜로 인식하지 않는다. 대신 태블로는 이들을 문자열로 인식한다. 데이터 패널의 필드에 있는 드롭다운 메뉴를 사용해 데이터 유형을 날짜로 변경해볼 수 있지만 연도가 없으면 태블로는 대부분 구문 분석을 잘못하거나 불완전하게 할 것이다. 이런 경우 문제를 해결하고자 계산을 사용해야 한다.

연도가 항상 2020년이어야 한다고 확신한다고 가정하면 Start Date와 End Date라는 계산된 필드를 만들 수 있다.

Start Date를 가져올 수 있는 코드는 다음과 같다.

```
DATE([Start] + ", 2020")
```

다음은 End Date를 가져오는 코드다.

```
DATE([End] + ", 2020")
```

이러한 계산된 필드가 하는 일은 월과 일을 연도와 연결한 다음 DATE() 함수를 사용해 문자열을 날짜 값으로 변환하는 것이다. 실제로 태블로는 결과 필드를 날짜로 인식한다(기본 제공 계층과 같은 날짜 필드의 모든 기능 포함). 태블로에서 빠르게 확인해볼 수 있고 예상되는 결과가 표시된다.

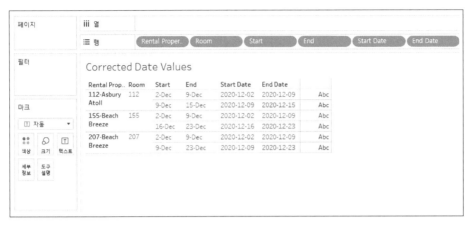

그림 4.15: 수정된 날짜는 문자열 버전 옆에 표시된다. 모든 필드는 행의 불연속 차원이다(날짜는 정확한 날짜임).

여기서 데이터의 문제를 해결할 수 있을 뿐만 아니라 계산을 사용해 데이터나 분석을 확장할 수도 있다. 이는 다음 절에서 살펴본다.

데이터 확장

데이터에 포함하고 싶지만 원본에는 없는 차원이나 측정값이 있을 때가 있다. 많은 경우에 계산된 필드를 사용해 데이터 세트를 확장할 수 있다. 이름과 성 필드만 있는 게스트의 전체 이름 필드를 만드는 예를 앞에서 살펴봤다.

진정으로 흥미로운 분석을 할 수 있는 또 다른 데이터는 각각의 임대 기간이다. 시작일과 종료일은 있지만 두 날짜 사이의 기간이 없다. 다행히도 이것은 계산하기가 쉽다.

다음 코드를 사용해 Nights Rented라는 계산된 필드를 만들어보자.

```
DATEDIFF('day', [Start Date], [End Date])
```

태블로는 지능적인 코드 완성 기능을 사용한다. 코드 편집기에 입력하는 것에 따라 사용할 수 있는 함수와 필드명을 제안해준다. 탭 키를 누르면 현재 제안에 따라 입력하기 시작한 내용이 자동 완성될 것이다.

그림 4.16: 지능형 코드 완성 기능은 사용자가 입력하는 것에 따라 가능한 필드명과 함수를 제안해줄 것이다.

DATEDIFF() 함수는 날짜 부분을 취하고, 두 날짜 사이의 차이에 대한 숫자 값을 반환한다. 이제 이전에는 사용할 수 없었던 새로운 측정값을 갖게 됐다. 다음과 같은 간트 임대 차트 시각화에서 이 새로운 측정값을 사용해볼 수 있다.

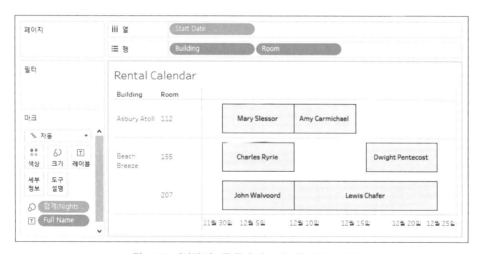

그림 4.17: 계산된 필드를 통해 간트 차트를 만들 수 있다.

태블로에서 계산을 통해 데이터를 확장할 수 있는 다양한 방법을 찾을 수 있을 것이다. 이를 통해 놀라운 분석과 시각화를 수행할 수 있다. 몇 가지 예를 살펴보자.

사용자 경험, 분석, 시각화 향상

계산과 매개변수를 사용하면 사용자 경험, 분석, 시각화를 크게 향상시킬 수 있다.

휴가용 콘도 관리자가 what-if 분석을 할 수 있게 해보자. 매년 그녀는 12월 한 달 동안 무료 숙박을 제공한다. 그녀는 선택하는 숙박일 수에 따라 어떤 임대자가 무료 숙박을 받게 될 것인지 확인할 수 있기를 원한다.

이를 수행하려면 다음 과정을 따라 해보자.

1. 앞의 예제를 수행하지 않은 경우라면 앞에서 봤던 것과 유사한 간트 차트를 만든다(화면의 필드 배치를 따라 하면서).
2. 데이터 유형이 날짜이고 시작 값이 **12/12/2020**인 Free Night(무료 숙박일)라는 매개변수를 만들어보자. 이를 통해 관리자는 프로모션 월의 시작 일을 설정하고 조정할 수 있다. 데이터 패널의 Free Night 매개변수에 대한 드롭다운 메뉴에서 매개변수 표시를 선택해 매개변수 컨트롤을 표시한다.
3. 이제 뷰에 참조선을 추가해 무료 숙박을 표시해보자. 왼쪽 사이드바에서 분석 패널로 전환하면 된다. 참조선을 뷰로 끌어다 테이블에 떨어뜨려보자.

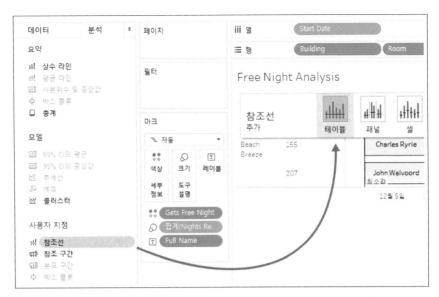

그림 4.18: 분석 패널로 전환하고 참조선을 캔버스로 끌어다 참조선을 추가한다.

4. 이제 다음의 대화상자에서 라인 값을 Free Night로 설정한다. 레이블은 없음 또는 **Free Night** 텍스트를 입력해 사용자 정의로 설정할 수 있다. 라인 서식을 조정할 수도 있다.

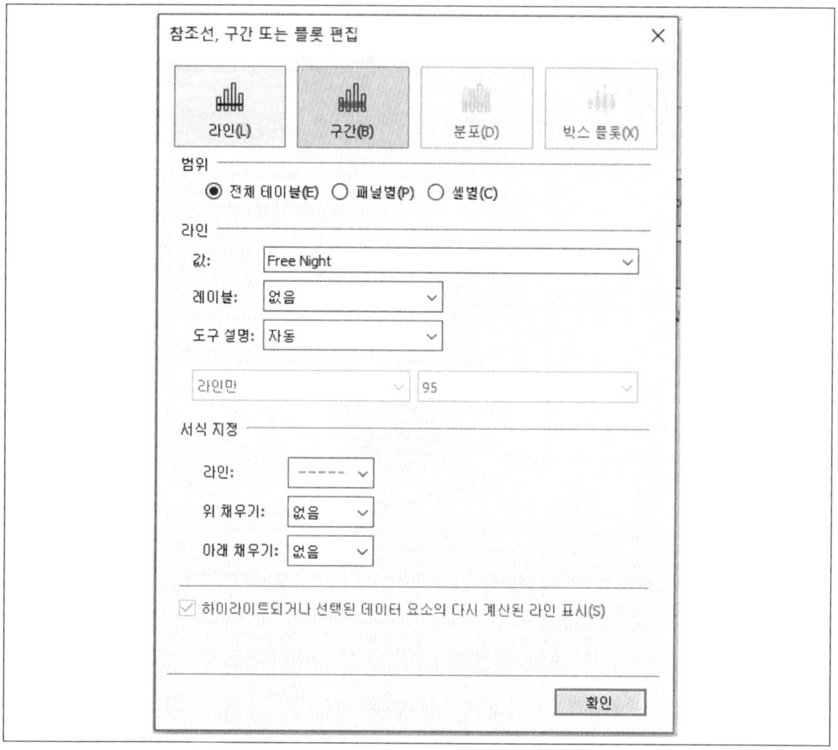

그림 4.19: 참조선 편집 대화상자를 사용해 서식, 레이블, 도구 설명을 조정한다.

5. Gets Free Night라는 계산된 필드를 만들자. 이는 무료 숙박이 임대 기간에 해당하는지 여부를 참이나 거짓으로 반환하게 된다.

```
[Free Night] >= [Start Date]
AND
[Free Night] <= [End Date]
```

6. 새로 계산된 필드를 색상 선반에 배치한다.

이제 아파트 매니저는 날짜를 변경하면 주어진 프로모션 기간 내에 어떤 임대인이 포함되는지를 동적으로 변화하며 보여주는 뷰를 갖게 됐다. Free Night 매개변수의 값을 변경해 뷰가 어떻게 업데이트되는지 확인해보자.

224

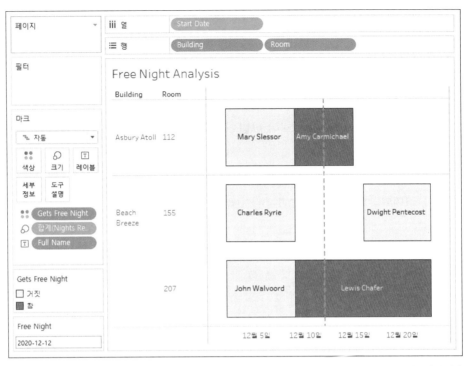

그림 4.20: 기준선이 이동하고 Free Night 매개변수 값을 변경할 때마다 영향을 받는 개인이 다시 계산될 것이다.

앞의 뷰는 제안된 무료 숙박을 점선으로 표시해 무료 숙박을 받을 수 있는 임대 기간을 강조 표시한다. 아파트 관리자가 Free Night 매개변수 값을 조정하면 선과 색상이 변경될 것이다.

분석, 시각화, 사용자 경험을 확장하는 것 외에도 계산을 사용해 필요한 비즈니스 논리를 추가할 수도 있다. 다음 절에서 이를 살펴보자.

비즈니스 요구 사항 충족

데이터는 조직이 원하는 것과 정확히 일치하지 않을 때가 있다. 예를 들어 데이터의 측정값이 주요 비즈니스 결정을 내리는 데 필요한 정확한 측정 항목이 아닐 수 있고, 특정 규칙 집합에 따라 차원을 그룹화해야 할 수도 있다. 이러한 종류의 비즈니스 논리는 태블로와 연결하기 전에 데이터가 변환되거나 모델링될 때 적용되지만 이런 사전 조정 없이 비즈니스 논리를 즉시 구현해야 하는 경우도 있다.

이 예에서 측정값 Rent(1박당 임대료)는 단순히 기본 임대료이며 할인이나 세금을 포함하지 않는다고 가정한다. 할인 금액이나 세금은 별도 필드로 구성된 데이터다. 전체 Revenue(수익)를 분석해야 한다면 이것을 계산해야 한다. 이 계산은 다음과 같이 보일 수 있다.

```
[Rent] - [Discount] + ([Tax per Night]*[Nghts Rented])
```

이 식은 Rent(1박당 임대료)에서 Discount(할인 금액)를 뺀 다음 Nights Rented(숙박일수)가 곱해진 Tax per Night(1박당 세금) 값을 더한다. 괄호는 가독성을 높이는 데 도움이 되지만 곱셈 연산자 *의 우선순위가 더 높고 더하기 + 전에 수행되므로 반드시 사용해야 하는 것은 아니다.

지금까지 데이터 원본을 확장하는 계산된 필드를 만들었다. 때로는 단일 뷰에서 도움이 되는 빠른 계산이 필요할 뿐이다. 이러한 빠른 임시 계산을 살펴보면서 결론을 내려보자.

임시 계산

데이터 패널에 임시 계산 필드를 추가하지 않고도 단일 뷰의 선반에 계산된 필드를 추가할 수 있다.

다음과 같이 Revenue per Guest(게스트당 수익)를 보여주는 간단한 뷰가 있다고 가정해보자.

그림 4.21: 각 개인의 체류에서 발생한 수익

$1,500 미만을 지불한 임대인이 누군지 강조하는 것을 빠르게 하고 싶다면 어떻게 하면 될까? 한 가지 옵션은 임시 계산을 만드는 것이다. 그렇게 하려면 열, 행 또는 측정값 카드의 빈 영역이나 마크 선반의 빈 공간을 더블 클릭한 다음 계산 코드를 입력하기 시작하면 된다. 이 예에서는 마크 선반의 빈 공간을 더블 클릭했다.

그림 4.22: 마크 카드에서 임시 계산 만들기

여기에 코드를 입력했다. Rent의 합계가 $1,500 미만이면 참이 반환되고 그렇지 않으면 거짓이 반환된다. Enter 키를 누르거나 텍스트 상자 바깥쪽을 클릭하면 뷰 내에서 드래그앤드롭할 수 있는 새 임시 필드가 표시된다. 여기에서는 색상 선반으로 이동시켰다.

그림 4.23: 색상에 대한 임시 계산 사용

임시 필드는 뷰 내에서만 사용할 수 있으며 데이터 패널에는 표시되지 않는다. 필드를 더블 클릭해 코드를 편집할 수 있다.

TIP 임시 필드를 데이터 패널로 드래그앤드롭하면 일반적인 계산된 필드로 변환돼 해당 데이터 원본을 사용하는 다른 뷰에서도 사용할 수 있다.

실제 예를 몇 가지 봤으므로 계산을 사용할 때 좋은 성능을 보장하는 방법들을 알아보자.

▎성능 고려 사항

작은 데이터 세트나 효율적인 데이터베이스로 작업한다면 비효율적인 계산을 눈치 채지 못할 것이다. 더 큰 데이터 세트를 사용하면 계산의 효율성으로 인해 뷰가 렌더링되는 속도가 달라질 수 있다.

다음에 계산을 최대한 효율적으로 수행하기 위한 몇 가지 팁이 있다.

- 불리언 및 숫자 계산은 문자열 계산보다 훨씬 빠르다. 가능하면 문자열 조작을 피하고 별칭이나 서식을 사용해 사용자에게 친숙한 레이블을 제공해보자. 예를 들면 다음과 같은 코드를 작성하지 말자. IF [value] == 1 THEN "Yes" ELSE "No" END. 그 대신 간단히 [value] == 1로 쓰고, 필드와 세트의 별칭을 참은 Yes로 거짓은 No로 편집해 쓰자.

- 계산의 효율성을 높일 수 있는 방법을 찾아보자. 많은 조건이 포함된 긴 IF ELSEIF 문장을 작성하는 경우 다른 모든 조건의 검사를 제거하고자 먼저 확인할 수 있는 조건이 한 개 또는 두 개 있는지 확인해보자. 예를 들어 다음 코드를 단순화해보자.

```
//This is potentially less efficient...
IF [Type] = "Dog" AND [Age] < 1 THEN "Puppy"
ELSEIF [Type] = "Cat" AND [Age] <1 THEN "Kitten"
END
//...than this code:
IF [Age] < 1 THEN
    IF [Type] = "Dog" THEN "Puppy"
    ELSEIF [Type] = "Cat" THEN "Kitten"
    END
END
```

나이가 1보다 작은 모든 레코드에 대해서는 유형을 체크하는 방법이 적용될 필요가 없다. 하지만 이는 데이터 세트에 매우 높은 비율로 포함돼 있는 레코드일 수 있다.

- 모든 데이터 행에 대해서는 행 수준 계산을 수행해야 한다. 행 수준 계산의 복잡성을 최소화해보자. 하지만 이것이 가능하지 않거나 성능 문제가 해결되지 않으면 마지막 옵션을 고려해보자.

- 데이터 추출을 생성하면 특정 행 수준의 계산이 생성된다. 즉, 추출이 생성될 때 계산이 한 번 수행되고 결과가 추출에 저장된다. 이는 데이터 엔진이 계산을 반복해서 실행할 필요가 없음을 의미한다. 대신 값은 단순히 추출에서 읽게 된다. 사용자 함수나 매개변수, TODAY(), NOW()를 사용하는 계산은 현재 사용자나 매개변수 선택 값, 시스템 시간에 따라 반드시 변화하는 추출에 대해서는 생성되지 않는다. 특정 계산에 대해 태블로의 옵티마이저는 저장된 값을 읽는 것보다 메모리에서 수행되는 것이 좀 더 효율적인지 여부도 결정할 것이다.

 추출을 사용해 행 수준 계산을 만들면 추출할 때 생성된 계산만 적용된다. 추출을 만든 후 계산된 필드를 편집하거나 새 필드를 만드는 경우 추출을 최적화해야 한다(데이터 원본의 드롭다운 메뉴를 사용하거나 데이터 메뉴에서 **추출 〉 최적화** 또는 **추출 〉 지금 계산**을 선택한다[1]).

계산 작업을 해가면서 성능 문제를 발견한 상황에 특히 주의하고 더 나은 결과를 위해 계산을 최적화할 수 있는지 살펴보자.

┃ 요약

계산은 태블로에서 놀라운 가능성을 열어준다. 더 이상 원본 데이터의 필드에 국한되지 않는다. 계산을 사용하면 새 차원과 측정값을 추가해 데이터를 확장하고,

---

1. 태블로 버전에 따라 **추출 〉 최적화** 혹은 **추출 〉 지금 계산**으로 표시된다. − 옮긴이

잘못되거나 형식이 잘못된 데이터를 수정하고, 시각화를 향상시키는 계산이나 사용자 입력을 위한 매개변수를 사용해 사용자 경험을 향상시킬 수 있다.

계산된 필드 사용의 핵심은 태블로의 네 가지 주요 계산 유형을 이해하는 것이다. 원본 데이터의 모든 행에 대해 행 수준 계산이 수행된다. 이런 계산된 필드를 차원으로 사용하거나 측정값으로 집계할 수 있다. 집계 계산은 뷰에 있는 차원으로 정의된 세부 수준에서 수행된다. 추가 작업을 수행하기 전에 계산의 구성 요소를 먼저 집계해야 할 때 특히 유용하며 심지어 필요하다.

5장에서는 네 가지 주요 계산 유형 중 세 번째 유형인 세부 수준 계산을 살펴보자. 이것을 사용하면 데이터 작업 능력을 크게 확장시킬 수 있고, 많은 종류의 흥미로운 문제를 해결할 수 있다.

05

세부 수준 계산의 활용

행 수준 계산과 집계 계산을 살펴봤으므로 이제 네 가지 주요 계산 유형 중 세 번째 유형인 세부 수준 계산을 살펴보자.

세부 수준 계산(LOD 계산 또는 LOD 표현이라고도 함)을 사용하면 지정된 세부 수준에서 집계를 수행할 수 있는데, 이는 뷰에 정의된 세부 수준과 다를 수 있다. 이 기능을 활용하면 매우 어려운 분석을 수행할 수 있어 다양한 분석이 가능하다.

5상에서 다루는 내용은 다음과 같다.

- 세부 수준의 개요
- 세부 수준 계산 구문과 변형
- FIXED 세부 수준 계산의 예

- INCLUDE 세부 수준 계산의 예
- EXCLUDE 세부 수준 계산의 예

▌세부 수준의 개요

세부 수준이라는 용어는 무엇을 의미하는 것일까? 그 의미는 이 용어가 사용되는 상황에 따라 많이 달라진다. 태블로 내에는 여러 가지 종류의 세부 수준이 있기 때문에 데이터를 적절히 분석하려면 각각의 수준을 이해하는 것이 매우 중요하다.

- **데이터 세부 수준:** 데이터의 그레인이라고 일컬어지는 것으로, 데이터 세트 중 하나의 레코드로 정의되는 세부 수준을 의미한다. 데이터의 한 레코드가 무엇을 나타내는지(예를 들면 '모든 레코드는 하나의 주문을 나타냄' 또는 '모든 고객에 대해 하나의 레코드가 있음')를 명확히 할 수 있으면 데이터 세부 수준을 잘 이해한 것이다. 행 수준 계산은 이 수준에서 작동한다.
- **뷰 세부 수준:** 4장에서는 뷰에서 차원으로 사용되는 필드 조합에 의해 뷰의 세부 수준 정보가 정의된다고 설명했다. 태블로는 일반적으로 뷰의 모든 차원 데이터가 갖는 각각의 고유한 값 조합에 대해 하나의 마크를 그린다. 예를 들어 Customer(고객)와 Year(연도)가 뷰의 두 차원인 경우 태블로는 데이터에 있는 각 Customer/Year 조합(필터에 의해 제외되지 않음)에 대해 마크(막대 또는 원과 같은)를 그린다. 집계 계산은 이 수준에서 작동한다.
- **계산된 세부 수준:** 계산에 의해 정의된 별도의 세부 수준이다. 앞으로 보게 되겠지만 사용자는 모든 차원을 사용해 세부 수준을 정의할 수 있다. 세부 수준 계산은 이 수준을 정의하는 데 사용된다.

고객당 하나의 레코드로 데이터 세부 수준이 구성되는 다음 데이터 세트를 살펴보자.

Customer	State	Membership Date	Membership Level	Orders
Neil	Kansas	2009-05-05	Silver	1
Jeane	Kansas	2012-03-17	Gold	5
George	Oklahoma	2016-02-01	Gold	10
Wilma	Texas	2018-09-17	Silver	4

여기서 각 레코드는 하나의 고유 고객을 정의한다. 각각의 고객이 회원이 되는 데 걸린 햇수를 결정하고자 DATEDIFF('year', [Membership Date], TODAY())와 같은 행 수준의 계산을 수행하면 결과는 레코드별로 계산될 것이다.

이제 State(주)에 관해 뷰 세부 수준으로 뷰를 생성해보자

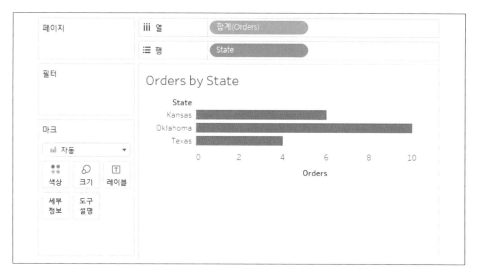

그림 5.1: state(주) 에 관한 뷰 세부 수준

뷰의 유일한 차원인 **State**는 뷰 세부 수준을 정의한다. 상태당 하나의 마크가 있으며 합계(Orders)와 같이 집계로 사용되는 계산과 필드가 주별로 수행된다.

특정 뷰를 기준으로 다음과 같은 추가 질문으로 이해를 더하고 싶을 수 있다.

- 뷰에서 주별 첫 번째 회원은 누구인가?
- 주별 총 주문수를 주들의 평균 주문수와 비교하면 어떤가?
- 주별 주문수가 가장 많거나 적은 회원 등급은 무엇인가?

각각의 질문에는 뷰와 다른 세부 수준(각 개별 고객과 비교한 주별 최초 회원 가입일, 주별 주문과 비교한 전체 평균 주문, 회원별 최소 또는 최대 주문수)이 포함된다. 어떤 경우에는 이러한 질문에 답하고자 새로운 뷰를 생성하는 것이 합리적일 수 있다. 그러나 때로는 기존 뷰를 보완하거나 동일한 뷰에서 다른 세부 수준을 비교할 필요가 있을 것이다. 이런 경우 세부 수준 계산에서 해결책을 찾을 수 있다.

세부 수준 계산

세부 수준 계산을 사용하는 실제 예를 살펴보기 전에 잠시 시간을 내어 세부 수준 계산의 구문과 유형을 이해해보자.

세부 수준 구문

세부 수준 계산은 다음과 같은 기본 구문 패턴을 따른다.

```
{FIXED|INCLUDE|EXCLUDE [Dim 1], [Dim 2] : AGG([Field]) }
```

이 구문에 포함되는 정의는 다음과 같다.

- FIXED, INCLUDE, EXCLUDE는 세부 수준 계산의 유형을 나타내는 키워드다. 다음 절에서 차이점을 자세히 살펴보자.
- Dim 1, Dim 2(혹은 필요한 만큼의 차원)는 계산이 수행될 세부 수준을 정의하는 쉼표로 구분된 차원 필드 목록이다.
- AGG는 수행하고자 하는 집계 함수다(예, SUM, AVG, MIN, MAX).
- Field는 선택한 집계에서 지정한 대로 집계될 값이다.

세부 수준 유형

태블로에서는 세 가지 유형 FIXED, INCLUDE, EXCLUDE의 세부 수준 계산이 사용된다.

FIXED

Fixed 세부 수준 표현은 뷰에 있는 차원과는 관계없이 코드 내의 차원 목록에 지정된 세부 수준에서 작업된다. 예를 들어 다음 코드를 사용하면 뷰에 있는 다른 차원에 관계없이 주별 평균 주문수를 반환한다.

```
{FIXED [State] : AVG( [Orders])}
```

필요한 만큼 차원을 포함할 수도 있고 전혀 포함하지 않을 수도 있다. 다음 코드는 데이터 원본의 전체 데이터 세트에 대해 평균 주문수에 관한 fixed 계산을 표시한다.

```
{FIXED : AVG([Orders])}
```

이것은 다음처럼 계산을 작성하면 동일한 결과를 얻을 수 있다.

```
{AVG([Orders])}
```

 차원이 지정되지 않은 fixed 세부 수준 표현식은 계산에 정의된 집계가 전체 테이블에 대한 것이기 때문에 테이블 범위 FIXED 세부 수준 표현식이라고도 한다.

INCLUDE

Include 세부 수준 표현식은 코드에 나열된 차원과 함께 뷰의 차원에 의해 결정되는 세부 수준에서 집계된다. 예를 들어 다음 코드는 뷰 내의 차원에 의해 정의된 세부 수준으로 평균 주문을 계산하지만 Membership Level(멤버십 등급)이 뷰에 없는 경우에도 Membership Level 차원을 포함한다.

```
{INCLUDE [Membership Level : AVG([Orders])}
```

EXCLUDE

Exclude 세부 수준 표현 코드는, 코드에 나열된 모든 항목을 제외하고 뷰의 차원에 의해 결정된 세부 수준에서 집계한다. 예를 들어 다음 코드는 뷰에 정의된 세부 수준에서 평균 주문수를 계산하지만 이 뷰에 Customer가 있더라도 세부 수준의 일부로 Customer 차원을 포함하지 않는다.

```
{EXCLUDE [Customer] : AVG([Orders])}
```

차이를 표시하는 세부 수준을 만들 수 있음

분석할 때 데이터에 대해 자주 궁금할 수 있는 하나는 부분 데이터가 전체와 어떻게 관련돼 있는지에 관한 것이다. 예를 들어 앞의 뷰에서 주별 총 주문수와 전체 평균 주문수 사이에 어떤 관계가 있는지 궁금할 수 있다. 빠르고 쉬운 옵션 중 하나는 다음과 같이 분석 패널에서 뷰에 드래그앤드롭으로 **평균** 라인을 추가하는 것이다.

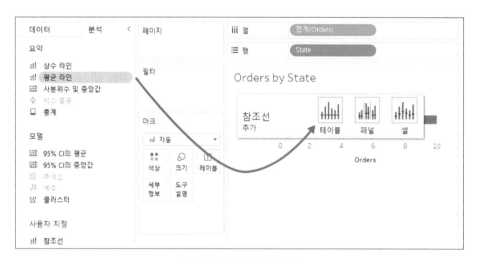

그림 5.2: 뷰에 평균 라인 추가

다음과 같은 평균 라인이 표시될 것이다.

그림 5.3: 전체 평균은 6.66667이 될 것이다. 이것은 주당 총 주문수의 평균이다.

그러나 실제로 **6.66667**이 전체 평균 주문수일까? 그렇지 않다는 것을 알 수 있다.

이 숫자는 각 주에 대한 주문수 합계의 평균이다((6 + 10 + 4) / 3). 이 평균 라인(즉, 주당 총 주문수의 평균)은 집계를 사용할 때 정확히 비교하고자 하는 것이다.

그러나 때로는 실제 전체 평균을 계산하고 싶을 수도 있다. 전체 데이터 세트에 존재하는 평균 주문수를 얻으려면 Overall Average Number of Orders(전체 평균 주문수)라는 이름의 계산을 만들고 fixed 세부 수준 계산을 사용하는 것을 고려할 수 있다.

```
{FIXED : AVG([Orders])}
```

계산된 필드를 마크 카드의 세부 정보에 추가하고 해당 필드를 사용하도록 참조선을 편집하면 다른 결과가 나타난다.

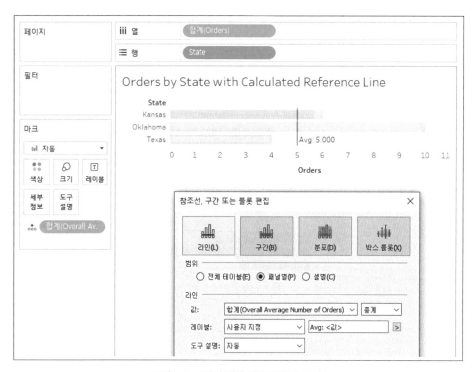

그림 5.4: 고객당 전체 평균 주문수는 5다.

원래 데이터 세트는 네 개의 데이터를 포함하고 있으며 이를 확인해보면 다음과 같다.

```
(1+5+10+4)/4=5
```

지금까지 세부 수준 계산을 이용해 다른 값들을 만드는 방법을 살펴봤다. 몇 가지 실제 예를 살펴보자.

▌ fixed 세부 수준 계산의 예

세부 수준 계산의 몇 가지 실제 사례를 살펴보는 것에는 Chapter 05 통합 문서에 포함된 Loans 데이터 세트를 사용할 것이다. 실제 데이터 세트의 일부를 표시해보면 다음과 같다.

Date	Portfolio	Loan Type	Balance	Open Date	Member Name	Credit Score	Age	State
3/1/2020	Auto	New Auto	15987	9/29/2018	Samuel	678	37	California
7/1/2020	Mortgage	1st Mortgage	96364	8/7/2013	Lloyd	768	62	Ohio
3/1/2020	Mortgage	HELOC	15123	4/2/2013	Inez	751	66	Illinois
3/1/2020	Mortgage	1st Mortgage	418635	9/30/2015	Patrick	766	60	Ohio
5/1/2020	Auto	Used Auto	1151	10/22/2018	Eric	660	44	Pennsylvania
…	…	…	…	…	…	…	…	…
…	…	…	…	…	…	…	…	…

데이터 세트는 은행, 신용 조합 혹은 유사한 금융 기관 회원의 대출 내역에 관한 데이터다. 각 레코드는 대출의 월별 스냅샷이며 대출을 설명하는 필드(Portfolio, Loan Type, Balance, Open Date) 및 구성원 필드(Name, Credit Score, Age, State)와 함께 스냅샷 날짜를 포함하고 있다.

4장과 마찬가지로 이번 장의 목표는 주요 개념과 몇 가지 주요 유형을 이해하는 것이다. 세부 수준 계산으로 제시될 수 있는 여러 가능성 중 몇 가지 예를 들어보면 다음과 같은 것들이 있다.

회원이 신용 위험 상태였던 적이 있는가?

지점 경영진은 신용 점수가 550점 미만인 회원은 신용 위험 상태이므로 특별 지원을 받을 자격이 있다고 결정했다. 다음과 같은 세 명의 개인 내역을 살펴보자.

Member ID	Member Name	Loan Type	Date	Balance	Credit Score	
158	Vicki Modzelewski	Used Auto	2020-01-01	10,615	712	
			2020-02-01	10,441	712	
			2020-03-01	10,285	699	
			2020-04-01	10,108	699	
			2020-05-01	9,891	699	
			2020-06-01	9,736	717	
			2020-07-01	9,556	717	
479	Thomas Villareal	Used Auto	2020-02-01	7,407	526	←
			2020-03-01	7,191	526	←
			2020-04-01	6,984	563	
			2020-05-01	6,771	563	
			2020-06-01	6,551	563	
			2020-07-01	6,334	591	
			2020-08-01	6,115	591	
576	Charles Reeves	Used Auto	2020-01-01	28,145	610	
			2020-02-01	27,187	610	
			2020-03-01	26,226	535	←
			2020-04-01	25,267	535	←
			2020-05-01	24,302	535	←
			2020-06-01	23,337	530	←
			2020-07-01	22,366	530	←

그림 5.5: 임계값 550 미만의 점수를 받은 3명의 개인에 대한 신용 점수를 화살표로 표시

매달 새로운 내역에 관한 스냅샷이 기록된다. 대출 잔액은 회원의 신용 점수와 함께 변경되는 경우가 있다. 일부 회원은 신용 위험이 발생한 적이 없다. 첫 번째 회원인 비키[Vicki]는 최저 기록 점수로 699점을 기록했으며 신용 위험이 발생한 적이 없다. 그러나 찰스[Charles]와 토마스[Thomas]는 모두 신용 점수가 임계값(앞의 스크린샷에 화살표로 표시됨) 아래로 떨어진 기간이 있었다.

[Credit Score] < 550과 같은 간단한 행 수준 계산을 사용해 신용 점수의 월별 스냅샷이 위험을 나타내는지를 각 레코드별로 식별할 수 있다. 그러나 점수가 임계값 이하 혹은 이상으로 변화한 구성원은 참 또는 거짓 값을 번갈아 갖게 될 것이다.

이제 임계값 이하인 레코드는 참을 부여하고, 임계값보다 큰 레코드는 거짓을 부여하고자 한다.

한 가지 해결책은 Member Ever at Risk(신용 위험 상태인 회원)라는 이름으로 필드를 만들어 그 코드에 세부 수준 계산을 사용하는 것이다.

```
{FIXED [Member ID : MIN([Credit Score])} < 550
```

이 계산은 각 구성원의 최저 신용 점수를 결정하고 이를 위험 임계값인 550과 비교한다. 결과는 다음과 같이 지정된 구성원의 각 레코드에 대해 동일하다.

FIXED Example 1: Member Ever at Risk?						
Member ID	Member Name	Loan Type	Date	Member Ever at Risk?	Balance	Credit Score
158	Vicki Modzelewski	Used Auto	2020-01-01	거짓	10,615	712
			2020-02-01	거짓	10,441	712
			2020-03-01	거짓	10,285	699
			2020-04-01	거짓	10,108	699
			2020-05-01	거짓	9,891	699
			2020-06-01	거짓	9,736	717
			2020-07-01	거짓	9,556	717
479	Thomas Villareal	Used Auto	2020-02-01	참	7,407	526
			2020-03-01	참	7,191	526
			2020-04-01	참	6,984	563
			2020-05-01	참	6,771	563
			2020-06-01	참	6,551	563
			2020-07-01	참	6,334	591
			2020-08-01	참	6,115	591
576	Charles Reeves	Used Auto	2020-01-01	참	28,145	610
			2020-02-01	참	27,187	610
			2020-03-01	참	26,226	535
			2020-04-01	참	25,267	535
			2020-05-01	참	24,302	535
			2020-06-01	참	23,337	530
			2020-07-01	참	22,366	530

그림 5.6: 뷰의 Member Ever at Risk 필드는 지정된 회원의 모든 레코드에 대해 참 또는 거짓 값을 갖는다.

모든 레코드에는 관련 회원에 대한 결과가 포함된다. 이것은 fixed 세부 수준 계산에 대한 한 가지 주요 개념을 보여준다. 계산은 정의된 세부 수준의 집계지만 결과는 행 수준이다. 즉, 참 또는 거짓 값은 회원 수준에서 계산되지만 결과는 해당 회원의 레코드에 대한 행 수준 값으로 사용할 수 있다.

이를 통해 다음과 같은 종류익 분석이 가능허다.

- 신용 위험 상태인 회원만 포함하도록 필터링하고 내역에 대한 모든 기록을 유지한다. 대신 개별 신용 점수를 기준으로 필터링하면 신용 점수가 임계값을 초과한 내역이 있는 모든 레코드는 손실된다. 이러한 기록은 분석에 중요할 수 있으므로 주의가 필요하다.

- 내역이 변동하는 경우 신용 위험에 처한 회원 혹은 그렇지 않은 경우의 회원 수를 정확히 셀 수 있도록 한다.

- 다른 세부 수준에서 신용 위험 상태에 있는 회원과 신용 위험 상태에 있지 않은 구성원을 비교한다. 예를 들어 다음의 뷰는 포트폴리오에 의해 신용 위험 상태에 있거나 그렇지 않은 회원의 수를 보여준다.

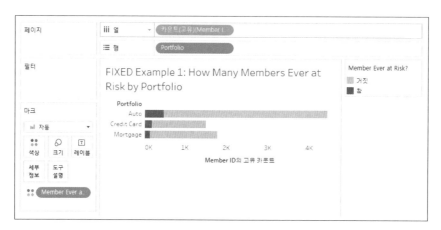

그림 5.7: 신용 위험 상태에 있는 회원의 비율을 보여주고자 브러싱을 구현할 수 있다.

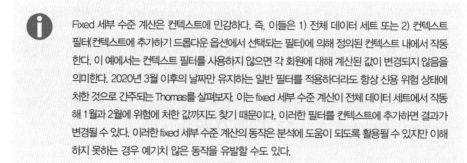

Fixed 세부 수준 계산은 컨텍스트에 민감하다. 즉, 이들은 1) 전체 데이터 세트 또는 2) 컨텍스트 필터(컨텍스트에 추가하기 드롭다운 옵션에서 선택되는 필터)에 의해 정의된 컨텍스트 내에서 작동한다. 이 예에서는 컨텍스트 필터를 사용하지 않으면 각 회원에 대해 계산된 값이 변경되지 않음을 의미한다. 2020년 3월 이후의 날짜만 유지하는 일반 필터를 적용하더라도 항상 신용 위험 상태에 처한 것으로 간주되는 Thomas를 살펴보자. 이는 fixed 세부 수준 계산이 전체 데이터 세트에서 작동해 1월과 2월에 위험에 처한 값까지도 찾기 때문이다. 이러한 필터를 컨텍스트에 추가하면 결과가 변경될 수 있다. 이러한 fixed 세부 수준 계산의 동작은 분석에 도움이 되도록 활용될 수 있지만 이해하지 못하는 경우 예기치 않은 동작을 유발할 수도 있다.

이것은 세부 수준 계산을 통해 단순화된 분석 유형 중 하나의 예다. 할 수 있는 것이 훨씬 더 많으며, 다음 절에서 또 하나의 예를 살펴본다.

회원의 최신 잔액

많은 데이터 세트는 일련의 이벤트나 거래 내역을 포함한다. 그럴 때 우리는 다음과 같은 질문을 할 수 있을 것이다.

- 환자가 병원을 처음 방문할 때 가장 일반적인 진단명은 무엇인가?
- 네트워크에 있는 각 컴퓨터의 마지막 보고 상태는 무엇인가?
- 각 고객은 마지막 주문에 얼마를 지출했는가?
- 이번 주의 첫 거래를 지난 최종 거래와 비교해보면 얼마를 벌었는가?

이 질문 중 어느 것도 단순히 사건이 발생한 초기 시기나 최근 시기를 묻는 것이 아니다. 날짜에 대해 단순 MIN 또는 MAX 집계를 사용하면 이런 질문에 대한 답은 구할 수 있다. 그러나 위의 질문들은 가장 빠른 날짜 또는 가장 최근에 발생한 일에 대한 추가 세부 정보를 요청하는 복잡성이 더해진 것이다. 이러한 종류의 질문은 세부 수준 계산을 활용하면 답을 구할 수 있다.

Loans 데이터 세트에 포함된 다음 세 회원의 데이터를 살펴보자.

Member ID	Member Name	Loan Number	Loan Type	Date	
14827	Kelly Wooldridge	1	New Auto Plus	2020-01-01	21,684
				2020-02-01	21,348
				2020-03-01	21,001
				2020-04-01	21,001
				2020-05-01	20,327
				2020-06-01	19,987
				2020-07-01	19,646
16024	Joseph Clark	1	Used Auto	2020-02-01	19,043
				2020-03-01	18,656
				2020-04-01	18,263
				2020-05-01	17,873
				2020-06-01	17,479
				2020-07-01	17,087
				2020-08-01	16,691
16070	Gerald Quinney	1	1st Mortgage	2020-03-01	144,138
				2020-04-01	140,943
				2020-05-01	137,737
				2020-06-01	134,520
				2020-07-01	131,293
		2	Used Auto	2020-03-01	6,809
				2020-04-01	6,636
				2020-05-01	6,460
				2020-06-01	6,285
				2020-07-01	6,107
				2020-08-01	5,929
				2020-09-01	5,749

그림 5.8: Loans 데이터 세트에서 선택한 세 회원의 데이터

세 회원의 대출 잔액에 대한 내역이 있다. 그러나 대출마다 가장 최근의 날짜가 다르다. Kelly의 가장 최근 잔액은 7월에 제공된다. Joseph의 최근 잔액은 8월이다. Gerald는 두 가지 대출을 보유하고 있다. 최근 잔액 기록을 살펴보면 첫 번째는 7월에, 두 번째는 9월에 발생한 것을 알 수 있다.

회원별로 최근 잔액을 나타내는 레코드만 식별하려면 어떻게 해야 할까? 다음의 코드로 호출되는 Latest Date per Member/Loan(회원의 대출별 최근 날짜)으로 명명된 fixed 세부 수준 계산을 사용해볼 수 있다.

```
{FIXED [Member ID], [Loan Number] : MAX([Date])} = [Date]
```

이 코드는 회원의 대출별 최대 날짜를 결정하고 결과를 각 행 수준 날짜와 비교해 일치하면 참을, 일치하지 않으면 거짓을 반환하는 것이다.

 앞의 계산에서는 한 명의 회원이 두 개 이상의 대출을 받을 수 있기 때문에 세부 수준을 정의하는 데 두 가지 차원이 사용됐다. 그 대신 각 대출에 대해 고유 식별자가 있는 경우 이를 활용해 세부 수준을 정의하는 단일 차원으로 사용할 수도 있다. 세부 수준 계산을 정확하게 활용하려면 데이터를 잘 이해해야 한다.

여기에서 계산 결과를 볼 수 있다.

FIXED Example 2: Most Recent Balance

Member ID	Member Name	Loan Number	Loan Type	Date	Latest Date per Member/Loan	
14827	Kelly Woo ldridge	1	New Auto Plus	2020-01-01	거짓	21,684
				2020-02-01	거짓	21,348
				2020-03-01	거짓	21,001
				2020-04-01	거짓	21,001
				2020-05-01	거짓	20,327
				2020-06-01	거짓	19,987
				2020-07-01	참	19,646
16024	Joseph Clark	1	Used Auto	2020-02-01	거짓	19,043
				2020-03-01	거짓	18,656
				2020-04-01	거짓	18,263
				2020-05-01	거짓	17,873
				2020-06-01	거짓	17,479
				2020-07-01	거짓	17,087
				2020-08-01	참	16,691
16070	Gerald Quinney	1	1st Mortgage	2020-03-01	거짓	144,138
				2020-04-01	거짓	140,943
				2020-05-01	거짓	137,737
				2020-06-01	거짓	134,520
				2020-07-01	참	131,293
		2	Used Auto	2020-03-01	거짓	6,809
				2020-04-01	거짓	6,636
				2020-05-01	거짓	6,460
				2020-06-01	거짓	6,285
				2020-07-01	거짓	6,107
				2020-08-01	거짓	5,929
				2020-09-01	참	5,749

그림 5.9: 회원의 대출별 최근 날짜가 참 값으로 계산된다.

각각의 대출에 대한 최초의 기록을 결정하고 싶다면 코드에서 MAX를 MIN으로 변경하면 된다. 세부 수준 계산의 행 수준 참/거짓 결과를 필터로 사용해 최신 레코드만 유지할 수도 있고 비교, 시작, 기말 잔액과 같은 다른 계산의 일부가 되는 분석을 수행할 수도 있다.

> 이 계산으로 설명한 기법은 여러 곳에 응용할 수 있다. 데이터가 흘러 나오는 위치에서는 가장 최근 레코드를 식별할 수 있고, 중복된 레코드가 있는 경우 첫 번째 또는 마지막 레코드만 남겨두도록 필터링하는 데 활용할 수도 있다. 고객의 첫 번째 또는 마지막 구매를 식별할 수도 있다. 또한 원래 잔액과 내역상의 잔액을 비교할 수 있는 등 그 응용 범위가 많다.

우리는 방금 fixed 세부 수준 계산을 활용해 몇 가지 복잡한 질문에 답할 수 있는 방법을 살펴봤다. 이제 include 세부 수준 표현식을 자세히 살펴보자.

▌include 세부 수준 표현식의 예

Include 세부 수준 계산은 뷰 세부 수준보다 더 낮은(더 자세한) 세부 수준에서 특정 계산을 수행해야 할 때 매우 유용할 수 있다. 예를 살펴보자.

회원당 평균 대출

일부 회원은 하나의 대출을 받고 일부 회원은 두세 개 혹은 그 이상의 대출을 받고 있다. 주별로 회원들은 평균 어느 정도 대출을 받고 있는지 보고 싶다면 어떻게 할 수 있는지 생각해보자.

뷰 세부 수준이 State인 시트로 시작해보자.

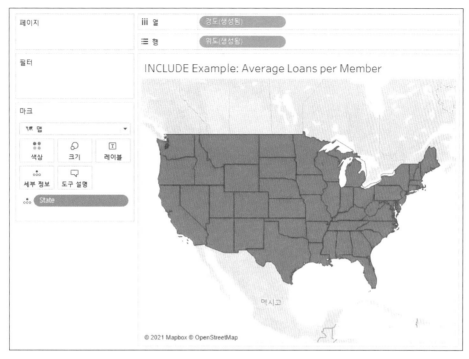

그림 5.10: 예제의 시작 위치 – 주별 채워진 지도

평균 신용 점수 또는 주별 평균 잔액을 시각화하는 것은 비교적 쉽다. 하지만 각각의 주에 대한 회원별 평균 대출수를 시각화하고 싶다면 어떻게 해야 할까? 이러한 종류의 문제를 해결하기 위한 몇 가지 가능한 접근 방식이 있지만 여기서는 다음과 같은 세부 수준 표현식으로 정의된 Number of Loans per Member(회원별 대출 수)를 사용하는 방법을 살펴볼 것이다.

```
{INCLUDE [Member ID] : COUNTD([Loan Number])}
```

이 코드는 뷰 수준의 세부 정보(이 예제에서는 주)를 정의한 모든 차원과 함께 member ID를 포함하는 세부 수준에서 고유한 대출 수를 반환한다. 뷰에 계산을 추가할 때 집계 방법을 결정해야 한다. 이 경우 회원당 평균 대출수가 필요하므로 필드의 드롭다운에서 **메저 ▶ 평균**을 선택해 지리적 패턴이 나타날 수 있게 한다.

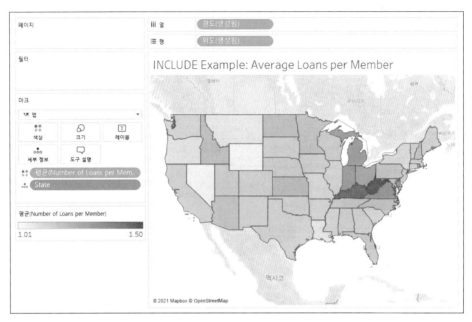

그림 5.11: Include 세부 수준 계산을 사용해 회원당 평균 대출을 표시하는 색상 그라데이션 만들기

Include 세부 수준 계산이 작동하는 방식에 관해서는 사고의 흐름을 따라 세부 수
준에서 크로스탭을 구성할 수 있다.

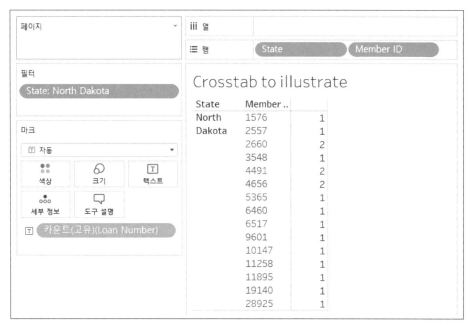

그림 5.12: 크로스탭은 회원별 대출 수를 어떻게 평균의 기준으로 사용할 수 있는지 보여준다.

행의 첫 번째 차원인 State는 뷰 세부 수준에서 가져왔다. 세부 수준 표현식에 포함된 차원을 시뮬레이션하고자 Member ID가 크로스탭에 포함됐다. 카운트(고유)(Loan Number)는 회원별 대출 수를 제공한다. 주에 있는 모든 구성원의 값으로 평균을 구하면 주 평균이 된다. North Dakota를 빠르게 확인해보면 회원별로 평균 1.2개의 대출이 제공되며, 이는 맵 시각화와 정확히 일치한다.

이 경우 include 세부 수준 표현식은 유용한 해결책을 제공한다. 문제를 해결하는 몇 가지 다른 방법이 더 있는데, 유사한 문제를 해결할 수 있는 방법을 고민할 때 그중 일부를 알아두면 도움이 될 것이다. 지금부터 이것을 알아보자.

대체 접근법

카운트(고유)([Loan Number]) 대신 **최대값**([Loan Number])을 사용하면 실제로 회원이 보유한 대출 수에 따라 각 회원의 숫자가 생성되는 것을 볼 수 있다. 가장 높은 숫자는 해당 회원의 대출 수와 동일하다. 상당히 큰 데이터 세트에서는 **최대값** 계산이 더 잘 수행돼야 한다.

이 문제를 해결하고자 계산과 같은 몇 가지 다른 접근 방식을 활용할 수 있다. 예를 들어 다음 코드를 작성할 수 있다.

```
COUNTD(STR([Member ID]) + "_" + STR([Loan Number])}
/
COUNTD([Member ID])
```

이 코드는 고유한 대출 수를 고유한 회원 수로 나누는 것이다. 고유한 대출 수를 계산하고자 코드는 Member ID와 Loan Number의 문자열을 연결해 고유키를 만든다.

집계 계산의 대안은 뷰의 모든 세부 수준에서 작업할 수 있다는 장점이 있다. 이해하기 좀 더 쉬운 세부 수준 또는 집계 계산을 찾을 수 있으므로 당면한 문제를 해결할 때 생각의 흐름을 유지하는 데 가장 도움이 되는 항목을 결정해야 한다.

또 다른 방법은 다음과 같이 fixed 세부 수준 표현식을 사용하는 것이다.

```
{FIXED [State], [Member ID] : COUNTD([Loan Number])}
```

이 계산은 include 표현식과 동일한 세부 수준을 제공하며, 동일한 고유 대출 수를 사용한다. 이 데이터 세트에서 각 회원은 하나의 주에만 속하므로 state가 fixed 세부 수준 표현식에 반드시 포함될 필요는 없다. 그러나 세부 수준을 변경하려면 계산을 조정해야 하는 반면 include 표현식을 사용하면 뷰에 차원을 추가하거나 제거하기만 하면 된다.

지금까지 include 예를 대안들과 함께 살펴봤으므로 이제 exclude 세부 수준 계산의 예를 살펴보자.

▍exclude 세부 수준 계산의 예

exclude 세부 수준 계산은 뷰 상세 수준보다 높은(상세한 수준은 떨어짐) 수준에서 특정 계산을 수행하려는 경우에 유용하다. 다음 예는 이 기능을 활용하는 방법을 보여준다.

대출 유형별 평균 신용 점수

이 예에서는 다음 질문에 관한 답을 얻고자 한다. 특정 대출 유형에 대한 평균 신용 점수를 포트폴리오의 전체 평균과 비교하면 어떨까?

대출 유형별 평균 신용 점수를 표시하는 다음 뷰를 살펴보자(대출 유형이 포트폴리오로 그룹화됨).

그림 5.13: 이 크로스탭은 대출 유형별 평균 신용 점수를 보여준다.

각 대출 유형의 평균 신용 점수를 포트폴리오의 전체 평균 신용 점수와 비교하려면 어떻게 해야 할까? 다음과 같은 exclude 세부 수준 계산으로 이를 수행할 수 있다.

```
{EXCLUDE [Loan Type] : AVG([Credit Score])}
```

이렇게 하면 세부 수준에서 Loan Type이 제거되고 평균은 포트폴리오별로 계산된다. 그 결과는 다음과 같다.

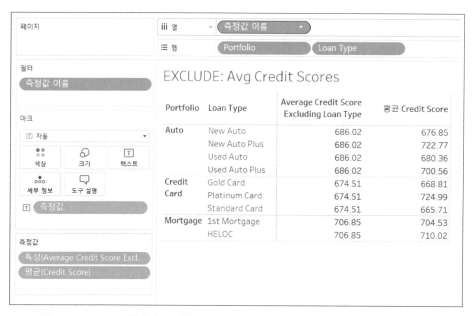

그림 5.14: exclude 수준의 세부 표현은 Loan Type을 제거하므로 포트폴리오 수준의 평균만 있다.

Loan Type이 제외된 동일한 평균값이 각 대출 유형에 대해 반복된다는 것을 알 수 있다. 이는 전체 평균이 포트폴리오 수준이어서 대출 유형의 영향을 받지 않기 때문일 것이다. 이것이 가장 유용한 뷰는 아닐 것이다. 이제 전체 포트폴리오의 평균과 각 대출 유형의 평균 간의 차이를 제공하고자 계산을 약간 확장해보자.

코드는 다음과 같다.

```
AVG([Credit Score]) - AVG([Average Credit Score Excluding Loan Type])
```

이는 상세 수준 뷰(대출 유형과 포트폴리오) 기준의 평균을 구한 후 포트폴리오 수준에서 이 평균값을 빼서 각 대출 유형별 평균과 전체 포트폴리오 평균 간의 차이를 제공하는 코드다. 결과를 시각적으로 볼 수 있도록 다음과 같이 뷰를 재정렬해보자.

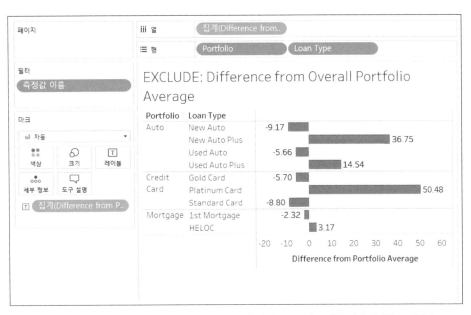

그림 5.15: 최종 뷰는 대출 유형별 평균 신용 점수와 전체 포트폴리오 평균 간의 차이를 보여준다.

Exclude 세부 수준 표현식을 사용하면 뷰 세부 수준과 더 높은 세부 수준 간의 차이를 분석할 수 있다.

▌요약

세부 수준 표현식을 사용하면 계산으로 수행할 수 있는 작업의 범위가 크게 확장된다. 우리는 다양한 세부 수준에서 데이터 작업을 할 수 있는 도구 세트를 갖고 있다. fixed 세부 수준 계산을 사용하면 시리즈의 첫 번째 또는 마지막 이벤트 혹은 전체 데이터 하위 집합에서 조건이 참인지 여부를 식별할 수 있다. include 표현식을 사용하면 더 낮은 수준의 세부 정보에서 작업한 다음 해당 결과를 뷰에 요약할 수 있다. exclude 표현식을 사용하면 더 높은 수준의 세부 정보에서 작업할 수 있으므로 분석 가능성이 크게 확장된다.

6장에서는 최종 주요 계산 유형인 테이블 계산을 살펴보자. 이는 문제 해결 능력 측면에서 가장 강력한 계산 중 하나로, 심층 분석에 관해 놀라운 가능성을 열어준다. 실제로 가능성의 범주는 매우 쉬운 것부터 매우 복잡한 것까지 다양하다.

06

테이블 계산을 통한 심층 분석

테이블 계산은 태블로의 강력한 기능 중 하나다. 다른 방법으로는 해결 불가능한 문제(사용자 지정 애플리케이션이나 복합적인 사용자 SQL 스크립트가 충분히 작성되지 않음으로 인함)의 해결책이 될 수 있다. 그 기능은 다음과 같다.

- 잘 구조화되지 않은 데이터를 사용할 수 있으며, 누군가가 데이터 원본에서 데이터를 수정할 때까지 기다리지 않고도 빠른 결과를 얻을 수 있다.
- 결과 테이블의 여러 행에 대한 집계 값을 시로 비교하고 계산을 수행할 수 있다.
- 문제 해결, 통찰력 강조, 사용자 경험 개선에 관해 분석하고 창의적으로 접근할 수 있는 가능성을 열어준다.

테이블 계산은 매우 쉽게 만들 수 있는 것(클릭 몇 번 정도로)에서 매우 복잡한 것(예를 들면 주소 지정, 파티션, 데이터 밀도에 대한 이해가 필요한 것)에 이르기까지 다양하다. 7장에서는 간단하게 시작해 복잡한 것들에 관한 내용까지도 다룰 것이다. 이번 장의 목표는 테이블 계산을 만들고, 사용하고, 작동 방식을 이해하고, 사용 방법에 대한 몇 가지 예를 살펴보면서 테이블 계산을 활용할 수 있는 견고한 기반을 확보하는 것이다. 6장에서 다루는 내용은 다음과 같다.

- 테이블 계산의 개요
- 퀵 테이블 계산
- 범위와 방향
- 주소 지정과 파티션
- 사용자 정의 테이블 계산
- 실제 사례

6장의 예제는 첫 번째 장에서 사용했던 Superstore 샘플 데이터를 다시 사용할 것이다. 예제를 따라 하려면 Chapter 06 Starter.twbx 통합 문서를 사용하자.

▍테이블 계산의 개요

테이블 계산은 태블로의 다른 모든 계산과 다르다. 5장에서 살펴본 행 수준, 집계 계산, 세부 수준 계산 표현식은 데이터 원본에 대한 쿼리의 일부로 수행된다. 태블로에서 데이터 원본으로 보낸 쿼리를 확인해보면 계산에 관한 코드가 데이터 원본을 사용하는 SQL로 변환된 것을 발견할 수 있을 것이다.

반면 테이블 계산은 처음의 쿼리 후에 수행된다. 다음은 집계된 결과가 태블로의 캐시에 저장되는 방식을 보여주는 다이어그램이다.

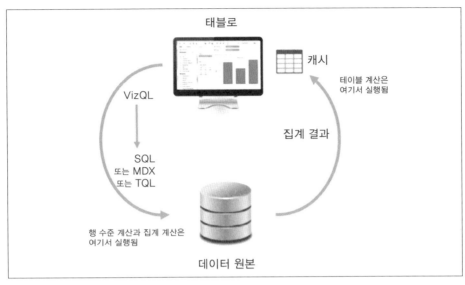

그림 6.1: 테이블 계산은 태블로의 집계 데이터의 캐시에서 계산된다.

테이블 계산은 데이터 시각화가 렌더링되기 직전에 태블로 캐시의 집계 데이터 테이블에서 수행된다. 앞으로 상세히 살펴보겠지만 다음 내용 이외의 여러 가지 이유로 이런 계산 위치를 이해하는 것이 중요하다.

- **집계:** 테이블계산은 집계 데이터에서 작동한다. 필드를 집계로 참조하지 않으면 테이블 계산에서 필드를 참조할 수 없다.
- **필터링:** 일반 필터는 테이블 계산 전에 적용된다. 즉, 테이블 계산은 데이터 원본에서 캐시로 반환된 데이터에만 적용된다. 테이블 계산에 필요한 데이터는 필터링하지 않아야 한다.
- **테이블 계산 필터링(레이트 필터링이라고도 함):** 필터로 사용되는 테이블 계산은 집계 결과가 데이터 원본에서 반환된 다음 적용된다. 순서가 중요하다. 행 수준 필터와 집계 필터가 먼저 적용되고 집계 데이터가 캐시로 반환된 다음 테이블 계산이 필터로 적용되는데, 이 필터는 뷰에서 데이터를 효과적으로 숨기는 역할을 한다. 이것은 6장의 뒷부분에 나오는 일부 예제에서 살펴볼 특정 종류의 문제를 해결하기 위한 창의적인 접근 방식이 될 수 있다.

- **성능**: 엔터프라이즈 데이터베이스 서버에 대한 라이브 연결을 사용하는 경우 행 수준 계산과 집계 수준을 계산할 때 엔터프라이즈 수준의 하드웨어를 활용할 수 있다. 테이블 계산은 캐시에서 수행되므로 태블로를 실행하는 어느 컴퓨터에서든 수행될 수 있다. 그러므로 테이블 계산이 수십 개혹은 수백 개 행의 집계 데이터에서 작동하는지, 강력한 태블로 서버에 게시할 계획인지 걱정할 필요가 없다. 그러나 로컬 컴퓨터에서 수십만 행의집계 데이터를 다시 가져오는 경우에는 테이블 계산의 성능을 고려해야한다. 동시에 데이터 원본에서는 자원이 많이 소요되는 필터나 계산을 피하고자 테이블 계산을 사용할 수 있는 경우도 있다.

테이블 계산에 관한 전반적인 내용을 염두에 두고 테이블 계산을 만드는 몇 가지 옵션을 이해해보자.

테이블 계산 생성과 편집

태블로에서 테이블 계산을 만드는 방법에는 여러 가지가 있다. 다음을 살펴보자.

- 뷰에서 숫자 집계로 사용되는 활성 필드의 드롭다운 메뉴를 사용해 **퀵 테이블 계산**을 선택한 다음 원하는 계산 유형을 선택한다.
- 뷰에서 숫자 집계로 사용되는 활성 필드의 드롭다운 메뉴를 사용해 **테이블 계산 추가**를 선택한 다음 계산 유형을 선택하고 원하는 설정을 조정한다.
- 계산된 필드를 만들고 하나 이상의 테이블 계산 함수를 사용해 자신만의 사용자 지정 테이블 계산을 작성한다.

처음 두 가지 옵션은 필드의 드롭다운 메뉴에서 **테이블 계산 편집...** 또는 테이블 계산지우기를 선택해 편집하거나 제거할 수 있는 퀵 테이블 계산을 생성하는 것이다. 세 번째 옵션은 다른 계산된 필드처럼 편집하거나 삭제할 수 있는 계산된 필드를만드는 것이다.

테이블 계산을 사용하는 뷰의 선반에 있는 필드(테이블 계산 함수를 사용하는 계산된 필드)는 다음과 같이 델타 기호 아이콘(△)이 표시될 것이다.

다음은 테이블 계산이 없는 활성 필드의 조각이다.

합계(Sales)

그림 6.2: 테이블 계산이 적용되지 않은 활성 필드

다음은 테이블 계산이 있는 활성 필드다.

합계(Sales)　　　　　　△

그림 6.3: 테이블 계산이 적용된 활성 필드에는 델타 기호가 포함된다.

이 장에 있는 대부분의 예제는 텍스트 테이블/크로스탭 보고서를 활용할 것이다. 이들이 캐시의 실제 집계 테이블과 가장 근접하게 일치하기 때문이다. 이를 통해 테이블 계산이 어떻게 작동하는지 쉽게 확인할 수 있다.

TIP

테이블 계산은 모든 유형의 시각화에서 사용할 수 있다. 그러나 테이블 계산, 특히 더 복잡한 계산을 사용하는 뷰를 생성할 때는 행 선반에 모든 차원이 있는 테이블을 사용한 다음 행 선반에서 차원들의 오른쪽에 테이블 계산을 불연속 값으로 추가해보자. 모든 테이블 계산이 원하는 대로 작동하면 뷰에서 필드를 재정렬해 적절한 시각화를 제공할 수 있다.

테이블 계산 생성에 관한 개념을 학습했으므로 이제 몇 가지 예제를 살펴보자.

▌퀵 테이블 계산

퀵 테이블 계산에는 뷰에서 측정값으로 사용되는 필드에 적용할 수 있는 테이블 계산이 미리 정의돼 있다. 여기에는 누계, 차이, 비율 차이, 구성 비율, 순위, 백분위수,

이동 평균, YTD 총계(연초 대비), 통합 성장률, 전년 대비 성장률, YTD 성장률과 같은 일반적이고 유용한 계산이 포함돼 있다. 다음 화면과 같이 뷰에서 측정값으로 사용되는 필드의 드롭다운 목록에서 적용할 수 있는 옵션을 확인할 수 있다.

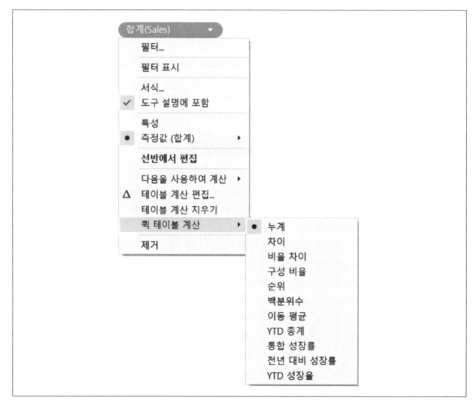

그림 6.4: 드롭다운을 사용해 뷰의 집계 필드에서 퀵 테이블 계산을 만들 수 있다.

샘플 Superstore Sales 데이터를 사용하는 다음 예를 살펴보자.

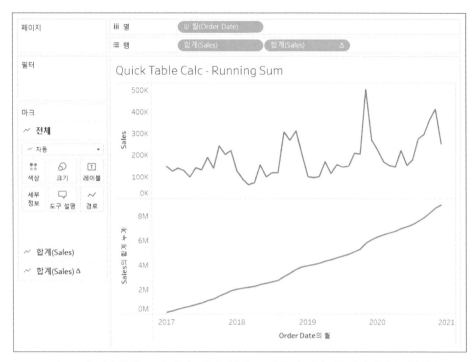

그림 6.5: 첫 번째 합계(Sales) 필드는 일반 집계다. 두 번째는 누계가 적용된 퀵 테이블 계산이다.

여기에는 시간 경과에 따른 Sales가 표시된다. Sales는 행 선반에 두 번 배치됐고 두 번째 합계(Sales) 필드에는 누계 퀵 테이블 계산이 적용됐다. 퀵 테이블 계산을 사용한다는 것은 코드를 작성할 필요가 없다는 것을 의미한다.

뷰에서 테이블 계산 필드를 더블 클릭하면 퀵 테이블 계산에 사용되는 코드를 실제로 볼 수 있다. 이는 임시 계산으로 바뀐다. 퀵 테이블 계산이 적용된 활성 필드를 데이터 패널에 끌어다두면 다른 뷰에서 다시 사용할 수 있는 계산된 필드로 전환된다.

다음 테이블은 몇 가지 퀵 테이블 계산을 보여준다.

Some examples of Quick Table Calcs

Order Date의 연도	Order Date의 분기	Sales	테이블(아래로) 기준으로 Sales의 합계 누계	테이블(아래로) 기준으로 이전에서 Sales에 대한 차이	테이블(아래로) 기준으로 Sales에 대한 순위
2017	1분기	417,555	417,555		12
	2분기	372,289	789,844	-45,266	13
	3분기	464,319	1,254,163	92,030	10
	4분기	670,182	1,924,345	205,863	5
2018	1분기	279,148	2,203,493	-391,034	16
	2분기	330,269	2,533,762	51,121	14
	3분기	546,875	3,080,637	216,606	7
	4분기	788,255	3,868,892	241,380	3
2019	1분기	298,848	4,167,740	-489,407	15
	2분기	443,764	4,611,504	144,916	11
	3분기	505,453	5,116,957	61,689	9
	4분기	982,675	6,099,632	477,222	2
2020	1분기	547,656	6,647,288	-435,019	6
	2분기	521,650	7,168,938	-26,006	8
	3분기	752,933	7,921,871	231,283	4
	4분기	1,030,156	8,952,027	277,223	1

그림 6.6: 첫 번째 열의 Sales는 간단한 합계(Sales)다.
세 개의 추가 열은 다양한 테이블 계산의 적용 결과를 보여준다(누계, 차이, 순위).

퀵 테이블 계산을 생성하는 것은 쉬운 편이고 몇 가지 기본 개념을 이해하는 것이 중요하다. 이제 상대 테이블 계산과 고정 테이블 계산의 차이부터 살펴보자.

▎상대 테이블 계산과 고정 테이블 계산

상세한 내용을 간단히 살펴보자. 간단하지만 테이블 계산이 다음 두 가지 방법 중 하나로 계산될 수 있음을 먼저 이해하는 것이 중요하다.

- **상대 테이블 계산:** 테이블 계산은 테이블 레이아웃을 기준으로 계산된다. 테이블 계산은 테이블의 위나 아래로 이동할 수 있다. 재정렬된 차원이 테이블의 계산 결과를 바꾸게 될 것이다. 앞으로 보겠지만 상대 테이블 계산의 핵심은 범위와 방향이다. 상대 계산을 사용하도록 테이블 계산을 설정하

면 뷰를 다시 정렬하더라도 동일한 상대 범위와 방향이 계속 사용된다(여기서 용어는 일부 퀵 테이블 계산을 위해 UI에 표시되는 상대적과는 다르다[1]).

- **고정 테이블 계산:** 테이블 계산은 한 개 이상의 차원을 사용해 계산된다. 뷰에서 이러한 차원을 다시 정렬해도 테이블 계산의 여러 계산이 변경되지 않는다. 여기서 범위와 방향은 뷰 내에서 이동되는 위치에 관계없이 하나 이상의 차원에 고정돼 있다. 고정 테이블 계산에 대해 이야기할 때 **파티션**과 **주소 지정** 개념에 중점을 둘 것이다.

이러한 개념은 사용자 인터페이스에서 볼 수 있다. 다음은 테이블 계산 필드의 메뉴에서 테이블 계산 편집을 선택할 때 나타나는 테이블 계산 편집기다.

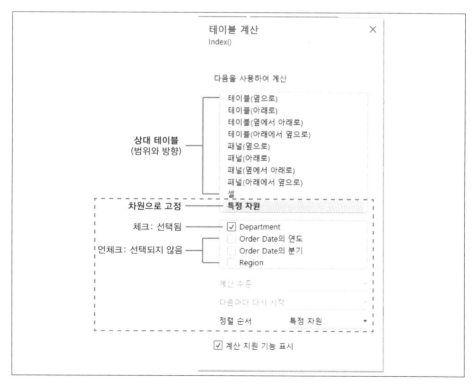

그림 6.7: 테이블 계산 편집 UI는 상대 테이블 계산과 고정 테이블 계산의 차이를 보여준다.

---

1. 태블로 버전에 따라 표시되는 경우가 있다. - 옮긴이

옵션과 용어에 관해 좀 더 상세히 살펴볼 것이다. 하지만 지금은 상대 행과 상대 열을 기준으로 계산되는 테이블 계산을 지정하는 것과 관련된 옵션, 뷰의 특정 차원에 고정돼 계산되는 테이블 계산을 지정하는 옵션들에 주목하자.

이제 상대 테이블 계산이 작동하는 방식을 설명하는 **범위**와 **방향**을 살펴보자.

범위와 방향

범위와 방향은 테이블을 기준으로 테이블 계산이 계산되는 방식을 설명하는 용어다. 범위와 방향에 관한 구체적인 내용은 다음과 같다.

- **범위:** 범위는 주어진 테이블 계산이 다른 값을 참조할 수 있는 경계를 정의한다.
- **방향:** 방향은 테이블 계산이 범위 내에서 이동하는 방법을 정의한다.

이미 테이블 계산이 계산된 **테이블(옆으로)**(그림 6.5의 시간 경과에 따른 판매 누계)과 **테이블(아래로)**(그림 6.6)을 살펴봤다. 이 경우 범위는 전체 테이블이었고 방향은 가로 또는 아래였다. 예를 들어 누계 계산은 전체 테이블에서 실행돼 왼쪽에서 오른쪽으로 이동해가면서 후속 값을 추가했다.

테이블 계산에 대한 범위와 방향을 정의하고자 뷰 필드들의 드롭다운 메뉴를 사용해 **다음을 사용해 계산**을 선택한다. 뷰 내의 차원 위치에 따라 약간 달라지는 옵션 목록을 볼 수 있을 것이다. 옵션 리스트의 첫 번째는 테이블에 상대 범위와 방향을 정의하기 위한 것이다. 셀 옵션 다음에는 뷰에서 보이는 차원 목록을 볼 수 있다. 이들 옵션에 대해서는 다음 절에서 좀 더 살펴보자.

테이블을 기준으로 하는 범위와 방향에 관한 옵션들은 다음과 같다.

- **범위 옵션:** 테이블, 패널, 셀
- **방향 옵션:** 아래, 가로, 아래에서 옆으로, 옆에서 아래로

이 옵션들에 관한 이해를 돕고자 다음의 예를 살펴보자.

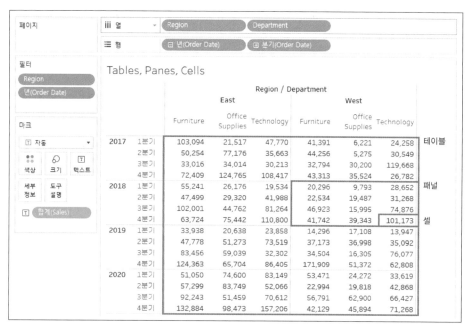

그림 6.8: 뷰에서 테이블, 패널, 셀 간 차이

- 테이블은 집계 데이터의 전체 세트다
- 패널은 전체 테이블보다 좀 더 작은 영역이다. 기술적으로 테이블의 두 번째 수준에 의해 정의된다. 즉, 행 선반이나 열 선반의 마지막에서 하나 전에 위치한 차원이 패널을 정의한다는 의미다. 앞의 이미지에서는 행 선반의 년과 열 선반의 Region의 조합들이 패널을 정의하고 있는 것을 볼 수 있다 (이 뷰에서는 8개 중 1개가 강조됨).
- **셀**은 테이블의 가장 낮은 수준에 의해 정의된다. 이 뷰에서는 하나의 Region (지역) 내에 있는 하나의 Department(부서)와 하나의 년과 하나의 분기의 교집합에 의한 것이 하나의 셀이다(뷰에서는 96개 중 하나만 강조 표시된 것임).

앞의 화면에서 볼 수 있는 경계 영역은 범위에 의해 정의됐다. 범위(파티션에서도 살펴보게 될 것이다)는 여러 가지 테이블 계산에 포함되는 데이터 기간을 정의한다. 특히 WINDOW_SUM()과 같은 윈도우 함수는 기간 범위 내에서 작동한다.

범위와 방향으로 작업

몇 가지 예를 통해 범위와 방향이 함께 작동하는 방식을 살펴보자. 사용자 정의 테이블 계산을 생성하는 것부터 시작해보자. 코드 Index()로 정의된 Index라는 이름의 계산된 필드를 새로 생성한다. Index()는 값 1로 시작해 주어진 방향과 주어진 범위 내에서 이동함에 따라 1씩 증가하는 테이블 계산 함수다. Index()에 관한 실제 예는 많은데, 주어진 범위와 방향에 대해 어떻게 움직이는지 쉽게 알 수 있으므로 사용해보려고 한다.

행은 년(Order Date)과 분기(Order Date), 열은 Region, Department로 구성된 테이블을 그림 6.8과 같이 생성한다. 뷰에 Sales를 놓는 대신 텍스트 선반에 새로 생성된 Index 필드를 추가한다. 그러고 나서 Index 필드의 드롭다운 메뉴에서 다음을 사용해 계산을 선택해 여러 범위와 방향 조합에 대해 돌아가면서 실험하자. 다음 예는 지역 East와 West 및 두개의 연도 2017년과 2018년만 남겨둔 것이다.

- **테이블(옆으로):** 테이블에 열이 있을 때 태블로의 기본값이다. 다음 그림에는 테이블의 가로 방향으로 증가하는 **Index**의 방식이 표시돼 있다.

		East			West		
		Furniture	Office Supplies	Technology	Furniture	Office Supplies	Technology
2017	1분기	1	2	3	4	5	6
	2분기	1	2	3	4	5	6
	3분기	1	2	3	4	5	6
	4분기	1	2	3	4	5	6
2018	1분기	1	2	3	4	5	6
	2분기	1	2	3	4	5	6
	3분기	1	2	3	4	5	6
	4분기	1	2	3	4	5	6

그림 6.9: 테이블(옆으로)

- **테이블(아래로):** Index는 테이블의 아래쪽을 향해 증가한다.

		East			West		
		Furniture	Office Supplies	Technology	Furniture	Office Supplies	Technology
2017	1분기	1	1	1	1	1	1
	2분기	2	2	2	2	2	2
	3분기	3	3	3	3	3	3
	4분기	4	4	4	4	4	4
2018	1분기	5	5	5	5	5	5
	2분기	6	6	6	6	6	6
	3분기	7	7	7	7	7	7
	4분기	8	8	8	8	8	8

그림 6.10: 테이블(아래로)

- **테이블(옆에서 아래로):** 테이블의 가로 방향으로 Index가 증가하고 다음 행으로 내려가서 가로 방향의 증가를 계속하는데, 이것을 전체 테이블에 대해 반복한다.

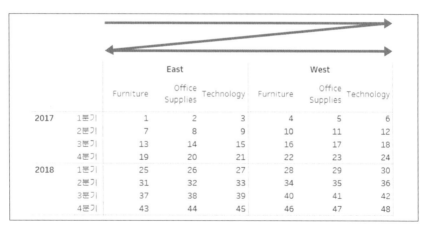

		East			West		
		Furniture	Office Supplies	Technology	Furniture	Office Supplies	Technology
2017	1분기	1	2	3	4	5	6
	2분기	7	8	9	10	11	12
	3분기	13	14	15	16	17	18
	4분기	19	20	21	22	23	24
2018	1분기	25	26	27	28	29	30
	2분기	31	32	33	34	35	36
	3분기	37	38	39	40	41	42
	4분기	43	44	45	46	47	48

그림 6.11: 데이블(옆에서 아래로)

- **패널(옆으로):** 이것을 사용하면 Index의 영역을 정의할 수 있다. 인덱싱이 다시 시작하는 부분을 의미하는 패널 영역의 끝에 다다를 때까지 가로로 증가하는 것을 계속한다.

		East			West		
		Furniture	Office Supplies	Technology	Furniture	Office Supplies	Technology
2017	1분기	1	2	3	1	2	3
	2분기	1	2	3	1	2	3
	3분기	1	2	3	1	2	3
	4분기	1	2	3	1	2	3
2018	1분기	1	2	3	1	2	3
	2분기	1	2	3	1	2	3
	3분기	1	2	3	1	2	3
	4분기	1	2	3	1	2	3

그림 6.12: 패널(옆으로)

- **패널(아래로):** 이것을 사용하면 Index의 영역을 정의할 수 있다. 인덱싱이 다시 시작하는 점을 의미하는 패널의 끝에 다다를 때까지 아래로 증가하는 것을 계속한다.

		East			West		
		Furniture	Office Supplies	Technology	Furniture	Office Supplies	Technology
2017	1분기	1	1	1	1	1	1
	2분기	2	2	2	2	2	2
	3분기	3	3	3	3	3	3
	4분기	4	4	4	4	4	4
2018	1분기	1	1	1	1	1	1
	2분기	2	2	2	2	2	2
	3분기	3	3	3	3	3	3
	4분기	4	4	4	4	4	4

그림 6.13: 패널(아래로)

- **패널(옆에서 아래로):** 이것을 사용하면 패널의 가로 방향으로 Index가 증가하고, 다음 행으로 내려가서 가로 방향의 증가를 계속한다. 패널은 영역을 정의한다.

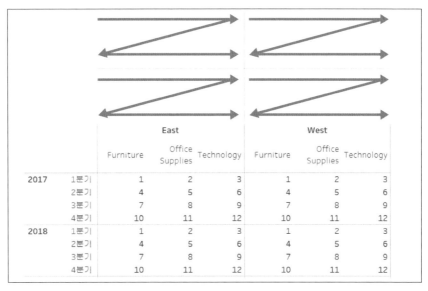

		East			West		
		Furniture	Office Supplies	Technology	Furniture	Office Supplies	Technology
2017	1분기	1	2	3	1	2	3
	2분기	4	5	6	4	5	6
	3분기	7	8	9	7	8	9
	4분기	10	11	12	10	11	12
2018	1분기	1	2	3	1	2	3
	2분기	4	5	6	4	5	6
	3분기	7	8	9	7	8	9
	4분기	10	11	12	10	11	12

그림 6.14: 패널(옆에서 아래로)

모든 테이블 계산을 이용해서 범위와 방향을 사용할 수 있다. 누계나 비율 차이가 여기에 표시했던 영역에서 동일하게 움직이면서 어떻게 계산되는지 살펴보자. 예를 들어 Department를 년(Order Date)으로 바꿀 수 있고, 사용자가 정의한 범위와 방향을 따라 계산되는 Index를 볼 수 있다.

이제 특정 차원을 고정시키는 테이블 계산을 살펴보자.

주소 지정과 파티션

주소 지정과 파티션은 범위 및 방향과 대단히 유사한 개념이지만 뷰에서 테이블 계산이 특정 필드에 절대 참조를 계산하는 방법을 설명하는 데 가장 많이 사용된다. 주소 지정과 파티션을 사용해서 뷰의 어떤 차원들로 주소 지정(방향)을 정의할 것인지, 또 다른 어떤 차원들로 파티션(범위)을 정의할 것인지 설정할 수 있다.

주소 지정과 파티션을 사용하면 테이블 계산이 더 이상은 테이블 레이아웃에 상대적인 관계를 갖지 않기 때문에 더욱 미세한 조정이 가능하고, 세밀한 조정이나 방향, 계산의 순서와 같은 더 많은 옵션을 사용할 수 있게 된다.

간단한 예를 통해 이 작업을 좀 더 살펴보자. 앞의 뷰를 사용해서 **텍스트**에 있는 Index 필드의 드롭다운 메뉴에서 **테이블 계산 편집**을 선택한다. 결과 대화상자에서 **특정 차원**을 선택하고 Department를 체크한다.

이제 Department를 선택한 결과는 다음과 같다.

그림 6.15: 특정 차원을 사용해 계산하기에서 주소 지정과 파티션을 사용하도록 테이블 계산을 설정한다.

태블로는 체크된 차원인 Department를 따라(방향) Index 계산을 한다는 것을 눈치 챘을 것이다. 다른 말로 하면 Department를 주소 지정으로 사용하면 각각의 새로운 department가 index를 증가시키게 된다는 의미다. 뷰에서 체크되지 않은 차원들은 파티션으로 사용된다. 즉, index 함수가 재시작돼야 하는 범위 또는 영역을 정의한 다. 범위에서 살펴본 것처럼 이런 영역들은 데이터의 기간과 같을 때가 있다.

앞의 뷰는 Index를 패널(옆으로)를 사용해 계산하도록 설정했을 때 볼 수 있는 것과 동일하지만 한 가지 큰 차이점이 있다. 패널(옆으로)를 사용하는 경우 뷰에서 차원 을 재정렬하거나 몇 가지 차원을 제거 혹은 추가하더라도 Index는 항상 가로 방향 으로 계산된다.

그러나 차원을 사용해 주소 지정을 계산하면 테이블 계산은 항상 해당 차원을 사 용해 계산할 것이다. 이 차원을 제거하면 테이블 계산이 중단돼(필드가 느낌표와 함께 빨간색으로 바뀜) 설정을 조정하려면 드롭다운 메뉴를 통해 테이블 계산을 편집 해야 한다. 뷰에서 차원을 재정렬하는 경우 Index는 Department 차원을 따라 계속 계산될 것이다.

다음은 도구 모음에서 행과 열 바꾸기 단추를 클릭한 결과다.

그림 6.16: 행과 열 바꾸기는 테이블 레이아웃이 아닌 차원에 고정돼 있으므로
이 테이블 계산이 계산되는 방식을 변경하지 않는다.

테이블의 전체적인 방향이 바뀌더라도 Index는 Department를 따라 계산되는 것에
주의하자. 다음 예제를 완성하고자 **행과 열 바꾸기**를 실행 취소해 테이블을 원래의
방향으로 되돌린다.

주소 지정과 파티션을 사용해 작업

다른 차원들을 더 추가할 때 어떤 일이 발생하는지 또 다른 예를 살펴보자. 예를 들어 분기(Order Date)를 체크하면 태블로가 Region과 년(Order Date)로 정의된 파티션을 강조 표시하는 것을 볼 수 있다. Index는 Order Date의 분기, Department의 주소 지정 필드에 따라 증가한다.

그림 6.17: 차원을 추가하면 테이블 계산이 변경되고 파티션 중 하나가 강조 표시된다.

Department와 Order Date의 연도를 선택해 Index를 주소 지정하면 다음과 같이 Region과 분기로 정의된 하나의 파티션을 볼 수 있을 것이다.

그림 6.18: 체크된 차원을 바꾸면 테이블 계산 동작이 변경되고, 결과 파티션 중 하나가 강조 표시된다.

이 뷰에서 Index는 분기와 Region 파티션 내에서 년과 Department의 모든 조합에 대해 증가한다.

주소 지정과 파티션 작업 시 고려해야 할 사항이 몇 가지 있다.

- 정렬 순서를 지정할 수 있다. 예를 들어 매출 합계 값에 따라 Index가 증가하게 하려면 테이블 계산 편집기 하단의 드롭다운 목록을 사용해 사용자 지정 정렬을 정의할 수 있다.

- 테이블 계산 편집 대화상자의 계산 수준 옵션을 사용하면 테이블 계산이 수행하는 수준을 지정할 수 있다. 대부분의 경우 **가장 깊은 수준**(가장 아래 차원으로 설정하는 것과 같음)으로 두지만 파티션을 정의하는 특정 차원을 유지해야 하는 동시에 테이블 계산은 더 높은 수준을 적용해야 하는 경우 다른 수준으로 설정할 수 있다. **특정** 차원의 체크박스 목록 내에서 차원들을 드래그앤드롭해 차원을 재정렬할 수도 있다.

- 기준 옵션을 사용하면 선택된 필드와 선택된 필드나 파티션의 일부에 관한 주소 지정 내의 모든 차원을 효율적으로 만들 수 있고 정렬 순서도 미세하게 조정할 수 있다.

- 차원은 주소 지정에 사용할 수 있는 유일한 필드 종류다. 그러나 불연속형 (파란색) 측정값을 테이블 계산 파티션에 사용할 수 있다. 이를 활성화하려면 필드의 드롭다운 메뉴를 사용해 테이블 계산에서 무시를 선택 취소한다.

시간을 내어 다양한 옵션을 실험해보고 주소 지정과 파티션이 작동하는 방식에 익숙해지자. 이제 사용자 정의 테이블 계산을 작성하는 방법을 살펴보자.

▌ 사용자 정의 테이블 계산

몇 가지 사례를 들여다보기 전에 퀵 테이블 계산을 사용하는 내신 테이블 계산을 직접 작성하는 방법을 살펴보자. 새 계산을 만든 다음 **함수** 메뉴 아래의 드롭다운 목록에서 **테이블 계산**을 선택하면 사용할 수 있는 테이블 계산 함수 목록을 볼 수 있다.

각각의 예제에 대해 **다음을 사용해 계산 ❯ 카테고리(특정)**를 설정할 것이다. 즉, 이것은 Department가 파티션이 됨을 의미한다.

테이블 계산이 여러 개의 카테고리로 쪼개지는 것을 생각해볼 수 있다. 다음으로 살펴볼 테이블 계산은 다른 함수와 마찬가지로 결합될 수 있고 중첩될 수도 있다.

메타테이블 함수

이는 파티셔닝과 주소 지정에 관한 정보를 전달하는 함수들이다. 이러한 함수에는 Index, First, Last, Size도 포함된다.

- Index를 사용하면 파티션 내에서 주소 지정을 따라 이동하면서 값이 증가한다.
- First는 파티션 내의 첫 번째 행을 기준으로 하는 제어 변수를 제공한다. 즉, 각 파티션의 첫 번째 행은 0이고 다음 행은 -1, 그다음은 -2가 된다.
- Last는 파티션의 마지막 행을 기준으로 하는 제어 변수를 제공한다. 따라서 각 파티션의 마지막 행은 0, 마지막 다음 행은 1, 2 등이 된다.
- Size는 파티션의 크기를 제공한다.

다음 이미지는 다양한 기능을 보여준다.

Department	Category	Category 기준으로 Index	Category 기준으로 First	Category 기준으로 Last	Category 기준으로 Size
Furniture	Bookcases	1	0	3	4
	Chairs & Chairmats	2	-1	2	4
	Office Furnishings	3	-2	1	4
	Tables	4	-3	0	4
Office Supplies	Appliances	1	0	8	9
	Binders and Binder Accessories	2	-1	7	9
	Envelopes	3	-2	6	9
	Labels	4	-3	5	9
	Paper	5	-4	4	9
	Pens & Art Supplies	6	-5	3	9
	Rubber Bands	7	-6	2	9
	Scissors, Rulers and Trimmers	8	-7	1	9
	Storage & Organization	9	-8	0	9
Technology	Computer Peripherals	1	0	3	4
	Copiers and Fax	2	-1	2	4
	Office Machines	3	-2	1	4
	Telephones and Communication	4	-3	0	4

그림 6.19: 메타테이블 계산

Index, First, Last는 모두 범위/파티션 및 방향/주소 지정에 영향을 받는다. 반면 Size는 지정된 방향에 관계없이 파티션의 각 주소에서 동일한 결과를 제공한다.

Lookup과 Previous_Value 함수

이 두 가지 중 Lookup 함수는 다른 행의 값을 참조할 수 있는 기능을 제공하고, Previous_Value 함수는 값을 이월하는 기능을 제공한다. 다음 화면을 살펴보면 이 두 가지 함수에 있어 방향이 매우 중요하다는 것을 알 수 있다.

Lookup and Previous Value

Department	Category	Lookup	Previous Value
Furniture	Bookcases	Null	,Bookcases
	Chairs & Chairmats	Bookcases	,Bookcases,Chairs & Chairmats
	Office Furnishings	Chairs & Chairmats	,Bookcases,Chairs & Chairmats,Office Furnishings
	Tables	Office Furnishings	,Bookcases,Chairs & Chairmats,Office Furnishings,Tables
Office Supplies	Appliances	Null	,Appliances
	Binders and Binder Accessor..	Appliances	,Appliances,Binders and Binder Accessories
	Envelopes	Binders and Binder Acc..	,Appliances,Binders and Binder Accessories,Envelopes
	Labels	Envelopes	,Appliances,Binders and Binder Accessories,Envelopes,Labels
	Paper	Labels	,Appliances,Binders and Binder Accessories,Envelopes,Labels,Paper
	Pens & Art Supplies	Paper	,Appliances,Binders and Binder Accessories,Envelopes,Labels,Paper,Pens & Art Supplies
	Rubber Bands	Pens & Art Supplies	,Appliances,Binders and Binder Accessories,Envelopes,Labels,Paper,Pens & Art Supplies,Rubber Bands
	Scissors, Rulers and Trimmers	Rubber Bands	,Appliances,Binders and Binder Accessories,Envelopes,Labels,Paper,Pens & Art Supplies,Rubber Bands,Scissors,
	Storage & Organization	Scissors, Rulers and ..	,Appliances,Binders and Binder Accessories,Envelopes,Labels,Paper,Pens & Art Supplies,Rubber Bands,Scissors,
Technology	Computer Peripherals	Null	,Computer Peripherals
	Copiers and Fax	Computer Peripherals	,Computer Peripherals,Copiers and Fax
	Office Machines	Copiers and Fax	,Computer Peripherals,Copiers and Fax,Office Machines
	Telephones and Communication	Office Machines	,Computer Peripherals,Copiers and Fax,Office Machines,Telephones and Communication

그림 6.20: Lookup과 Previous_Value 함수(Previous_Value에는 아래에 설명된 몇 가지 추가 논리가 포함돼 있다)

두 계산 모두 Category의 주소 지정(따라서 Department는 파티션이다)을 사용해 계산되고 있다.

코드 `Lookup(ATTR([Category]), -1)`을 사용했는데, 이것은 현재로부터 -1 위치인 행의 카테고리 값을 조회하는 것이다. 각각의 파티션에서 첫 번째 행은 조회 결과에서 `NULL`을 얻게 된다(첫 번째 행 앞에는 행이 없으므로).

`Previous_Value`에 대해서는 다음의 코드를 사용했다.

```
Previous_Value("") + "," + ATTR([Category])
```

각 파티션의 첫 번째 행에는 이전 값이 없으므로 Previous_Value()는 단순히 기본 값으로 지정된 빈 문자열을 반환했다. 그런 다음 쉼표를 해당 행의 카테고리와 함께 연결해 Bookcases 값을 제공한다.

두 번째 행에서 Bookcases는 앞의 값으로 쉼표와 해당 행의 카테고리로 연결돼 다음 행의 이전 값이 되는 Bookcases, Chairs & Chairmats 값을 제공한다. 패턴은 파티션 전체에서 계속된 다음 Office Supplies 부서의 파티션에서 다시 시작된다.

Running 함수

이 함수들은 방향/주소 지정을 따라 실행되며 Running_Avg(), Running_Count(), Running_Sum(), Running_Min(), Running_Max()와 같은 함수가 있다.

Department	Category	Sales	Category 기준으로 Running Sum of Sales	Category 기준으로 Running Min of Sales
Furniture	Bookcases	507,496	507,496	507,496
	Chairs & Chairmats	1,164,586	1,672,082	507,496
	Office Furnishings	444,634	2,116,716	444,634
	Tables	1,061,922	3,178,638	444,634
Office Supplies	Appliances	456,736	456,736	456,736
	Binders and Binder ..	638,583	1,095,319	456,736
	Envelopes	147,915	1,243,234	147,915
	Labels	23,446	1,266,680	23,446
	Paper	253,620	1,520,300	23,446
	Pens & Art Supplies	103,265	1,623,565	23,446
	Rubber Bands	8,670	1,632,235	8,670
	Scissors, Rulers and ..	40,432	1,672,667	8,670
	Storage & Organizat..	585,717	2,258,384	8,670
Technology	Computer Periphera	490,851	490,851	490,851
	Copiers and Fax	661,215	1,152,066	490,851
	Office Machines	1,218,655	2,370,721	490,851
	Telephones and Com..	1,144,284	3,515,005	490,851

그림 6.21: Running 함수

Running_Sum(SUM[Sales]))는 파티션의 모든 행에 대해 총 매출의 합계를 추가해 누계를 계산한다. Running_Min(SUM[Sales]))는 파티션의 행을 따라 움직이는 동안 마주치는 값이 가장 작은 값이면 매출 값을 그대로 둔다.

Window 함수

이 함수는 파티션의 모든 행에서 집계 값들을 한 번에 집계한다. 여기에는 Window_Sum, Window_Avg, Window_Max, Window_Min이 포함된다. 다음 화면을 살펴보자.

Department	Category	Sales	Category 기준으로 Window Sum	Category 기준으로 Window Max
Furniture	Bookcases	507,496	3,178,638	1,164,586
	Chairs & Chairmats	1,164,586	3,178,638	1,164,586
	Office Furnishings	444,634	3,178,638	1,164,586
	Tables	1,061,922	3,178,638	1,164,586
Office Supplies	Appliances	456,736	2,258,384	638,583
	Binders and Binder ..	638,583	2,258,384	638,583
	Envelopes	147,915	2,258,384	638,583
	Labels	23,446	2,258,384	638,583
	Paper	253,620	2,258,384	638,583
	Pens & Art Supplies	103,265	2,258,384	638,583
	Rubber Bands	8,670	2,258,384	638,583
	Scissors, Rulers and ..	40,432	2,258,384	638,583
	Storage & Organizat.	585,717	2,258,384	638,583
Technology	Computer Periphera..	490,851	3,515,005	1,218,655
	Copiers and Fax	661,215	3,515,005	1,218,655
	Office Machines	1,218,655	3,515,005	1,218,655
	Telephones and Com.	1,144,284	3,515,005	1,218,655

그림 6.22: Window 함수의 예

Window_Sum(SUM([Sales])는 전체 윈도우 내의 판매 합계를 더한다(이 경우 부서 내 모든 카테고리에 대한 판매 합계). Window_Max(SUM([Sales])는 윈도우 내 최대 판매 합계 값을 반환한다.

TIP 윈도우의 범위를 더 제한하고자 윈도우 함수에 선택적으로 매개변수를 전달할 수 있다. 윈도우는 언제나 파티션으로 제한될 것이다.

Rank 함수

이 함수는 집계 값을 기준으로 순위를 매기는 다양한 방법을 제공한다. 다음 화면에서 볼 수 있듯이 순위의 여러 변형을 통해 동점을 처리하는 방법과 순위의 밀도가 어떻게 돼야 하는지 결정할 수 있다.

Rank Functions

Department	Category	Sales	Category 기준으로 Rank
Furniture	Bookcases	507,496	3
	Chairs & Chairmats	1,164,586	1
	Office Furnishings	444,634	4
	Tables	1,061,922	2
Office Supplies	Appliances	456,736	3
	Binders and Binder ...	638,583	1
	Envelopes	147,915	5
	Labels	23,446	8
	Paper	253,620	4
	Pens & Art Supplies	103,265	6
	Rubber Bands	8,670	9
	Scissors, Rulers and ...	40,432	7
	Storage & Organizat...	585,717	2
Technology	Computer Periphera...	490,851	4
	Copiers and Fax	661,215	3
	Office Machines	1,218,655	1
	Telephones and Com...	1,144,284	2

그림 6.23: Rank 함수의 예

Rank(SUM([Sales]) 계산은 부서 내 카테고리에 대한 판매 합계에 관해 순위를 반환한다.

Script 함수

이 기능을 활용하면 R 분석 플랫폼 또는 파이썬과 통합해 고급 통계에서 예측 모델링에 이르는 것들을 활용하기 위한 간단하거나 복잡한 스크립트를 사용할 수 있다. 이 기능을 자세히 알아보는 것은 이 책의 범위를 벗어나므로 다양한 문서와 예제를 쉽게 사용할 수 있는 태블로 웹 사이트와 태블로 커뮤니티의 내용들을 참고하자.

 예를 들어 Bora Beran이 작성한 훌륭한 게시물을 다음에서 발견할 수 있다.

https://www.tableau.com/about/blog/2016/11/leverage-power-python-tableau-tabpy-62077

Total 함수

Total 함수는 다른 함수들과는 약간 다르게 작동하기 때문에 자체 카테고리가 필요하다. 캐시의 집계 테이블에서 작동하는 다른 함수들과는 달리 Total은 주어진 파티션을 구성하는 모든 원본 데이터 행에 대한 원본 데이터를 다시 쿼리한다. 대부분의 경우 이는 Window 함수와 동일한 결과를 산출한다.

예를 들어 Total(SUM([Sales]))는 Window_Sum(SUM([Sales]))와 동일한 결과를 제공하지만 Window 함수가 합계를 평균화하는 반면 Total은 기본 행의 실제 평균을 제공하기 때문에 Total(AVG([Sales])) 함수는 Window_AVG(SUM([Sales]))와 다른 결과를 제공할 수 있다.

이 절에서는 여러 가지 테이블 계산 함수를 살펴봤다. 이 함수들은 모든 종류의 실제 문제를 해결하고 많은 질문에 답할 수 있는 빌딩 블록을 제공할 것이다. 이제 순위에서 전년 대비 올해 값 비교에 이르기까지 성공을 위한 토대가 마련됐다. 몇 가지 실제 사례를 살펴보자.

▎실제 사례

테이블 계산의 필수 개념을 학습했으므로 이제 실제 사례를 살펴보자. 테이블 계산의 실제 사용법은 너무 많지만 몇 가지만 살펴보자. 누계 및 전년 대비 성장 분석을 시작으로 범주 간의 백분율 차이에 이르기까지 많은 작업을 수행할 수 있다.

전년 대비 성장률

몇 개 년도의 값을 비교하고자 할 때가 있다. 지난 한 해 동안 고객 기반이 얼마나 성장했는가? 지난해 같은 분기의 매출과 비교했을 때 각 분기의 매출은 어떠한가? 이러한 유형의 질문은 **전년 대비 성장률**을 사용해 답변할 수 있다.

태블로는 퀵 테이블 계산의 한 옵션으로 **전년 대비 성장률**을 제공한다. 다음은 전년 대비 한 분기의 매출 비율 차이와 함께 분기별 Sales를 표시하는 뷰다.

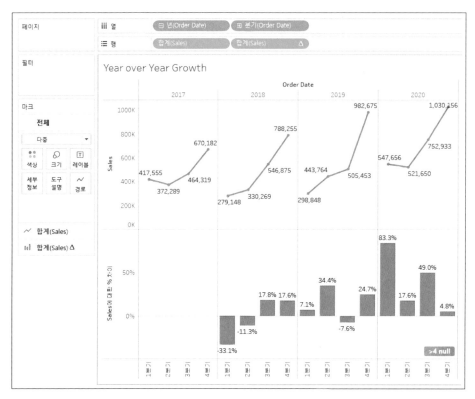

그림 6.24: 전년 대비 매출 성장률

두 번째 합계(Sales) 필드에는 **전년 대비 성장률** 퀵 테이블 계산이 적용됐다(마크 유형이 막대로 변경됐다). 오른쪽 아래에 >4 null이라는 표시기를 발견했을 것이다. 이것은 적어도 네 개의 널^{null} 값이 있다는 사실을 경고한다(2017년 분기별 값을 비교할 2016년 값이 없기 때문이다).

2017년을 필터링한 경우 테이블 계산은 캐시의 집계 데이터에 있는 값에 대해서만 작동할 수 있으므로 2018년에는 `null`이 표시된다. 데이터에 적용된 일반 필터는 데이터 원본에 적용되고 제외된 데이터(캐시에 적용되지 않는다.

이 예와 같은 뷰를 작성하는 것은 쉬운 일이지만 태블로는 뷰의 각 연도가 동일한 분기 개수를 갖는다고 가정하므로 주의해야 한다. 예를 들어 2017년 1분기에 대한

288

데이터가 없거나 필터링된 경우 결과 뷰가 반드시 원하는 내용을 나타내는 것은 아니다. 예를 들어 다음을 살펴보자.

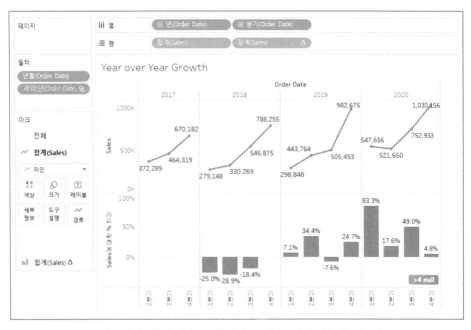

그림 6.25: 전년 대비 매출의 성장률 – 첫 해에 1분기가 누락된 경우에는 작동하지 않는다.

여기서 한 가지 문제는 태블로는 년도와 분기를 주소 지정으로, 년(Order Date)는 계산 수준으로 사용해 테이블 계산을 계산한다는 것이다. 이것은 모든 분기 값이 존재한다는 가정하에 작동한다. 하지만 여기서 2018년의 첫 번째 분기는 2017년 의 첫 번째 분기(실제로 2분기인)와 연결된다. 이를 해결하려면 테이블 계산을 편집 해 주소 지정에는 년도만 사용하게 해야 한다. 그러면 분기는 파티션이 돼 분기별 비교가 올바르게 계산될 것이다.

다른 문제 하나를 더 살펴보자. 2017년을 뷰에 표시하지 않으려면 어떻게 해야 할 까? 이를 필터링하면 2018년에 문제가 발생할 것이다. 이는 이 절의 뒷부분에서 테 이블 계산 필터링 또는 레이트 필터링[late filtering]의 내용으로 살펴볼 것이다. 2017을 제 거하더라도 데이터 값에 계속 접근할 수 있는 또 다른 방법은 뷰에서 2017 머리글을 마우스 오른쪽 단추로 클릭하고 숨기기를 선택하는 것이다.

숨기기는 데이터가 캐시에 있는 경우에도 태블로가 데이터를 렌더링하지 못하게 하는 특수 명령이다. 나중에 2017을 숨긴 후 표시하기로 결정한 경우 년(Order Date) 필드의 메뉴를 사용해서 숨겨진 데이터 표시를 선택할 수 있다. 또는 메뉴를 사용해 분석 ❯ 숨겨진 데이터 표시를 선택할 수 있다.

뷰에서 null 표시기 역시 숨기고 싶을 것이다. 표시기를 마우스 오른쪽 단추로 클릭하고 표시기 숨기기를 선택하면 된다. 표시기를 클릭하면 데이터를 필터링하거나 기본값(일반적으로 0)으로 표시하는 옵션이 나타난다.

전년 대비 성장률(또는 다른 기간 대비)은 테이블 계산을 통해 대답할 수 있는 일반적인 분석적 질문이다. 다음으로 테이블 계산의 또 다른 실제 사례를 살펴보자.

총계가 있는 동적 제목

모든 뷰에 대해 표시되는 제목을 눈치 챘을 것이다. 사용자가 특별히 설정하지 않는 한 표시되지 않는 캡션도 있다(이렇게 하려면 메뉴에서 워크시트 ❯ 캡션 표시를 선택한다).

기본적으로 제목은 시트 이름을 표시하고 캡션은 숨겨져 있지만 표시하고 수정할 수 있다. 경우에 따라 최종 사용자가 광범위한 컨텍스트를 이해하거나 즉시 규모를 파악하는 데 도움이 되는 총계를 표시할 수 있다.

예를 들어 다음은 사용자가 하나 이상의 Region을 선택한 다음 각 Region의 Sales per State(주별 판매 금액)을 볼 수 있는 뷰다.

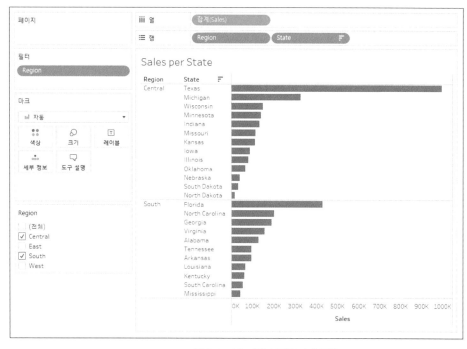

그림 6.26: 두 지역의 주별 판매 금액

이것은 사용자가 다른 지역을 선택함에 따라 변화하는 주의 개수를 표시할 때 유용할 것이다. 먼저 State에 대한 집계(Count Distinct와 같은)를 생각해보자. 하지만 제목에 표시하려고 하면 항상 값 1이 표시되는 것을 볼 수 있을 것이다. 왜일까? 뷰의 세부 수준은 State이고 주별 고유 주의 개수는 1이기 때문이다.

하지만 몇 가지 집계를 추가로 할 수 있는 테이블 계산 옵션이 있다. 또는 윈도우의 크기를 기반으로 테이블 내 값의 개수를 결정하는 것을 생각해볼 수 있다. 실제로 다음에 몇 가지 가능한 방법이 있다.

- 총 고유 개수를 얻으려면 TOTAL(COUNTD([State]))
- 윈도우 내에서 합계를 얻으려면 WINDOW_SUM(SUM(1))
- 윈도우의 크기를 확인하려면 SIZE()

윈도우는 범위나 파티션에 의해 결정된 경계로 정의된다는 것을 떠올려보자. 어느 쪽을 선택하든 윈도우를 전체 테이블로 정의하고자 한다. 테이블(아래로) 상대 계산이나 모든 차원을 사용하는 고정 계산이 이 작업을 수행한다. 다음은 동적 제목과 캡션의 세 가지 옵션을 모두 보여주는 뷰다.

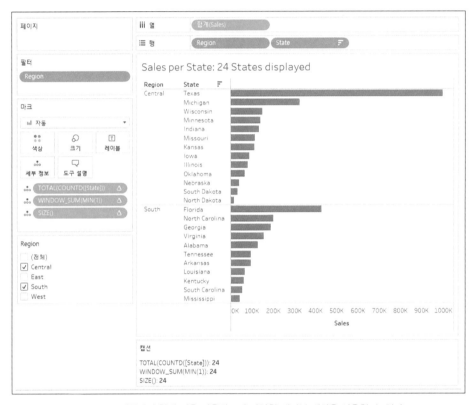

그림 6.27: 제목에서 합계 값을 이용하고자 다양한 테이블 계산을 사용할 수 있다.

이 예는 다양한 테이블 계산을 사용해 더 높은 수준의 세부 정보, 특히 뷰의 모든 주의 개수를 셀 수 있는 방법을 설명하고 있다. 이 기술을 사용하면 태블로를 사용할 때 다양한 분석 문제를 해결할 수 있다. 이제 몇 가지 문제 해결에 도움이 되는 다른 기술을 살펴보자.

테이블 계산 필터링(레이트 필터링)

각 부서의 총 판매 비율을 볼 수 있는 뷰를 구축했다고 가정해보자. 전체에 대한 비율을 사용하고자 Sales 필드에서 퀵 테이블 계산을 이미 사용했다. 또한 Department를 필터로 사용했다. 그러나 이것은 한 가지 문제를 드러냈다.

집계 데이터가 캐시로 반환된 후에 테이블 계산이 수행되기 때문에 부서 필터는 이미 데이터 원본에서 사용됐고 집계 행에는 필터에서 제외된 부서가 포함되지 않는다. 따라서 총 비율은 항상 100%가 된다. 다음 화면에서 필터링된 전체에 대한 백분율을 볼 수 있다.

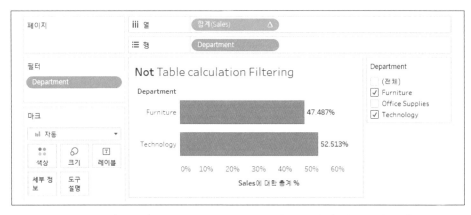

그림 6.28: Office Supplies(사무용품)가 필터링되면 뷰에 남아있는 부서에 대해 백분율 테이블 계산의 합은 100%가 된다.

표시되는 것에서 일부를 제외하고 싶은 경우에도 모든 부서의 총 판매 비율을 확인하려면 어떻게 해야 할까? 한 가지 옵션은 테이블 계산을 필터로 사용하는 것이다.

LOOKUP(ATTR([Department]), 0) 코드를 사용해 Department (table calc filter)라는 계산된 필드를 만들 수 있다. 이 Lookup() 함수는 이 필드를 테이블 계산으로 만드는 반면 ATTR()은 Department를 집계로 취급한다(이 절의 마지막에 자세한 설명을 제공한다). 두 번째 인수 0은 Lookup 함수가 뒤로 또는 앞으로 처리하지 않도록 지시한다. 따라서 계산은 Department에 대한 모든 값을 반환하지만 테이블 계산 결과로 반환한다.

Department 차원 대신 필터 선반에 테이블 계산을 배치하면 필터가 데이터 원본에 적용되지 않는다. 대신 모든 집계 데이터는 여전히 캐시에 저장되며 테이블 계산 필터는 단지 뷰에서 데이터를 숨기는 역할을 할 뿐이다. 구성 비율과 같은 테이블 계산은 여전히 캐시의 모든 데이터에서 작동한다. 이 경우 다음 화면처럼 테이블 계산 필터가 하나 이상을 숨기더라도 전체 부서에 대한 비율을 계산할 수 있다.

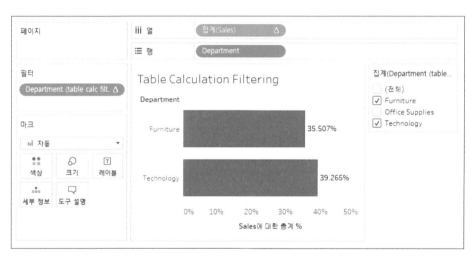

그림 6.29: 테이블 계산 필터를 사용하면 캐시에서 모든 집계 데이터를 사용해
모든 부서에 대해 총 매출에 대한 비율(%)을 사용할 수 있다.

ATTR 함수가 사용된 것을 눈치 챘을 것이다. 테이블 계산에는 집계 인수가 필요하다는 것을 기억하자. ATTR(특성의 약자)은 필드에 해당하는 값이 하나면 주어진 세부 정보 수준으로 필드 값을 반환하고, 둘 이상인 경우 *를 반환하는 특수 집계 함수다.

이를 이해하려면 행에 Department와 Category가 모두 있는 뷰를 실험해보자. 뷰에서 활성 필드의 드롭다운 메뉴를 사용해 Category를 특성으로 변경한다. 그렇게 하면 각 부서에 대해 둘 이상의 범주가 있기 때문에 *가 표시될 것이다. 그다음 실행 취소하고 Department를 특성으로 변경하자. 그러면 범주당 하나의 부서만 있기 때문에 부서 이름이 표시될 것이다.

294

이 예에서는 다른 테이블 계산이 캐시의 모든 데이터에 대해 작동해야 할 때 테이블 계산을 필터로 사용하는 방법을 살펴봤다.

▌ 요약

6장에서는 테이블 계산과 관련된 많은 개념을 다뤘다. 이제 퀵 테이블 계산을 간단히 사용할 수 있고 고급 테이블 계산의 기능을 활용할 수 있는 기반이 생겼다. 뷰의 행 및 열 레이아웃과 관련해 테이블 계산에 적용되는 범위 및 방향의 작동 개념을 살펴봤다. 또한 계산이 특정 차원으로 고정된 테이블 계산과 관련해 주소 지정 및 파티션과 관련된 개념을 살펴봤다.

우리가 다룬 실제 예제는 가능한 것들을 아주 조금 살펴본 것이지만 여러분이 해볼 수 있는 것에 대한 아이디어가 됐을 것이다. 해결할 수 있는 문제의 종류와 대답할 수 있는 질문의 다양성은 거의 무한하다.

다음 장들에서는 서식과 디자인을 살펴보면서 좀 더 가벼운 주제를 다뤄보고자 한다. 그러나 마치기 전에 또 다른 테이블 계산을 한두 번 보게 될 것이다.

07

멋지고 잘 작동하는 시각화 만들기

태블로는 기본적으로 시각화에 관한 모범 사례를 많이 적용하고 있어서 빠른 분석을 할 때 시각화의 기본값을 변경하는 것에 대해 크게 걱정하지 않아도 된다. 그러나 데이터 스토리를 잘 전달하는 방법을 고민할 때는 글꼴과 텍스트에서부터 색상과 디자인에 이르기까지 모든 것을 활용해 청중과 원활하게 소통할 수 있는 방법을 생각하게 될 것이다.

태블로의 서식 옵션은 상당한 유연성을 내포하고 있다. 글꼴, 제목, 캡션, 색상, 행, 열 밴딩, 레이블, 음영, 주석 등을 모두 사용자가 지정해 시각화에 인상적인 스토리를 전달할 수 있다.

7장에서 다루는 내용은 다음과 같다.

- 시각화에서 고려해야 할 사항
- 태블로에서 서식 활용
- 시각화에 가치 더하기

주어진 시각화를 조정해야 할 필요가 있을 때 고려해야 할 몇 가지 사항이 있다. 이러한 고려 사항부터 알아보자

▌ 시각화에서 고려해야 할 사항

태블로는 선반에 필드를 놓기 시작할 때부터 서식 지정과 시각화에 관해 모범 사례를 사용한다. 즉, 불연속형 팔레트는 구별하기 쉬운 색상을, 글꼴은 유쾌한 것으로, 격자 선은 적절한 정도로 희미하게, 숫자와 날짜는 메타데이터에 정의된 기본 서식 설정을 따른다.

기본 서식은 어떤 것을 발견하고 분석하는 작업에 좀 더 적합하다. 그래서 분석에 중점을 둔 작업인 경우 결과를 공유할 준비가 될 때까지 서식을 미세 조정하는 데 너무 많은 시간을 소비하지 않을 수 있다. 그러나 데이터를 다른 사람에게 전달하는 방법을 생각할 때는 서식을 어떻게 조정했을 때 데이터 스토리가 더 잘 전달될 수 있는지 큰 차이를 만드는 방법을 생각해봐야 한다.

 특정 서식에 관한 선호 사항을 마음에 두고 있거나 따라야 하는 글꼴이나 색상에 관한 기업 가이드라인이 있는 경우가 있다. 이러한 경우 빈 통합 문서에 서식 옵션을 설정해두고 템플릿으로 저장할 수 있다. 뷰나 대시보드 집합을 시작할 때 이 통합 문서 파일을 언제든지 파일 시스템에 복사할 수 있다.

고려해야 할 몇 가지 사항은 다음과 같다.

- **청중:** 청중은 누구인가? 청중이 원하는 것은 무엇인가?

- **목표:** 감정적 반응을 불러 일으키거나 정열적인 결정에 대한 사실을 펼쳐 놓고자 하는 것이 목표인가? 취해야 할 조치를 강조하고 있는가? 아니면 단순히 주제에 대한 관심을 불러 일으키려고 하는 것인가?

- **설정:** 데이터 스토리가 전달되는 환경을 말한다. 즉, 높은 수준의 전문성이 반영돼야 하는 서식이 잘 갖춰진 공식적인 비즈니스 회의인가? 이것이 비공식적으로 블로그에 공유될 예정인가?

- **모드:** 시각화는 어떻게 표현될 것인가? 행, 열, 글꼴, 마크가 프로젝터용으로 충분히 큰지 혹은 아이패드용으로 충분히 간결한지 확인하고 싶을 것이다. 태블로 서버, 태블로 온라인 또는 태블로 퍼블릭에 게시하는 경우 웹에 적합한 글꼴을 선택했는가? 다른 버전의 대시보드를 만들 경우 디바이스 디자이너가 필요한가?

- **분위기:** 특정 색상, 글꼴, 레이아웃을 사용해 분위기를 설정할 수 있다. 데이터가 청중의 특정 반응을 불러 일으키는 스토리를 전달하는가? 데이터 스토리가 어둡거나 장난스러운가? 예를 들어 빨간색은 위험하거나 부정적인 결과를 의미하거나 조치가 필요함을 나타낼 수 있다. 그러나 청중과 특정 컨텍스트에 민감해야 한다. 색상은 문화와 컨텍스트에 따라 다른 의미를 갖는다. 일부 문화권에서는 빨간색이 기쁨이나 행복을 나타낼 수 있지만, 기업 로고가 빨간색인 경우 부정적 요소를 전달할 수 있어 좋은 선택이 아닐 수 있다.

- **일관성:** 일반적으로 모든 시각화에서 동일한 글꼴, 색상, 모양, 선 두께, 행 밴딩을 사용한다. 이는 대시보드에 함께 표시하거나 동일한 통합 문서에서 사용할 때 특히 그렇다. 너무 엄격하지 않으면서 조직 전체에서 일관성을 유지하는 방법을 고려할 수도 있다.

이러한 사항들은 디자인과 서식을 결정하는 데 영향을 미친다. 태블로를 사용하는 다른 모든 작업과 마찬가지로 디자인을 반복적인 프로세스로 생각해보자. 일정한 청중으로부터 피드백을 자주 듣고 필요에 따라 관행을 조정해 명확하고 효과적인 의사소통을 할 수 있게 하자. 결국 서식 지정의 목표는 데이터를 좀 더 효과적으로 전달하는 것이다.

❚ 태블로에서 서식 활용

2장의 메타데이터에서 이미 살펴본 것처럼 이번 장에서는 워크시트 수준의 서식에 중점을 둘 것이고 8장에서는 대시보드와 스토리를 다룰 것이다. 그러나 태블로에서 서식 지정에 관한 전체적인 모습을 이해하는 것이 좋을 것이다.

태블로는 기본 글꼴, 색상, 음영, 정렬을 포함하는 기본 서식을 사용한다. 또한 다음 다이어그램과 같이 사용자가 지정할 수 있는 여러 수준의 서식이 있다.

그림 7.1: 태블로의 서식 수준

이 여러 수준의 서식들을 좀 더 자세히 살펴보자.

- **데이터 원본 수준**: 숫자 필드와 날짜 필드에 대한 기본 서식을 설정하는 방법은 이미 살펴봤다. 색상이나 모양과 같은 다른 기본값들은 데이터 패널의 드롭다운 메뉴에 있는 기본 속성 메뉴를 사용해 설정할 수도 있다.

- **통합 문서 수준**: 메뉴에서 서식 ❯ 통합 문서를 선택해 다양한 전역 서식 옵션을 설정할 수 있다.

- **스토리 수준**: 스토리 탭을 선택하고 서식 ❯ 스토리를 선택해(또는 스토리 ❯ 서식) 스토리별 요소의 서식을 편집한다. 여기에는 음영, 제목, 탐색기, 설명을 사용자 정의할 수 있는 옵션이 포함된다.

- **대시보드 수준**: 대시보드와 관련된 요소의 서식을 지정할 수 있다. 대시보드를 볼 때 서식 ❯ 대시보드를 선택해(또는 대시보드 ❯ 서식) 대시보드 제목, 자막, 음영, 텍스트 개체의 서식을 지정한다.

- **워크시트 수준**: 다양한 옵션을 고려할 것이다. 워크시트에서 사용할 수 있는 서식 유형은 다음과 같다.
  - **시트 서식**: 이 서식에는 글꼴, 정렬, 음영, 테두리, 라인이 포함된다. 행 서식과 열 서식을 위해 전체 시트의 서식을 재정의할 수 있다.
  - **필드 수준 서식**: 이 서식에는 글꼴, 정렬, 음영, 숫자, 날짜 서식이 포함된다. 이 서식은 현재 뷰에서 필드가 표시되는 방식에 따라 달라진다. 필드 수준에서 설정한 옵션은 워크시트 수준에서 설정된 기본값을 재정의한다. 숫자와 날짜의 서식도 기본 필드 서식을 재정의한다.
  - **추가 서식**: 추가 서식은 제목, 캡션, 도구 설명, 레이블, 주석, 참조선, 필드 레이블 등에 적용된다.

- **서식 있는 텍스트(Rich-text) 서식**: 제목, 캡션, 주석, 레이블, 도구 설명은 다양한 글꼴, 색상, 정렬로 서식이 지정될 수 있는 텍스트를 포함한다. 이 서식은 개별 텍스트 요소에 따라 달라진다.

통합 문서 수준의 서식을 살펴보자.

통합 문서 수준 서식

태블로에서는 통합 문서 수준에서 특정 서식을 기본값으로 설정할 수 있다. 옵션에서 기본값을 변경하려면 서식 ❯ 통합 문서...를 클릭한다. 이제 왼쪽 창에 통합 문서에 관한 서식 옵션이 표시된다.

그림 7.2: 통합 문서 서식 옵션

옵션에는 뷰 또는 대시보드의 다양한 부분에 적용되는 기본 글꼴 변경 기능과 시각화에 사용되는 다양한 유형의 라인에 적용되는 기본 라인 변경 기능이 포함된다. 기본 서식으로 되돌리려면 기본값으로 재설정 단추를 사용하면 된다. 여기에서 변경하면 전체 통합 문서에 영향을 미치게 된다.

이제 주어진 시트에 특정 서식을 적용하는 방법을 살펴보자.

302

워크시트 수준 서식

6장에서 이미 메타데이터를 편집하는 방법을 살펴봤다. 이 책의 뒷부분에서는 대시보드와 스토리를 자세히 다룬다. 이제 워크시트 수준의 서식을 살펴보자.

서식을 조정하는 방법을 구체적으로 살펴보기 전에 뷰에서 서식과 관련된 부분들을 살펴보자.

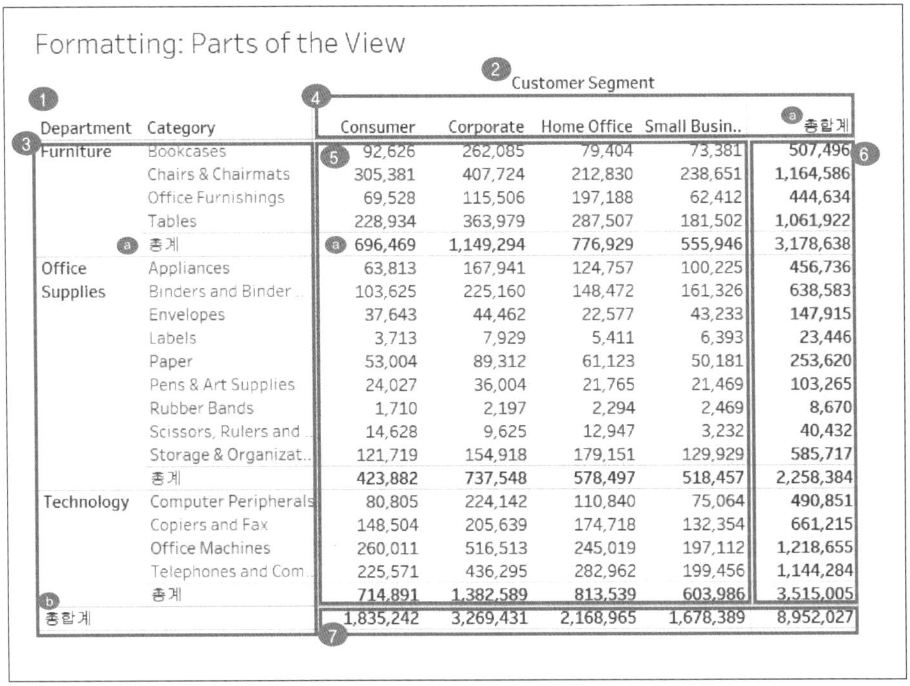

Department	Category	Consumer	Corporate	Home Office	Small Busin..	총합계
Furniture	Bookcases	92,626	262,085	79,404	73,381	507,496
	Chairs & Chairmats	305,381	407,724	212,830	238,651	1,164,586
	Office Furnishings	69,528	115,506	197,188	62,412	444,634
	Tables	228,934	363,979	287,507	181,502	1,061,922
	총계	696,469	1,149,294	776,929	555,946	3,178,638
Office Supplies	Appliances	63,813	167,941	124,757	100,225	456,736
	Binders and Binder ..	103,625	225,160	148,472	161,326	638,583
	Envelopes	37,643	44,462	22,577	43,233	147,915
	Labels	3,713	7,929	5,411	6,393	23,446
	Paper	53,004	89,312	61,123	50,181	253,620
	Pens & Art Supplies	24,027	36,004	21,765	21,469	103,265
	Rubber Bands	1,710	2,197	2,294	2,469	8,670
	Scissors, Rulers and ..	14,628	9,625	12,947	3,232	40,432
	Storage & Organizat..	121,719	154,918	179,151	129,929	585,717
	총계	423,882	737,548	578,497	518,457	2,258,384
Technology	Computer Peripherals	80,805	224,142	110,840	75,064	490,851
	Copiers and Fax	148,504	205,639	174,718	132,354	661,215
	Office Machines	260,011	516,513	245,019	197,112	1,218,655
	Telephones and Com..	225,571	436,295	282,962	199,456	1,144,284
	총계	714,891	1,382,589	813,539	603,986	3,515,005
총합계		1,835,242	3,269,431	2,168,965	1,678,389	8,952,027

그림 7.3: 뷰에서 워크시트 수준의 서식을 사용해 서식을 지정할 수 있는 부분들

이 뷰는 서식을 지정할 수 있는 다음의 부분들로 구성된다.

1. **행에 대한 필드 레이블:** 메뉴(서식 > 필드 레이블...)를 이용하거나 뷰에서 마우스 오른쪽 단추를 클릭하고 서식...을 선택해 필드 레이블의 서식을 지정할 수 있다. 또한 메뉴(분석 > 테이블 레이아웃)에서 필드 레이블 표시 옵션을 선택 취소해 필드 레이블을 숨기거나 뷰에서 마우스 오른쪽 단추로 클릭하고

숨길 옵션을 선택한다. 상단 메뉴의 분석 ❯ 테이블 레이아웃 옵션을 사용해서 필요한 경우 다시 표시할 수 있다.

❷ **열에 대한 필드 레이블:** 행에 대한 필드 레이블과 동일한 옵션이 있지만 행 필드 레이블과는 별도로 서식을 지정하거나 표시할 수도/숨길 수도 있다.

❸ **행 머리글:** 행 머리글에 다른 서식을 지정하지 않는 한 일반적인 머리글 서식을 따른다. 소계와 총합계에는 머리글이 있다. 소계와 총합계 머리글은 각각 a와 b로 표시돼 있다.

❹ **열 머리글:** 열 머리글에 다른 서식을 지정하지 않는 한 일반적인 머리글 서식을 따른다. 소계와 총합계에는 머리글이 있다. 앞의 화면에 표시된 총계 머리글은 열 머리글이다.

❺ **창:** 많은 서식 옵션에는 머리글과 다르게 창 서식을 지정하는 기능이 포함돼 있다.

❻ **총합계(열) 창:** 시트 또는 열 수준에서 서식을 지정할 수 있는 총합계 창이다.

❼ **총합계(행) 창:** 시트 또는 행 수준에서 서식을 지정할 수 있는 총합계 창이다.

워크시트 수준의 서식은 데이터 패널 대신 왼쪽에 표시되는 서식 패널을 사용해 수행된다.

서식 패널을 보려면 메뉴에서 서식을 선택한 다음 글꼴..., 맞춤..., 음영..., 테두리... 또는 라인...을 선택한다.

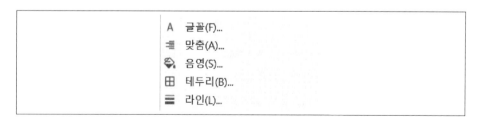

그림 7.4: 워크시트의 서식 옵션

뷰 내의 대부분 요소는 마우스 오른쪽 단추로 클릭해서 서식을 선택할 수도 있다. 그렇게 하면 선택한 요소의 컨텍스트에 맞는 서식 패널이 열린다. 서식 패널의 제목이 예상한 것과 일치하는지 확인해 보자. 사용자가 변경했을 때 사용자의 서식 적용이 즉시 반영될 수 있도록 뷰가 업데이트되는지 확인해야 한다. 그렇지 않은 경우 서식 패널의 잘못된 탭에서 작업하게 될 수 있고, 하위 수준(예, 행)의 서식 지정으로 인해 상위 수준(예, 시트)에서 변경한 내용이 무시될 수 있다.

이제 왼쪽에 표시된 서식 패널을 볼 수 있을 것이다. 글꼴 서식의 경우는 다음과 같이 표시된다.

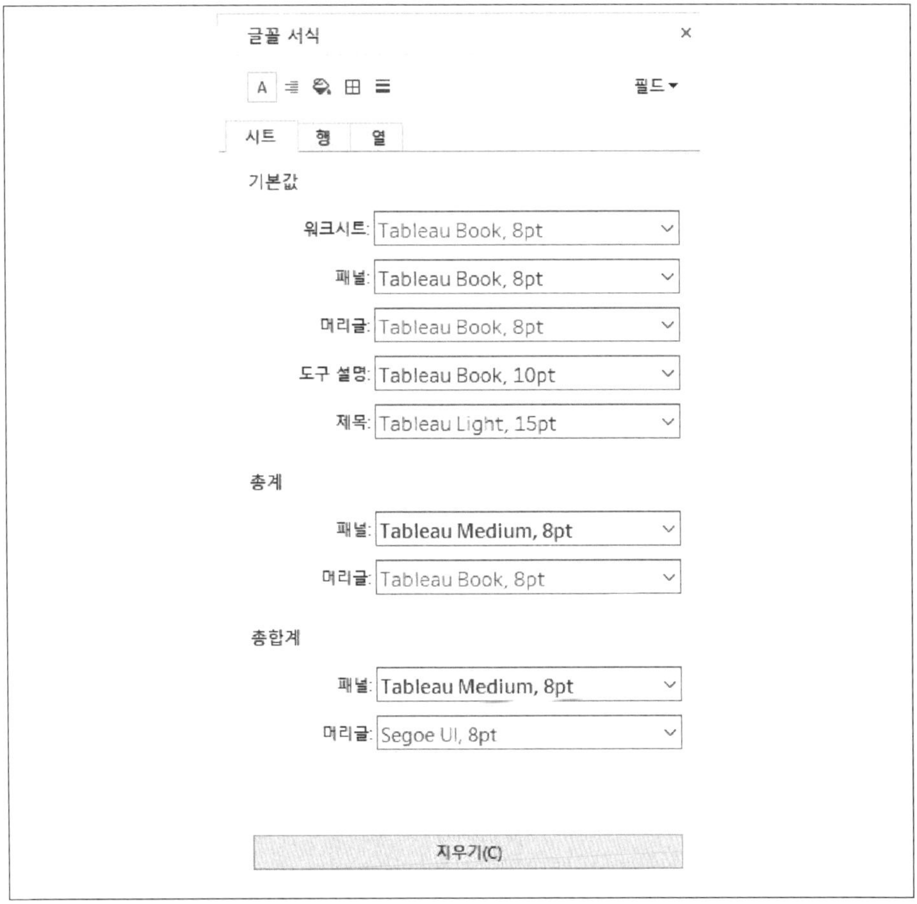

그림 7.5: 글꼴 서식 패널

글꼴 서식 패널에 관한 주요 사항을 살펴보면 다음과 같다.

- 패널의 제목은 여러분이 선택한 서식에 따른 것이다.
- 상단의 아이콘은 서식 메뉴의 선택 옵션과 일치한다. 이렇게 하면 매번 메뉴로 돌아가지 않고도 옵션들을 쉽게 탐색할 수 있다.
- 시트, 행, 열의 세 가지 탭을 사용하면 시트 수준에서 옵션을 지정한 다음 행과 열의 수준에 대해 해당 옵션과 기본값을 재정의할 수 있다. 예를 들어 행 총합계가 열 총합계와 다른 패널이나 머리글의 글꼴을 갖게 할 수 있다 (이것은 혼란을 야기할 수 있어 권장하지 않는다).
- 오른쪽 상단 모서리의 필드 드롭다운을 사용하면 필드 수준에서 서식을 미세하게 조정할 수 있다.
- 모든 변경 사항은 미리 보기되고 굵은 레이블이 표시돼 서식 옵션이 기본값에서 변경됐음을 나타낸다(총계 아래의 머리글 글꼴이 사용자 지정돼 머리글의 레이블 텍스트가 굵게 표시된다).

서식을 지우는 세 가지 옵션은 다음과 같다.

단일 옵션 지우기: 서식 패널에서 변경한 단일 옵션의 레이블이나 컨트롤을 마우스 오른쪽 단추로 클릭하고 팝업 메뉴에서 지우기를 선택한다.

현재 옵션 모두 지우기: 서식 패널 하단에서 지우기 단추를 클릭해 보이는 모든 변경 사항을 지운다. 이는 현재 서식 패널에 표시되는 항목에만 적용된다. 예를 들어 여러분이 행 탭의 음영을 보고 있다가 지우기를 클릭하는 경우 행 탭의 음영 옵션만 지워진다.

시트 지우기: 메뉴에서 워크시트 > 지우기 > 서식 지정을 선택한다. 도구 모음의 지우기 항목에서 드롭다운을 사용할 수도 있다. 이렇게 하면 현재 워크시트의 모든 사용자 지정 서식이 지워진다.

다른 서식 옵션들(예, 정렬 및 음영)은 모두 글꼴 옵션과 아주 유사하게 작동한다. 몇 가지 주요 세부 사항을 살펴보면 다음과 같다.

- 맞춤에는 가로 및 세로 정렬, 텍스트 방향 및 텍스트 줄 바꿈에 대한 옵션이 포함된다.
- 음영에는 행 및 열 밴딩 옵션이 포함된다. 밴딩은 행과 열을 구분하거나 그룹화하는 데 도움이 되는 교대 음영 패턴을 허용한다. 밝은 행 밴딩은 텍스트 테이블에 대해 기본적으로 활성화되는데, 가로 막대 차트와 같은 다른 시각화 유형에서도 유용할 수 있다. 행 밴딩은 행 또는 열 선반에 있는 불연속(파란색) 필드의 수에 해당하는 다양한 수준으로 설정할 수 있다.
- 테두리는 셀, 패널, 머리글 주위에 그려진 테두리를 나타낸다. 여기에는 행과 열의 구분선에 대한 옵션이 포함돼 있다. 뷰에서는 부서 간 구분선을 볼 수 있다. 기본적으로 테두리 수준은 행이나 열의 마지막 필드를 기준으로 설정된다.
- 라인은 축을 사용해 시각화에 그려지는 라인을 나타낸다. 여기에는 격자라인, 참조 라인, 제로 라인, 축 눈금자가 포함된다. 메뉴의 서식 옵션에서 참조 라인과 드롭 라인에 대한 좀 더 완전한 옵션 집합에 접근할 수 있다.

통합 문서 수준 또는 특정 시트 수준으로 서식을 조정하는 방법을 살펴봤다. 이제 필드 수준에서의 서식 지정을 살펴보자.

필드 수준 서식

서식 패널의 오른쪽 상단 모서리에는 필드라는 작은 드롭다운 메뉴가 있다. 이 드롭다운 메뉴를 선택하면 현재 뷰의 필드 목록이 제공되고, 필드를 선택하면 필드에 적합한 옵션으로 서식 패널이 업데이트된다. 예를 들면 다음은 합계(Sales) 필드에 대해 표시되는 창이다.

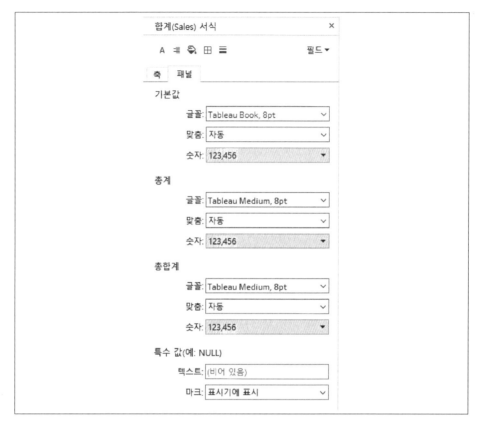

그림 7.6: 필드 수준 서식 지정을 위한 서식 패널

서식 패널의 제목은 사용자가 서식을 지정하고 있는 필드에 대해 경고할 것이다. 창의 왼쪽 위에 있는 **글꼴, 맞춤** 등의 아이콘을 선택하면 시트 수준 서식으로 다시 전환될 것이다. 축 탭과 패널 탭 간에 전환할 수도 있다. 이 두 탭을 사용하면 필드가 머리글 또는 축 레이블로 사용될 때 서식이 뷰에서 지정된 서식과 다르게 할 수도 있다. 필드 옵션에는 **글꼴, 맞춤, 음영, 숫자, 날짜** 서식이 포함된다. 마지막 두 옵션은 모든 기본 메타데이터 서식을 재정의한다.

특정 유형의 필드 서식을 지정하는 특별한 옵션이 있다는 것을 눈치 챘을 것이다. 숫자를 사용하면 다양한 서식 옵션을 사용할 수 있는데, 사용자 지정 서식을 제공하는 기능도 포함된다. 이에 관해 살펴보자.

사용자 지정 숫자 서식

숫자 서식을 변경할 때 여러 표준 서식과 사용자 지정 서식 중에서 선택할 수 있다. 사용자 지정 서식을 사용하면 태블로에서 숫자 서식을 지정하는 데 사용할 서식 문자열을 입력할 수 있다. 서식 문자열은 숫자가 표시되는 방식을 나타내고자 따옴표로 묶인 원래의 문자열과 해시/파운드(#), 쉼표, 음수 기호, 괄호의 조합을 사용한다.

서식 문자열은 세미콜론으로 구분해 최대 3개의 항목을 입력할 수 있는데, 이것으로 양수, 음수, 0 서식을 표현할 수 있다.

양수 34,331.336과 음수 -8,156.7777을 활용하는 몇 가지 예를 살펴보면 다음과 같다.

서식 문자열	결과 값
#;-#	34331 그리고 -8157
#,###.##; (#,###.##)	34,331.34 그리고 (8,156.78)
#,###.00000;-#,###.00000	34,331.33600 그리고 -8,156.77770
"up "#,###;"down "#,###;"same"	up 34,331 그리고 down 8,157
#,###"▲"; #,###"▼"	34,331▲ 그리고 8,157▼

그림 7.7: 서식 문자열과 결과 값의 예

이러한 예제를 복제하고 Starter 또는 Complete 통합 문서에서 Custom Number Formatting 뷰를 사용해 다른 서식 문자열을 실험할 수 있다.

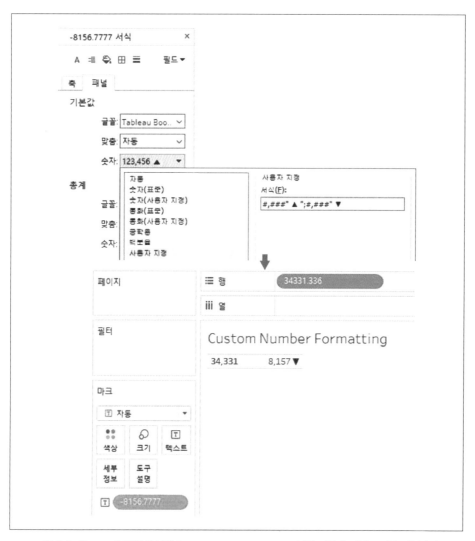

그림 7.8: Chapter 7 통합 문서의 Custom Number Formatting 뷰를 사용해 서식 문자열 실험하기

태블로가 서식 문자열을 기준으로 숫자 표시를 반올림하는 방법을 살펴보자. 텍스트, 레이블이나 머리글로 표시되는 숫자는 서식으로 인해 반올림됐을 수 있다.

또한 파운드 기호, 쉼표, 소수점과 같은 서식 문자를 문자열과 혼합하는 방법도 살펴보자. 네 번째 예는 일반적으로 0 값이 표시되는 레이블을 제공한다.

마지막 예는 차수 또는 기타 측정 단위를 표시하는 것과 같이 다양한 가능성을 제공하는 유니코드^{Unicode} 문자를 사용하고 있다. 태블로 전체에서 텍스트 상자, 제목, 필드명, 레이블, 별칭 등에 유니코드 문자를 사용할 수 있다.

 원하는 서식에 가까운 미리 정의된 서식을 선택한 다음 사용자 지정으로 전환하면 원하는 서식에 가까운 사용자 지정 서식 문자열로 시작할 수 있다.

사용자 지정 날짜 서식

비슷한 방식으로 사용자 지정 문자열을 사용해, 날짜 서식을 지정할 수 있다. 다음 표는 다양한 서식 문자열을 기반으로 11/08/2018, 1:30 PM의 날짜 값에 대한 몇 가지 가능한 서식을 보여준다.

서식 문자열	결과 값
m/d/yyyy	11/8/2018
dd/mm/yyyy	08/11/2018
"The date is" m/d/yyyy	The date is 11/8/2018
mmm d, yyyy	Nov 8, 2018
mmmm dd yyyy	November 08 2018
mm/dd/yyyy h:mm AM/PM	11/08/2018 1:30PM
ttttt	1:30:28 PM
dddd, mmmm d, HH:MM:ss	Thursday, November 8, 13:30:28
ddd	Thu

그림 7.9: 날짜 서식의 예

이는 단지 예일 뿐이며, 원하는 만큼 원래의 문자열을 포함할 수 있다.

 사용자 지정 날짜 서식 문자열 옵션의 전체 목록은 https://onlinehelp.tableau.com/current/pro/desktop/en-us/dates_custom_date_formats.html을 확인해보자.

다음 예에서 사용자 지정 날짜 서식을 적용함으로써 타임라인 축의 가독성을 향상시킬 수 있는지 확인해보자.

그림 7.10: 여기에 사용된 사용자 지정 서식 문자열은 m이며, 결과적으로 해당 월의 단일 문자가 된다.

서식을 지정해야 하는 값이 있는 경우 사용자 지정 숫자와 날짜 서식을 사용하면 되지만 값이 없을 때는 어떨까? 즉, NULL 값의 서식은 어떻게 지정할 수 있을까? 이제 이것을 생각해보자.

NULL 서식

필드 서식의 또 다른 면은 NULL 값의 서식을 지정한다는 것이다. 필드의 서식을 지정할 때 다음 화면과 같이 패널 탭을 선택하고 **특수 값** 부분을 찾아보자.

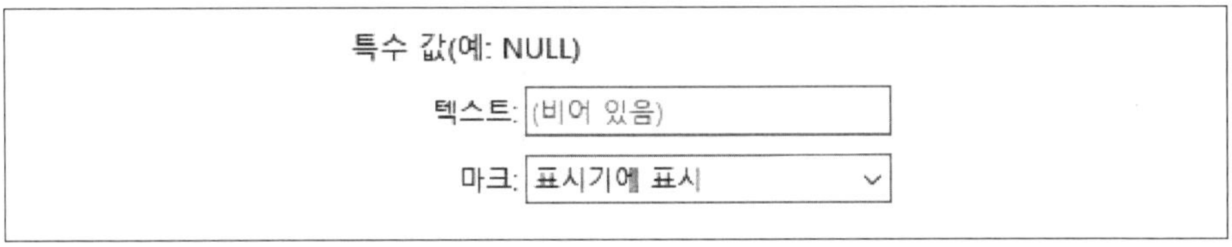

그림 7.11: 서식 패널에 표시되는 특수 값 옵션

필드 값이 NULL인 경우 패널(텍스트 필드)에 표시할 텍스트를 입력한다. 마크를 표시할 위치를 선택할 수도 있다. 마크 드롭다운 메뉴에는 축에서 NULL 값에 대한 마크가 어디에 어떻게 그려져야 되는지 정의할 수 있는 다양한 옵션이 있다. 다음과 같은 옵션을 살펴보자.

- **표시기에 표시**는 뷰의 오른쪽 아래에 NULL 값 수가 있는 작은 표시기를 생성한다. 옵션 표시기를 클릭해 NULL 값을 필터링하거나 기본값으로 표시할 수 있다. 지표를 마우스 오른쪽 단추로 클릭해 숨길 수 있다.
- **기본값에 표시**는 기본 위치(일반적으로 0)에 마크를 표시한다.
- **숨기기(라인 연결)**는 NULL 값에 대한 표시를 하지는 않고 NULL이 아닌 모든 값 사이에 라인을 연결한다.
- **숨기기(라인 끊기)**는 NULL 값을 표시하지 않아 생성된 간격이 있는 곳에서 라인을 끊는다.

다음 화면에서 이러한 옵션을 볼 수 있으며 두 개의 NULL 값 위치는 회색 띠로 표시된다.

표시기에 표시는 오른쪽 아래 모서리에 표시된 NULL 값의 개수와 함께 회색 띠에 마크가 없음을 나타낸다.

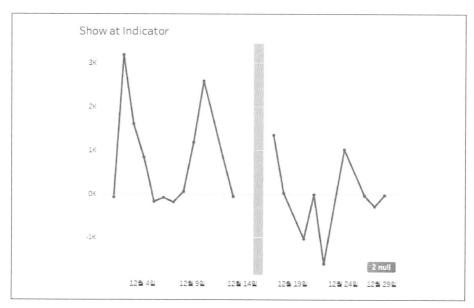

그림 7.12: 표시기에 표시

기본값에 표시는 0을 표시하고 라인을 연결한다.

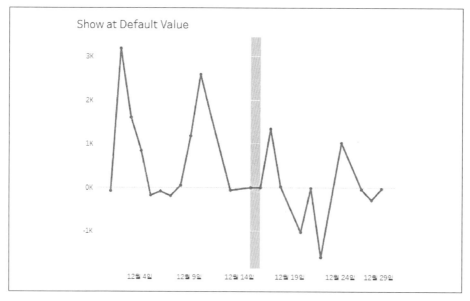

그림 7.13: 기본값에 표시

숨기기(라인 연결)은 누락된 값에 대한 표시를 제거하지만 기존 표시는 연결한다.

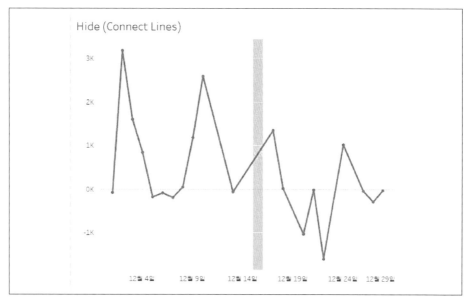

그림 7.14: 숨기기(라인 연결)

숨기기(라인 끊기)는 누락된 값에 대한 표시를 제거하고 기존 표시를 연결하지 않는다.

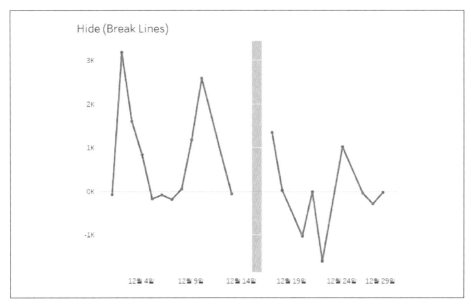

그림 7.15: 숨기기(라인 끊기)

이러한 옵션은 모두 유용할 수 있으므로 각각을 통해 정보를 전달할 수 있는 방법도 생각해보자. 라인을 연결하면 시간이 지남에 따른 값의 변화를 전달하는 데 도움이 될 수 있지만 누락된 데이터의 존재를 최소화할 수도 있을 것이다. 라인을 단절하면 누락된 값을 강조하는 데 도움이 될 수 있지만 전체 메시지에서 벗어날 수 있다. 7장의 시작 부분에서 언급했던 사항을 기반으로 목표에 가장 적합한 옵션을 결정해야 한다.

 앞의 라인 차트에는 뷰에 그려진 각각의 마크 위치에 작은 원 마커가 있다는 것을 눈치 챘을 것이다. 마크 유형이 라인인 경우 **색상** 선반을 클릭하면 마커에 대한 옵션을 제공하는 메뉴가 열린다. 모든 마크 유형은 색상 및 투명도와 같은 표준 옵션이 있다. 일부 마크 유형은 다음과 같이 테두리 또는 후광과 같은 추가 옵션을 지원한다.

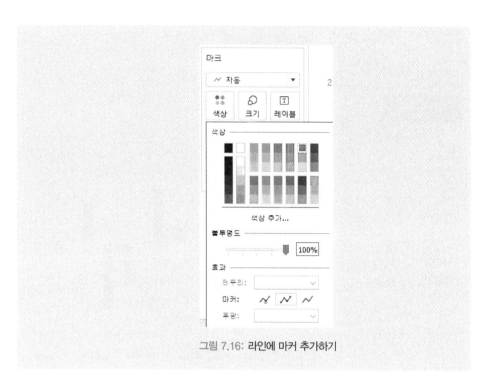

그림 7.16: 라인에 마커 추가하기

이러한 옵션을 알면 누락된 데이터를 전달하는 방법을 생각할 때 도움이 되지만 누락된 값을 전달하는 데는 막대 차트와 같은 다른 시각화 유형이 훨씬 더 효과적일 수 있다는 것을 항상 염두에 두자.

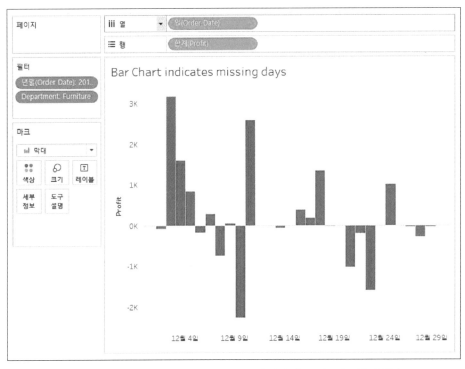

그림 7.17: 누락된 값을 표시하는 데 막대 차트가 라인 차트보다 좋은 경우가 있다.

null 값을 서식하는 방법에 대해 안다는 것은 데이터를 다루는 방법에 대해 고민할 때 몇 가지 옵션을 알고 있다는 것과 같다. 다음의 몇 가지 추가 옵션을 살펴보자.

추가 서식 옵션

추가 서식 옵션은 서식 패널을 통해서도 접근할 수 있다. 이러한 옵션에는 다음이 포함된다.

- 다양한 참조선 옵션
- 드롭 라인의 라인과 텍스트 옵션
- 제목과 캡션에 대한 음영과 테두리 옵션

- 주석에 대한 텍스트, 상자, 라인 옵션
- 필드 레이블에 대한 글꼴, 음영, 맞춤, 구분자 옵션
- 범례, 빠른 필터, 매개변수에 대한 제목과 본문 옵션
- 셀 크기와 **통합 문서 테마** 옵션

이 중에서 대부분은 제대로 찾을 수 있겠지만 몇 가지 옵션은 명확하지 않을 수도 있다.

- 축이 있는 뷰 창에서 빈 영역을 마우스 오른쪽 단추로 클릭하고 **드롭 라인 > 드롭 라인 표시**를 선택하면 마크에서 축으로 라인이 그려지는 **드롭 라인** 기능이 활성화된다. 마우스 오른쪽 단추 메뉴를 사용하면 **드롭 라인 편집**을 선택해 추가 옵션에 접근할 수 있다. 드롭 라인이 태블로 데스크톱이나 태블로 리더에만 표시되는 것은 아니지만 뷰가 태블로 서버나 온라인, 퍼블릭에 게시된 경우에는 사용할 수 없다.
- 메뉴에서 워크시트를 선택한 다음 원하는 옵션을 선택해 제목과 캡션을 표시하거나 숨길 수 있다. 제목과 캡션에 적용할 수 있는 표준 서식 이외에도 제목이나 캡션을 더블 클릭한 후 마우스 오른쪽 단추로 클릭하고 **편집**을 선택해 제목이나 캡션의 드롭다운 메뉴(또는 대시보드 뷰의 드롭다운 메뉴)에서 제목이나 캡션의 텍스트를 편집하거나 특정 서식을 적용할 수 있다. 제목과 캡션의 텍스트에는 매개변수 값, 뷰의 모든 필드 값, 특정 기타 데이터와 워크시트별 값이 동적으로 포함될 수 있다.
- 뷰에서 마크나 공간을 오른쪽 클릭하고 주석 추가를 선택한 후 다음의 세 가지 주석의 유형 중 하나를 선택해 주석을 생성할 수 있다.
  - **마크** 주석은 뷰의 특성 마크와 연관된다. 해당 마크가 표시되지 않으면 (필터 또는 축 범위로 인해) 주석도 표시되지 않는다. 마크 주석에는 마크 또는 해당 위치를 정의하는 모든 필드의 값 표시가 포함될 수 있다.
  - **지점** 주석은 뷰를 특정 지점에 고정시킨다. 뷰에서 지점이 보이지 않으

면 주석이 사라진다. 지점 주석에는 지점의 위치(예, 축 좌표)를 정의하는 모든 필드 값의 표시가 포함될 수 있다.

- **영역** 주석은 직사각 영역 내에 포함된다. 모든 주석의 텍스트에는 매개 변수 값과 특정 기타 데이터와 워크시트별 값이 동적으로 포함될 수 있다.

데이터 원본 워크시트 내의 **서식** 메뉴에서 **서식 복사**를 선택해(또는 데이터 원본 워크시트 탭의 마우스 오른쪽 단추를 클릭해 메뉴에서 서식 복사 옵션을 선택해) 한 워크시트에서 다른 워크시트(동일한 통합 문서 내에서 또는 통합 문서 간에)로 서식을 복사할 수 있다. 그런 다음 대상 워크시트 내의 **서식** 메뉴에서 **서식 붙여넣기**를 선택한다(또는 **대상 워크시트** 탭의 마우스 오른쪽 단추를 클릭해 메뉴에서 옵션을 선택한다).

이 옵션으로 데이터 원본 시트에 있는 모든 사용자 지정 서식이 대상에 적용될 것이다. 그러나 제목, 캡션 레이블, 도구 설명의 텍스트를 편집하는 동안 적용된 특정 서식은 대상 시트에 복사되지 않는다.

지금까지 통합 문서, 개별 시트, 필드, 숫자, 날짜, NULL 값 등의 서식을 지정하는 많은 옵션을 살펴봤다. 이제 이러한 기술 중 일부를 활용해 진정으로 데이터를 더 잘 이해할 수 있는 방법을 살펴보자.

▍ 시각화에 가치 더하기

지금까지 태블로에서 서식이 작동하는 방식을 살펴봤다. 이제 서식을 통해 시각화에 가치를 더할 수 있는 몇 가지 방법을 살펴보자.

사용자 지정 서식을 적용할 때는 항상 서식이 데이터 이해에 어떤 영향을 미치는지 자문해보자. 서식이 시각화를 더 명확하고 이해하기 쉽게 만들고 있는가? 아니면 혼란과 소음을 더하는 것뿐일까?

일반적인 최소한의 접근 방식을 시도해보자. 필요하지 않은 모든 것을 시각화에서 제거한다. 중요한 가치, 텍스트, 마크는 강조하고 보조 정보나 컨텍스트만 제공하는 것은 강조하지 말자.

모두 기본 서식을 사용하는 다음의 시각화를 살펴보자.

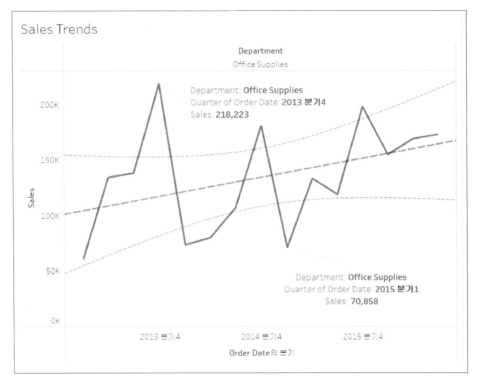

그림 7.18: 기본 서식은 데이터의 발견과 빠른 분석에 대단히 적합하지만
데이터 스토리를 다른 사람에게 명확하게 전달하고 강조하려면 원하는 것보다 더 어수선할 수 있다.

기본 서식은 상당히 잘 작동한다. 그러나 다음 시각화와 비교해보자.

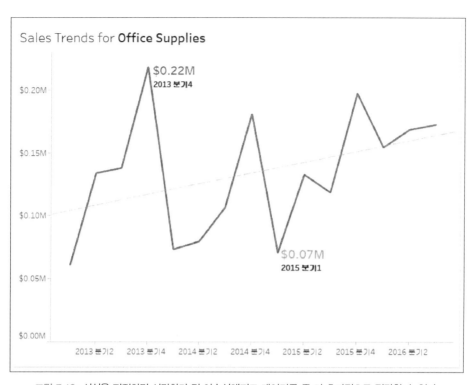

그림 7.19: 서식을 지정하면 시각화가 덜 어수선해지고 데이터를 좀 더 효과적으로 전달할 수 있다.

앞의 두 다이어그램은 모두 Office Supplies 부서로 필터링된 분기별 매출을 보여준다. 첫 번째 뷰는 기본 서식을 사용한다. 두 번째 뷰에서는 다음과 같은 몇 가지 서식이 조정됐다.

- 부서 이름을 포함하도록 제목이 조정됐다.
- Sales는 소수 둘째 자리까지 표시되는 백만 단위의 사용자 지정 통화를 사용해 표시되도록 서식 지정됐다. 축과 주석에 대해서도 마찬가지다. 높은 수준의 정밀도로 인해 시각화를 복잡하게 되는 경우가 있다. 데이터의 초기 뷰는 우리가 추세와 규모를 이해하기에 충분한 세부 정보를 제공한다. 도구 설명이나 추가 뷰를 사용해 세부 사항을 표시하고 정밀도를 높일 수 있다.

322

- 축을 마우스 오른쪽 단추로 클릭하고 **축 편집**을 선택한 다음 텍스트를 지우면 축 레이블이 제거된다. 뷰의 제목은 사용자가 Sales를 보고 있음을 명확하게 나타낸다. 값만으로 두 번째 축이 분기별로 표시된다. 데이터에 여러 날짜가 있는 경우 사용 중인 날짜를 지정해야 할 수 있다. 목표에 따라 축을 완전히 숨기는 것을 고려할 수도 있다.

- 행에서 격자선이 제거됐다. 격자선은 뷰에 가치를 더할 수 있는데, 특히 값을 결정하는 것이 매우 중요한 뷰에서 그렇다. 하지만 격자선으로 인해 어수선해지거나 산만해질 수도 있다. 뷰 자체와 말하려는 스토리를 기반으로 격자선이 유용한지 결정해야 한다.

- 추세선은 라인의 색상과 일치하도록 서식을 지정했지만 강조를 줄이고자 더 가볍고 얇아졌다. 또한 신뢰 구간이 제거됐다. 여러분의 필요와 청중에 따라 컨텍스트를 추가할지 또는 어수선함을 추가할지 결정해야 한다.

- 어수선함을 줄이고자 주석에서 라인, 음영, 상자를 제거한다.

- 주석의 크기와 색상이 눈에 띄게 변경됐다. 라인상의 최소값과 최대값을 강조하는 것이 목표라면 레이블이 최대값과 최소값에서만 표시되도록 설정하는 것이 좋은 선택 중 하나가 될 수 있다. 그러나 이 경우 낮은 숫자가 뷰에서는 사실 두 번째로 낮은 지점이 된다.

- 축 눈금자와 눈금이 마크 및 참조 라인과 일치하도록 강조됐고 색상이 지정됐다(축 눈금자는 서식 패널의 라인 옵션에서 사용할 수 있다).

서식을 사용해 시각화의 모양을 극적으로 변경할 수도 있다. 다음 차트를 고려해 보자.

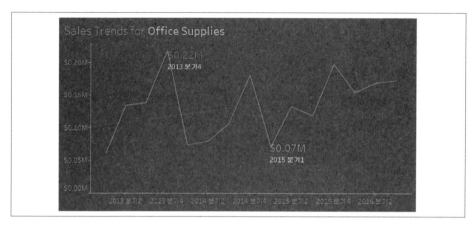

그림 7.20: 뷰의 음영을 서식해 어두운 배경으로 설정할 수 있다.

이 시각화는 앞의 뷰와 거의 동일하지만 워크시트와 제목에 음영이 적용됐다. 또한 어두운 배경에서 잘 보이도록 필요에 따라 글꼴을 밝게 또는 어둡게 했다. 일부는 특히 모바일 장치에서 이 서식이 더 잘 어울릴 것이다. 뷰가 어두운 테마가 있는 웹 사이트에 임베딩된 경우 이 서식이 필요할 수 있다. 그러나 일부 텍스트는 어두운 배경에서 읽기가 더 어려울 수 있다. 이러한 서식이 상황에 적합한지 여부를 판단하고자 할 때는 청중, 설정, 전달 모드를 고려하는 것이 좋다.

순차 색상 팔레트(연속형 필드를 기반으로 한 단일 색상 그래디언트)는 어두운 배경을 사용하는 경우 반전돼야 한다. 더 밝은 값(더 낮음)에서 더 어두운 값(더 높음)의 기본값은 흰색 배경(더 어두운 색상이 눈에 띄고 밝은 색상은 흰색으로 희미해지는)에서 잘 작동하기 때문이다. 검은색 배경에서는 밝은 색상이 더 두드러지고 어두운 색상은 검은색으로 희미해진다. 범례를 더블 클릭하거나 범례를 마우스 오른쪽 단추로 클릭해서 색상 편집...을 선택하고 반전을 선택하면 드롭다운 메뉴를 사용해 색상 팔레트를 편집할 때 반전 옵션을 찾을 수 있다.

도구 설명

도구 설명은 항상 표시되는 것은 아니므로 시각화에서 쉽게 간과될 수 있다. 하지만 이것을 사용하면 전문성이 섬세하게 전달될 수 있다. 사용자가 이전 화면에 표시된 마크 중 하나를 가리키면 표시되는 다음의 기본 도구 설명을 살펴보자.

그림 7.21: 기본 도구 설명

이것을 다음의 도구 설명과 비교해보자.

그림 7.22: 사용자 정의 도구 설명

마크 카드에서 **도구 설명**을 클릭하면 도구 설명 안의 텍스트를 다양하게 편집할 수 있는 편집기가 나타나는데, 이 도구 설명은 여기에서 편집한 것이다.

그림 7.23: 도구 설명 편집기

이것은 레이블, 제목, 캡션, 주석의 텍스트를 편집하는 데 사용된 편집기와 유사하다. 사용자가 원하는 대로 텍스트를 입력하고 서식을 지정할 수 있다. 또한 도구설명 편집 대화상자에는 몇 가지 추가 기능이 있다.

- 오른쪽 상단 모서리의 **삽입** 드롭다운 메뉴를 사용하면 시트, 필드, 매개변수, 기타 동적 값을 삽입할 수 있다. 이러한 특수 개체 또는 동적 텍스트 개체는 텍스트 편집기 내에 태그로 묶여 있다(예, 〈합계(Sales)〉). 시트의 특수한 경우를 살펴볼 것이다.

- **도구 설명 표시** 확인란 옵션과 도구 설명의 스타일을 나타내는 드롭다운 메뉴를 사용한다(즉시-반응형 도구 설명 표시 또는 마우스 오버 시-도구 설명 표시).

- **명령 단추 포함** 확인란 옵션으로, 이것이 기본값이며 이 절의 앞부분에서 편집되지 않았던 도구 설명 명령 단추를 볼 수 있다. 명령 단추에는 포함, 제외, 설정 생성 등과 같은 옵션이 있다. 이러한 옵션 중 대부분은 사용자가 마우스 오른쪽 단추를 클릭해 계속 사용할 수 있으므로 도구 설명에서 제거

326

한다고 해서 사용자의 접근을 완전히 막을 수 있는 것은 아니다.
- 범주로 선택 허용 확인란 옵션으로, 이 기능을 활성화하면 사용자가 도구 설명에 표시된 차원 값을 클릭해 뷰에서 해당 값과 관련된 모든 마크를 선택할 수 있다.

 사용자 경험에 중요하지 않고 가치가 추가되지 않는 뷰에 대해서는 **도구 설명 표시**를 선택 취소하는 것이 좋다.

도구 설명 시각화

태블로에서는 다른 마크 위로 마우스를 가져가면 동적으로 필터링되는 도구 설명 안에 시각화를 임베딩할 수 있다. 도구 설명의 시각화라고도 하는 이 기능은 상호작용을 크게 확장한다. 최종 사용자가 사용할 수 있고 세부 정보로 드릴 다운하는 기능과 다양한 방식으로 데이터를 빠르게 볼 수 있는 기능이 있다.

앞의 화면에서 **삽입 ❭ 시트 ❭ 카테고리**를 선택해 다음 태그를 도구 설명에 추가할 수 있다.

```
<Sheet name="Categories" maxwidth="300" maxheight="300" filter="<All
Fields>">
```

텍스트를 직접 편집할 수 있는 이 태그는 태블로에 도구 설명의 일부로 Categories 시트 내에 시각화를 표시하도록 지시한다. 최대 너비와 높이는 기본 300픽셀로 설정된다. 필터는 시트에서 도구 설명 시각화에 대한 필터 역할을 하는 필드를 나타낸다. 기본적으로 `<All Fields>`는 뷰의 모든 차원이 필터로 작동함을 의미한다. 그러나 뷰에 있는 하나 이상의 차원(예, `<Department>`, `<Category>`)을 기준으로 필터링할 필드 목록을 지정할 수 있다.

도구 설명이 있는 최종 뷰를 확인해보자.

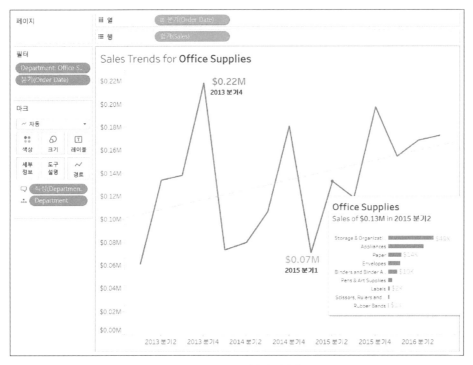

그림 7.24: 도구 설명의 시각화

도구 설명의 시각화로 가능한 것이 많다. 첫째, 대시보드에서 추가 공간을 사용하지 않고 별도의 뷰로 탐색하는 것 없이도 세부 정보로 드릴 다운하는 기능을 활용할 수 있다. 둘째, 데이터의 다양한 측면을 표시할 수 있다(예, 시계열에 대한 도구 설명으로 지리적 위치를 활용). 마지막으로 도구 설명에서 시각화를 사용해 최종 사용자가 더 넓은 컨텍스트 내에서 전체의 일부를 볼 수 있게 하는 방법을 생각할 수 있다.

이 기능에 대해 다른 유용한 애플리케이션도 많지만 다음과 같은 몇 개의 팁으로 도구 설명에서의 시각화에 대한 검토를 마무리할 수 있다.

- 하나의 도구 설명에 둘 이상의 시각화가 있을 수 있다.

- 도구 설명에서 사용 중인 시트에 대해 **맞춤** 옵션을 전체 뷰로 설정하면 최대 너비와 높이에 맞출 수 있다.
- 시트 탭을 마우스 오른쪽 단추로 클릭하고 **숨기기**를 선택해 도구 설명에 사용된 시트를 숨길 수 있다. 숨긴 시트를 복원하려면 도구 설명에서 사용 중인 시트의 탭을 클릭하고 **시트 숨기기 해제**를 선택한다.

▎요약

서식 지정의 목표는 현재 데이터에 대한 전달 효율성을 향상시키는 것이다. 반복적인 서식 지정 프로세스를 진행할 때 항상 청중, 설정, 모드, 분위기, 일관성을 고려해보자. 시각화에 가치를 더할 수 있고 쓸데없는 혼란을 피할 수 있는 서식을 찾아보자.

통합 문서 수준에서 글꼴, 색상, 라인을 서식 지정하는 것에서부터 개별 시트와 개별 필드 서식 지정에 이르기까지 서식 지정에 대한 몇 가지 옵션을 다뤘다. 숫자, 날짜, NULL 값의 서식을 사용자 지정하는 방법과 이러한 기술을 사용해 시각화에 가치를 제공하는 방법을 다뤘다.

태블로에서 서식이 작동하는 방식을 이해하면 분석하고 발견하는 과정에서 만든 시각화를 데이터 스토리의 매우 효과적인 전달 방식으로 구체화할 수 있다.

8장에서는 모든 것을 대시보드에 어떻게 통합하는지 살펴본다.

대시보드를 사용한 데이터 스토리 전달

데이터를 탐색하고 분석하는 동안 수많은 데이터 시각화를 만들 수 있다. 이런 분석 과정에서 만들어지는 각각의 시각화는 데이터 내 스토리의 스냅샷을 제공한다. 데이터에 대한 각각의 통찰력은 한두 가지 질문에 답하게 된다. 때로는 핵심 결정을 내리기까지 데이터의 탐색과 분석 단계만으로도 충분해서 분석 동작이 완료되기도 하지만 그렇지 않은 경우에는 스냅샷을 함께 가져와야 정해진 청중에게 완전하고 설득력 있는 스토리를 전달할 수 있다.

태블로를 사용하면 서로 관련된 데이터 시각화들을 하나의 대시보드에 통합할 수 있다. 대시보드는 데이터의 다양한 측면에 대한 정적인 뷰 혹은 완전한 대화형 환경을 제공할 수 있고, 사용자는 시각화된 데이터에 대해 동적 필터링이나 드릴 다운 또는 상호작용을 사용할 수 있다.

8장에서는 대시보드 디자인 프로세스를 단계별로 안내하는 몇 가지 심층적인 예를 통해 이러한 개념의 대부분을 살펴본다. 앞에서와 마찬가지로 지침 목록을 기억하는 것에 대해 걱정하지 않아도 된다. 대신 대시보드의 구성 요소와 여러 가지가 작동하는 이유와 방식을 이해하는 데 집중해보자.

8장에서 다루는 내용은 다음과 같다.

- 대시보드 소개
- 태블로에서 대시보드 디자인
- 다양한 디스플레이와 기기에 적합하게 디자인
- 동작과의 상호작용
- 스토리

8장의 예에서는 이전 장들에서 사용한 Superstore Sales 샘플 데이터를 사용할 것이다. 해당 데이터 세트에 연결된 새 통합 문서를 만들고 대시보드의 주요 개념을 소개하는 것부터 시작해보자.

▌대시보드 소개

깊이 살펴보기 전에 몇 가지 실용적인 예를 통해 대시보드가 무엇이며 왜 만드는지 이유를 이해하는 데 시간을 할애해보자.

대시보드의 정의

태블로의 관점에서 대시보드는 범례, 필터, 매개변수, 텍스트, 컨테이너, 이미지, 확장, 단추, 웹 개체와 같은 구성 요소와 함께 하나의 캔버스에 놓인 개별 시각화의 배열이다. 이상적으로는 시각화와 구성 요소가 함께 작동해 완벽하고 매력적인 데이터 스토리를 전달해야 한다. 대시보드는 보통(항상 그런 것은 아님) 대화형이다.

대시보드의 목표

대시보드의 중요한 목표는 의도한 결과를 전달하고자 특정 대상에게 데이터를 전달하는 것이다. 이제 데이터 스토리를 가끔 언급할 것이다. 즉, 다른 사람에게 전달할 수 있는 데이터 내에 포함된 하나의 이야기(또는 여러 이야기)가 있다는 의미다.

하나의 시각화 또는 일련의 복잡한 대시보드로 데이터 스토리를 전달할 수 있지만 태블로 대시보드 하나로 스토리 하나를 전달하는 것이 가장 일반적인 방법이다. 각 대시보드는 특정 정보에 관해 명확한 그림을 제공해 스토리를 전달하고자 한다. 스토리를 구성하기 전에 데이터가 말하는 내용을 이해해야 한다. 스토리를 전달하는 방법은 청중, 청중이 대시보드에 접근하는 방식, 청중으로부터 유도하려는 반응과 같은 다양한 요소에 따라 달라진다.

데이터 시각화 분야의 선도적인 전문가 중한 명인 스테판 퓨[Stephen Few]는 대시보드를 하나 이상의 목표를 달성하는 데 필요한 가장 중요한 정보의 시각적 디스플레이로, 하나의 화면에 통합되거나 정렬돼 한눈에 정보를 모니터링할 수 있는 것으로 정의하고 있다.

 이 정의는 https://www.perceptualedge.com/articles/ie/dashboard_confusion.pdf에서 읽을 수 있는 퓨(Few)의 대시보드 컨퓨전(Dashboard Confusion) 논문에서 발췌했다.

이 정의는 데이터 스토리와 태블로에서 이를 전달하려는 방식 사이에 존재하는 몇 가지 주요 경계를 고려하는 데 도움이 된다. 일반적으로 데이터 스토리는 다음 지침을 따라야 한다.

- 데이터 스토리는 가장 중요한 정보에 중점을 둬야 한다. 메인 스토리를 전달하지 않거나 뒷받침하지 않는 모든 것은 제외돼야 한다. 다른 대시보드에 해당 정보를 포함할 수 있다.
- 여러분이 말하는 데이터 스토리는 핵심 목표에 맞아야 한다. 여러분의 목

표는 정보 제공, 추가 탐색을 위한 인터페이스 제공에서부터 청중이 동작하거나 주요 결정을 내리도록 유도하는 것까지 다양할 수 있다. 목표를 뒷받침하지 않는 것은 다른 대시보드용으로 남겨둬야 한다.

- 데이터 스토리는 쉽게 접근할 수 있어야 하며 주요 아이디어는 명확해야 한다. 청중에 따라 데이터로부터의 결론을 명시적으로 설명할 수도 있고 청중이 자신의 결론을 도출해낼 수 있게 안내할 수도 있다.

대시보드를 만들기 시작하면 목표가 무엇인지 신중하게 생각해보자. 데이터를 분석하고 무엇인가 발견하는 동안 데이터와 스토리에 대해 다양한 것을 발견했을 것이다. 이제 분석하고 발견한 내용을 특정 청중이 필요로 하는 내용과 목표에 맞춰 의미 있는 스토리 전달로 패키지화하는 것은 여러분의 몫이다. 이 작업을 처리하는 방식을 접근성이라고 한다.

대시보드 접근성

목표에 따라 대시보드를 구축할 수 있는 여러 가지 접근성이 있다. 다음은 이런 접근성 중 일부다.

- **안내 분석:** 분석을 수행하면서 어떤 발견을 하는 동안 데이터 스토리의 의미를 깊이 이해할 수 있다. 스스로가 분석하면서 발견해가는 과정과 유사하게 청중을 안내하는 대시보드를 설계하는 것이 도움이 될 때가 있다. 그렇게 하면 그다음 의사결정의 필요성이 명확해진다. 예를 들어 마케팅 부서에서 낭비 성격의 지출을 발견했지만 해당 팀은 데이터가 어떻게 결론을 내린 것인지 알 수 없는 경우 결과를 받아들이지 못할 수 있다.
- **탐색:** 많은 경우 다음 시간, 다음주, 다음해에 데이터가 새로 고침 될 때 데이터가 말하게 될 것이 무엇인지 모르는 경우가 많다. 스토리에서 오늘 중요하지 않았던 측면이 미래에는 중요한 의사결정 사항이 될 수도 있다. 이러한 경우 여러분의 목표는 데이터의 다양한 측면을 직접 탐색하고 상호

작용할 수 있는 기능을 제공하는 분석 도구를 청중에게 제공하는 것이 될 수 있다. 예를 들어 모든 지역에서 오늘 기준의 고객 만족도가 높다 하더라도 시간이 지남에 따른 고객의 만족도를 지속적으로 추적하는 기능이나 제품과 가격 기준으로 동적 필터링할 수 있는 기능, 품질과 배송 시간과 같은 요인들 간의 상관관계를 관찰할 수 있는 기능을 조직에 제공할 필요가 있다.

- **스코어 카드/상태 스냅샷:** KPI(핵심 성과 지표) 또는 성과가 좋거나 나쁘다는 것을 나타내는 메트릭에 대한 광범위한 동의가 있을 수 있다. 청중이 데이터 발견의 과정을 통해 측정 지표의 결과까지 도달하도록 탐색을 강요할 필요가 없다. 문제를 신속하게 찾아 수정하고 성공에 대한 보상을 제공하고자 높은 수준의 요약과 세부 정보를 드릴 다운할 수 있는 기능만 있으면 된다. 예를 들어 아직 해결되지 않은 티켓 수를 보여주는 대시보드가 있을 수 있다. 관리자는 모바일 기기에서 대시보드를 표시하고 필요한 경우 즉시 동작을 취할 수 있다.

- **내러티브:** 이 유형의 대시보드는 스토리를 강조한다. 대시보드에는 탐색, 안내 분석, 성과 표시의 측면이 있지만 주로 데이터의 단일 스토리를 전달한다. 예를 들어 외래 침입 곤충에 관해 얘기하고자 할 때 시작 위치, 확산 속도, 결과뿐만 아니라 곤충들을 격리하고자 했던 노력을 포함해 들려주고 싶을 것이다. 대시보드는 데이터를 사용해 시각적인 방식으로 스토리를 전달해야 한다.

여러 가지 접근성을 좀 더 잘 이해하고 이전 장들에서 다룬 많은 기술을 통합하고자 몇 가지 심층적인 예를 살펴볼 것이다. 먼저 태블로에서 대시보드 디자인의 몇 가지 주요 측면을 알아보자.

▌ 태블로에서 대시보드 디자인

여러분의 목표나 접근성이 무엇이건 간에 태블로에서 대시보드를 디자인하는 실제 동작은 매번 비슷하게 보일 것이다. 이 절에서는 몇 가지 기본적인 개념을 살펴보자.

개체

대시보드는 캔버스에 정렬된 개체로 구성된다. 대시보드의 왼쪽 창에는 대시보드에 추가할 수 있는 개체 목록이 표시될 것이다.

그림 8.1: 대시보드에 추가할 수 있는 개체들

창에는 다음 개체가 포함된다.

- **가로**: 여러 개체가 하나의 행(가로)으로 배열되는 레이아웃 컨테이너다.
- **세로**: 여러 개체가 하나의 열(세로)로 배열되는 레이아웃 컨테이너다.

- **텍스트:** 대시보드에 다양한 형식의 텍스트를 포함할 수 있는 개체다.
- **이미지:** 이미지(예를 들어 .gif, .png, .jpeg)를 대시보드에 두고 크기를 조정할 수 있다. 선택적으로 사용자가 이미지를 클릭할 때 탐색을 위한 URL을 설정할 수 있다.
- **웹 페이지:** 대시보드에 웹 콘텐츠를 포함할 수 있는 개체다. 디자인 시점에 URL을 설정할 수 있다. 또한 동작을 사용해 URL을 동적으로 변경하는 방법도 고려할 것이다.
- **공백:** 자리표시자로 사용하거나 간격 옵션을 제공하는 데 사용할 수 있는 빈 개체다.
- **탐색:** 탐색 단추를 사용해서 통합 문서의 다른 시트와 대시보드에 대한 사용자 탐색을 정의할 수 있다.
- **다운로드:** 다운로드 개체를 사용하면 대시보드를 이미지, PDF 또는 파워포인트로 내보낼 수 있는 쉬운 옵션을 제공하는 링크나 단추를 만들 수 있다.
- **확장:** 확장 API를 활용해 대시보드에 확장된 기능을 제공하는 도구 중 하나로, 태블로나 타사(또는 여러분도 포함될 수 있음)에서 개발한 것이다. 이를 통해 광범위한 활용 데이터의 수집, 매개변수의 동적 업데이트, 다른 플랫폼(예, D3)의 시각화 통합 등과 같은 동작을 수행할 수 있다.

사이드바를 통해 추가할 수 있는 개체 이외에도 지정된 대시보드에 적용할 수 있는 다른 개체가 있다.

- **필터:** 이것들은 최종 사용자가 필터링할 값을 선택할 수 있도록 컨트롤로 표시된다.
- **매개변수:** 필터와 유사하며 최종 사용자가 매개변수 옵션을 선택할 수 있는 컨트롤로 표시된다.
- **페이지 컨트롤:** 최종 사용자에게 페이징 옵션을 제공하는 컨트롤이며 시각화와 대시보드를 애니메이션하는 데 사용할 수 있다.

- **범례:** 여기에는 최종 사용자가 다양한 시각화를 이해하는 데 도움이 되는 색상, 크기, 모양 범례가 포함된다.
- **하이라이터:** 이것을 사용해 사용자는 뷰 내에서 다양한 차원 값을 강조할 수 있다.
- **대시보드 제목:** 기본적으로 대시보드 시트의 이름을 표시하는 텍스트 개체다.

바둑판식과 부동의 차이

하나의 개체는 바둑판식이거나 부동이다. 바둑판식 개체인 경우 개체를 드롭하는 대시보드나 레이아웃 컨테이너에 스냅된다. 부동 개체인 경우 레이어 내의 대시보드 위에 떠있게 된다. 부동 개체의 레이어 순서는 변경할 수 있다.

앞 이미지의 개체 팔레트 바로 아래에 **바둑판식** 또는 **부동**이라는 단추가 있는 것을 눈치 챘을 것이다. 이 단추들은 대시보드에 배치하는 개체의 기본 설정을 정의하는데, 지정된 개체가 바둑판식인지 부동인지 여부를 사용자가 변경할 수도 있다.

 개체를 드래그 할 때 Shift 키를 누르고 있으면 바둑판식에서 부동으로 또는 부동에서 바둑판식으로 빠르게 변경할 수 있다.

대시보드 디자인에 익숙해지면 주로 바둑판식으로 배열된 접근성이나 부동 접근성을 사용해 디자인하기 위한 속성들을 개발할 것이다(모든 대시보드에서 바둑판식 및 부동 개체를 혼합할 수 있다). 많은 디자이너는 자신의 바둑판식에 적합하다고 생각하는 하나의 디자인 방법이나 다른 방법을 찾는다. 몇 가지 고려 사항은 다음과 같다.

- **정밀도:** 부동 개체는 정확한 픽셀 단위로 크기를 조정하고 배치할 수 있으며, 바둑판식 개체는 컨테이너에 따라 위치와 크기가 좌우된다.

- **속도:** 정밀도나 레이어링에 대해 걱정할 필요 없이 빠르게 생성할 수 있다는 이유 때문에 많은 디자이너가 바둑판식 레이아웃을 선호한다.
- **동적 크기 조정:** 부동 개체는 고정 크기의 대시보드에서 잘 작동하지만 창 크기에 따라 동적으로 크기가 조정되는 대시보드는 부동 개체를 이동시키게 되는데, 가끔은 바람직하지 않은 위치로 이동된다. 바둑판식 개체는 이동이나 크기 조정이 좀 더 안정적이다(항상 완벽하지는 않다).
- **유연성:** 특정 디자인 기술은 한 가지 이상의 접근성을 사용하게 된다. 예를 들어 투명한 시각화는 부동 기법을 사용해 배경 이미지 위에 레이어될 수 있다. 그러나 시트 교체(11장에서 다룬다)는 종종 바둑판식 방식으로 수행된다.
- **유지 관리:** 부동 대시보드의 레이아웃 변경은 바둑판식 레이아웃보다 더 어렵고 지루할 수 있다.

다양한 디자인 기법을 실험해보고 자신만의 스타일을 자유롭게 개발해보자.

대시보드에서 개체 조작

대시보드의 일부인 개체들을 조작해야 할 때가 있다. 모든 개체에는 사용자가 선택한 경우 표시되는 특정 컨트롤이 포함돼 있다.

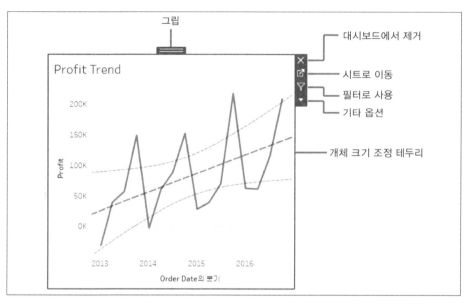

그림 8.2: 대시보드 개체를 선택하면 다양한 컨트롤에 접근할 수 있다.

- **그립:** 그립을 클릭하고 끌어다 개체를 이동한다.
- **대시보드에서 제거:** 대시보드에서 개체를 제거하려면 클릭한다.
- **시트로 이동:** 대시보드에서 하나의 시각화를 편집하려면 이 단추를 사용해 해당 시트로 이동한다.
- **필터로 사용:** 여기를 클릭하면 뷰를 필터로 사용할 수 있다. 이제 뷰에서 마크를 선택하면 대시보드의 다른 뷰가 필터링된다. 이 장의 뒷부분에서 필터 동작을 자세히 알아보고, 뷰를 필터로 사용할 때 세밀하게 제어하는 방법을 살펴볼 것이다.
- **기타 옵션:** 이 드롭다운 화살표는 매개변수와 필터에 대한 컨트롤 표시 옵션과 개체에 대한 다양한 옵션을 표시한다. 뷰에 제목이나 캡션을 표시하거나 숨기기, 대시보드에 범례, 매개변수와 필터 추가하기, 서식, 레이아웃과 크기 옵션 등등의 옵션이다.
- **개체 크기 조정 테두리:** 테두리 위로 마우스를 가져가면 커서가 크기 조정 커서로 변경된다. 테두리를 끌어다 개체의 크기를 조정할 수 있다.

TIP 컨테이너 내부에 있는 개체 유형이 무엇인지, 개체가 바둑판식인지 부동인지에 따라 크기 조정 동작이 달라진다.

이 장의 첫 번째 절에서는 대시보드의 이론적 기초와 디자인의 몇 가지 핵심 요소를 소개했다. 이제 이러한 개념을 실제 사례에 적용해보자.

▌ 수익성을 이해하기 위한 대시보드

지금까지 대시보드 디자인과 관련된 개념적 주제 몇 가지를 다뤘다. 이것을 사례를 통해 살펴보자.

경영진이 가장 수익성이 낮은 아이템을 찾는 데 도움을 줘야 한다고 가정해보자. 경영진은 수익성이 가장 낮은 품목의 대부분을 재고에서 제거해야 한다고 생각한다. 그러나 분석을 마친 후 특정 아이템은 전반적인 수익성은 없지만 다양한 부분에서는 수익을 낸 적이 있다는 사실을 발견했다. 목표는 경영진이 가장 수익성이 낮은 아이템에 대한 분석 결과를 신속하게 확인해 아이템이 항상 수익성이 없었는지 여부를 알아내고 "가장 수익성이 낮은 아이템은 항상 수익성이 없는가?"라는 질문에 답할 수 있는 기능을 제공하는 것이다. 이 예제는 분석 대시보드와 탐색 도구의 특성이 결합된 것이다.

뷰 구축

다음 과정에 따라 Superstore Sales 데이터 세트를 사용해서 대시보드의 기반을 형성할 개별 뷰를 작성해보자.

1. 카테고리별 수익을 보여주는 막대 차트를 만든다. 수익의 합계를 기준으

로 범주를 내림차순 정렬한다.

2. Department 필드를 필터에 추가하고 필터를 표시한다. 이렇게 하려면 데이터 패널에서 Department 필드의 드롭다운 메뉴에 있는 필터 표시를 선택한다.

3. 시트의 이름을 Overall Profit by Category로 정한다.

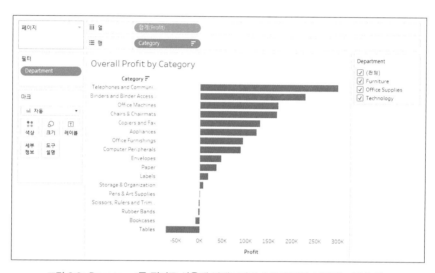

그림 8.3: Department를 필터로 사용해 카테고리별 수익 합계를 보여주는 막대 차트

4. 아이템별로 수익을 보여주는 비슷한 뷰를 하나 더 만든다. 수익 합계를 기준으로 아이템을 내림차순 정렬한다.

5. 한 번에 볼 수 있는 아이템이 너무 많다는 것을 알 수 있을 것이다. 대시보드의 목표를 달성하고자 아이템들을 수익성이 가장 낮은 상위 10개 아이템으로만 제한할 수 있다. Item 필드를 필터 선반에 추가하고 상위 탭을 선택한 다음, 필드 기준으로 필터링할 수 있게 설정한다. 합계(Profit) 기준으로 하위 10이라고 설정한다.

그림 8.4: 상위 탭을 사용해 표시할 아이템 수를 설정한다.

6. 시트의 이름을 Top 10 Least Profitable Items라고 정한다.

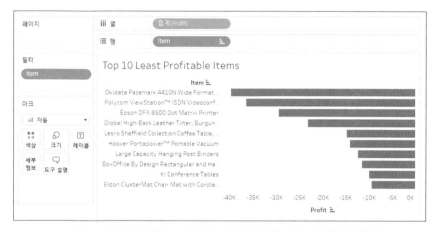

그림 8.5: 결과 막대 차트는 수익성이 가장 낮은 상위 10개 아이템을 보여준다.

7. 채워진 맵을 사용해 주별 수익을 표시하는 시트를 하나 더 만들어보자. 데이터 패널에서 State 필드를 더블 클릭한 다음 Profit을 색상 선반에 놓으면 이 동작을 빨리 할 수 있다(참고: 지역 설정이 미국이 아닌 경우 위치 편집 옵션을 사용해 국가를 미국으로 설정해야 할 수 있다).

8. 시트의 이름을 Profit by State라고 정한다.

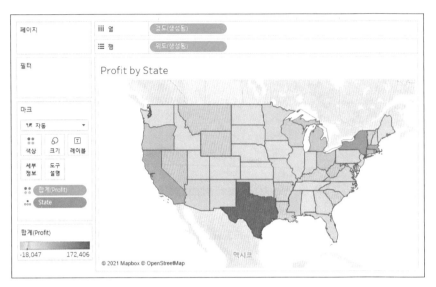

그림 8.6: 채워진 지도도 주(state)별 수직을 표시한다.

9. 수익이 발생하거나 손실된 시기를 보여주고자 마지막 시트를 생성해보자. Order Date 필드가 분기 날짜 값으로 추가됐는지, 연속형(초록색)인지 확인한다.

10. 선형 추세선을 추가한다. 이렇게 하려면 왼쪽 사이드바에서 분석 패널로 전환하고, 추세선을 모델에서 뷰로 끌어온다. 또는 뷰 캔버스의 빈 영역을 마우스 오른쪽 단추로 클릭하고 추세선 ▶ 추세선 표시를 선택한다.

11. 시트 이름을 Profit Trend로 바꾼다.

그림 8.7: 분기별 수익 추세를 보여주는 라인 차트

이제 대시보드를 구성할 뷰를 만들었다. 이것으로 대시보드를 구성해보자.

대시보드 프레임워크 생성

이제 대시보드의 목표를 달성하는 데 필요한 모든 뷰를 갖고 있을 것이다. 남은 것은 이 뷰들을 배열하고 효과적으로 스토리를 전달하는 데 필요한 상호작용을 활성화하는 것이다.

1. 이미 생성돼 있는 워크시트 탭에서 오른쪽 마우스를 눌러 새 대시보드 탭을 클릭하거나 메뉴에서 대시보드 > 새 대시보드를 선택해서 새로운 대시보드를 만든다.

2. 새 대시보드의 이름을 Is Least Profitable Always Unprofitable?로 바꾼다.

3. 왼쪽 사이드바의 하단에 있는 **대시보드 제목 표시**를 선택한다.

4. 왼쪽 사이드바의 **대시보드** 패널에 있는 뷰를 대시보드 캔버스에 드래그해서 대시보드에 추가한다. 이 뷰들을 다음과 같이 정렬하자.

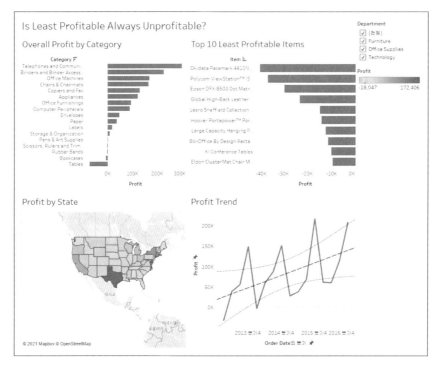

그림 8.8: 모든 뷰가 대시보드에 배치됐다.

대시보드에 뷰를 추가한 후 다양한 요소와 뷰의 위치를 변경하고 크기를 조정하는 데 시간이 걸릴 것이다.

5. Department 필터의 드롭다운 메뉴를 사용해 컨트롤을 단일 값(드롭다운)으로 변경한다.

6. 필터 값을 변경하면 Overall Profit by Category 뷰만 변경된다. 드롭다운 메뉴를 사용해 필터가 적용되는 뷰를 설정할 수 있다. 드롭다운 메뉴를 사용해 **워크시트에 적용 ▶ 이 데이터 원본을 사용하는 모든 항목**을 선택한다.

필터 적용 옵션은 필터 컨트롤의 드롭다운이나 뷰의 필터 선반에 있는 필드를 사용해 설정할 수 있다. 옵션에는 다음이 포함된다.

- **관련 데이터 원본을 사용하는 모든 항목:** 필터링에 사용된 필드가 관련 데이터 원본을 사용하는 모든 항목에 적용된다. 관계는 메인 메뉴에서 데이터 〉 혼합 관계 편집...을 선택해서 편집할 수 있다.
- **이 데이터 원본을 사용하는 모든 항목:** 데이터 원본을 기본 데이터 원본으로 사용하는 모든 뷰에 필터가 적용된다.
- **선택한 워크시트...:** 사용자가 선택한 워크시트에 필터가 적용된다.
- **이 워크시트만:** 필터가 현재 워크시트에만 적용된다.

이제 우리의 대시보드 프레임워크 생성으로 다시 돌아가보자.

7. 왼쪽 사이드바에서 Top 10 Least Profitable Items 위에 텍스트 개체를 드래그 앤드롭하고 다음의 내용을 삽입한다.
   1. Select a Department from the drop-down
   2. Select a category below
   3. Select an Item below
8. 그립을 사용해 Overall Profit by Category 뷰 바로 위로 Department 필터를 이동한다.
9. 텍스트 개체의 크기를 Top 10 뷰의 크기에 맞춘다.
10. Profit 색상 범례를 Profit by State 뷰 아래로 이동시킨다.
11. Overall Profit by Category의 드롭다운 메뉴를 사용해 맞춤 〉 전체 보기를 선택한나. 이렇게 하면 스크롤바가 없어도 모든 카테고리가 표시된다.
12. Top 10 Least Profitable Items도 전체 보기로 맞춘다.

이 시점에서 대시보드는 다음과 같이 보일 것이다.

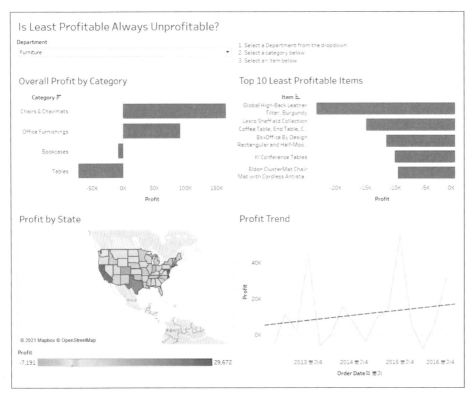

Is Least Profitable Always Unprofitable?

Department

Furniture

1. Select a Department from the dropdown
2. Select a category below
3. Select an item below

Overall Profit by Category

Category

Chairs & Chairmats
Office Furnishings
Bookcases
Tables

-50K   0K   50K   100K   150K
Profit

Top 10 Least Profitable Items

Item

Global High-Back Leather Tilter, Burgundy
Lesro Sheffield Collection Coffee Table, End Table, C...
Bo×Office By Design Rectangular and Half-Moo...
KI Conference Tables
Eldon ClusterMat Chair Mat with Cordless Antista

-20K   -15K   -10K   -5K   0K
Profit

Profit by State

© 2021 Mapbox © OpenStreetMap

Profit

-7,191   29,672

Profit Trend

40K

Profit

20K

0K

2013 분기4   2014 분기4   2015 분기4   2016 분기4
Order Date의 분기

그림 8.9: 개체를 재정렬하고 크기를 조정한 세련된 대시보드

포함하고자 했던 모든 뷰를 가진 대시보드를 갖게 됐다. 지금까지 해본 것처럼 뷰와 개체를 쉽게 추가할 수 있고 원하는 대로 다시 정렬할 수 있다. 계속해서 동작으로 스토리를 이끌어가는 방법을 살펴보자.

스토리로 안내하는 동작 구현

이제 데이터 스토리의 전달을 지원하는 프레임워크를 갖고 있다. 여러분의 청중은 잠재 고객이 선택한 카테고리 중에서 수익성이 가장 낮은 아이템Item을 찾을 수 있을 것이다. 그러고 나면 선택한 아이템이 모든 곳에서 항상 수익성이 없었는지에 대한 질문에 답할 수 있게 된다. 이 흐름을 사용해 목표를 달성하려면 상호작용

이 가능하게 해야 한다. 이번 사례에서는, 동작을 사용할 것이다. 이 예제를 몇 가지 단계로 마무리한 후 복잡한 내용은 이 장의 뒷부분에서 정리할 것이다.

1. Overall Profit by Category 뷰에서 **필터로 사용** 단추를 클릭한다. 이렇게 하면 뷰가 전체 대시보드에 대한 대화형 필터로 사용된다. 즉, 사용자가 특정 막대를 선택하면 다른 모든 뷰가 선택 아이템에 따라 필터링될 것이다.

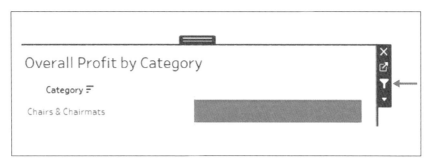

그림 8.10: Profit by Category 뷰에 대한 필터로 사용 컨트롤

2. 메인 메뉴에서 **대시보드 ➤ 동작**을 선택한다. **필터 1(생성됨)**이라는 하나의 동작이 포함돼 있는 목록이 표시될 것이다. 이전에 **필터로 사용**을 선택했을 때 생성된 동작이다.

그림 8.11: 필터 컨트롤을 클릭했을 때 필터 1(생성됨)이 생성됐다.

3. 동작 추가(A) 〉 단추를 클릭한 다음 필터를 선택한다. 결과 대화상자에서는 동작에 대한 추가 옵션뿐만 아니라 원본과 대상을 선택하기 위한 옵션을 제공한다.

4. 사용자가 아이템을 선택했을 때 Overall Profit by Category 뷰를 제외한 모든 것을 필터링하는 동작을 만들고 싶다. 필터 동작 추가 대화상자에서 원본 시트는 Top 10 Least Profitable Items, 대상 시트는 Profit by State와 Profit Trend로 설정한다. 동작 실행 조건이 선택으로 설정돼 있는지 확인하자. 필터 이름을 Filter by Item으로 지정한 다음 이 대화상자에서 확인을 클릭한다. 동작 대화상자에서 동일하게 수행하자.

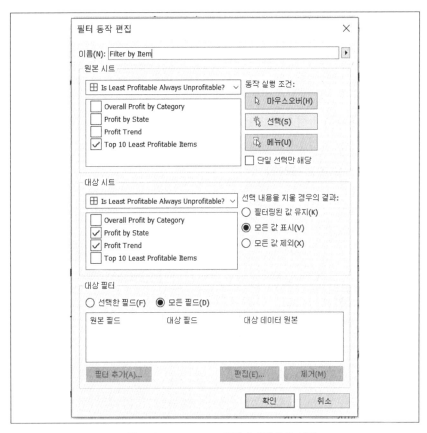

그림 8.12: Filter by Item 동작에 대한 옵션 설정

이제 대시보드를 구동하는 세 개의 필터(2개는 동작)를 갖게 됐다.

- 드롭다운에서 Department를 선택하면 전체 대시보드(실제로는 데이터 원본을 사용해 모든 뷰를 필터링하도록 설정한 통합 문서의 모든 뷰)를 필터링할 것이다.
- 카테고리를 선택(막대 또는 머리글 클릭)하면 전체 대시보드가 해당 선택 아이템으로 필터링된다.
- 아이템을 선택(막대 또는 머리글 클릭)하면 Profit by State와 Profit Trend 대시보드가 필터링된다.

 빈 영역을 클릭하거나 선택한 마크를 한 번 더 클릭해 뷰에서 선택을 취소할 수 있다. 예를 들어 Bookcases에 대한 막대를 클릭해 선택했다면(이렇게 하면 대시보드의 나머지 부분이 필터링됨) 막대를 한 번 더 클릭하면 선택 취소된다.

필터를 여러 가지 방법으로 실험해보고 동작을 사용해 대시보드가 어떻게 작동하는지 확인해보자.

컨텍스트 필터링

드롭다운 필터를 사용해 하나의 부서(department, 필드명)를 선택하거나 하나의 카테고리(category, 필드명)를 선택할 때 Top 10 뷰에 10개 미만의 아이템이 있음을 발견했을 것이다. 예를 들어 Department 필터에서 Furniture를 선택하고 Tables에 관한 막대를 클릭하면 세 개의 아이템만 표시된다. 이는 상위 아이템 필터가 동작 필터와 동시에 평가되기 때문에 발생한 것이다. Top 10 뷰에 포함된 Tables 카테고리의 아이템은 3개뿐이다.

그러면 Tables 카테고리 내의 상위 10개 아이템을 보려면 어떻게 해야 할까? 컨텍스트 필터를 사용하면 할 수 있다.

컨텍스트 필터는 태블로의 특수한 필터로, 다른 필터보다 먼저 적용된다. 그러고 나서 컨텍스트 필터의 컨텍스트 내에서 다른 필터가 적용된다. 개념적으로 컨텍스트 필터는 다른 필터나 계산이 작동하는 데이터의 하위 집합을 생성한다. 여기다 상위 필터, 계산된 집합, FIXED 상세 정보와 같은 계산도 컨텍스트 필터에 의해 정의된 컨텍스트 내에서 계산된다.

여기서는 Top 10 시트로 이동하고 필터 선반에 있는 필드의 드롭다운 메뉴를 사용해 Department 필터와 새로 추가된 Action(Category) 필터를 컨텍스트에 추가한다. 컨텍스트에 추가되면 해당 필드는 필터 선반에서 회색으로 표시된다. 이제 선택한 부서와 카테고리의 컨텍스트 내에서 Top 10 아이템이 표시된다.

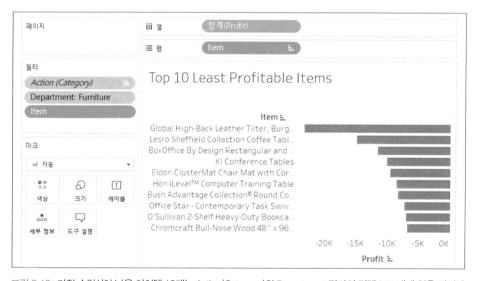

그림 8.13: 가장 수익성이 낮은 아이템 10개는 Action(Category)와 Department 필터의 컨텍스트 내에 있을 것이다.

컨텍스트에 대한 필터를 추가하면 필터 선반에서 필드가 회색으로 구분되는 것을 확인해보자.

대시보드에서 동작을 편집하면 필터가 자동으로 업데이트될 수 있다. 이런 경우 컨텍스트에 다시 추가해야 한다.

몇 가지 카테고리와 아이템을 선택해 동작을 실험해보자. 스토리를 전달함으로써 최종 대시보드가 여러분의 목표를 어떻게 충족시키는지 관찰해보자.

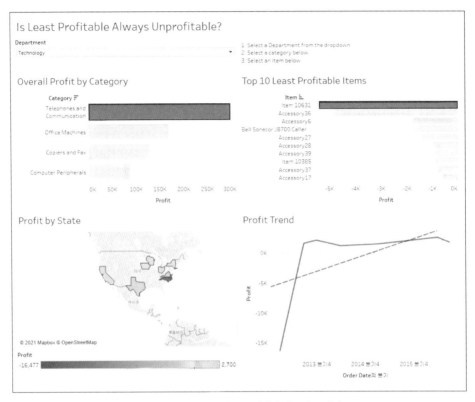

그림 8.14: 선택한 값들만으로 필터링되는 최종 대시보드

사용자가 Department 드롭다운에서 Technology를 선택하고 Category 목록에서 Telephones and Communications를 선택한 후 카테고리 내에서 가장 수익성이 낮은 아이템인 Item10631을 선택했다. 이렇게 하면 해당 아이템이 판매된 상태(이익 기준에 의해 색으로 구분함)와 아이템에 대한 Profit의 시계열이 표시된다.

이제 경영진은 재고에서 Item10631을 제거해야 하는 걸까? 이 아이템은 한 번만 손해를 봤을 뿐이며 추세를 살펴보면 큰 수익성을 향해서는 긍정적이라는 점을 먼저 고려해야 한다. 물론, 처음의 손실은 컸지만 이것 또한 오래 전의 일이었고 그 이후로는 아이템을 판매할 때마다 이익이 발생했다. 여러분이 발견한 결과는 아이템의 손익에 어떤 요인이 영향을 미치는지 알아내는 추가 분석으로 이어짐으로써 경영진이 더 나은 의사결정을 내리게 해줄 수 있다.

TIP Chapter 08 Completed 통합 문서를 보면 하단에는 개별 뷰가 숨겨져 있어 대시보드에 관한 탭만 보일 것이다. 대시보드나 스토리에서 사용된 시트의 탭을 숨기는 것은 통합 문서를 깔끔하게 유지하고 청중이 대시보드 또는 스토리의 컨텍스트에서 표시되는 시트를 보지 못하게 할 수 있는 좋은 방법이다. 시트를 숨기려면 탭을 마우스 오른쪽 단추로 클릭하고 숨기기를 선택한다. 시트 숨기기를 해제하려면 시트를 사용해 대시보드나 스토리로 이동한 다음, 왼쪽 창에서 시트 이름을 마우스 오른쪽 단추로 클릭한 후 숨기기를 선택 취소한다. 또한 대시보드 탭을 마우스 오른쪽 단추로 클릭하고 적절한 옵션을 선택해 대시보드에서 사용되는 모든 시트를 숨기거나 숨기기 취소를 할 수 있다. 도구 설명에 사용되는 시트는 같은 방식으로 숨기거나 숨기지 않을 수 있다.

이제 완전한 대화형 대시보드를 갖게 됐다. 뷰를 작성하고 이 뷰를 대시보드에 추가한 다음 몇 가지 의미 있는 계산을 생성했다. 그 과정에서 상위 필터와 컨텍스트 필터에 대해 배울 수 있었다. 이제 다양한 디스플레이와 기기에 적합한 대시보드 디자인 방법을 알아보자.

▌ 다양한 디스플레이와 기기를 위한 설계

대시보드를 디자인할 때 자주 묻는 첫 번째 질문은 다음과 같다. 내 청중이 이 대시보드를 어떻게 볼 것인가? 청중은 어떤 종류의 기기를 사용할까? 모바일 기기를 여러 가지 용도로 사용하게 되는 요즘, 대형 평면 모니터에서 멋지게 보이는 것이 태블릿이나 휴대폰에서도 항상 멋지게 보이는 것은 아니기 때문에 이 후자의 질문이 매우 중요하다.

왼쪽 사이드바의 **대시보드** 탭 상단에는 다양한 기기에서 대시보드를 미리 볼 수 있는 단추가 있고, 크기 옵션에서는 드롭다운 표시를 볼 수 있다.

그림 8.15: 기기 미리 보기 옵션을 사용하면 여러 기기에 대한 대시보드를 미리 보고 디자인할 수 있다.

기기 미리 보기 단추를 클릭하면 대시보드가 다양한 기기 유형(및 특정 모델)에 따라 어떻게 보이는지 확인할 수 있을 뿐만 아니라 각 기기 유형에 대한 레이아웃을 추가할 수 있으며 사용자 지정도 할 수 있다.

그림 8.16: 기기에 대해 사용자 지정이 가능한 옵션

대시보드가 다양한 기기와 모델에 어떻게 나타나는지 확인할 수 있을 뿐만 아니라 기기의 방향과 태블로 모바일 앱 사용 여부(선택한 기기에서 사용 가능한 경우)에 따라 어떻게 보이는지 확인할 수 있다.

레이아웃 추가 단추(앞의 스크린샷에서 태블릿 레이아웃 추가 단추)을 클릭하면 왼쪽 사이드바의 대시보드 탭 아래에 레이아웃이 추가된다.

그림 8.17: 각 레이아웃은 다양한 옵션으로 구성될 수 있다.

각각의 레이아웃은 자체 크기와 맞춤 옵션을 가질 수 있으며, 레이아웃 옵션을 사용하면 기본값에서 사용자 지정으로 전환할 수 있다. 이렇게 하면 어떤 레이아웃이든지 맞도록 대시보드를 재정렬할 수 있다. 특정 레이아웃에 대한 뷰나 개체를 제거할 수도 있다. 예를 들어 폰과 관련된 대시보드의 경우 한 개나 두 개의 뷰로 단순화할 수 있고, 데스크톱용 디스플레이에는 세 개나 네 개를 남겨둘 수 있다.

Chapter 08 Completed 통합 문서는 Profit Analysis 대시보드에 대한 하나의 예를 포함하고 있고, 레이아웃 옵션 몇 가지가 있다. 예를 들어 다음은 대시보드가 전화기의 너비에 맞고 위아래로 스크롤할 수 있게 형식이 지정된 대시보드다.

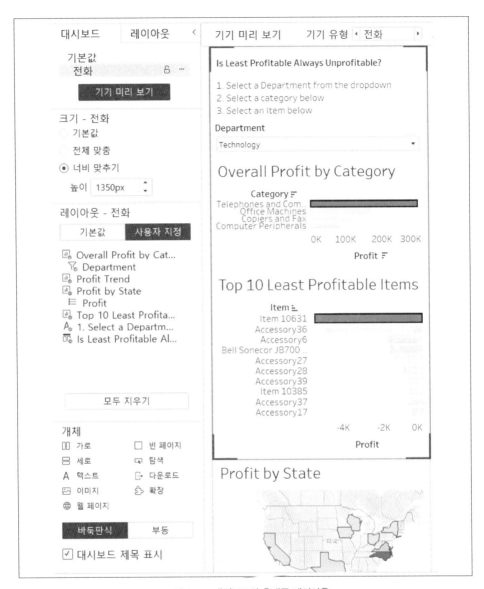

그림 8.18: 대시보드의 휴대폰 레이아웃

여기서 볼 수 있는 것처럼 전화기에 대한 대시보드 정렬은 Profit by State와 Profit Trend가 전화기에 대한 미리 보기 경계 내에 나타나지 않는 것을 알 수 있다. 이런 것은 손가락으로 스와이프하면 된다.

▌ 동작과의 상호작용

태블로에서 동작은 태블로에서 응답을 이끌어내는 사용자 이벤트다. 이미 대시보드에서 사용되는 동작의 몇 가지 예를 살펴봤다. 이제 태블로에서 동작이 작동하는 방식에 대한 몇 가지 세부 정보를 살펴보자.

태블로가 지원하는 여섯 가지 동작은 다음과 같다.

- **필터 동작:** 사용자 동작으로, 하나 이상의 뷰에 하나 이상의 필터가 적용된다.
- **하이라이트 동작:** 사용자 동작으로, 하나 이상의 뷰에서 특정 마크와 머리글이 하이라이트 표시된다.
- **URL로 이동 동작:** 사용자 동작으로, 특정 URL이 열린다(브라우저, 새 탭 또는 임베딩 웹 개체).
- **시트로 이동:** 사용자 동작으로, 선택한 시트나 대시보드로 이동한다.
- **매개변수 변경 동작:** 사용자 동작으로 매개변수의 값이 변경된다. 이를 통해 사용자는 새롭고 흥미로운 방식으로 매개변수와 시각적으로 상호작용할 수 있다.
- **집합 동작:** 사용자 동작이 집합을 정의한다. 집합은 마크의 시각적 속성을 정의하고자 계산, 필터, 선반에 사용될 수 있다. 이는 복잡하고 창의적인 상호작용을 가능하게 하는 많은 가능성을 열어준다.

특정 동작은 바로 가기를 기반으로 태블로에서 자동 생성된다. 예를 들어 대시보드 뷰의 드롭다운 메뉴에서 **필터로 사용**을 선택하면 자동으로 필터 동작이 생성된다. 개별 색상 범례의 단추를 사용하거나 도구 모음에서 하이라이트 표시를 활성화하면 하이라이트 표시 동작이 자동으로 생성된다.

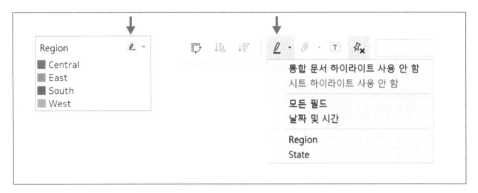

그림 8.19: 하이라이트 표시 활성화 옵션

메뉴에서 대시보드 ❭ 동작을 선택해 대시보드 동작을 만들거나 생성할 수 있다. 각 유형의 동작에 대한 세부 사항을 살펴보자.

필터 동작

필터 동작은 하나 이상의 원본 시트에 의해 정의되는데, 동작할 때 하나 이상의 차원 값을 필터로 대상 시트에 전달한다. 하나의 시트에 대한 모든 마크는 차원 값들의 고유 교집합에 의해 정의된다. 시트의 모든 마크는 고유 차원 값의 교차로 정의된다. 이러한 마크 중 하나라도 관련된 동작이 발생하면 마크를 구성하는 차원 값이 하나 이상의 대상 시트에 필터로 전달될 수 있다.

필터 동작을 만들거나 편집할 때 다음과 같은 옵션들이 표시된다.

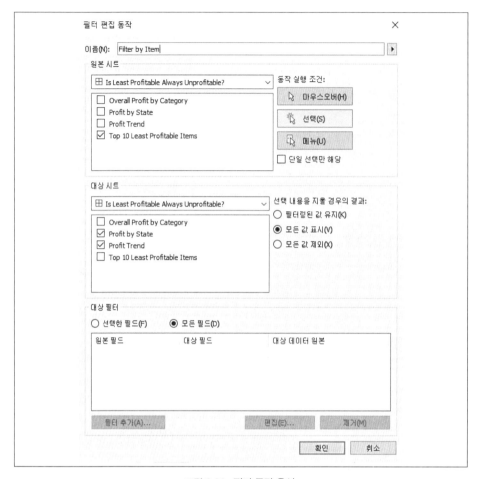

그림 8.20: 필터 동작 옵션

이 화면에서는 다음 내용을 수행할 수 있다.

- 필터의 이름을 지정한다.
- 원본과 대상 시트를 선택한다. 원본 시트는 사용자가 동작(마우스 오버, 선택, 메뉴)을 유발시키는 위치이고, 대상 시트(이 예에서는 필터링뿐만 아니라 강조하기 역시)는 응답이 적용되는 위치다.
- 필터를 유발하는 동작을 설정하고 여러 마크를 선택했을 때 혹은 단일 마

크 선택으로 동작을 시작할 수 있게 할지 동작 실행 조건을 설정한다.

- 선택 내용을 지울 경우의 결과를 선택한다.
- 필터 값을 대상 시트에 전달하는 데 사용되는 차원을 지정한다.

대시보드에서 여러 동작을 구별하는 데 도움이 되는 이름을 사용해 동작의 이름을 지정하자. 동작이 메뉴에서 실행되게 설정하면 여러분이 사용하는 이름이 도구 설명에 링크로 표시될 것이다. 이름 오른쪽에 있는 화살표를 사용해 특수 필드 자리표시자를 삽입한다. 이렇게 하면 사용자가 도구 설명 에서 메뉴 옵션을 볼 때 마크에 대한 필드 값으로 동적 업데이트된다.

여러분이 원하는 만큼 많은 원본 시트와 대상 시트를 선택할 수 있을 것이다. 하지 만 하단 영역에서 특정 대상 필터를 지정하려면 선택한 필드는 원본 시트에 있어야 한다(예, 행, 열, 세부 정보). 하나 이상의 원본 시트에 대해 필드를 사용할 수 없는 경우 경고가 표시되고, 해당 시트에 대한 동작은 유발되지 않는다. 대부분의 경우 여러 분의 원본과 대상은 동일한 대시보드가 될 것이다. 선택적으로 다른 대상 시트나 대시보드를 지정할 수 있다. 이렇게 하면 동작이 필터링과 함께 대상으로 이동하 게 된다.

필터 동작이 워크시트 수준에서 정의된 경우(워크시트를 볼 때 메뉴에서 **워크시트 ▶ 동작**을 선택한 다), 해당 동작에 대한 메뉴 항목이 동일한 데이터 원본을 사용하는 모든 시트의 모든 마크에 대해 메뉴 항목으로 나타난다. 이를 사용해 워크시트 간 그리고 대시보드에서 개별 워크시트로의 탐색을 빠르게 만들 수 있다.

세 가지 가능한 동작 중 하나에서 발생하도록 필터 동작을 설정할 수 있다.

- **마우스 오버**: 사용자가 마크 위로 마우스 커서를 이동한다(또는 모바일 기기 에서 마크를 탭한다).
- **선택**: 사용자가 마크를 클릭하거나 탭하고, 사각형/방사형/올가미를 사용 해 주위의 사각형을 클릭하고 드래그해 여러 마크를 선택하고 머리글을

클릭한다(이 경우 해당 머리글에 대한 모든 마크가 선택된다). 사용자는 이미 선택된 마크를 클릭/탭하거나, 뷰의 빈 공간을 클릭/탭하거나, 이미 선택된 머리글을 클릭/탭해 선택을 취소할 수 있다.

- **메뉴:** 사용자가 도구 설명에서 동작에 대한 메뉴 옵션을 선택한다.

원본에서 막대가 선택될 때 유발되는 필터 동작의 다음 예를 살펴보자.

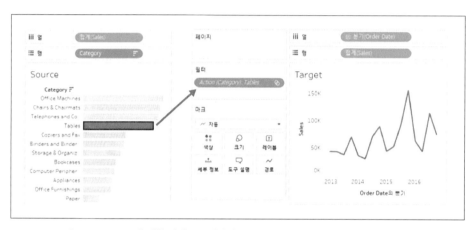

그림 8.21: Tables에 대한 막대를 클릭하면 Category가 필터로 Target 시트에 전달된다.

원본에서 각각의 막대 마크는 Category 차원에 의해 정의된다. **Tables**에 대한 막대가 선택되면 단일 필터가 대상에 설정된다.

마크가 한 개 이상의 차원(예, Category와 Region)으로 정의된 경우 Target 시트에는 선택한 차원 값의 조합이 포함된 단일 필터가 있을 것이다.

이 예에서 필터는 선택한 사각형을 정의하는 차원과 일치하는 Office Machines와 West를 포함한다.

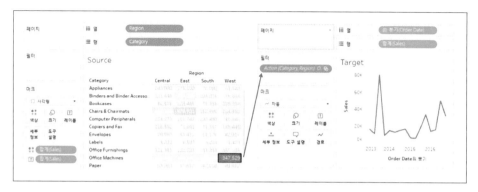

그림 8.22: Office Machines와 West가 교차하는 사각형을 클릭하면 두 차원 값이 단일 동작 필터로 Target에 전달된다.

기본적으로 원본 뷰에 있는 모든 차원이 필터 동작에 사용됐다. 사용해야 하는 필드를 지정할 수도 있다. 필터 편집 동작 대화상자에서 선택한 필드 옵션을 사용해 다음을 수행할 수 있다.

- 더 적은 차원을 기준으로 필터링한다. 예를 들어 Region 필드만 선택한 경우 앞의 예에 나왔던 사각형을 선택하면 West 지역만 Target 뷰에 필터로 전달될 것이다.
- 다른 데이터 원본을 사용해 Target 뷰를 필터링한다. 선택한 필드 옵션을 사용하면 대상 필드(대상 필드의 이름이 다르더라도 값은 일치해야 한다)에 원본 필드를 매핑할 수 있다. 예를 들어 가능한 값이 East인 Area라는 필드가 데이터 원본으로 사용된 대상 데이터의 경우 원본 데이터의 Region을 대상 데이터의 Area로 매핑할 수 있다.

필터 동작은 초점을 좁히고 세부 사항으로 드릴하며 선택한 차원의 다양한 측면을 관찰할 수 있다는 점에서 매우 유용하다. 이것을 자주 사용하게 될 것이다. 다른 유형의 동작인 하이라이트 동작을 살펴보자.

하이라이트 동작

이런 유형의 동작은 대상 시트를 필터링하지 않는다. 그 대신 하이라이트 동작을 수행하면 선택한 차원 값에 의해 부분적으로 정의된 마크가 대상 시트에서 강조 표시된다. 하이라이트 동작에 대한 옵션은 원본 시트와 대상 시트에 대해 동일한 구성 옵션과 동작을 유발할 수 있는 이벤트를 사용하는 필터 동작과 매우 유사하다.

세 개의 뷰와 Region 필드에 대한 하이라이트 동작이 있는 대시보드를 살펴보자. East 지역에 대해 동작이 유발되면 East로 정의된 모든 마크가 강조 표시된다. 하이라이트에 사용되는 차원은 강조 표시가 적용되길 바라는 모든 뷰에 나타나야 한다. 지도와 산점도 모두 마크 카드의 세부 정보 부분에 Region이 있다.

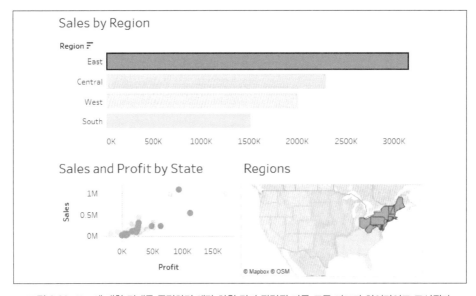

그림 8.23: East에 대한 막대를 클릭하면 해당 차원 값과 관련된 다른 모든 마크가 하이라이트 표시된다.

하이라이터(데이터 하이라이터라고도 함)는 사용자 컨트롤로 표시되며(필터 혹은 매개변수와 유사함), 사용자 상호작용을 기반으로 강조 표시를 유발한다. 하나 이상의 뷰에 적용될 수 있으며, 뷰의 마크를 강조 표시할 것이다. 이들은 동작을 생성하지 않는다. 하이라이터를 추가하려면 뷰에서 불연속형(파란색) 필드를 선택하고 드롭다운 메뉴를 사용해 **하이라이터 표시**를 클릭한다. 또는 메뉴를 사용해 **분석 ▶ 하이라이터**를 선택해도 된다. 대시보드에서는 뷰의 드롭다운 메뉴를 사용해서 **하이라이터**를 선택해 하이라이터를 추가할 수 있다.

URL로 이동 동작

URL로 이동 동작을 사용하면 동작 기반의 URL을 동적으로 생성하고 대시보드 또는 새 브라우저 창이나 탭의 웹 개체 내에서 이 URL을 연다. URL로 이동 동작은 다른 동작들처럼 마우스 오버, 메뉴, 선택 이벤트에 의해 유발될 수 있다. URL로 이동 동작의 이름은 이를 구별하며 메뉴로 사용될 때 링크로 나타난다.

URL에는 사용자가 입력한 값과 URL 텍스트 상자 오른쪽의 화살표를 통해 접근할 수 있는 자리표시자가 포함된다. 이러한 자리표시자에는 필드와 매개변수가 포함된다. 이 값들은 선택한 마크를 구성하는 필드 값과 매개변수의 현재 값을 기반으로 동작이 유발될 때 URL 문자열에 동적으로 삽입된다.

대시보드에 웹 개체를 포함시킨 경우 URL로 이동 동작은 자동으로 해당 개체를 대상으로 사용한다. 그렇지 않으면 동작은 새 브라우저 창(태블로 데스크톱이나 태블로 리더에서 대시보드를 볼 때 기본 브라우저를 사용함) 또는 새 탭(웹 브라우저에서 대시보드를 볼 때)을 연다.

일부 웹 페이지는 아이프레임(iframe)에서 볼 때 다른 동작을 보인다. 브라우저 개체는 태블로 데스크톱이나 태블로 리더의 아이프레임을 사용하지 않고 대시보드가 태블로 서버, 태블로 온라인, 태블로 퍼블릭에 게시될 때 사용한다. 청중이 대시보드를 보는 방식을 기준으로 URL로 이동 동작을 테스트할 수 있다.

URL로 이동 동작을 만들거나 편집할 때 URL로 이동 동작의 대상을 지정할 수 있다.

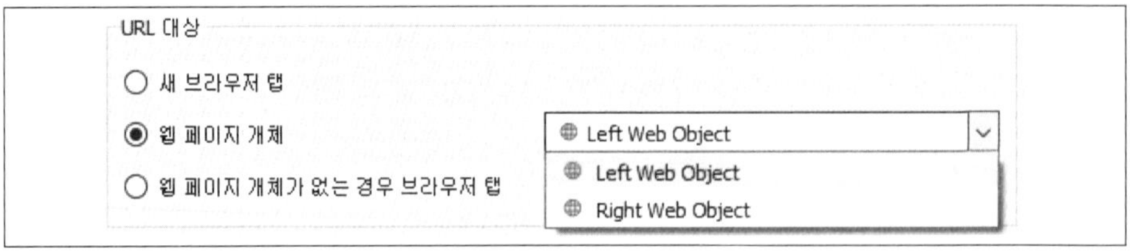

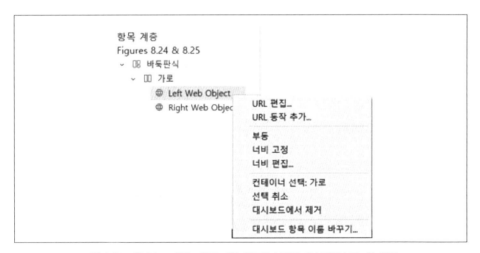

그림 8.24: URL로 이동 동작에 대한 옵션

옵션은 새 브라우저 탭, 웹 페이지 개체(대시보드에 하나 이상의 개체를 갖고 있다면 선택할 수 있다), 웹 페이지 개체가 없는 경우 브라우저 탭이 포함돼 있다. 대시보드에 웹 페이지 개체가 두 개 이상 있는 경우 쉽게 선택할 수 있도록 의미 있는 이름을 부여할 수 있다.

이를 수행하려면 왼쪽 창에서 레이아웃 탭으로 전환하고 이름을 바꿀 개체를 찾을 때까지 항목 계층을 확장한다. 개체를 마우스 오른쪽 단추로 클릭하고 대시보드 항목 이름 바꾸기...를 선택한다.

그림 8.25: 대시보드 개체는 항목 계층 구조를 사용하거나 컨텍스트 메뉴에서
마우스 오른쪽 단추를 클릭해 이름을 바꿀 수 있다.

개체의 이름을 변경한 후에는 어떤 것이 URL로 이동 동작의 대상인지 더 쉽게 식별할 수 있을 것이다.

이제 탐색할 수 있게 해주는 다른 유형의 동작을 살펴보자.

시트로 이동 동작

시트로 이동 동작(또는 탐색 동작)을 사용하면 다른 대시보드로의 이동이나 한 개 이상의 뷰와 상호작용을 기반으로 해서 통합 문서 내의 시트로 이동하는 것을 지정할 수 있다. 예를 들어 막대 차트에서 막대를 클릭하면 다른 대시보드로 이동할 수 있다. 이는 다른 시트를 대상 시트로 정의하는 필터 동작과 유사하지만 시트로 이동 동작은 필터를 설정하지 않는다는 점이 다르다.

매개변수 변경 동작

매개변수 변경 동작을 사용하면 사용자 동작에 따라 매개변수 값을 설정할 수 있다. 여러분이 매개변수 변경 동작을 생성할 때 다음과 같은 화면을 사용해 옵션을 설정할 수 있다.

그림 8.26: 매개변수 변경 동작 옵션

다른 동작과 마찬가지로 동작을 유발하는 시트 및 사용자 상호작용(마우스 오버, 선택, 메뉴)을 선택할 수 있다. 또한 대상 매개변수를 설정하고 값을 설정할 필드를 지정하게 될 것이다. 시트의 모든 필드를 사용할 수 있으며 필드에 대한 집계를 지정할 수도 있다.

4장에서 모든 종류의 결과를 도출하고자 매개변수가 어떻게 사용될 수 있는지 살펴봤다. 매개변수를 계산이나 필터, 상위 N 집합에 사용할 수 있고, 이런 것을 사용해서 참조선을 정의하거나 뷰의 시각적 특성을 변환시킬 수도 있다. 이는 뷰와 트리거를 사용해서 대화형 환경을 운영할 수 있는 가능성을 열어줄 것이다.

집합 동작

집합 동작은 하나 이상의 차원에 대한 값을 하나 이상 붙일 수 있게 해준다. 이것은 모든 선반에서 사용할 수 있고, 시각적 요소를 인코딩하고 계산에 활용할 수 있으며 필터로 사용할 수 있기 때문에 매우 강력하다. 집합 동작은 이렇게 여러 가지 방식으로 서로 다른 뷰에서 사용할 수 있다. 이는 집합 동작으로 수행할 수 있는 것들에 유연성을 크게 제공해줄 것이다. 먼저 집합을 좀 더 명확하게 정의하고 집합 동작의 예도 살펴보자.

집합

태블로의 집합은 데이터 원본의 레코드 모음을 정의한다. 행 수준에서 각 레코드는 집합의 안팎에 존재한다. 집합에는 두 가지 유형이 있다.

- 동적 집합(계산된[computed] 집합 또는 계산된[calculated] 집합이라고도 함)
- 고정 집합

동적 집합은 사용자가 정의한 조건부 계산을 기준으로 단일 차원에 대해 계산[computing]된다. 데이터가 변경되면 조건에 대한 결과가 변하게 돼 레코드는 집합의 안팎 사이에서 전환될 수 있다.

예를 들어 데이터 패널에서 Customer Name의 드롭다운 메뉴를 사용하고 만들기 ▶ 집합을 선택해서 집합에 속하는 레코드를 정의하는 조건을 정할 수 있다.

이 예에서는 Customers who purchased more than $100이라는 동적 집합을 만들었는데, 이것은 매출 합계가 100보다 큰 고객들로 설정하는 조건이다. 수식 기준 또는 상위 N을 계산하는 옵션도 있다는 점을 알아두자. 이러한 모든 조건은 집계 수준 (전체 데이터 세트 또는 컨텍스트 필터가 사용되는 경우 컨텍스트 전체)에 적용되고, 각 레코드는 집합 안에 있는지 밖에 있는지 평가된다. 이 경우 각 고객에 대한 총 판매액이 데이터 세트 전체에서 계산된 다음, 해당 레코드의 고객에 대한 총 판매액이 $100보다 큰지 여부에 따라 각 레코드가 집합의 안팎 기준으로 얼마나 되는지 개수가 세어진다.

고정 집합은 한 개 이상의 차원에 대한 값들의 목록이다. 단일 레코드의 값이 집합에 정의된 목록과 일치하면 레코드가 집합에 있고 그렇지 않으면 밖에 있는 것이다. 예를 들어 Customer Name 필드를 기준으로 다른 집합을 만들 수 있다. 이것은 일반 탭에서 할 수 있다.

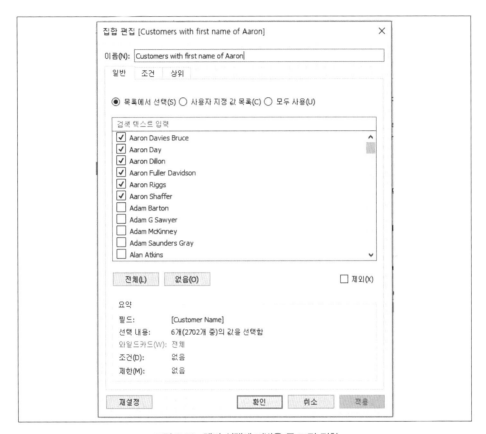

그림 8.28: 멤버 선택에 기반을 둔 고정 집합

여기에서 집합의 내부 또는 외부를 정의하는 개별 값을 선택할 수 있다. 값을 포함하는 대신 제외하는 옵션을 사용해보자. 여기서는 이름이 Aaron인 Customers 집합을 만들었다. Customer Name에 선택한 6개 값과 일치하는 값을 포함하고 있는 모든 레코드가 집합에 포함되고, 다른 모든 것은 제외될 것이다. 이는 고정된 집합이므로 값이 계산되거나 재계산되지 않기 때문이다. 아론 바[Aaron Burr]라는 고객의 레코드가 다음 주에 데이터 세트에 표시되더라도 여전히 집합에서 벗어날 것이다.

다음 예제에서 볼 수 있듯이 집합 동작은 고정 집합에서 작동한다.

집합 동작의 예

Chapter 08 Complete.twbx 통합 문서의 Sales by Region and Category(set actions)라는 이름의 대시보드에서 집합 동작의 예를 찾아볼 수 있다. 이는 다음과 같다.

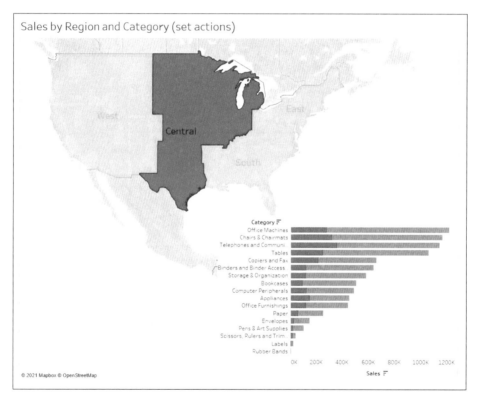

그림 8.29: 집합 동작은 브러싱을 허용한다. 선택에 해당하는 막대에 하이라이트 표시를 한다.

대시보드는 지도와 막대 차트 두 가지 뷰로 구성된다. 지도에서 지역을 선택하면 집합 동작이 유발돼서 막대 차트를 업데이트한다. 필터 동작은 막대 차트를 필터링해 각 막대의 길이가 선택한 영역의 값만 표시하게 할 것이다. 여기서는 모든 영역에 대해 막대의 전체 길이를 표시 유지하면서 집합 동작을 사용해 해당 영역에 속하는 것을 막대의 일부로 표시한다.

이 상호작용을 복제하려면 다음 과정을 따라 해보자.

1. 데이터 패널의 차원 아래 Region 필드에 있는 드롭다운 메뉴를 사용해 만들기 ❯ 집합을 선택한다. 집합의 이름을 Region Set으로 지정한다.
2. 이제 집합 만들기 대화상자의 일반 탭에서 하나 이상의 값이 있는지 확인한다. 이는 고정된 집합을 생성한다. 이 예에서는 값을 일시적으로 업데이트하도록 집합 동작을 구성하므로 여러분이 어떤 값을 선택하는지는 중요하지 않다.
3. Sales by Category 막대 차트를 만든다.
4. 데이터 패널의 집합에서 Region Set를 끌어다 색상 선반에 둔다.

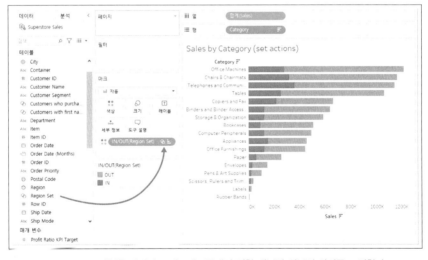

그림 8.30: 집합을 색상에 드래그앤드롭해서 집합 내부와 외부의 차이를 표시한다.

다른 필드와 마찬가지로 선반에서 집합을 사용할 수 있다. 집합이 두 가지 색상을 정의하는 In과 Out이라는 두 가지 값을 제공하는 방법에 주목하자. In을 강조하고자 색상을 조정할 수 있다.

계산된 필드에서도 집합을 사용할 수 있다. 예를 들어 코드 [Region Set]는 각 레코드에 대한 불리언 true/false 결과를 제공해 각 레코드가 집합에 있는지 여부를 나타낸다.

Region에 관한 맵과 대시보드를 만들고 집합 동작을 구현해 집합 동작 예제를 마무리하자.

5. Region의 드롭다운 메뉴를 사용해 **지리적 역할 ❯ 생성... ❯** State를 선택한다. 이렇게 하면 태블로는 Region을 지리적 필드 State와의 관계에 따라 지리적 필드로 취급하도록 지시한다.

6. 비어있는 새 뷰에서 Region 필드를 더블 클릭해 맵 뷰를 만든다. 이제 Region이 지리적 필드로 인식됐고, 태블로는 모양을 렌더링하는 데 필요한 위도, 경도, 기하 도형을 생성할 것이다.

7. 단일 대시보드에 맵 뷰와 막대 차트 뷰를 모두 추가한다. 여러분이 원하는 대로 이 뷰들을 배치할 수 있다.

8. 메뉴에서 **대시보드 ❯ 동작**을 선택하고, 그에 따라 표시되는 대화상자에서 **동작 추가 ❯ 집합 값 변경...**을 선택해 집합 동작을 추가한다. 이 대화상자에는 다른 집합 유형과 유사한 기능들이 많이 포함돼 있다.

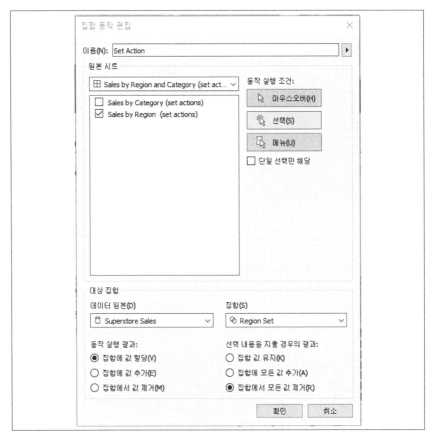

그림 8.31: 집합 동작 옵션

이름 부여하기, 동작 실행시키기, 마우스 오버 혹은 선택이나 메뉴에 대한 동작 값을 제공하는 옵션들도 있다. 다른 동작 유형들처럼 동작을 유발시키는 원본 시트를 지정할 수도 있다. 대상 집합을 사용하면 동작에 따라 값을 업데이트할 데이터 원본과 해당 데이터 원본의 고정 집합을 지정할 수 있다. 이 경우 Sales by Region(set action) 뷰에서 선택이 일어나면 Region Set를 업데이트하려고 하게 된다. 선택이 취소되면 집합에서 모든 값을 제거하게 할 것이다.

이전 동작을 생성한 후에는 대시보드가 이 절의 시작 부분에 표시된 예제와 매우 유사하게 작동해야 한다. 맵에서 Region을 선택하면 해당 지역에 해당하는 막대가 하이라이트 표시된다. 이 기술을 브러싱^{brushing} 혹은 비례 선긋기^{proportional brushing}라고 한다.

이 기술은 집합 동작으로 가능한 수백 가지 애플리케이션 중 하나일 뿐이다. 집합은 모든 선반과 계산에서 사용될 수 있어 집합 동작을 통해 값을 업데이트하면 사용자 상호작용이나 분석을 위해 가능한 것들이 무한히 많아진다.

다양한 종류의 동작을 살펴본 후 다른 종류의 대시보드에 대한 또 다른 예를 살펴보자.

▌ 지역 스코어 카드 대시보드

이제 조금 다른 목표를 보여주는 또 다른 대시보드의 예를 살펴보자. 조직의 모든 사람이 이익 비율^{profit ratio}에 의한 KPI에 동의했다고 해보자. 또한 수용 가능한 수익률과 저조한 수익률을 정의하는 임계값이 15%라는 합의가 있지만 경영진은 다른 목표가 더 나은지 확인하고자 이 값을 동적으로 조정할 수 있는 옵션을 원한다.

다음 대시보드를 살펴보자.

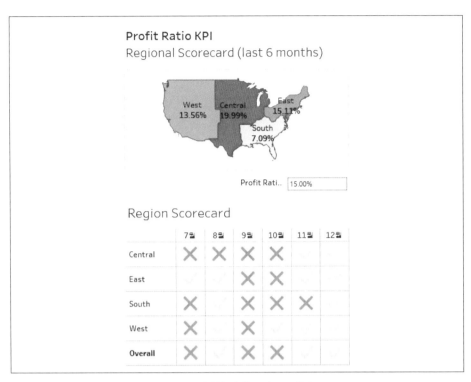

Profit Ratio KPI
Regional Scorecard (last 6 months)

West 13.56%
Central 19.99%
East 15.11%
South 7.09%

Profit Rati.. 15.00%

Region Scorecard

	7월	8월	9월	10월	11월	12월
Central	✕	✕	✕	✕		
East			✕	✕		
South	✕		✕	✕	✕	
West	✕		✕			
Overall	✕		✕	✕		

그림 8.32: 간단한 이익(profit) KPI 대시보드

이 대시보드를 활용하면 대시보드 사용자는 지난 6개월 동안에 대한 각 지역의 성과를 매우 빠르게 평가할 수 있다. 경영진은 모바일 기기에서 이 대시보드를 빠르게 가져와 필요에 따라 적절한 동작을 취할 수 있다.

대시보드는 목표 KPI 매개변수와의 상호작용을 제공한다. 원하는 경우 다른 대시보드나 뷰에 대한 추가 드릴 다운 기능을 제공할 수 있다. 이 뷰가 태블로 서버에 게시됐다면 지역 관리자가 뷰를 구독하고 이 대시보드의 최신 이미지가 포함된 예약 이메일을 받을 수 있기는 힘들 것이다.

유사한 대시보드를 만드는 방법을 알아보자.

1. Profit Ratio KPI Target이라는 이름의 부동형 매개변수를 초기값 .15로 설정해 백분율 형식으로 생성하자.

2. SUM([Profit])/SUM([Sales]) 코드로 된 Profit Ratio라는 이름의 계산을 생성하자. 이는 뷰에 정의된 세부 수준의 매출 합계로 이익 합계를 나누는 집계 계산이다.

3. 다음 코드를 활용해 KPI - Profit Ratio라고 명명된 초 단위 계산을 생성해보자.

```
IF [Profit Ratio] >= [Profit Ratio KPI Target]
THEN "Acceptable"
ELSE "Poor"
END
```

이 코드는 이익 비율을 매개변수화된 임계값과 비교한다. 임계값 지점과 같거나 그 이상인 값이 Acceptable이고 그 아래의 모든 값은 Poor가 된다.

4. Region Scorecard라는 이름의 새 시트를 생성한다. 행에는 Region, 열에는 불연속형 날짜의 일부, KPI — Profit Ratio 필드는 모양과 색상 양쪽에 두고 뷰를 구성한다. 모양이 체크 표시와 X를 사용하게 편집됐으며, 색상 팔레트가 색맹 보조용 파란색과 주황색을 사용하고 있음을 알 수 있다.

5. 분석 패널을 사용해 총합계 열을 추가하고, 이름을 Overall이라고 해서 굵은 글꼴과 밝은 회색 음영으로 총합계의 형식을 지정한다.

6. Order Date를 필터로 추가하고, 이것을 필드별 상위 6개로 설정한다(Order Date를 최소값으로). 그러면 지난 6개월에 대한 뷰가 동적으로 필터링된다.

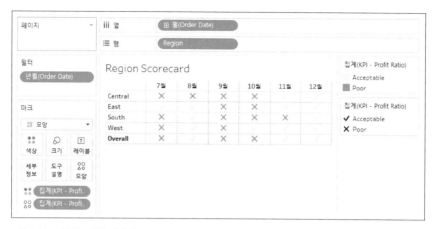

그림 8.33: 이 뷰는 매월 지역별로 Acceptable 대 Poor 결과를 보여주는 Region 스코어 카드를 정의한다.

7. Profit Ratio by Region이라는 다른 시트를 만든다.

8. 집합 동작 예제를 건너뛴 경우 Region의 드롭다운 메뉴를 사용해 지리적 역할 ❯ 만들기 원본 ❯ State를 선택한다. 이렇게 하면 태블로가 지리적 필드 State 와의 관계에 따라 Region을 지리적 필드로 취급하도록 지시한다.

9. 데이터 패널에서 Region 필드를 더블 클릭한다. 태블로는 Region을 기준으로 지리적 시각화를 자동 생성한다. 사용자 지정 지리 생성에 대한 자세한 내용은 12장을 참고한다.

10. 색상과 레이블 선반에 Profit Ratio를 둔다. Profit Ratio는 백분율 형식으로 설정하고 싶을 것이다. 이 뷰에서 필드의 형식을 지정하거나 데이터 패널에서 필드의 기본 숫자 형식을 설정해 이를 수행할 수 있다(거의 항상 백분율로 표시하기를 원하므로 후자가 선호된다).

11. 레이블에 Region을 추가한다. 마크 카드의 필드를 재정렬해 레이블을 다시 정렬하거나 레이블 선반을 클릭해 레이블 텍스트를 직접 편집한다.

12. Region Scorecard 뷰에 적용한 것과 동일한 필터를 이 뷰에 적용한다. Region Scorecard 시트로 이동하고 필터 선반에 있는 Order Date의 드롭다운을 사용해 기존 필터를 여러 시트에 적용할 수 있다.

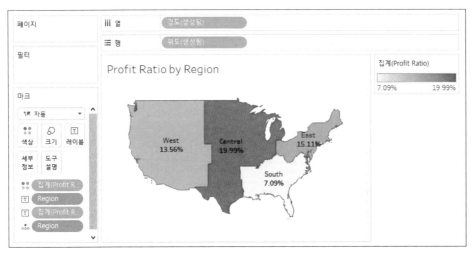

그림 8.34: 채워진 맵은 지역별 이익을 보여준다.

두 뷰 모두 생성되면 이 뷰들을 대시보드로 정렬할 수 있다. Chapter 08 Complete 통합 문서의 예에는 다음과 같이 전화 레이아웃이 적용돼 있다.

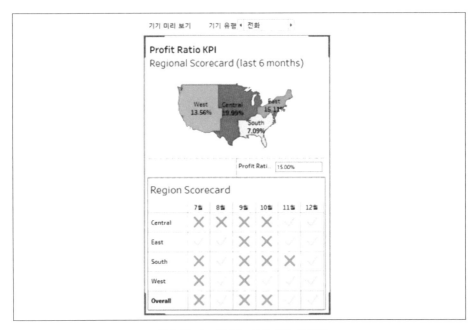

그림 8.35: KPI 대시보드의 휴대폰 레이아웃

레이아웃과 요소의 위치를 다양하게 해서 실험해보자.

 기본적으로 대시보드에 추가된 모든 개체는 바둑판식으로 배열된다. **바둑판식** 개체는 제자리에 고정되고 부동 개체 아래에 나타난다. 왼쪽 창의 새 **개체** 아래에 있는 토글을 전환하거나 Shift를 누른 채로 개체를 대시보드로 드래그해 모든 개체를 부동 개체로 대시보드에 추가할 수 있다.

기존 개체는 개체를 이동하는 동안 Shift를 누르고 있거나 드롭다운 캐럿 메뉴를 사용해 부동과 바둑판식 간에 전환할 수 있다. 드롭다운 캐럿 메뉴는 개체의 부동 순서를 조정하는 옵션도 제공한다. 또한 부동 개체를 선택하고 왼쪽 아래에 있는 위치와 크기 조정 컨트롤을 사용해 부동 개체의 크기를 재조정하고 픽셀 단위로 배치할 수 있다.

바둑판식 요소와 부동 요소를 혼합할 수 있지만 대시보드 작성자들은 둘 중 하나만으로 구성된 대시보드를 빌드하는 것을 선호한다. 이렇게 하면 다양한 레이아웃과 화면 크기 간의 일관성이 보장된다 (특히 대시보드가 **자동** 또는 **범위** 크기 조정 옵션으로 설정된 경우).

이 예는 빠른 조회나 신속한 의사결정에 사용되는 대시보드를 보여준다. 더 복잡한 스토리를 전달하고 세부 사항의 진행 상황을 보여주고 특정 순서로 데이터 스토리를 표시할 수도 있다면 어떻게 될까? 해당 목적을 위해 특별히 설계된 태블로 기능의 활용 방법을 알아보자.

스토리

스토리 기능을 사용하면 대시보드와 뷰의 대화형 스냅샷을 사용해 스토리를 말할 수 있다. 이 스냅샷들이 스토리에서 포인트가 된다. 이것으로 안내 내러티브나 전체 프레젠테이션을 구성할 수 있다.

스토리 포인트가 유용할 수 있는 예를 알아보자. 경영진은 이전에 개발한 Regional Scorecard 대시보드에 만족한다. 이제 그들은 여러분이 이사회에 프레젠테이션을 하고 South 지역에 대한 몇 가지 특정 문제를 강조해주기를 원한다. 최소한의 노력으로 간단한 스코어 카드를 가져와 몇 가지 추가 뷰를 추가하면 전체 스토리를 전달할 수 있다.

1. 먼저 몇 가지 추가 뷰를 작성한다. Profit Ratio KPI by State라는 이름으로 간단한 지리적 뷰를 만들어보자. 여기다 색상을 정의하는 KPI – Profit Ratio 필드를 추가해 채워진 맵을 만든다.

2. 나중에 사용할 수 있게 **마크 카드의 세부 정보**에 Profit Ratio를 추가한다.

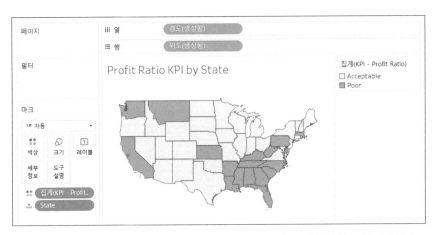

그림 8.36: 주별 Profit Ratio KPI는 Acceptable 대 Poor를 보여주고자 색상 인코딩을 사용한다.

3. Profit Ratio by Quarter라는 추가 뷰를 하나 만든다. Order Date를 연속형 날짜 값으로 설정해 **열 선반**에 두고 **행 선반**에는 Profit Ratio를 둔다.

4. 마크 유형을 막대로 설정한다. Profit Ratio KPI Target 매개변수 값에 대한 참조선을 추가한다(Profit Ratio 축을 마우스 오른쪽 단추로 클릭하고 참조선 추가... 로 설정한다).

5. KPI – Profit Ratio를 색상에 추가한다. **색상 선반을 클릭하고 테두리를 추가**할 수도 있다.

6. 계속해서 뷰를 South 지역으로 필터링하고 드롭다운 메뉴를 사용해 해당 필터를 Profit Ratio KPI by State 뷰에도 적용한다.

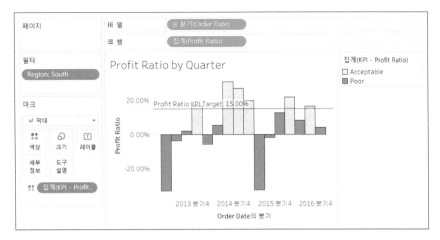

그림 8.37: Profit Ratio by Quarter는 목표값을 기준으로 주어진 분기가 Acceptable인지 Poor인지 보여준다.

7. 두 개의 새로운 뷰가 다음 화면에 표시된 것과 같은 방식으로 정렬된 새로 운 대시보드를 하나 만든다. Profit Ratio KPI Target 매개변수를 추가하고 이 매개변수가 표시되지 않으면 Region 필터를 추가한다.

8. 이 뷰를 필터로 사용하려면 Profit Ratio KPI by State의 드롭다운을 사용한다.

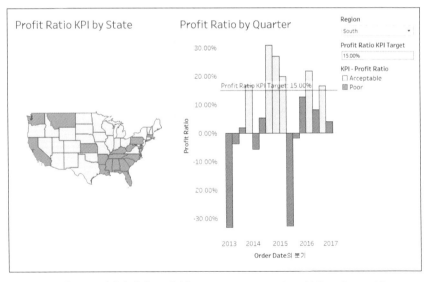

그림 8.38: 하나의 대시보드에 있는 Profit Ratio KPI by State 뷰와 by Quarter 뷰

9. 메뉴에서 **스토리 ➤ 새 스토리**를 선택해 기존 시트의 아래쪽에 있는 새 스토리 탭을 이용해 새로운 스토리를 만든다.

 스토리 인터페이스는 모든 눈에 보이는 대시보드와 뷰가 있는 사이드바를 구성한다. 상단에는 더블 클릭해 편집할 수 있는 스토리 제목이 표시된다. 스토리 내에 있는 모든 새로운 포인트는 텍스트 편집이 가능한 탐색 상자로 보인다. 그 상자를 클릭하면 단일 대시보드나 뷰를 추가할 수 있는 스토리 포인트에 접근할 수 있다.

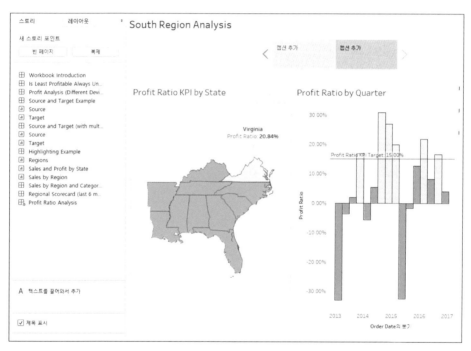

그림 8.39: 스토리 포인트 추가

빈 페이지(새 스토리 포인트에 대한) 단추, **복제** 단추(현재 선택된 스토리 포인트의 스냅샷을 복제해 생성한다)을 사용해 새 스토리 포인트를 생성할 수 있다.

스토리 포인트 탐색 상자를 클릭하면 해당 스토리 포인트에 대한 뷰나 대시보드의 스냅샷이 표시된다. 선택, 필터 변경, 매개변수 값 변경, 주석 추가와 같은 동작을 수행해 대시보드와 상호작용할 수 있다. 대시보드의 어느 부분이라도 변경하면 기존 스토리 포인트를 대시보드의 현재 상태로 업데이트할 수 있는 옵션이 제공된다. 혹은 탐색 상자 위에 있는 **되돌리기** 단추를 사용해 대시보드의 원래 상태로 돌아갈 수 있다. X를 클릭하면 스토리 포인트가 제거된다.

각각의 스토리 포인트에는 대시보드에 완전히 독립적인 스냅샷이 포함돼 있다. 필터 선택, 매개변수 값, 선택, 주석은 특정 스토리 포인트에 대해 기억되지만 다른 스토리 포인트나 대시보드와 같은 다른 시트에는 영향을 주지 않는다.

이 탐색 상자를 드래그앤드롭해 스토리 포인트를 재배치할 수 있다.

다음 과정을 완료해 스토리를 구축해보자.

1. 스토리에 South Region Analysis라는 제목을 지정한다.
2. Regional Scorecard 대시보드를 첫 번째 스토리 포인트로 추가한다. 지도에서 South 지역을 선택한다. 스토리 포인트에 The South Region has not performed well the last 6 months(South 지역은 지난 6개월 동안 성과가 좋지 않았음)라는 텍스트를 입력한다.

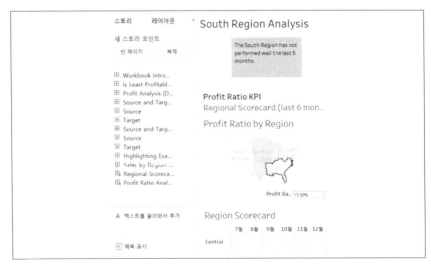

그림 8.40: 첫 번째 스토리 포인트는 South 지역의 성과를 강조한다.

3. 새 스토리 포인트의 빈 페이지 단추를 클릭해 새로운 스토리 포인트를 생성하고 Profit Ratio Analysis 대시보드를 포인트에 추가한다.

4. 이 스토리 포인트에 Only one state has met the 15% target overall(하나의 주만 목표 15%를 달성함)이라고 캡션을 입력한다.

5. 지도에서 Virginia를 마우스 오른쪽 단추로 클릭하고 주석 추가 ❯ 마크를 선택한다. 주석의 일부로 state와 profit ratio를 남겨두자.

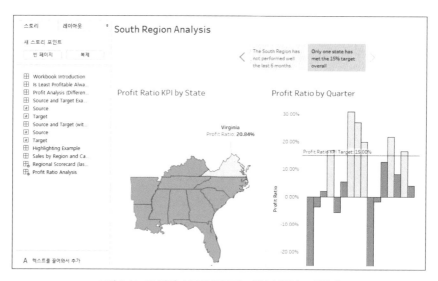

그림 8.41: 두 번째 스토리 포인트는 세부 사항이 표시된다.

6. 복제 단추를 클릭해 현재의 스토리 포인트를 복사한다. 이 새로운 스토리 포인트에 3 states would meet a goal of 10%(3개의 주는 목표치 10%를 달성함)라는 캡션을 달자. Profit Ratio KPI Target은 **10.00%**로 설정하고 포인트를 업데이트한다.

7. 복제 단추를 다시 클릭하고 새로 생성된 포인트에 Certain states have performed well historically(특정 주들은 예전부터 성과가 좋았음)라고 캡션을 단다.

8. Virginia에 대한 주석을 마우스 오른쪽 단추로 클릭하고 제거를 선택해 삭제

한 후 Louisiana에 대해 유사한 주석을 추가한다. 그런 다음 Louisiana를 클릭해 해당 state(주)를 선택한다.

9. 대시보드의 주를 업데이트하려면 **업데이트** 단추를 클릭해야 한다.

프레젠테이션 모드에서는 스토리 포인트를 추가, 복제, 업데이트 또는 제거하는 단추가 표시되지 않는다. 최종 스토리는 다음과 유사해야 한다.

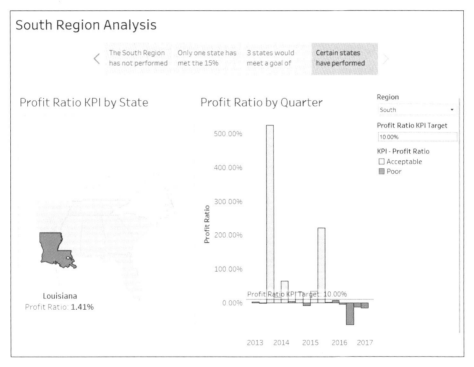

그림 8.42: 이 스토리 포인트는 단일 주에 대한 분기별 결과를 강조한다.

시간을 내서 프레젠테이션을 진행해보자. 탐색 상자를 클릭하면 해당 스토리 포인트가 표시될 것이다. 각 스토리 포인트에서는 대시보드와 완전히 상호작용할 수 있다. 이러한 방식으로 질문에 즉각 답변하고 세부 사항을 파헤친 다음 스토리를 계속 진행할 수 있다.

▌요약

발견과 분석을 공유할 준비가 되면 대시보드를 사용해 스토리를 청중과 연결할 수 있다. 스토리를 전달하는 방식은 목표, 청중, 전달 방식에 따라 달라진다. 뷰, 개체, 매개변수, 필터, 범례의 조합을 사용해 데이터 스토리를 전달하기 위한 프레임워크를 만들 수 있다. 태블로를 사용하면 다양한 기기에 대한 레이아웃을 특별히 디자인해 청중이 최상의 경험을 할 수 있게 만들 수 있다. 동작과 상호작용을 도입해 청중을 스토리에 참여하도록 초대할 수도 있다. 스토리 포인트를 사용하면 대시보드와 뷰의 많은 스냅샷을 한데 모아 전체 내러티브를 만들고 제시할 수 있다.

9장에서는 추세, 분포, 예측, 클러스터링과 관련된 심층 분석을 살펴본다.

09

시각적 분석: 추세, 클러스터링, 분포, 예측

태블로를 사용해서 빠르게 시각적 분석을 할 수 있으면 수많은 질문에 답하고 중요한 결정을 하는 데 대단히 유용하다. 하지만 이렇게 하는 것은 수박 겉핥기일 수도 있다. 예를 들어 단순한 산점도를 사용하면 이상치가 드러날 수 있지만 분포를 이해하거나 유사한 관측치의 군집을 식별하고자 할 때가 있다. 간단한 시계열은 시간에 따른 측정값의 상승과 하락을 확인하는 데 도움이 되지만 추세를 보거나 미래 값에 대한 예측이 필요한 경우도 있다.

태블로를 사용하면 통계 분석을 통해 데이터 시각화를 빠르게 향상시킬 수 있다. 추세 모델, 클러스터링, 분포, 예측과 같은 기본 제공 기능을 사용하면 시각적 분석에 빠르게 가치를 더하는 데 도움이 된다. 태블로에서 R 및 파이썬 플랫폼과 연계해 사용하면 데이터 조작과 분석을 위한 무한한 옵션을 사용할 수 있다.

9장에서는 태블로에서 기본적으로 제공되는 통계 모델과 분석을 다루며, 다음과 같은 내용을 다룬다.

- 추세
- 클러스터링
- 분포
- 예측

몇 가지 샘플 데이터 세트를 사용해 일부 예를 통해 이러한 개념을 살펴보자. Chapter 9 통합 문서를 사용해 이러한 예를 따라 하고 재현할 수 있다.

시간이 지남에 따라 변화하는 데이터를 분석할 때 변화의 전반적인 특성을 이해하는 것이 매우 중요하다. 추세를 보고 이해하는 것부터 시작해보자.

▌추세

World Population.xlsx는 Chapter 09 디렉터리에 포함돼 있다. 1960년부터 2015년까지 매년 측정된 인구수가 나라별로 하나의 레코드로 포함돼 있다. 이 데이터 세트를 사용해 여러 국가의 역사적 추세를 살펴보자. 다음 화면에 표시된 것과 유사하게 시간 경과에 따른 아프가니스탄Afghanistan과 호주Australia의 인구 변화를 보여주는 뷰를 만든다. Afghanistan과 Australia만 포함되도록 Country Name을 필터로 사용하고 있다는 점과, 색상과 레이블 선반에도 필드가 추가된 것을 알 수 있을 것이다.

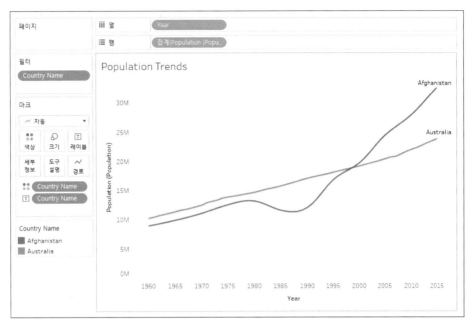

그림 9.1: 시간 경과에 따른 Afghanistan과 Australia의 인구수

이 시각화만으로도 몇 가지 흥미로운 점을 관찰할 수 있다. 양국의 인구 증가는 1980년까지 상당히 유사했다. 그 시점에 아프가니스탄의 인구는 1988년까지 감소했다가 이 시점 이후부터 다시 증가했고, 1996년경 아프가니스탄의 인구는 호주의 인구수를 초과했고 이후로 격차가 심화됐다.

두 가지 추세를 알고 있지만 추세선을 보면 더욱 분명해진다. 태블로에는 추세선을 추가할 수 있는 여러 가지 방법이 있다.

- 메뉴에서 **분석 ▶ 추세선 ▶ 추세선 표시**를 선택한다.
- 뷰의 패널에서 빈 영역을 마우스 오른쪽 단추로 클릭하고 **추세선 표시**를 선택한다.
- 왼쪽 사이드바에서 **분석** 패널을 클릭해 **분석** 패널로 전환한다. 선택한 추세 모델에 **추세선**을 드래그앤드롭한다(여기서는 선형을 사용한다. 나머지 항목에 대해서는 이 장의 뒷부분에서 다룬다).

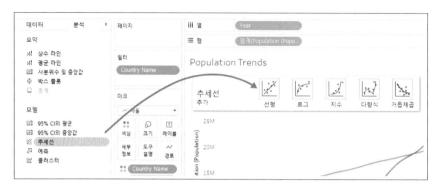

그림 9.2: 분석 패널에서 드래그앤드롭으로 추세선 추가하기

뷰에 추세선을 추가하고 나면 두 개의 새로운 추세선을 볼 수 있을 것이다(나라마다 한 개씩). 디스플레이를 사용자 지정하는 방법을 살펴보자. 지금 여러분의 뷰는 다음과 같을 것이다.

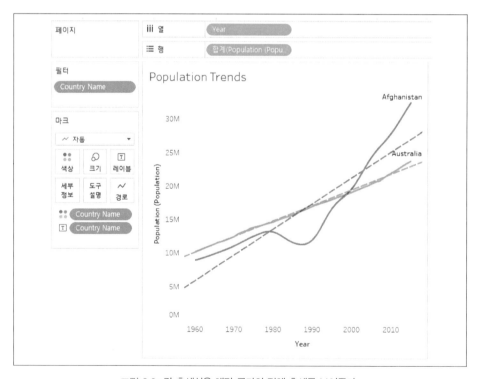

그림 9.3: 각 추세선은 해당 국가의 전체 추세를 보여준다.

추세는 데이터 원본 쿼리 후 태블로에서 계산되며 뷰의 다양한 요소를 기반으로 한다.

- **X와 Y 좌표를 정의하는 두 필드:** x축과 y축을 정의하는 행과 열의 필드는 좌표를 설명하므로 태블로에서 다양한 추세 모델을 계산할 수 있다. 추세선을 표시하려면 행과 열 모두에 연속형(녹색) 필드를 사용해야 한다. 이 규칙의 유일한 예외는 불연속형(파란색) 날짜 필드를 사용할 수 있다는 것이다. 불연속형 날짜 필드를 사용해 머리글을 정의하는 경우 다른 필드는 연속형 필드여야 한다.
- **여러 개의 고유한 추세선을 생성하는 추가 필드:** 행, 열 또는 색상 선반의 불연속형(파란색) 필드를 요인으로 사용해 단일 추세선을 여러 개의 고유한 추세선으로 분할할 수 있다.
- **선택한 추세 모델:** 다음 절에서 모델 간의 차이점을 살펴보게 될 것이다.

그림 9.3에서 두 개의 추세선을 살펴보자. Country Name은 색상 선반에 있는 불연속형(파란색) 필드이기 때문에 기본적으로는 색상당 하나의 추세선을 정의한다.

앞에서 아프가니스탄의 인구가 다양한 역사적 기간 동안 증가하고 감소하는 것을 관찰했다. 추세선은 전체 날짜 범위에 따라 계산된다. 해당 기간 동안 다른 추세선을 보려면 어떻게 해야 할까?

한 가지 옵션은 관심 있는 기간에 대한 뷰에서 마크를 선택하는 것이다. 태블로는 기본적으로 현재 선택 항목에 대한 추세선을 계산한다. 예를 들어 1980년부터 1988년까지 아프가니스탄에 대한 데이터들을 선택하면 새로운 추세는 다음과 같이 표시된다.

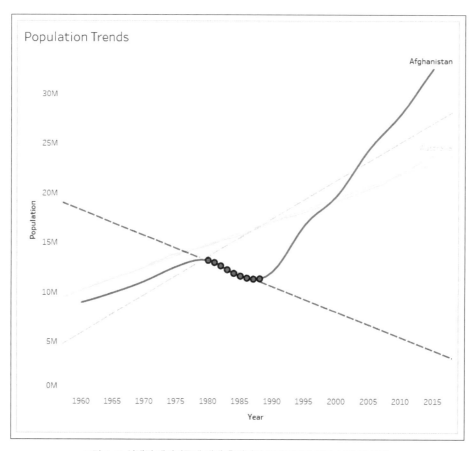

그림 9.4: 선택된 데이터들에 대해 추세선이 그려지도록 기본 설정 돼 있다.

또 다른 옵션은 행, 열 또는 색상에 불연속형 필드를 사용해서 태블로가 고유한 추세선을 그리게 하는 것이다.

계속해서 다음과 같은 코드를 사용해 과거의 다른 기간에 대한 불연속형 값을 정의하는 Period라는 계산된 필드를 만들어보자.

```
IF [Year] <= 1979
    THEN "1960 to 1979"
ELSEIF [Year] <= 1988
```

```
    THEN "1980 to 1988"
  ELSE "1988 to 2015"
  END
```

이 필드를 열에 배치하면 각 기간에 대한 머리글이 표시되는 동시에 선을 분리하고 각 기간에 대해 별도의 추세가 표시된다. 또한 태블로가 각 기간의 축에서 전체 날짜 범위를 유지하는 것을 볼 수 있다. 여기서 날짜 축 중 하나를 마우스 오른쪽 단추로 클릭하고 축 편집을 선택한 다음 각 행 또는 열에 독립적인 축 범위 옵션을 체크하면 독립된 날짜 범위로 설정할 수 있다.

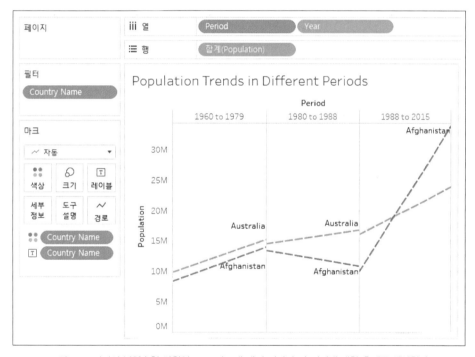

그림 9.5: 여기서 불연속형 차원인 Period는 세 개의 기간과 각 기간에 대한 추세를 생성한다.

이 뷰에서는 추세선을 돋보이게 하고자 색상에 투명도를 적용했다. 또한 연도의 축은 숨겼다(필드에서 머리글 표시 옵션을 선택 취소해서). 이제 서로 다른 기간에 대한 추세의 차이를 명확하게 확인할 수 있다. 호주의 추세는 각 기간마다 약간의 변화가 있고 아프가니스탄의 추세는 변화가 크다.

시각화에 추세선을 추가하는 방법을 이해했으므로 추세선과 모델에 대해 사용자 지정하는 방법을 좀 더 깊이 이해해보자.

추세선 사용자 지정

추세선에 대한 다양한 옵션을 고려할 수 있는 다를 예를 살펴보자. Real Estate 데이터 원본을 사용해서 다음과 같은 뷰를 생성한다.

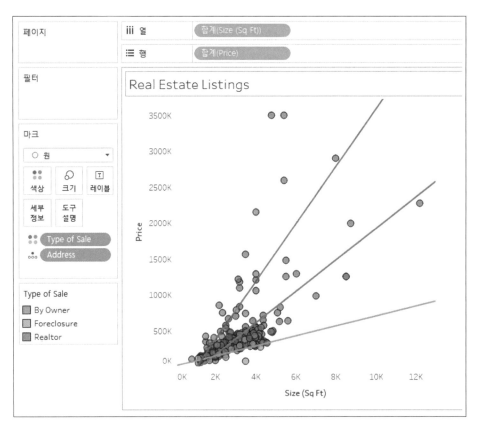

그림 9.6: 산점도상의 추세선은 상관관계와 이상치를 더 잘 이해하는 데 유용하다.

여기서는 X축을 정의하는 데 사용하고자 Size(Sq Ft)의 합을 열 선반에 두고 Y축을 정의하고자 행 선반에는 Price의 합을 둬서 이들로 산점도를 생성했다. 마크 카드의 세부 정보에 Address를 추가해 집계 수준을 정의한다. 따라서 산점도상의 각 마크는 크기와 가격으로 정의된 위치의 고유한 주소인 것이다. 색상에는 Type of Sale이 배치됐다. 이제 추세선이 표시됐다. 태블로의 기본 설정에 따라(색상당 추세선하나) 세 개의 추세선이 표시됐다. 그리고 신뢰 구간은 숨겨졌다.

좋은 모델이라고 가정할 때 추세선은 각 판매 유형에 대해 Size가 증가할 때 Price가 얼마나 많이 얼마나 빨리 상승할 것으로 예상되는지 보여준다.

이 데이터 세트에는 두 개의 필드 **Address**와 **ID**가 있으며, 각 필드는 고유한 레코드를 정의한다. 이 필드 중 하나를 세부 수준에 추가하면 데이터를 효과적으로 분할하고 개별 속성에 대한 마크를 그릴 수 있다. 가끔은 데이터에 고유성을 정의하는 차원이 없을 수 있는데, 이런 경우 **분석** 메뉴에서 **측정값 집계**를 선택 취소해 데이터를 분할할 수 있다.

또는 행과 열 각각의 측정값 필드에 있는 드롭다운 메뉴를 사용해 측정값을 차원으로 변경해 연속형을 유지할 수 있다. 차원으로 각 개별 값은 마크를 정의할 것이다. 값들을 연속형으로 유지하면 추세선에 필요한 축이 유지된다.

추세선에 사용할 수 있는 몇 가지 옵션을 고려해보자. 메뉴를 사용해서 추세선을 편집할 수 있고 분석 ▶ 추세선 ▶ 추세선 편집...을 선택하거나 추세선을 오른쪽 단추로 클릭한 다음 추세선 편집...을 선택한다. 그러면 다음과 같은 대화상자가 표시된다.

그림 9.7: 태블로는 추세선 구성을 위한 다양한 옵션을 제공한다.

모델 유형의 선택 옵션은 다음과 같다. 모델의 요소가 적용 가능한 필드를 선택함, 추세선을 뚜렷이 구분할 수 있는 개별 색상을 사용함, 신뢰 구간을 표시함, y절편을 0으로 강제함, 선택한 마크에 대해 계산된 추세를 보여줌, 추세선에 대해 도구 설명을 표시함이 있다. 이제 이 옵션들에 대해 좀 더 자세히 살펴보자.

> y절편을 강제로 0으로 설정하는 것은 y절편은 0이어야 한다는 것을 알고 있는 경우에만 적용하자.
> 이 데이터를 사용하면 거의 확실하게 0이 아니다(즉, $0짜리 0 평방피트 크기의 주택은 없다).

옵션을 실험해보자. Type of Sale 필드를 요소에서 제거하거나 색상별 추세선 허용 옵션을 선택 취소하면 단일 추세선이 생성된다는 점에 주의하자.

Type of Sale이 행에 추가된 다음의 뷰에서 필드를 요소에서 제거한 결과를 볼 수 있다.

398

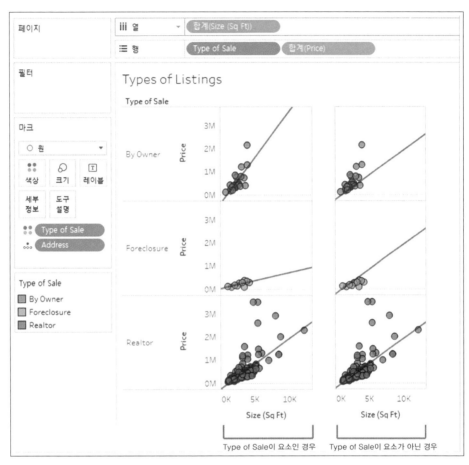

그림 9.8: 필드를 요소로 포함하면 태블로가 추세 모델에 기여하는지 여부를 알려준다.

앞 화면의 왼쪽 부분에 보이는 것처럼 Type of Sale이 요소로 포함돼 있다. 그 결과 각 판매 유형에 대한 별개의 추세선이 생성됐다. Type of Sale이 요소에서 제외되면 동일한 추세선(모든 유형에 대한 전체적인 추세선)이 세 번 그려진다. 이 기법은 전체적인 추세를 데이터의 부분집합에 비교하는 데 유용하다.

추세선을 사용자 정의하는 것은 데이터를 이해하고자 추세를 사용하는 하나의 방법일 뿐이다. 또한 대단히 중요한 점은 추세 모델 자체라고 할 수 있는데, 이것을 사용자 정의하는 방법을 다음 절에서 알아본다.

추세 모델

원래 뷰로 돌아가서 태블로에서 사용할 수 있는 추세 모델을 고려해서 단일 추세선을 고정한다. 다음 모델은 추세선 옵션 창에서 선택할 수 있다.

선형

Size가 증가함에 따라 Price가 일정하게 증가할 것이라고 가정한 선형 모델을 사용했다. Size가 아무리 크게 증가하더라도 Price 역시 증가해 데이터가 직선에 가까울 것이라고 예상할 수 있다.

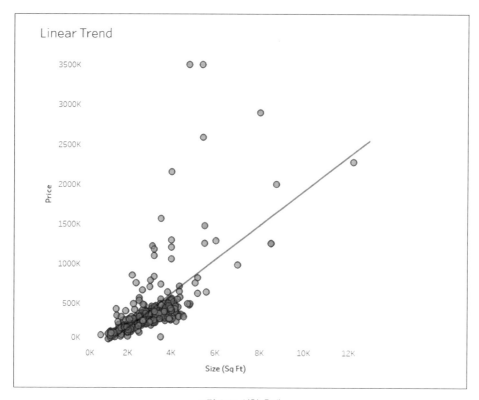

그림 9.9: 선형 추세

로그

수확 체감의 법칙을 예상했다면 로그 모델을 도입해볼 수 있다. 이것은 어떤 생산 요소의 투입을 고정시키고 다른 생산 요소의 투입을 증가시킬 경우 산출량이 점 진적으로 증가하다가 투입량이 일정 수준을 넘게 되면 산출량의 증가율이 점차적 으로 감소하게 되는 현상을 의미한다.

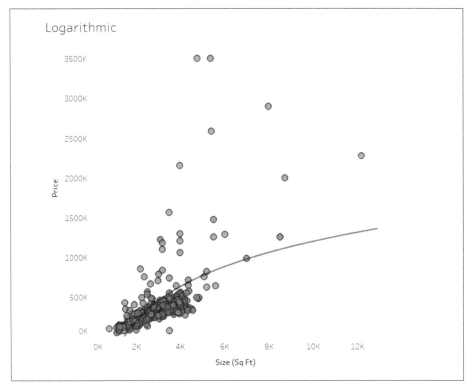

그림 9.10: 로그 추세

지수

크기가 증가함에 따라 가격이 급격히(기하급수적으로) 증가하는 개념을 테스트하 고자 지수 모델을 사용한다.

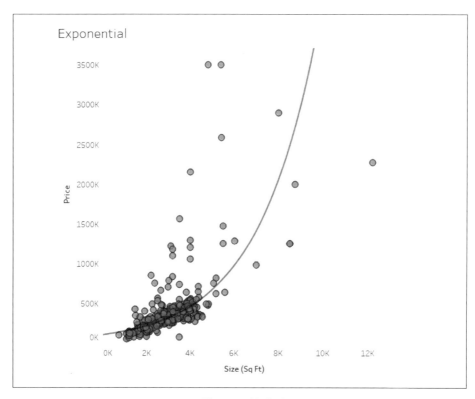

그림 9.11: 지수 추세

제곱

크기와 가격 간에 비선형 관계가 있다고 느꼈다면 제곱 추세 모델을 도입해볼 수 있다. 이는 어느 감소하는 지수 추세와 폭발적인 지수 추세 사이에 있을 것이다. 곡선은 가격이 특정 제곱에 대한 크기의 함수임을 나타낸다. 제곱 추세는 차량 가속에 포함되는 거리와 같은 특정 이벤트를 아주 잘 예측한다.

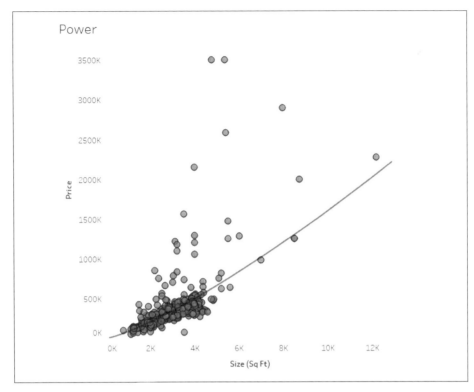

그림 9.12: 제곱 추세

다항식

Size와 Price 간의 관계가 복잡하다고 느낀 경우 그리고 처음에는 크기를 늘리면 가격이 급격히 상승했지만 어느 시점에서는 가격이 평준화되는 S 자 곡선을 더 많이 따라갔다면 이 모델을 사용할 것이다. 다항식 모델의 차수는 어디에서든 2에서 8까지 설정할 수 있다. 여기에 보이는 추세선은 3차원 다항식이다.

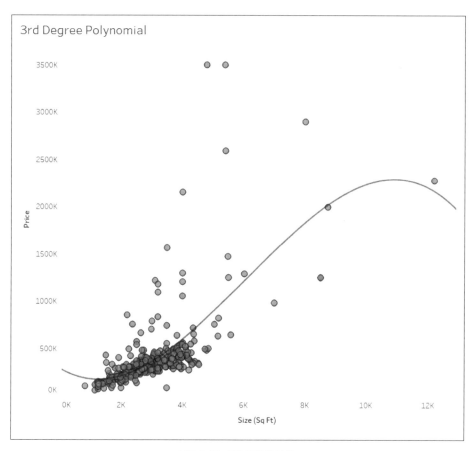

그림 9.13: 3차 다항식 추세

데이터에 대한 가정을 테스트하고 검증할 수 있게 추세 모델의 기본 사항을 이해하고 싶어 할 것이다. 일부 추세 모델은 분명히 잘못됐다(통계적으로 여전히 유효하지만 가격이 기하급수적으로 상승할 가능성은 거의 없다). 통계에 대해 계속해서 더욱 이해도를 높여간다면 이러한 작업들을 진행하는 데 도움이 될 것이다.

자신의 모델에 대한 정확도 역시 분석하고자 하게 될 것이며, 이는 다음 절에서 살펴본다.

추세 모델 분석

추세선을 관찰해보는 것이 유용할 수 있지만 선택한 추세 모델이 통계적으로 의미가 있는지 이해해야 할 경우가 있다. 다행히 태블로는 추세 모델과 계산에 대한 가시성을 제공한다.

단일 추세선 위로 마우스를 가져가면 해당 추세선에 대한 R-제곱과 P-값과 함께 공식이 표시된다.

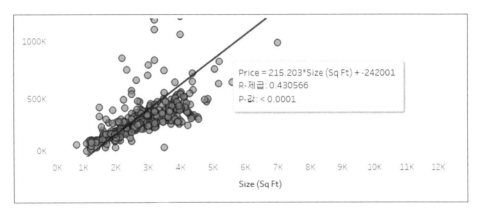

그림 9.14: 추세선 위로 마우스를 가져가면 표시되는 도구 설명

 P-값은 추세 모델로 예측한 결과에 가까운 값들 사이에 관계가 없다는 (우연히) 가설을 확인할 수 있는 확률을 설명하는 통계적 개념이다. 5%(.05)의 P-값은 적어도 값과 추세 모델 간의 관계를 설명하는 무작위 확률 5%를 나타낸다. 이것이 5% 이하의 P-값이 일반적으로 중요한 추세 모델을 나타내는 것으로 간주되는 이유다. 5%보다 높은 P-값은 종종 통계 학자로 하여금 추세 모델이 설명하는 상관관계에 의문을 제기하게 한다.

또한 메뉴에서 분석 ❯ 추세선 ❯ 추세 모델 설명...을 선택하거나 뷰 창을 마우스 오른쪽 단추로 클릭해 유사한 메뉴를 사용해 추세 모델에 관해 더 많은 상세 내용을 볼수도 있다. 추세 모델을 볼 때 추세 모델 설명 창을 볼 수 있다.

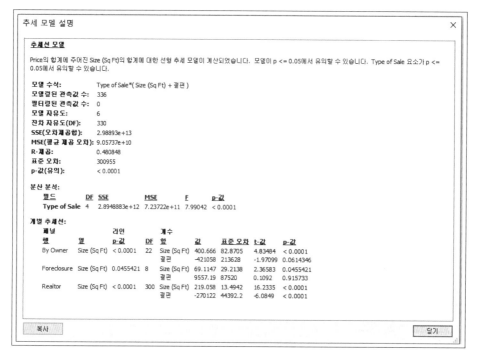

그림 9.15: 추세 모델 설명 창

 워크시트 메뉴 또는 Ctrl + E를 눌러 사용할 수 있는 시트 설명에서 추세 모델 설명을 얻을 수도 있다. 시트 설명에는 현재 뷰에 관한 기타 유용한 요약 정보가 많이 포함돼 있다.

창에 보이는 많은 통계 정보는 추세 모델, 공식, 관측치 수, 전체 모델과 각각의 추세선에 대한 P-값 등이 포함돼 있다. 앞의 화면에서 보였던 Type 필드는 세 개의 추세선을 정의한 요소로 포함돼 있었다. 시각화의 선마다 P-값이 다를 수 있다(예를 들면 그림 9.6의 선들과 같이). 때로는 하나 이상의 추세선으로 인해 모델이 전체적으로 통계적으로 유의하다는 것을 발견할 수도 있다.

특정 뷰에 대한 추가 요약 통계 정보를 태블로 데스크톱에 표시할 수 있다. 메뉴에서 **워크시트 ▶ 요약 표시**를 선택한다. 요약에 표시되는 정보는 **요약 카드**의 드롭다운 메뉴를 사용해 확장할 수 있다.

요약	▼
카운트:	336
합계(Price)	
합계:	134,111,169
평균:	399,140.38
최소값:	50,000
최대값:	3,500,000
중앙값:	300,000.00
표준 편차:	414,561
1사분위:	211,500.00
3사분위:	409,344.50
왜곡도:	4.59
첨도 초과:	25.75
합계 (Size (Sq Ft))	
합계:	1,001,025
평균:	2,979.24
최소값:	784
최대값:	12,200
중앙값:	2,800.50
표준 편차:	1,264
1사분위:	2,108.50
3사분위:	3,627.00
왜곡도:	2.27
첨도 초과:	10.94

그림 9.16: 요약 정보

도구 설명과 요약을 통해 사용할 수 있는 풍부한 정보는 추세 모델을 평가하고 정확성과 세부 사항을 이해하는 데 도움이 된다. 하지만 더 나아가서 추세 모델에 대한 통계 데이터를 내보내고 분석할 수도 있다. 이제 이것을 고려해보고자 한다.

통계 모델 세부 정보 내보내기

태블로에서 추세 모델과 관련된 데이터를 포함해서 데이터 내보내기를 할 수도 있다. 이것으로 좀 더 깊이 있게 심지어는 더욱 시각적인 추세 모델 분석을 할 수 있다. 어떤 요소 없이 실제 부동산의 가격과 크기에 관한 산점도를 3차 다항식으로 추세선 분석을 해보자. 현재 뷰에 관련된 데이터를 내보내려면 워크시트 ❯ 내보내기 ❯ 데이터 메뉴를 선택한다. 데이터는 마이크로소프트 액세스 데이터베이스 ^{Microsoft Access Database}(.mdb)파일로 내보내지고 파일을 저장할 위치를 묻는 메시지가 표시된다.

 데이터를 액세스(Access)로 내보내는 기능은 PC에서만 할 수 있다. 맥(Mac)을 사용하는 경우 옵션이 없다. 이 절을 훑어보고 싶을 수도 있지만 예제를 복제할 수 없다고 걱정하지 말자.

Access로 데이터 내보내기 화면에서 접근하고자 하는 테이블명을 지정하고 전체 뷰에서 데이터를 내보낼 것인지 현재 선택에서 데이터를 내보낼 것인지 선택한다. 태블로가 데이터에 연결해야 한다고 설정하게 될 것이다. 이렇게 하면 데이터 원본이 생성되고 현재 통합 문서에 지정된 이름으로 사용할 수 있게 된다.

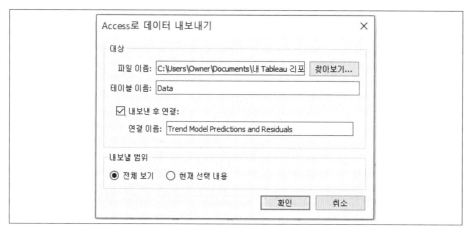

그림 9.17: Access로 데이터 내보내기 대화상자

새 데이터 원본 연결에는 원래 보기에 있던 모든 필드에 추세 모델과 관련된 추가 필드가 포함된다. 이를 통해 잔차와 예측을 사용해 다음과 같은 뷰를 작성할 수 있다.

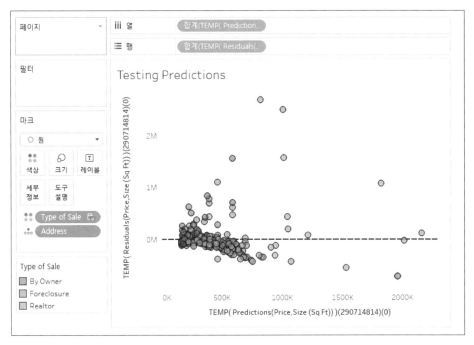

그림 9.18: 모델을 테스트하고자 잔차와 예측을 사용하는 뷰

예측값(x축)과 잔차(y축)에 의한 산점도를 통해 각 마크가 추세선에 의해 예측된 위치에서 얼마나 멀리 떨어져 있는지 시각적으로 확인할 수 있다. 또한 잔차가 0의 양쪽에 균등하게 분포돼 있는지 확인할 수 있다. 고르지 않은 분포는 추세 모델에 문제가 있음을 나타낼 수 있다.

이 새로운 뷰를 대시보드에 원본과 함께 포함해 추세 모델을 시각적으로 탐색할 수 있다. 도구 모음의 하이라이트 단추를 사용해 Address 필드를 강조 표시한다.

그림 9.19: 하이라이트 단추

하이라이트 동작이 정의된 채로 하나의 뷰에서 마크를 선택하면 다른 뷰에서 마크를 볼 수 있을 것이다. 이 기술을 확장해 여러 추세 모델과 대시보드를 동시에

평가하고자 여러 추세 모델을 동시에 내보낼 수 있다.

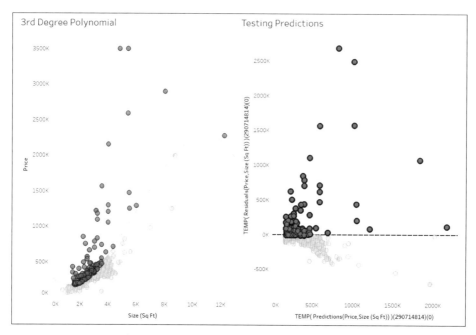

그림 9.20: 테스트 뷰와 함께 원래의 뷰를 배치하면 이들 간의 관계를 볼 수 있다.

R과 파이썬을 통한 고급 통계

태블로를 R이나 파이썬과 통합해서 사용하면 좀 더 정교한 통계 분석을 할 수 있다. R은 오픈소스 통계 분석 플랫폼인 동시에 프로그래밍 언어로 고급 통계 모델을 정의할 수 있다. 파이썬은 사용 편의성 때문에 데이터 분석가와 데이터 과학자 사이에서 빠르게 많은 관심을 받고 있는 고급 프로그래밍 언어다. 여기에는 통계 함수 라이브러리뿐만 아니라 데이터 정리를 위한 많은 기능이 포함돼 있다.

 R이나 파이썬을 사용하려면 R server 또는 TabPy(태블로에서 사용할 수 있는 파이썬 API)를 설치해야 한다. 그러고 나서 R server나 TabPy를 사용하도록 태블로를 구성한다. R Server나 TabPy를 설치하고 사용하는 방법을 자세히 알아보려면 다음 리소스를 확인해보자.

R과 파이썬의 복잡한 내용을 더 들여다보는 것은 이 책의 범위를 넘어서는 것이지만 독자 스스로 이 주제에 좀 더 관심을 갖는다면 더 많은 작업을 할 수 있게 될 것이다.

다음 절에서는 클러스터링을 사용해 데이터 내에서 복잡한 관계를 식별하는 태블로의 기능을 살펴본다.

클러스터링

태블로는 시각화에서 클러스터링 분석을 빠르게 할 수 있게 해준다. 빠른 클러스터링 분석을 활용하면 선택한 개수와 유사한 데이터 그룹이나 클러스터를 찾을 수 있다. 이는 다음의 예에서와 같이 다양한 산업과 연구 분야에서 유용할 수 있다.

- 마케팅에서는 지출 금액, 구매 빈도 또는 주문 시간과 날짜를 기준으로 서로 관련된 고객 그룹을 결정하는 것이 유용할 수 있다.
- 병원의 환자 관리 책임자는 진단, 약물, 입원 기간, 재입원 횟수를 기반으로 서로 관련된 환자 그룹을 이해하는 데 도움이 될 수 있다.
- 면역 학자는 약물 내성이나 유전적 표지를 기반으로 관련된 박테리아 균주를 검색할 수 있다.
- 재생 가능 에너지 컨설턴트는 에너지 생산을 기반으로 풍차 클러스터를 정확히 찾아낸 다음 이를 지리적 위치와 연관시킬 수 있다.

태블로는 표준 k-means 클러스터링 알고리듬을 사용해 매번 일관된 결과를 산출한다. 태블로는 자동으로 클러스터의 수(k)를 할당하지만 이 값을 조정하고 여러 변수를 할당할 수 있는 옵션이 있다.

클러스터링을 고려할 때 다시 한 번 부동산 데이터로 전환해 시장에서 관련된 주택 그룹을 찾을 수 있는지 확인한 후 찾은 클러스터를 기반으로 지리적 패턴이 있는지 확인한다.

모든 시각화에 클러스터를 추가할 수 있지만 산점도부터 시작해보자. 이미 두 변수 간의 관계를 볼 수 있기 때문이다. 그러면 클러스터링이 작동하는 방식에 대한 통찰력을 얻을 수 있으며, 변수를 추가해 클러스터가 어떻게 재정의되는지 확인할 수 있다.

Address를 Size와 Price 기준의 산점도로 확인해본 다음 분석 패널에서 클러스터를 끌어다가 뷰에 둔다.

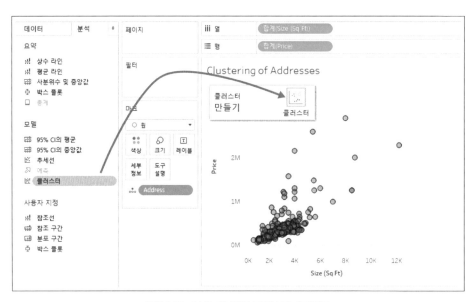

그림 9.21: 분석 패널에서 클러스터 추가하기

412

클러스터를 뷰에 떨어뜨릴 때 태블로는 새로운 **클러스터 필드**(색상에 자동으로 배치됨)를 생성하고 변수로 사용했던 필드와 클러스터의 수를 변경할 수 있는 옵션을 포함하고 있는 **클러스터 창**이 표시될 것이다. 변수에는 뷰에 이미 있는 측정값이 기본적으로 포함된다.

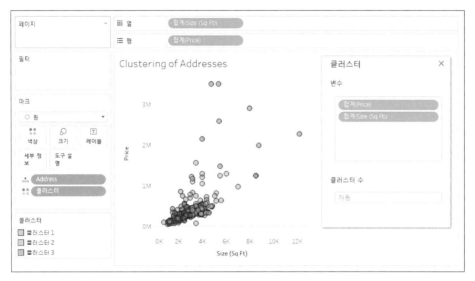

그림 9.22: Price와 Size에 따른 주소들의 클러스터

변수는 클러스터링 알고리듬이 관련된 데이터를 결정하는 데 사용하는 모든 요소다. 클러스터 수는 데이터를 몇 개의 그룹으로 나눌 것인지 결정한다. 앞의 뷰에서는 집에 관해 세 개의 클러스터를 관찰할 수 있다.

- 가격이 저렴하고 크기가 작은 경우(파란색)
- 평균 가격과 크기(주황색)
- 가격이 비싸고 크기가 큰 경우(회색)

클러스터에 사용된 두 변수가 산점도에 사용된 변수와 동일하기 때문에 클러스터의 경계를 보기가 비교적 쉽다(데이터를 분할하는 두 개의 대각선을 상상할 수 있다).

거의 모든 필드를 **변수 영역**(데이터 패널 또는 뷰에서) 안팎으로 드래그앤드롭해 변수를 추가하거나 제거할 수 있다. 이렇게 하면 클러스터가 자동으로 업데이트된다. 변수 목록에 Bedrooms를 추가해 실험하고 클러스터 1과 클러스터 2 사이에 겹치는 부분이 있는지 관찰해보자. 어떤 집은 큰 집인데도 불구하고 침실이 2개 혹은 3개뿐일 수도 있는 반면 일부 작은 집에는 침실이 4개 또는 5개가 될 수도 있기 때문이다. 침실 수는 이제 클러스터를 정의하는 데 도움이 된다. Bedrooms를 제거하면 클러스터는 바로 다시 업데이트된다.

의미 있는 클러스터가 있으면 뷰에서 데이터 패널로 드래그앤드롭해 데이터 원본 그룹으로 구체화할 수 있다.

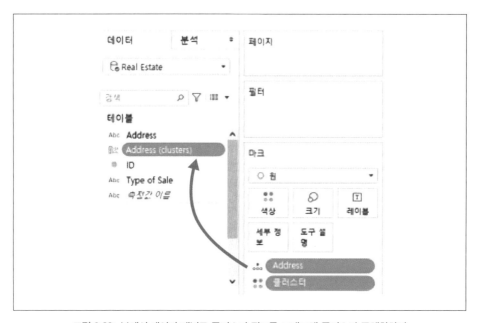

그림 9.23: 뷰에서 데이터 패널로 클러스터 필드를 드래그해 클러스터 구체화하기

클러스터 그룹은 렌더링할 때 재계산되지 않는다. 클러스터 그룹을 재계산하려면 데이터 패널의 필드에서 오른쪽 마우스 단추를 누르고 드롭다운 메뉴에서 재구성을 선택한다.

클러스터 그룹을 사용하면 다음을 포함해 많은 작업을 수행할 수 있다.

- 클러스터 그룹은 여러 시각화에서 사용할 수 있으며 대시보드의 작업에 사용할 수 있다.
- 클러스터 그룹을 편집할 수 있으며 원하는 경우 개별 구성원을 그룹 간 이동할 수 있다.
- 클러스터 그룹 이름은 별칭을 지정할 수 있어 클러스터 1이나 클러스터 2보다 클러스터를 설명하는 이름을 붙일 수 있다.
- 클러스터 그룹은 계산된 필드에서 사용할 수 있지만 클러스터는 사용할 수 없다.

다음 예에서는 이전의 뷰에서 맵 속성에 Address(클러스터) 그룹별로 색을 다르게 해 가격과 크기 기준의 클러스터에 지리적 상관관계가 있는지 여부를 확인하는 데 도움이 되게 했다. 이 시각화에서 클러스터를 직접 만들 수 있으며 그룹이 갖는 몇 가지 장점은 앞서 언급했다.

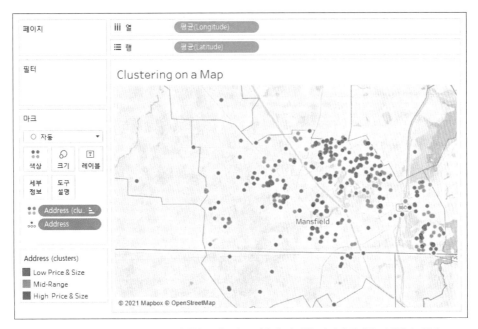

그림 9.24: 이 뷰에서는 앞에서 식별한 클러스터를 사용해 더 많은 지리적 관계를 이해할 수 있다.

이 뷰에서 원래 각각의 클러스터는 클러스터에 대한 더 나은 설명을 제공하고자 별칭이 지정된 그룹이다. 데이터 패널에서 그룹 필드의 드롭다운 메뉴를 사용하거나 색상 범례에서 항목을 마우스 오른쪽 단추로 클릭해 별칭을 편집할 수 있다.

 지도가 표시되는 방식을 편집하기 위한 많은 옵션이 있다. 데이터에 대한 추가 컨텍스트를 제공하는 데 도움이 되도록 지도에 표시되는 계층을 조정할 수 있다. 상단 메뉴에서 **맵 ▶ 맵 계층**을 선택한다. 계층 옵션은 왼쪽 사이드바에 표시된다. 앞의 맵에는 도로, 고속도로, 카운티 경계선, 우편번호 경계가 활성화돼 각 주소에 좀 더 정확한 위치 컨텍스트를 제공할 수 있다. 선택할 수 있는 계층은 지도의 확대/축소 수준에 따라 다르다.

앞의 뷰를 보면 Low Price & Size (Cluster 1)(저가 가격 & 크기 (클러스터 1))이 가장 많고 그다음은 Mid-Range (Cluster 2)(중급 가격 & 크기 (클러스터 2))가 많은 것을 알 수 있다. 부동산 투자자가 중급 지역 내에서 저가 주택을 찾고자 이런 시각화를 어떻게 쓸 수 있을지 생각해보자.

▎ 분포

분포 분석은 대단히 유용하다. 이미 앞에서 평균, 백분위수, 표준편차와 같은 통계 정보를 결정하는 데 특정 계산을 사용할 수 있다는 것을 확인했다. 태블로를 사용하면 신뢰 구간, 백분율, 백분위수, 사분위수, 표준편차를 비롯한 다양한 분포를 쉽고 빠르게 시각화할 수 있다.

분석 패널(또는 축을 마우스 오른쪽 단추로 클릭하고 참조선 추가를 선택해)을 사용해 이러한 시각적 분석 기능을 추가할 수 있다. 참조선이나 구간 기능처럼 분포 분석은 테이블, 창 또는 셀 범위 내에 적용할 수 있다. 원하는 시각적 분석을 드래그앤드롭하면 범위와 축을 선택할 수 있는 옵션이 보인다. 다음 예에서는 합계(Price)로 정의한 축의 설정 창에 분석 패널에서 **분포 구간**을 드래그앤드롭했다.

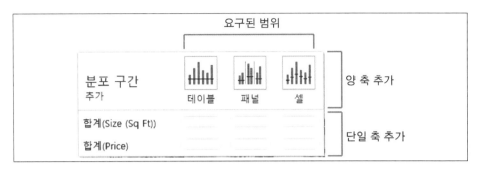

그림 9.25: 분석 패널에서 참조선과 분포를 추가할 때 범위와 축 정의하기

범위와 축을 선택하면 설정을 변경할 수 있는 옵션이 제공된다. 뷰의 분석 기능이나 참조선 자체를 마우스 오른쪽 단추로 클릭해서 라인, 구간, 분포, 박스 플롯을 편집할 수도 있다.

예를 들어 Type of Slaes를 색상 열에 추가해 가격과 크기에 의한 산점도를 살펴보자.

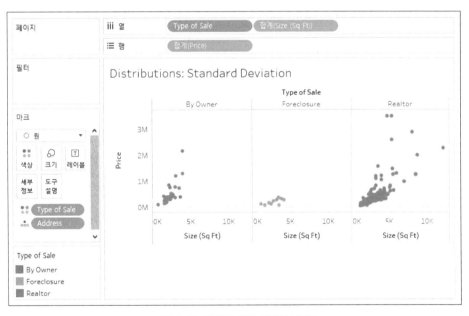

그림 9.26: 세 개의 열로 분할된 산점도

이제 분석 패널에서 **분포** 구간을 끌어다 Price 축에 관한 설정 창에 둔다. 이렇게 하면 옵션을 설정하는 대화상자가 나타난다.

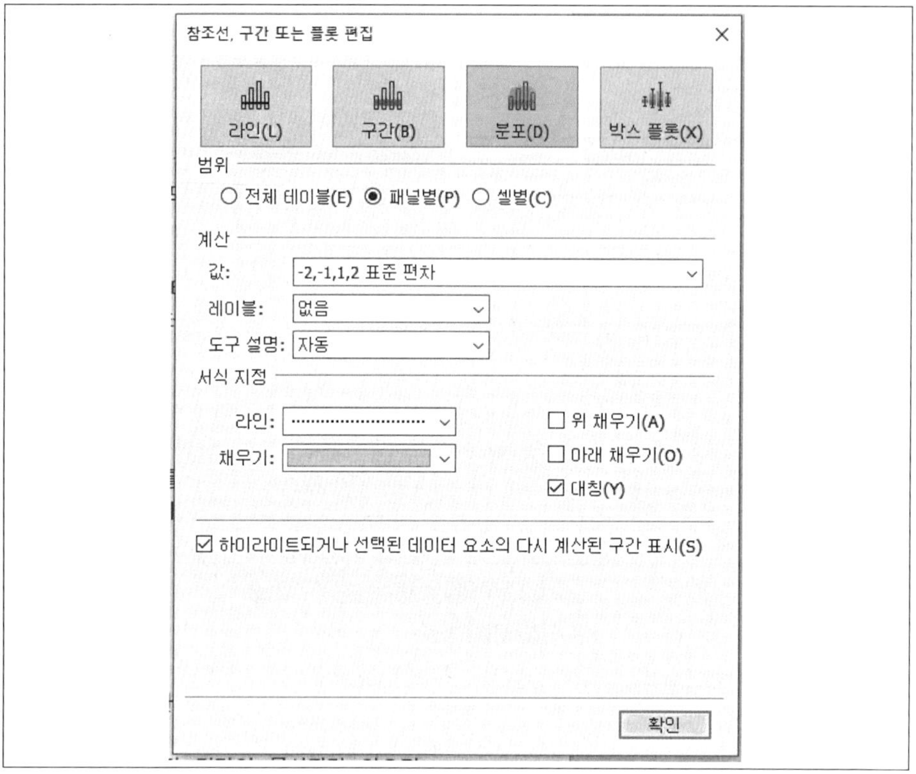

그림 9.27: 라인, 구간, 분포 또는 박스 플롯을 추가하거나 편집하기 위한 대화상자

각각의 **분포** 옵션은 계산의 드롭다운 메뉴에 보이는 **값**으로 설정할 수 있다. 예를 들어 **신뢰 구간**을 사용해서 구간에 관한 백분율을 설정할 수 있다. **표준편차**를 사용하면 표준편차의 수와 간격을 설명하는 쉼표로 구분된 값 목록을 입력할 수 있다. 앞의 설정은 −2, −1, 1, 2 표준편차를 반영한다. 앞의 화면에 표시된 대로 레이블과 형식을 조정하고 나면 다음과 같은 결과가 표시될 것이다.

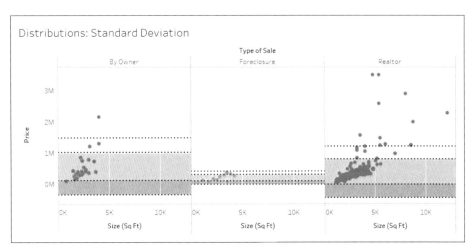

그림 9.28: 각각의 Type of Sale에 대한 가격의 두 가지 표준편차

창마다 표준편차를 적용했기 때문에 각각의 판매 유형에 대해 다른 구간을 얻게 된다. 각각의 축에서 여러 개의 분포, 참조선, 구간을 설정할 수 있다. 예를 들어 시각화를 보는 사람이 표준편차의 중심을 이해하기 쉽게 앞의 뷰에 평균선을 추가할 수 있다.

산점도에서 각 축에 대한 분포를 사용하면 이상치를 분석하는 데 매우 유용할 수 있다. Area와 Price 두 가지에 대한 단일 표준편차를 표시하면 두 가지 다 포함되는, 혹은 하나만 혹은 둘 다 포함되지 않는 표준에 해당하는 부동산을 쉽게 볼 수 있다(상당히 큰 크기의 주택이지만 정규 가격의 한도 안에 있는 주택 구입을 고려할 수 있을 것이다).

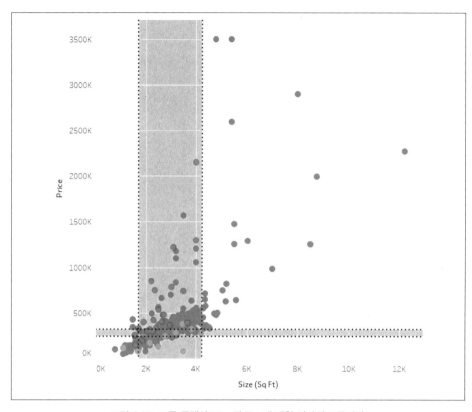

그림 9.29: 모든 주택의 Price와 Size에 대한 하나의 표준편차

▌ 예측

지금까지 살펴본 것처럼 추세 모델은 예상을 하는 것이다. 좋은 모델이 있으면 추가 데이터는 추세를 따를 것이라고 기대한다. 추세가 시간이 지남에 따라 미래 가치가 하락할 수 있는 위치를 알 수 있다. 그러나 미래 가치를 예측하려면 종종 다른 유형의 모델이 필요하다. 계절성과 같은 요인은 추세만으로는 예측할 수 없는 차이를 만들 수 있다. 태블로에는 미래 가치를 예측하고 시각화하는 데 사용할 수 있는 기본 제공 예측 모델이 포함돼 있다.

예측을 사용하려면 태블로가 날짜를 재구성할 수 있게 날짜 필드나 충분한 날짜 부분이 포함된 뷰(예, Year와 Month 필드)가 필요하다. 또한 태블로는 날짜 대신 정수를 기반으로 한 예측을 허용한다. 분석 패널에서 예측을 드래그앤드롭하고 메뉴에서 분석 ❯ 예측 ❯ 예측 표시를 선택하거나 뷰 창을 마우스 오른쪽 단추로 클릭해서 예측 ❯ 예측 표시를 선택한다.

예를 들어 다음은 시간에 따른 아프가니스탄과 호주의 인구 증가에 대한 예측을 보여주고 있는 뷰다.

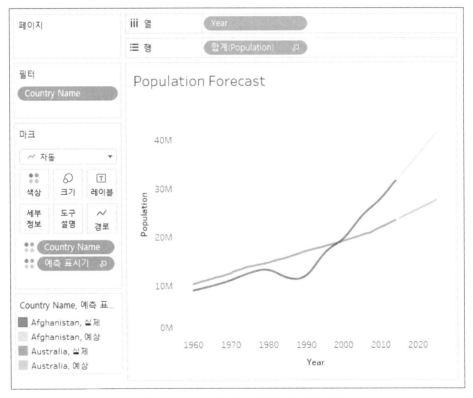

그림 9.30: 아프가니스탄과 호주에 대한 인구 예측

예측을 표시하면 태블로가 행의 합계(Population) 필드에 예측 아이콘을 추가해 측정값이 예측 중임을 나타낸다. 또한 태블로는 예측값이 뷰의 실제 값과 구별되게 새로 특별한 예측 표시기 필드를 색상에 추가한다.

예측 표시기 필드를 이동하거나 다른 선반으로 복사해서(끌어서 놓는 동안 Ctrl 키 누르기) 뷰를 추가
로 사용자 정의할 수 있다.

메뉴에서 **분석 ❯ 예측 ❯ 예측 옵션...**을 선택하거나 뷰에서 같은 메뉴를 마우스 오른
쪽 단추를 클릭해 예측을 편집할 때 다음과 같이 예측 모델을 사용자 정의할 수 있
는 다양한 옵션이 제공된다.

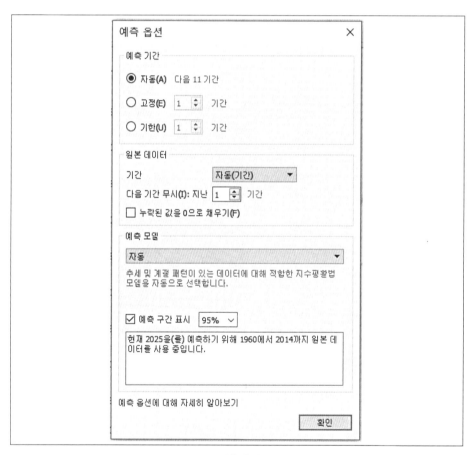

그림 9.31: 예측 옵션 대화상자

422

여기에 예측 길이의 설정, 집계 방식 결정, 모델의 사용자 정의, 예측 간격의 표시 여부를 설정하는 옵션이 있다. 예측 길이는 기본적으로 **자동** 설정되지만 사용자지 정 값으로 예측을 확장할 수 있다.

원본 데이터 아래의 옵션을 사용하면 선택적으로 모델에 대한 다른 데이터를 지정 할 수 있다. 예를 들어 뷰에 연도별 측정값이 표시될 수 있지만 태블로에서 원본 데이터를 쿼리해 월별로 값을 검색하고 더 미세한 단위를 사용해 잠재적으로 더 나은 예측 결과를 얻을 수 있다.

 데이터 원본을 별도로 쿼리해 좀 더 정확한 결과를 내고자 데이터를 더욱 세밀하게 가져오는 태블로 의 기능은 관계형 데이터 원본으로 잘 작동한다. 그러나 OLAP(Online Analytical Processing, 온라 인 분석 처리) 데이터 원본은 이것과 호환되지 않는다. 이것이 큐브 작업할 때 예측을 사용할 수 없는 이유 중 하나다.

기본적으로 마지막 값은 모델에서 제외된다. 이는 가장 최근 기간이 불완전한 특 성을 갖는 데이터로 작업할 때 유용하다. 예를 들어 레코드가 매일 추가되면 해당 월의 마지막 날에 최종 레코드가 추가될 때까지 마지막(현재) 달이 완료되지 않는 다. 마지막 날 이전에는 불완전한 기간이 무시되지 않으면 모델을 왜곡할 수 있다.

모델 자체는 계절성 여부에 관계없이 자동으로 설정하거나 계절성 및 추세에 대 한 옵션을 설정하도록 사용자 지정할 수 있다. 옵션을 이해하고자 Superstore 샘플 데이터로 다음의 Sales by Month 뷰를 고려해보자.

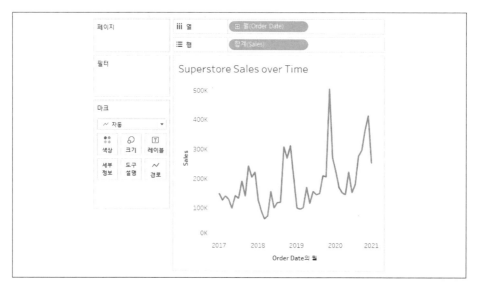

그림 9.32: 이 시계열은 주기적 또는 계절적 패턴을 보여준다.

데이터는 뚜렷한 주기적 또는 계절적 패턴을 표시한다. 이는 소매 판매와 기타 유형의 데이터에서 매우 일반적이다. 다음은 다양한 사용자 지정 옵션을 선택한 결과다.

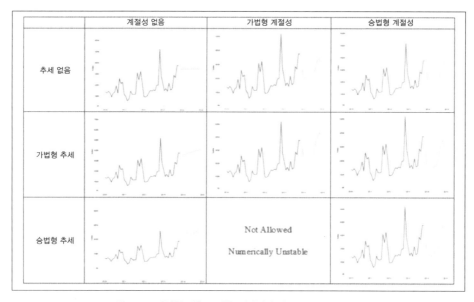

그림 9.33: 다양한 예측 모델을 선택하면 다른 결과가 생성된다.

앞 내용의 차이점을 확인해보면 옵션의 차이점을 이해하는 데 도움이 된다. 예를 들어 직선에 계절성이 없으면 계절에 따라 변동이 생기지 않는다. 승법형 추세는 더욱 급격한 경사와 감소가 있는 반면 승법형 계절성은 변동이 더욱 날카롭게 생성된다.

추세와 마찬가지로 예측 모델과 요약 정보는 메뉴를 사용해 접근할 수 있다. 분석 ❯ 예측 ❯ 예측 설명을 선택하면 모델에 대한 요약과 세부 정보가 있는 창이 표시된다.

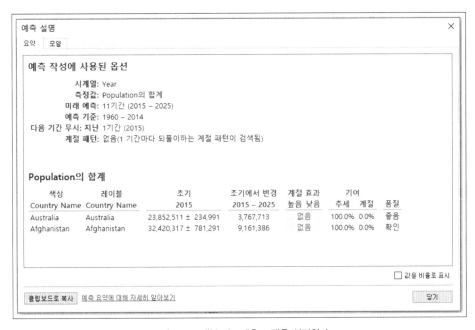

그림 9.34: 태블로는 예측 모델을 설명한다.

창의 아래쪽에 있는 예측 요약에 대해 자세히 알아보기 링크를 클릭하면 태블로에서 사용하는 예측 모델에 대한 더욱 자세한 정보를 얻을 수 있다.

예측 모델은 특정 조건 집합에서만 사용할 수 있다. 이 옵션이 비활성화된 경우 OLAP이 아닌 관계형 데이터베이스에 연결된 것이 맞는지, 테이블 계산을 사용하는 것은 아닌지, 데이터 포인트가 5개 이상 있는지 확인해보자.

▌요약

태블로는 분석에 가치를 더할 수 있는 광범위한 기능 집합을 제공한다. 추세선을 사용하면 이상치를 좀 더 정확하게 식별하고 특정 모델의 예측에 속하는 값을 결정하며, 측정값이 기대되는 위치에서 예측할 수도 있다. 태블로는 추세 모델에 대한 광범위한 가시성을 제공하며 추세 모델 예측과 잔차가 포함된 데이터를 내보낼 수도 있다. 클러스터를 사용하면 다양한 요소를 기반으로 서로 관련된 데이터 그룹을 찾을 수 있다. 분포는 데이터 세트에서 값의 분포를 이해하는 데 유용하다. 예측으로는 복잡한 추세와 계절성 모델을 이용해 향후 결과를 예측할 수 있다. 이러한 도구를 잘 이해하면 자신의 최초 시각적 분석을 명확히 하고 검증할 수 있다.

이제 태블로를 사용해 수행할 수 있는 작업과 다른 사용자에게 데이터를 전달하는 방식의 지평을 확장할 몇 가지 고급 시각화 유형을 살펴보자.

10

고급 시각화

다양한 유형의 시각화와 이 시각화들로 답할 수 있는 질문 유형들을 살펴봤다. 예를 들면 막대 차트는 값을 비교하는 데 도움이 되고, 라인 차트는 시간에 따른 변화와 추세를 보여주기에 효과적이다. 누적 막대 그래프와 트리 맵은 부분과 전체 간 관계를 보는 데 도움이 되며, 박스 플롯은 분포와 이상치를 이해하는 데 도움이 된다. 또한 계산, 주석, 서식, 참조선을 사용해 데이터에 관한 이해와 데이터 스토리텔링을 향상시키는 방법도 살펴봤다. 이런 지식을 기반으로 몇 가지 고급 시각화를 통해 데이터 분석의 가능성을 확장시킬 수 있을 것이다.

이는 태블로의 놀라운 유연함과 관련된 예들로, 새로운 방법을 통해 데이터를 보고 이해하고 전달할 수 있는 생각을 할 수 있게 영감을 줄 수 있음을 의미한다. 이들은 복잡성을 고려해 복잡한 차트로 디자인한 것이 아니라 데이터를 효과적으로 전달할 수 있게 창의성과 흥미를 유발하고자 고안된 것이다.

10장에서 다루는 내용은 다음과 같다.

- 고급 시각화: 사용 시기와 이유
- 기울기 차트와 범프 차트
- 폭포형 차트
- 단계 라인과 이동 라인
- 스파크 라인
- 덤벨 차트
- 단위/기호 차트
- 마리메꼬 차트
- 애니메이션 시각화

▌ 고급 시각화: 사용 시기와 이유

지금까지 살펴본 시각화 유형을 통해 데이터에 관한 질문에 어느 정도 답할 수 있을 것이다. 언제와 관련된 질문이라면 시계열이 해답이 될 가능성이 가장 높다. 이유와 관련된 질문이라면 막대 차트로 빠르고 좋은 결과를 얻을 수 있을 것이다. 그러나 다른 유형의 시각화로 더 나은 답을 얻을 수 있는 경우도 있다. 예를 들어 움직임이나 흐름은 생키 다이어그램$^{Sankey\ Diagram}$으로 가장 잘 표현될 수 있다. '얼마나?'에 관한 것은 단위 차트나 기호 차트로 가장 잘 대답할 수 있다. 순위나 절대값의 변화를 비교하는 것은 기울기 차트$^{Slope\ Chart}$나 범프 차트$^{Bump\ Chart}$를 사용해 답할수 있다. 이제 알아보게 될 시각화들은 데이터를 처음 탐색할 때 사용하는 것은 아니며, 분석에 대해 더 깊이 파고들고 더 많이 알거나 전달하고자 할 때 고려하게 되는 것들이다.

10장의 모든 시각화는 제공된 Superstore 데이터를 사용해 생성된다. 단계별 지침을 제공하는 대신 각각의 차트 유형을 만드는 데 사용되는 특정 고급 기술을 설명할 것이다. 목표는 단계를 암기하는 것이 아니라 태블로의 기능을 창의적으로 활용하는 방법을 이해하는 것이다.

Chapter 10 Complete 통합 문서의 완성된 예제를 참고하거나 Chapter 10 Starter 통합 문서를 사용해 처음부터 모든 것을 구축해 태블로 기술을 습득해보자.

이제 기울기 차트와 범프 차트를 사용해 고급 시각화에 관한 여정을 시작해보자.

기울기 차트와 범프 차트

기울기 차트는 하나의 기간이나 상태로부터 또 다른 기간이나 상태로 값이 변화하는 것을 보여준다. 예를 들어 다음은 2015년부터 2016년까지 West(서부) 지역 내 각 주(State)의 판매 순위 변화를 보여주는 기울기 차트다.

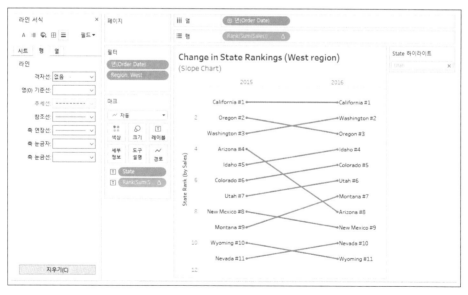

그림 10.1: 기울기 차트는 하나의 기간이나 상태에서 다른 기간이나 상태로
변화한 순위나 절대값을 비교하는 데 유용하다.

다음은 기울기 차트를 만드는 데 사용된 몇 가지 함수와 기술이다.

- 테이블 계산 Rank(SUM(Sales))는 State 기준으로 계산된다. 이는 단일 연도 내에서 각 State의 순위가 매겨짐을 의미한다.
- 행에 대한 눈금선과 제로 라인은 없음으로 설정됐다.
- 축을 반전시켰다(축을 마우스 오른쪽 단추로 클릭하고 축 편집을 선택한 다음 반전 옵션을 선택한다). 이렇게 하면 순위 #1이 상단에 표시되고 하위 순위가 내림차순으로 표시된다.
- 축이 숨겨져 있다(축을 마우스 오른쪽 단추로 클릭하고 머리글 표시를 선택 취소한다).
- 레이블을 편집해(레이블 선반을 클릭해) 선의 양쪽 끝에 표시, 세로로 가운데에 표시를 선택하고 State의 이름 옆에 순위 번호를 배치했다.
- Year 열의 머리글을 뷰의 아래쪽에서 위쪽으로 이동시켰다(상단 메뉴에서 분석 ▶ 테이블 레이아웃 ▶ 고급을 선택하고 세로축이 있을 때 보기 하단의 가장 안쪽 수준을 표시하는 옵션을 선택 취소한다).
- 데이터 하이라이터를 추가해서 최종 사용자가 하나 이상의 상태를 강조 표시할 수 있게 한다(뷰의 State 필드에 있는 드롭다운을 사용해 하이라이터 표시를 선택한다).

 데이터 하이라이터는 사용자가 드롭다운 목록에서 값을 선택하거나 값을 입력해 뷰에서 마크를 강조할 수 있는 기능을 제공한다(값의 일부에서 일치하는 항목이 있으면 마크가 강조 표시된다. 예를 들어 California를 입력하면 California가 강조 표시된다. 뷰에서 불연속형(파란색)으로 사용하는 모든 필드에 대해 데이터 하이라이터를 표시할 수 있으며, 뷰에서 동일한 필드가 사용되는 한 대시보드의 여러 뷰에서 작동한다.

기울기 차트는 절대값(예, Sales의 실제 값) 또는 상대값(예, 이 예에 표시된 Sales의 순위와 같은)을 사용할 수 있다. 여러 기간 동안의 순위 변화를 관찰하고자 2년 이상 표시하면 그 결과 범프 차트라고 불리는 시각화가 다음과 같이 표시될 것이다.

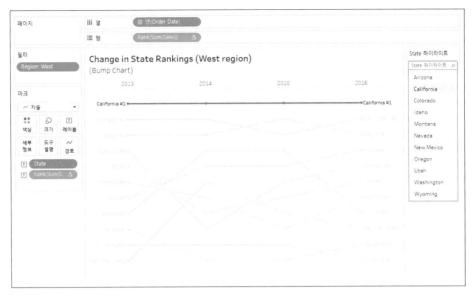

그림 10.2: 이 범프 차트는 시간에 따른 각 주(State)의 순위 변화를 보여주며 하이라이터를 사용하고 있다.

기울기 차트는 한 상태에서 다른 상태로의 전후 순위를 비교할 때 매우 유용한데, 범프 차트는 이 개념을 두 개 이상의 기간에 걸쳐 확장한 것이다. 순위의 상대적 변화를 이해하고 상대적 변화와 비교하려면 두 차트 중 하나를 사용하면 좋다.

이제 전체에 대한 부분 축적을 이해하는 데 도움이 되는 차트를 살펴보자.

▌ 폭포형 차트

폭포형 차트$^{\text{Waterfall chart}}$는 부분이 연속돼 전체를 구성하는 방법을 보여주고자 할 때 유용하다. 예를 들어 다음 화면은 제품의 Department와 Category를 기준으로 수익 총합계에 도달하는 방식을 보여주는 폭포형 차트다. 이익이 음수인 때에는 해당 시점에서의 폭포형 차트는 그만큼 하락하는 반면 양수 값은 총계로 합산된다.

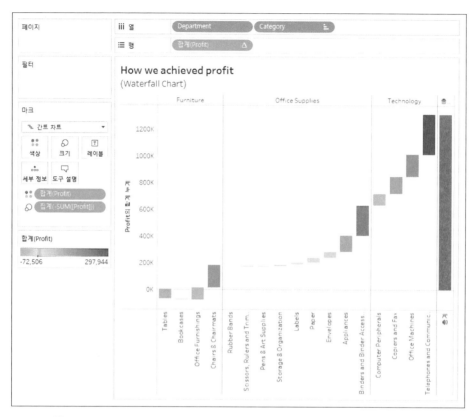

그림 10.3: 이 폭포형 차트는 각 Category별로 어떻게 이익을 더하는지(혹은 빼는지) 보여준다.

차트를 작성하는 데 사용된 함수와 기술은 다음과 같다.

- 행의 합계(Profit) 필드는 누계 테이블 계산(드롭다운 메뉴의 퀵 테이블 계산을 사용해 생성)이며 테이블 전체에 대해 계산된다.
- 행 총계가 뷰에 추가됐다(분석 패널에서 끌어다 놓음).
- 마크 유형은 **간트 차트**로 설정하고 크기에 대한 **합계(Profit)** 임시 계산을 코드와 함께 사용했다. 이것이 처음에는 약간 이상하게 보일 수 있지만 간트 차트는 실제 값에서 추출돼 이익이 양수일 때 채워지거나 이익이 음수일 때 채워진다.
- Category는 수익의 합계를 기준으로 오름차순 정렬됐고, 폭포형 차트는 각

각의 Department 내에서 왼쪽에서 오른쪽 방향으로(또는 음으로) 작성됐다. 프레젠테이션에 미치는 영향을 알아보고자 정렬 옵션을 실험해 볼 수 있다.

폭포형 차트는 전체 또는 전체 값에 대한 누적이나 진행을 보여주는 데 도움이 된다. 이제 단계 라인과 이동 라인을 통해 시간에 따른 불연속 변화를 나타내는 것에 대해 알아보자.

▮ 단계 라인과 이동 라인

라인 마크 유형을 선택하면 나타나는 경로 선반을 클릭하면 세 가지 옵션의 라인 유형이 표시된다.

그림 10.4: 마크 카드에서 경로 선반을 클릭해 라인 유형 변경하기

세 가지 옵션은 다음과 같다.

1. **선형:** 값 사이의 이동이나 전환을 강조하고자 각진 라인을 사용한다. 이것이 기본값이며 지금까지 이 책의 모든 라인 차트 예제에서 이 라인 유형을 사용했다.

2. **단계:** 연결되지만 개별적인 단계의 변화를 강조한다. 이는 값 사이에 전환이 없는 경우이거나 혹은 전환 값이 불연속적인 단계임을 알리고 싶을 때 유용하다. 예를 들어 시간이 지남에 따라 작동하는 발전기 수를 표시할 수 있다. 7에서 8로의 변경은 단계 라인^{step lines}으로 가장 잘 표현될 수 있는 불연속적인 변경이다.

3. **이동:** 이것은 연결되지 않는 차트 유형으로, 값이 변경되면 새 라인이 시작된다. 이동 라인^{jump lines}은 다른 상태로 점프하기 전에 정해진 기간 동안 존재할 수 있는 특정 상태를 나타내는 값을 표시하려는 경우에 유용하다. 예를 들어 시간에 따른 호텔의 일일 점유율을 표시할 수 있다. 이동 라인은 매일이 새로운 가치임을 강조하는 데 도움이 될 수 있다.

다음 예에서는 앞에서 폭포형 차트로 나타냈던 수익의 누적에 단계 라인을 사용해 수익을 연속되는 단계로 표시했다.

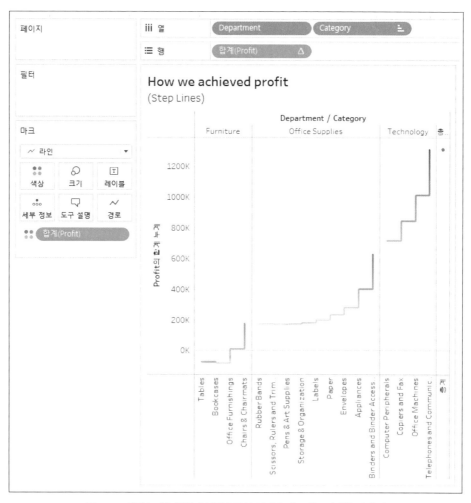

그림 10.5: 갑작스러운 변화나 불연속적인 차이를 강조하는 단계형 라인 차트

라인의 유형을 바꿔보면서 각각의 시각적 효과가 데이터의 어떤 내용을 전달하는지 확인해보자.

▌스파크 라인

스파크 라인$^{\text{spark lines}}$은 빠르게 읽고 비교할 수 있게 설계된 여러 개의 작은 선 그래프를 사용하는 시각화다. 스파크 라인의 목표는 한 번에 이해할 수 있는 시각화를 제공하는 것이다. 정확한 값을 전달하려고 하는 것이 아니라 청중이 추세, 움직임, 패턴을 빠르게 이해할 수 있게 하려는 것이다.

이런 유형의 시각화는 다양하게 활용되는데, 주가의 움직임을 비교하고자 재무 간행물에 사용하는 스파크 라인이 하나의 예다. 1장에서 스파크라인 시각화의 시작으로 라인 차트를 반복하는 것을 본 적이 있다. 다음은 훨씬 더 발전된 예다.

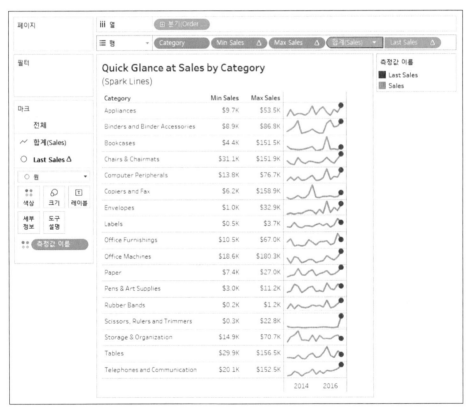

그림 10.6: 스파크 라인은 카테고리마다 시간에 따른 변화의 '형태'를 한눈에 볼 수 있게 해준다.

다음의 과정을 따라 하면 이와 같은 차트를 생성할 수 있다.

1. 행에 Category를 두고 Order Date의 분기 기준(날짜 값)으로 합계(Sales)에 관한 간단한 뷰를 생성해보자.
2. 각각의 카테고리에 대해 분기별 최소 판매 값과 최대 판매 값을 표시한다. Min Sales의 코드는 `WINDOW_MIN(SUM(Sales))`로, Max Sales의 코드는 `WINDOW_MAX(SUM(Sales))`로 한다. 두 가지 모두 행에 불연속형(파란색) 필드로 추가한다.
3. `IF LAST() == 0 THEN SUM([Sales]) END` 코드를 사용하는 계산 Last Sales를 행에 배치하고 각 타임라인에 대한 최종 판매 값을 강조하고자 동기화된 이중 축을 원 마크로 해 사용한다.
4. 합계(Sales)의 축을 편집해 각각의 행과 열이 독립된 축 범위를 갖게 하고 축을 숨긴다. 이를 통해 라인의 움직임을 강조할 수 있다. 우리의 목표는 정확한 값을 보여주는 것이 아니라 청중이 패턴과 움직임을 볼 수 있게 하는 것이라는 점을 명심하자.
5. 행의 격자선을 숨긴다.
6. 뷰의 크기를 조절한다(뷰를 수평으로 압축하고, 높이 맞추기로 설정한다). 이렇게 하면 스파크 라인을 작은 공간에 맞출 수 있어 패턴과 움직임을 빠르게 이해하는 데 도움이 된다.

스파크 라인은 모든 종류의 시계열과 함께 사용될 수 있어 전체적인 추세와 동작을 한눈에 보기에 유용하다.

▌덤벨 차트

덤벨 차트^{Dumbbell chart}는 데이터 조각별로 두 개의 값을 비교하는 원형 그래프의 변형으로, 두 값 사이의 거리를 강조한다.

예를 들어 다음은 제품 Category별 동서부 간 이익의 차이^{Difference between West and East Profit}를 보여주는 차트다.

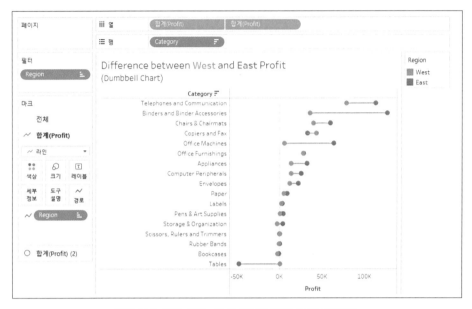

그림 10.7: 덤벨 차트는 두 값 사이의 거리/차이를 강조한다.

이 차트는 다음 함수와 기술을 사용해 생성됐다.

- 합계(Profit)에 대해 동기화된 이중 축은 원형 유형을 표시하는 데 사용되는 한 세트와 라인으로 설정된 또 다른 세트를 사용했다.
- Category는 Profit 기준으로 내림차순으로 정렬됐다(기준은 East와 West에 대한 이익의 합).
- 두 Region 사이에 선을 그릴 수 있게 Region이 경로 선반에 배치됐다.

> 경로 선반에서는 **라인**과 **다각형** 마크 유형을 사용할 수 있다. **경로** 선반에 필드를 배치하면 태블로에 점을 연결하는 순서를 알려준다(**경로** 선반에 배치된 필드의 정렬 순서에 따름). 경로는 종종 지리적 시각화와 함께 사용돼 경로의 출발지와 목적지를 연결하며, 다른 시각화 유형과 함께 사용할 수도 있다. 태블로는 두 값(이 경우 East와 West) 사이에 하나의 선을 그린다.

- 원 마크로 나타나는 Region은 색상에 배치됐다.

덤벨 차트는 값 사이의 차이를 강조한다. 이제 단위/기호 차트^{Unit/Symbol chart}를 사용해 응답을 유도하는 방법을 살펴보자.

단위/기호 차트

단위 차트는 개별 항목을 표시하는 데 사용되며, 각각의 개인을 표현하고자 모양이나 기호를 사용하곤 한다. 이러한 차트는 데이터의 표현이 덜 추상적이고 좀 더쉽게 실제적인 것으로 식별되기 때문에 감정적 반응을 이끌어내는 데 강력하다. 예를 들어 다음은 각 Region별로 배송 지연을 경험한 고객수를 보여주는 차트다.

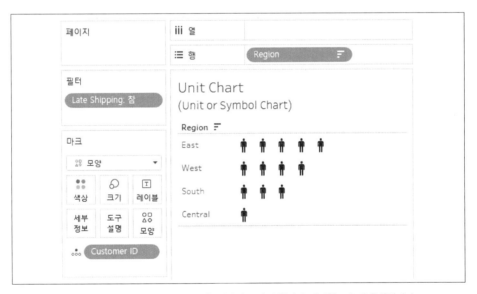

그림 10.8: 각 이미지는 실제 사람을 나타내고 있어 원이나 사각형보다 덜 추상적이다.

이 뷰는 다음의 기술을 사용해 생성됐다.

- Late Shipping이 참인 경우 뷰가 필터링된다. Late Shipping은 주문을 배송하

는 데 14일 이상 걸렸는지를 확인하는 계산된 필드다. 코드는 다음과 같다.

```
DATEDIFF('day', [Order Date], [Ship Date]) > 14
```

- Region은 고유한 Customer ID를 기준으로 내림차순 정렬됐다.
- Customer ID를 세부 정보에 두어 각 개별 고객에 대해 표시될 수 있게 했다.
- 마크 유형을 모양으로 변경한 후 성별 모양표에 포함된 사람 모양으로 변경 했다. 모양을 변경하려면 다음 화면과 같이 모양 선반을 클릭하고 원하는 모양을 선택한다.

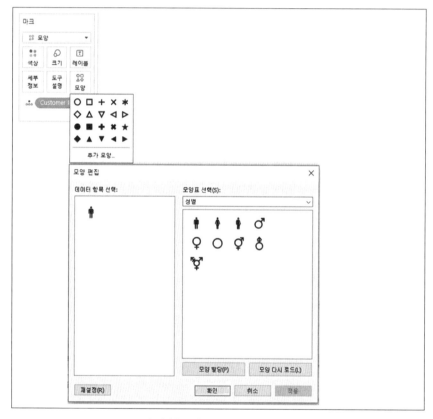

그림 10.9: 모양 선반을 사용해 차원 값에 모양을 할당할 수 있다.

이 단위 차트를 사용하면 열악한 고객 서비스가 사람들에게 영향을 미치고 있다는 것을 지역 관리자에게 부드럽게 상기시켜야 할 때 표준 막대 차트보다 더 많은 반응을 이끌어낼 수 있을 것이다. 물론 모양은 여전히 추상적이지만 실제 사람에 더 가깝게 표현할 수 있다. 고객 이름을 마크 라벨로 붙이거나 다른 기술을 사용해 청중을 더 많이 참여시킬 수 있다.

 TIP 일반적으로 태블로에서는 차원 값의 각 교차점에 마크가 그려진다. 예를 들면 하나의 필드가 열 개의 값을 포함하는 경우 하나의 데이터 행에 대해 열 개의 개별 모양을 그리는 것은 다소 어렵다. 즉, 데이터의 모양을 고려해야 하고 표현하려는 단위를 그릴 수 있는 충분한 행을 포함해야 한다.

모든 유형의 시각화에서 구체적인 모양을 사용하면 데이터를 이해하는 데 걸리는 시간을 획기적으로 줄일 수 있다. 다음 두 산점도에서 부서를 식별하는 데 필요한 노력의 양을 비교해보자.

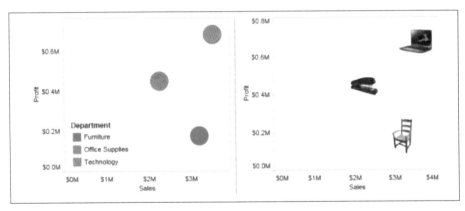

그림 10.10: 왼쪽 차트와 오른쪽 차트 간의 '인지 부하' 차이를 확인해보자.

모양의 의미를 인지하게 되면 더 이상 범례를 참조할 필요가 없다. 모양 선반에 불연속형 필드를 배치해서 필드의 개별 값에 모양을 할당할 수 있다.

모양들은 My Tableau Repository\Shapes 디렉터리에 있는 이미지다. 해당 디렉터리에 하위 폴더를 생성하고 이미지 파일을 추가해 여러분 스스로의 사용자 정의 모양을 포함시킬 수 있다.

마리메꼬 차트

마리메꼬 차트$^{Marimekko\ chart}$(메꼬 차트라고도 함)는 수직 누적 막대 차트와 비슷하지만 데이터에 대한 추가 정보를 전달하고자 다양한 너비의 막대를 추가로 사용한다. 예를 들어 다음은 지역과 부서별 매출 분석을 보여주는 마리메꼬 차트다.

막대의 너비는 Sales for Region의 총합을 나타내며, 각 조각의 높이는 Region 내 Department의 매출 비율을 나타낸다.

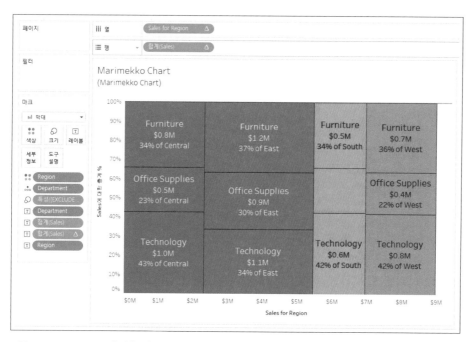

그림 10.11: Department별 매출액은 각 조각의 높이로 표시되고, 각 막대의 너비는 Region별 전체 매출을 나타낸다.

태블로에서 마리메꼬 차트를 생성하면 축 단위에 따라 막대의 너비를 고정하는 기능을 활용할 수 있다.

 연속형(녹색) 필드가 열(수평축 정의)에 있고 마크 유형이 막대로 설정된 경우 크기 선반을 클릭하면 고정된 크기에 대한 옵션이 표시된다. 크기와 맞춤을 수동으로 입력하거나 크기 선반에 필드를 두어 막대의 너비를 변경할 수 있다.

이러한 종류의 시각화를 만드는 데 필요한 과정은 다음과 같다.

1. 마크 유형을 막대로 설정한다.
2. Region과 Department는 각각 색상과 세부 정보에 둔다. 이들이 뷰의 유일한 차원이기 때문에 이 차원들이 뷰의 상세 수준을 정의한다.
3. Sales를 행에 두고 구성 비율 퀵 테이블 계산을 적용한다. 다음을 사용해 계산 (주소 지정) 옵션이 Department로 설정돼 Region 파티션 내의 각 부서에 대한 판매 비율을 구할 수 있다.
4. 계산된 필드 Sales for Region은 각 막대의 오른쪽 위치에 대한 x축의 위치를 계산하며, 코드는 다음과 같다.

```
IF FIRST() = 0
    THEN MIN({EXCLUDE [Department] : SUM(Sales)})
ELSEIF LOOKUP(MIN([Region]), -1) <> MIN([Region])
    THEN PREVIOUS_VALUE(0) + MIN({EXCLUDE [Department] : SUM(Sales)})
ELSE
    PREVIOUS_VALUE(0)
END
```

이 코드가 처음에는 벅차게 보일 수 있지만, 이는 논리적으로 진행된다. 첫 번째 막대 조각인 경우 전체 지역에 대한 Sales의 합계를 알고 싶을 것이다(이것이 인라인 세부 계산 수준에서 Department를 제외하는 이유다). 계산이 새 Region으로 이동하면 이전 Region의 합계를 새 Region의 합계에 추가해야 한다. 그렇지 않으면 계산은 같은 Region 내의 또 다른 조각에 대해 수행돼 지역 합계가 이전 조각과 같아진다. 이제 다시 다음을 사용해 계산 옵션을 Department로 설정하면 논리적 진행이 예상대로 작동하게 된다.

마지막으로 뷰에 몇 가지 추가 조정이 이뤄졌다.

- 크기 필드는 {EXCLUDE [Department] : SUM(Sales)} 코드를 사용하는 임시 세부 수준 계산이다. 앞에서 언급했듯이 이렇게 하면 Department가 제외된 Region 수준의 판매 합계를 얻을 수 있다. 즉, 각 막대는 해당 Region의 총 판매량에 따라 크기가 조정된다.
- 크기 선반을 클릭하면 막대의 정렬을 오른쪽으로 설정할 수 있는 옵션이 제공된다. 계산을 사용해서 막대의 위치를 설정했으므로 해당 시작점에서부터 막대가 그려지는지 확인해야 한다.
- 합계(Sales)나 절대값 및 백분율과 같은 다양한 필드를 레이블 선반에 복사해두면 청중에게 각 막대 조각의 의미를 좀 더 명확하게 전달할 수 있다.

 각 Region 열에 레이블을 추가하려면 두 번째 뷰를 만들어 두 개의 뷰를 모두 하나의 대시보드에 배치해보자. 혹은 주석을 사용할 수도 있다.

마리메꼬 차트를 생성할 때, 축 단위로 막대의 크기를 제어하는 기능은 복잡한 계단식 차트나 계단식 영역 차트와 같은 추가 시각화를 생성할 수 있는 모든 종류의 가능성을 열어준다. 기술들은 여기에 사용된 것과 같다. 연속형 구간을 사용해 크기 조정 기능을 활용할 수도 있다(드롭다운 메뉴를 사용해 뷰의 구간 필드를 불연속형에서 연속형으로 변경한다).

희소한 데이터로도 작동하게 하는 방식을 포함해 마리메꼬 차트에 관한 좀 더 포괄적인 논의는 조나단 드러미(Jonathan Drummey)의 블로그 게시물(https://www.com/about/blog/2016/8/how-build-marimekko-chart-tableau-58153)을 참고하라.

▌애니메이션 시각화

이전 버전의 태블로에서는 재생 컨트롤이 있는 페이지 선반을 사용해 초보적인 애니메이션을 사용할 수 있었다. 태블로 2020.1은 마크 애니메이션을 소개했는데, 이는 사용자가 필터나 정렬 페이지 변경을 적용할 때 마크가 부드럽게 전환됨을 의미한다. 애니메이션을 활용해 분석 잠재력을 확장할 수 있는 다음의 몇 가지 방법을 생각해보자.

1. 데이터를 탐색하고 분석하는 동안 켜두면 이를 통해 필터가 변경될 때 산점도의 마크가 얼마나 멀리 그리고 어느 방향으로 이동하는지에 관한 통찰력을 얻을 수 있다. 이런 것은 애니메이션을 사용하지 않으면 놓칠 수 있다.
2. 애니메이션을 전략적으로 사용해 데이터 스토리를 향상시켜보자. 애니메이션은 관심을 끌거나 중요한 요소에 주의를 집중시키고 결론에 대한 긴장감을 조성하는 데 사용할 수 있다.

다음 예제에서는 애니메이션에 대한 두 가지 접근 방식을 모두 살펴본다.

애니메이션으로 분석 향상시키기

각각의 Department에 대해 Sales와 Profit 간 상관관계를 보여주는 다음의 막대 차트를 생각해보자.

그림 10.12: Department별 Sales와 Profit

Region 필터에 주의하자. Chapter 10 통합 문서에서 필터 선택을 변경해보자. 애니메이션 없이 발생하는 표준 동작을 관찰할 수 있을 것이다. 원형 마크는 필터에 의해 결정된 새 위치에 바로 다시 그려진다. 이는 잘 작동하지만 필터 설정 간에는 약간의 단절이 있다. 지역을 전환할 때 마크가 있는 위치와 새 선택을 통해 표시되는 위치를 추적하는 데 어려움이 있을 것이다. 한 지역의 수익이 증가했는가? 매출은 감소했는가?

이제 뷰에 대한 애니메이션을 켜보자. 이렇게 하려면 메뉴에서 서식 ➤ 애니메이션... 을 선택한다. 그러면 애니메이션 서식 패널이 왼쪽에 보일 것이다. 선택한 시트에서 애니메이션을 설정하면 사용할 수 있다.

그림 10.13: 애니메이션 서식 패널은 통합 문서와 개별 시트 애니메이션 설정에 대한 다양한 옵션을 제공한다.

다양한 기간을 설정해보고 필터 값을 변경해가며 실험해보자. 지역별로 매출과 수익의 변화를 확인하는 것이 얼마나 쉬운지 확인해보자. 이렇게 하면 변경 사항을 더 쉽게 알아차릴 수 있다. 많은 인지적 노력을 기울이지 않아도 변화의 규모와 방향에 대한 통찰력을 얻기 시작할 것이다. 애니메이션은 이러한 분석적 통찰력을 확보할 수 있는 길을 제공한다.

애니메이션으로 데이터 스토리텔링 향상시키기

데이터에서 분석을 통해 발견하는 작업을 하는 동안 분석적 통찰력을 제공하는 것 이외에도 애니메이션을 활용해 좀 더 효과적으로 관심을 유도할 수 있고, 의사

결정 지점이나 기회와 위험을 데이터 스토리에서 강조할 수 있다. 예를 들어 Chapter 10 통합 문서에서 다음의 뷰를 생각해보자.

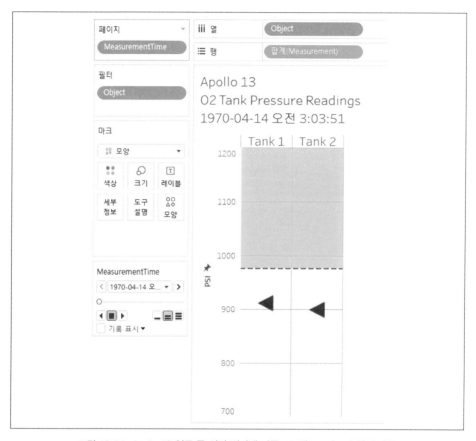

그림 10.14: Apollo 13 임무 중 시간 경과에 따른 O2 탱크 1과 2의 압력 판독

이 뷰는 우주선에 문제가 생겼던 아폴로 13호 이야기의 일부와 그 사건을 말하고 있다. 페이지 선반과 부드러운 애니메이션을 모두 사용하고 있다. Chapter 10 통합 문서에서 애니메이션 속도와 재생 컨트롤을 시험해보자. 애니메이션을 사용해 인지도를 높이고 관심을 유도하거나 긴장감을 만드는 방법을 생각해보자.

페이지 선반에 동일한 필드 조합이 있는 대시보드에서 여러 뷰를 사용하는 경우 재생 컨트롤을 동기화(재생 컨트롤의 캐럿 드롭다운 메뉴 사용)해 완전히 애니메이션된 대시보드를 만들 수 있다.

애니메이션은 태블로 데스크톱의 다른 사용자와 공유될 수 있고 태블로 서버, 태블로 온라인, 태블로 퍼블릭에서 표시된다.

요약

10장에서는 고급 시각화의 다양한 유형을 다뤘다. 순위나 값의 변화를 보여주는 기울기와 범프 차트, 불연속으로 변화하는 값을 보여주는 단계와 이동 라인, 추상적인 개념을 구체화하는 데 도움이 되는 단위 차트를 살펴봤다.

가능한 모든 시각화 유형을 다루기보다는 달성할 수 있는 일부를 보여주고 새로운 아이디어와 창의성을 내는 데 도움이 되고자 했다. 데이터를 보는 새로운 방법을 실험하고 반복할 때 데이터에 포함된 스토리를 가장 잘 전달하는 방법에 더욱 자신감을 갖게 될 것이다. 이제 대시보드 주제로 돌아가 고급 기술을 사용해 동적 대시보드를 만드는 방법을 살펴보자.

11

동적 대시보드

8장에서 대시보드를 살펴봤고 다양한 동작을 사용해 대화형 대시보드를 만드는 방법을 알아봤다. 여기서는 이 개념을 확장해 개체를 표시하고 숨길 수 있는 진정한 동적 대시보드를 만드는 방법을 알아보고자 한다. 이를 통해 사용자가 보게 될 시각화 유형을 선택하거나, 관련되거나 원하는 컨트롤을 동적으로 숨기거나 표시하는 등 모든 종류의 작업을 수행할 수 있다.

11장에서는 다음과 같은 유형의 동적 상호작용을 살펴본다.

- 표시/숨기기 단추
- 시트 교체
- 컨트롤 자동 표시와 숨기기

표시/숨기기 단추를 사용해 대시보드에서 콘텐츠를 표시하고 숨기는 방법부터
살펴보자.

▌ 표시/숨기기 단추

표시/숨기기 단추로 레이아웃 컨테이너(및 그 안에 있는 모든 것)를 표시하고 숨길
수 있다. Chapter 11 Complete 통합 문서에서 몇 가지 예제를 찾을 수 있다.
Chapter 11 Starter 통합 문서에는 대시보드가 포함돼 있지만 표시/숨기기 단추나
컨테이너는 포함돼 있지 않다. 두 번째 예에서 사용된 이미지들은 Chapter 11 디렉
터리에도 있다.

표시/숨기기 단추를 사용하려면 그림 11.1과 같이 대시보드에 레이아웃 컨테이너
를 부동 개체로 추가한 다음, 드롭다운을 사용해 **표시/숨기기 단추 추가**를 선택한다.

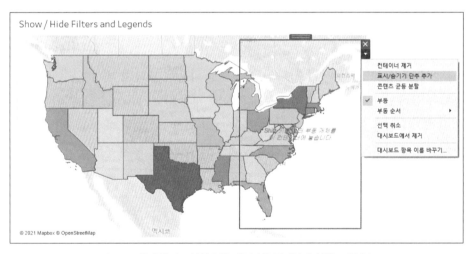

그림 11.1: 하나의 지도 뷰와 부동 레이아웃 컨테이너가 있는 대시보드

이 대시보드에는 맵 위에 플로팅돼 있는 수직 레이아웃 컨테이너를 추가했다. 표
시/숨기기 단추 추가를 선택하면 태블로가 대시보드에 작은 단추를 추가한다.

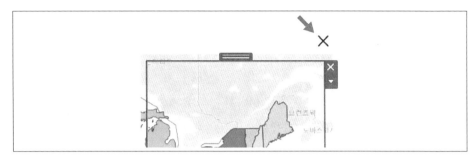

그림 11.2: 레이아웃 컨테이너의 표시/숨기기 단추

각각의 표시/숨기기 단추는 대시보드의 단일 부동 레이아웃 컨테이너에 적용할 수 있다.

 레이아웃 컨테이너 드롭다운에서 **대시보드 항목 이름 바꾸기...** 옵션을 사용하면 표시/숨기기 단추의 대상이 되는 레이아웃 컨테이너를 쉽게 식별할 수 있다.

단추의 드롭다운에서 **편집 단추..**.를 선택하면 단추의 모양과 동작을 편집할 수 있다.

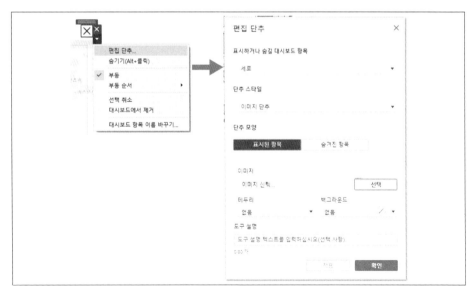

그림 11.3: 편집 단추..를 선택하면 단추의 동작과 모양을 변경할 수 있는 많은 옵션이 표시된다.

결과 대화상자에는 표시하거나 숨길 레이아웃 컨테이너, 단추 유형(이미지 또는 텍스트), 컨테이너를 표시하거나 숨길 때 표시할 이미지나 텍스트를 선택할 수 있는 옵션이 있다.

이 예에서 표시/숨기기 단추는 기본 이미지 단추 유형(그림 11.3 참고)을 사용하며 레이아웃 컨테이너는 몇 개의 필터와 지도에 관한 범례로 채워져 있다.

 컨테이너에는 어떤 대시보드 개체든 포함할 수 있는데, 필터, 범례, 매개변수 집합 컨트롤 혹은 다른 뷰까지 가능하다.

또한 컨테이너에는 테두리와 반투명 배경이 제공돼 컨테이너 아래에 지도가 약간 표시된다. 이는 컨테이너를 선택한 후 다음과 같이 대시보드 패널의 레이아웃 탭을 사용하면 가능하다.

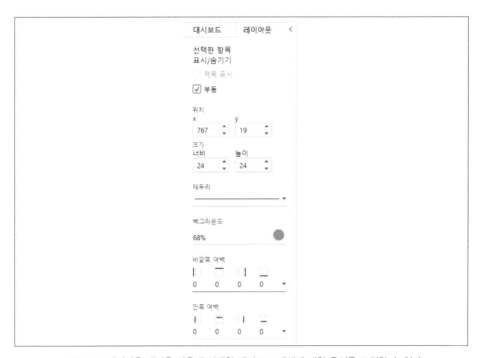

그림 11.4: 레이아웃 패널을 사용해 선택한 대시보드 개체에 대한 옵션을 조정할 수 있다.

Chapter 11 통합 문서에 표시된 최종 결과는 표시/숨기기 단추가 있는 대시보드로, 사용자는 추가 옵션을 표시하거나 숨길 수 있음을 알 수 있다.

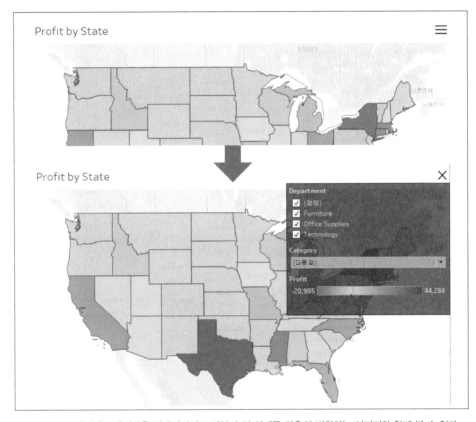

그림 11.5: 여기서는 레이아웃 컨테이너의 표시와 숨김 상태를 단추의 변화하는 이미지와 함께 볼 수 있다.

 디자인 모드에서 **Alt + 클릭**을 사용해 단추 동작을 대신하거나, 한 번의 클릭으로 단추가 대신 작동하는 프레젠테이션 모드로 전환한다.

표시/숨기기 단추를 사용하면 공간 최적화, 디스플레이 단순화, 인쇄된 출력물에서 필터나 기타 혼란스러운 것들을 제거할 수 있는 등 대시보드를 디자인할 때 유연성을 가질 수 있다.

표시하기 및 숨기기 지침을 보여주는 Chapter 11 Complete 통합 문서 내의 또 다른 예를 살펴보자.

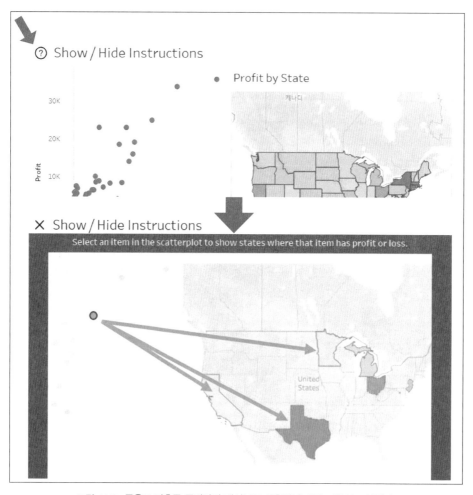

그림 11.6: 물음표 단추를 클릭하면 대시보드 사용법에 대한 지침이 표시된다.

이 경우 기본 단추 이미지가 물음표 아이콘으로 대체됐다. 이는 그림 11.3에 표시된 대로 이미지를 편집하고 이미지를 변경한 것이다(Chapter 11 디렉터리에 포함된 questionmark.png).

사용자가 단추를 클릭하면 전체 대시보드 상단에 부동 컨테이너가 나타난다. 여기에는 사용자에게 대시보드 사용법을 알려주는 주석이 달린 이미지와 텍스트가 포함돼 있다. 이 간단한 예에서는 간단한 텍스트 레이블로 충분할 때 이런 방식으로 지침을 제공하는 것이 과도한 것일 수 있다.

그러나 더 복잡한 대시보드를 작성하거나 설명이 필요한 세부 분석이 있는 경우 이를 사용해 사용자가 혼잡한 대시보드를 만들지 않도록 추가 지침을 제공할 수 있는 방법을 제시할 수 있다.

 PDF 또는 대시보드의 인쇄된 페이지에 포함하고 싶지 않은 사용자 상호작용을 허용해야 할 때 표시/숨기기 단추를 사용하는 것을 생각해보자. 필터와 매개변수가 매우 유용하긴 하지만 필터와 매개변수까지도 항상 세련된 출력물 안에 표시되는 것을 원하지는 않을 것이다.

다음으로 넘어가 대시보드에서 콘텐츠를 동적으로 표시하고 숨기고 교체하는 또 다른 방법을 알아보자.

시트 교체

시트 교체(간혹 시트 선택이라고도 함)는 대시보드에서 뷰가 동적으로 표시되고 숨겨지며 종종 한 뷰를 다른 뷰로 교체하는 것처럼 보이는 기법이다. 대시보드에서 뷰를 동적으로 숨기고 표시하는 것은 훨씬 더 광범위한 애플리케이션을 갖고 있다. 이 기술을 부동 개체 및 레이아웃 컨테이너와 결합하면 풍부하고 동적인 대시보드를 만들 수 있다.

시트 교체의 몇 가지 기본 원칙들부터 시작해보자.

시트 교체의 기본 원리

기본 원리는 비교적 간단하다. 다음과 같은 경우 대시보드의 뷰가 사라진다.

- 하나 이상의 필드가 행 또는 열에 있다.
- 가로 또는 세로 레이아웃 컨테이너에 있다.
- 고정된 높이나 너비가 없고 레이아웃 컨테이너는 항목을 균등하게 배포하도록 설정되지 않았다.
- 필터나 숨김을 조합하면 마크가 렌더링되지 않는다.

제목과 캡션이 뷰와 함께 없어지지는 않지만 뷰가 완전히 없어지게 숨길 수는 있다.

다음으로 시트 교체를 실제로 사용하는 방법의 예를 살펴보자.

시트 교체를 사용해 대시보드에서 뷰 변경

Department를 퀵 필터로 포함하고 있는 Profit by Department and Category를 보여주는 뷰의 간단한 예를 살펴보자. 이 대시보드는 회색 음영으로 서식 적용해(메뉴에서 서식 ▸ 대시보드를 선택) 효과를 볼 수 있다.

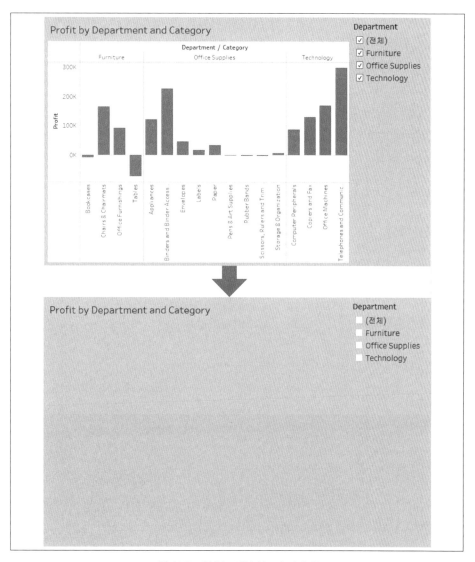

그림 11.7: 대시보드에서 시트 숨기기 데모

모든 부서의 필터링 선택을 제거하면 뷰가 어떻게 무너지는지 확인해보자. 제목은 남아 있지만 숨길 수 있다.

두 개의 다른 시트를 교체하려면 레이아웃 컨테이너의 속성에 따른 축소 동작을 활용하기만 하면 된다. 매개변수와 계산된 필드를 통해 필터링된 두 개의 다른 뷰를 생성하는 것으로 시작해보자. 매개변수는 표시되는 시트를 결정한다. 다음 과정을 따라 해보자.

1. 막대 차트와 맵으로 설정된 문자열 값의 목록으로 Show Sheet라는 이름의 정수 매개변수를 작성한다.

그림 11.8: 표시되는 시트를 제어하는 매개변수 만들기

2. 매개변수 선택을 기준으로 필터링하고 싶지만 매개변수를 필터 선반에 직접 추가할 수 없기 때문에 대신 선택한 매개변수 값을 반환하는 Show Sheet Filter라는 이름의 계산된 필드를 만든다. 코드는 [Show Sheet]인데, 이는 매개변수 이름이며 매개변수의 현재 값을 반환한다.

460

3. 그림 11.7에 표시된 Profit by Department and Category 뷰와 유사한 Bar Chart라는 새 시트를 만든다.

4. 매개변수 컨트롤을 표시한다(데이터 패널에서 매개변수를 마우스 오른쪽 단추로 클릭하고 매개변수 컨트롤 표시를 선택한다). Bar Chart 옵션이 선택돼 있는지 확인해보자.

5. 필터 선반에 Show Sheet Filter 필드를 추가하고 Bar Chart를 선택해 해당 값을 유지한다.

6. Map이라는 이름의 또 다른 시트를 생성한다. 이 시트는 주별 이익을 보여주는 채워진 맵을 표시한다.

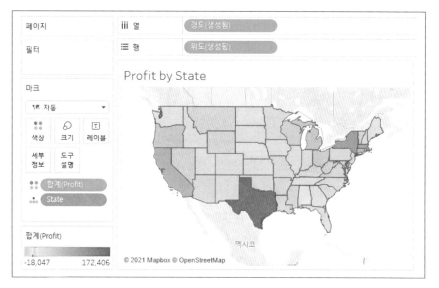

그림 11.9: 맵 뷰

7. 이 뷰에 매개변수를 표시하고 선택을 Map으로 변경한다. 매개변수 선택은 워크시트 전체에 적용된다는 점을 기억하자. Bar Chart 뷰로 다시 전환하는 경우 필터로 인해 더 이상 어떤 데이터도 표시되지 않아야 한다.

8. 필터 선반에 Show Sheet Filter 필드를 추가하고 유지할 값으로 Map을 선택한다.

9. Sheet Swap이라는 이름의 새 대시보드를 만든다.

10. 대시보드에서 왼쪽 창의 개체에 있는 가로 레이아웃 컨테이너를 추가한다.

그림 11.10: 가로 레이아웃 컨테이너 삽입

 수직 레이아웃 컨테이너의 경우에도 마찬가지로 잘 작동한다. 핵심은 레이아웃 컨테이너의 뷰가 전체 뷰에 맞게 설정되거나, 너비에 맞거나(가로 컨테이너의 경우) 높이에 맞게(세로 컨테이너의 경우) 컨테이너를 채우도록 내부의 각 뷰가 확장되는 것을 허용한다는 것이다. 하나의 뷰가 접히면 표시되는 뷰가 확장돼 컨테이너의 나머지 부분을 채운다.

11. 각 시트를 대시보드의 레이아웃 컨테이너에 추가한다. 매개변수 컨트롤이 각각의 뷰에 표시됐으므로 자동으로 추가된다.

12. Bar Chart 뷰의 드롭다운 메뉴를 사용해 뷰가 컨테이너를 채우도록 설정돼 있는지 확인한다(맞추기 ▶ 전체 보기). 맵 시각화가 컨테이너를 자동으로 채우므로 맵 채우기를 설정할 필요가 없다.

13. 각 뷰의 제목을 숨긴다(제목을 마우스 오른쪽 단추로 클릭하고 제목 숨기기 선택).

이제 매개변수를 변경하면 하나의 뷰나 다른 뷰가 표시되는 대시보드가 생성됐다. Map이 선택되면 필터는 막대 차트에 대한 데이터가 없어서 막대 차트는 없어지고 지도가 컨테이너를 채우게 된다.

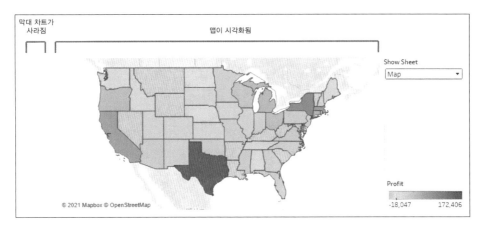

그림 11.11: Bar Chart가 사라지고 Map이 표시된다.

혹은 Bar Chart를 선택하면 필터로 인해 지도가 사라지고 막대 차트가 컨테이너를 채우게 된다.

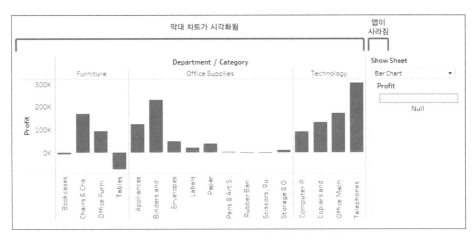

그림 11.12: 지도가 사라지고 막대 차트가 표시됨

 뷰 사라짐의 핵심은 데이터 행이 표시되지 않게 하는 필터나 필터 집합을 사용하는 것이다. 필터링을 제어하고자 매개변수를 사용할 필요는 없다. 일반 필터나 동작 필터를 사용해 동일한 효과를 얻을 수 있다. 이것으로 대시보드에서는 모든 종류의 동적 동작을 활용할 수 있다.

시트를 교체하면 대시보드에서 놀라운 효과를 사용할 수 있다. 사용자가 시각화 유형을 선택할 수 있게 해주는 것부터 작은 데이터 세트에 대해 잘 작동하는 뷰로 교체, 더 큰 데이터 세트에 대해 더 높은 수준으로 요약해주는 뷰에 이르기까지 시트 교체를 사용해 동적 경험을 할 수 있게 하자.

 TIP 경우에 따라 하나의 대시보드 내에서 콘텐츠를 교체하는 대신 다른 버전의 대시보드 간 탐색을 할 수 있는 내비게이션 단추를 사용하는 시트 교체를 생각할 수 있다.

시트 교체를 사용하면 대시보드에서 뷰를 교체할 수 있다. 뷰 변경으로 인해 특정 범례, 필터, 매개변수를 더 이상 사용할 수 없을 때 이들을 숨기려면 어떻게 해야 할까? 몇 가지 가능성을 고려해보자.

▌다른 컨트롤을 자동으로 표시하고 숨기기

필터링에서 모든 데이터가 선택되지 않으면 뷰가 사라진다. 그러나 빠른 필터, 매개변수, 이미지, 범례, 텍스트 상자와 같은 다른 컨트롤들은 사라지지 않을 것이다. 앞에서 설명한 대로 표시/숨기기 단추를 사용할 수 있지만 사용자가 추가 작업을 하지 않고 필터가 변경될 때 이러한 컨트롤을 자동으로 표시하거나 숨기고 싶을 때가 있다.

앞 절의 예를 떠올려보자. 태블로에서 대시보드에 자동으로 추가한 색상 범례가 지도에 적용됐지만 막대 차트가 표시되면 범례는 더 이상 적용할 수 없었다.

다행히도 앞 절에서 사용한 기법을 사용해서 뷰를 확장해 부동 개체 아래에 표시 하려는 항목을 푸시한 다음 숨기고자 하는 항목이 부동 개체 아래의 위치로 돌아 갈 수 있도록 뷰를 축소할 수 있다.

앞의 시트 교체 예제를 확장해 색상 범례를 표시하고 숨기는 방법을 살펴보자.

1. Show/Hide Legend라는 새 시트를 만든다. 이 뷰는 색상 범례를 표시하고 숨기는 데만 사용된다.
2. 행을 더블 클릭하고 MIN(1)을 입력해 임시 계산을 만든다. 뷰가 숨겨지게 하려면 행이나 열에 필드가 하나 있어야 하므로 이 필드는 행에 단일 축을 제공하는 경우와 머리글 없는 열에 단일 축을 제공하는 데 사용한다.
3. 열에 임시 계산을 복제한다. 이제 하나의 마크가 있는 간단한 산점도가 표시될 것이다.
4. 이것은 도우미 시트로 사용자에게 표시되기를 원하는 것은 아니므로 마크나 선을 표시하지 않아야 한다. 서식 ▶ 라인을 사용해 뷰의 서식을 설정한다. 행과 열에서 격자선을 축 눈금자와 함께 제거한다. 그러고 나서 축을 숨긴다(각각의 축이나 필드를 마우스 오른쪽 단추로 클릭하고 머리글 표시를 선택 취소한다). 또한 마크의 색상을 전체 투명도로 설정하고 숨긴다.
5. 맵 옵션이 선택되면 이 뷰가 표시되기를 원할 것이므로 매개변수 컨트롤을 표시하고 Map으로 설정돼 있는지 확인한 다음, Show Sheet Filter를 필터에 추가하고 Map을 확인한다.

그림 11.13: Show Sheet Filter가 적용된 Show/Hide Legend 시트

6. Sheet Swap 대시보드에서 Show Sheet 매개변수 드롭다운과 색상 범례 사이의 레이아웃 컨테이너에 Show/Hide Legend 시트를 추가한다. Show/Hide Legend 시트의 제목을 숨긴다.
7. 맵이 선택됐는지 확인한다. 색상 범례는 맨 아래까지 밀어 넣어야 한다.
8. 레이아웃 컨테이너를 부동 개체로 추가한다. 크기나 위치 모두 색상 범례가 있던 영역을 완전히 덮어야 한다. Show/Hide Legend 시트의 제목은 덮어야 하지만 매개변수의 드롭다운은 덮지 않아야 한다.

> TIP
> 새 개체 옵션을 부동으로 끌어다 설정하는 동안 Shift 키를 누르면 개체의 드롭다운 메뉴를 사용해 개체와 시트를 부동으로 추가할 수 있다. **대시보드** 패널에서 **새 개체**의 기본 동작을 바둑판식에서 부동으로 변경할 수도 있다.

9. 레이아웃 컨테이너는 기본적으로 투명하지만 그 아래에 있는 것은 숨기고 싶다. 드롭다운 메뉴를 사용해 서식을 지정하고 배경과 구분할 수 없게 흰색 음영을 추가한다.

이 시점에서 지도가 표시되고 범례가 사용 가능할 때 범례 표시가 되며 막대 차트가 표시될 때는 숨겨지는 동적 대시보드가 있다. Map을 선택하면 Show/Hide Legend 시트가 보이고 범례는 레이아웃 컨테이너의 맨 아래로 푸시된다.

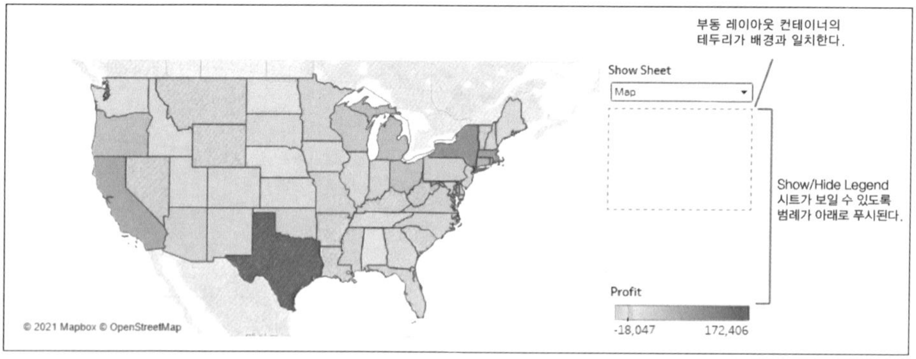

그림 11.14: Show/Hide Legend는 범례를 아래로 밀어낼 때 부동 개체를 건너뛴다.

Bar Chart를 선택하면 Show/Hide Legend 시트가 사라지고, 더 이상 뷰에 적용할 수 없는 범례가 부동 레이아웃 컨테이너 아래쪽으로 떨어지거나 뒤쪽으로 숨겨진다.

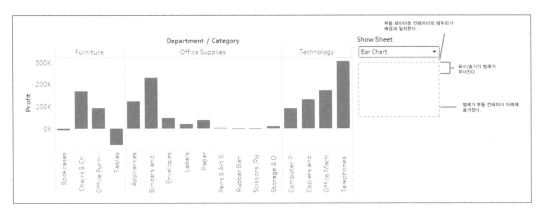

그림 11.15: 범례가 부동 개체 아래쪽으로 이동해 표시/숨기기 범례는 숨겨진다.

대시보드에서 사용할 수 있는 이 기술의 다양한 사용에는 그 수에 제한이 없다. 원하는 만큼 많은 레이어를 가질 수 있다. 이러한 기술의 조합을 사용해 대시보드에서 뷰와 개체를 푸시할 수도 있다. 풍부한 대화형 사용자 경험을 만들 수 있는 가능성을 즐겨보자.

▌요약

진정한 동적 대시보드를 만들면 대시보드 디자인에 상당한 유연성이 제공된다. 표시/숨기기 단추는 최종 사용자에게 대시보드에서 콘텐츠를 표시하거나 숨길 수 있는 옵션을 제공한다. 시트 교체 기술을 사용하면 표시되는 뷰를 교체할 수 있고, 컨트롤이나 기타 콘텐츠를 자동으로 표시하거나 숨길 수 있다.

11장에서 다룬 기술을 사용하면 컨트롤, 지침, 비즈니스 규칙과 분석에 관한 설명을 숨기고 보여주기부터 사용자가 시각화 유형과 안팎으로 교체되는 뷰를 결정할 수 있게 하는 것까지 모든 종류의 놀라운 상호작용을 수행할 수 있다.

다음으로 몇 가지 고급 기술인 지리 공간 데이터를 사용해 특정 종류의 데이터를 탐색해보고자 한다.

12

매핑과 고급 지리 공간 기능 탐색

지금까지 태블로의 기본 기능 중 일부를 활용하는 맵과 지리 공간 시각화의 예를 살펴봤다. 12장에서는 태블로에서 사용할 수 있는 방대한 매핑과 지리 공간 기능을 알아본다. 내장된 지리 공간 데이터베이스를 사용하고 추가 데이터와 공간 파일을 활용하는 것부터 고급 지리 공간 함수 사용에 이르기까지 태블로로 무엇을 할 수 있는지 살펴보자.

이전에 했던 것처럼 12장에서는 몇 가지 실용적인 예를 통해 개념에 접근할 것이다. 이 예들은 부동산, 운송, 의료를 비롯한 다양한 산업에 적용할 수 있으며 데이터를 활용해 공간 패턴에서 답을 찾을 수 있는 다양한 방법을 발견하게 될 것이다.

12장에서 다루는 내용은 다음과 같다.

- 태블로 맵 개요
- 태블로로 맵 렌더링
- 지리 공간 데이터 사용
- 공간 함수 활용
- 사용자 지정 영역 만들기
- 태블로 매핑: 팁과 요령
- 배경 이미지에 데이터 플로팅

▌ 태블로 맵 개요

태블로에는 일반적인 지리적 요소를 인식하고 맵의 특정 위도와 경도에서 마크를 렌더링할 수 있는 지리적 데이터베이스가 내장돼 있다. 국가나 주와 같이 많은 경우 태블로에는 마크를 적절한 위치에서 복잡한 벡터 모양으로 렌더링 할 수 있는 셰이프 파일도 내장돼 있다. 또한 태블로는 위도 및 경도, 셰이프 파일 및 공간 개체와 같은 특정 지리 공간 데이터를 활용한다. 여기서는 이러한 가능성 중 일부를 고려할 것이다. 이제 태블로가 맵을 렌더링하는 방법의 몇 가지 기본적인 사항과 사용할 수 있는 일부 사용자 지정, 옵션 등을 살펴보자.

▌ 태블로로 맵 렌더링

특정 요소에 번호를 매겨 둔 다음과 같은 화면을 살펴보자(Chapter 12 통합 문서의 Basic Map 사례).

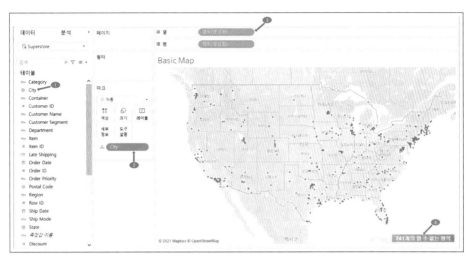

그림 12.1: 태블로의 기본적인 지리 공간 렌더링

여기서 숫자는 태블로가 맵을 렌더링하는 기능 중 몇 가지 중요한 항목이다.

1. 데이터 내의 지리적 필드는 지구본 아이콘으로 표시된다. 태블로가 인식한 필드라면 기본적으로 이 아이콘이 있을 것이다. 메뉴에서 **지리적 역할**을 선택하면 어느 필드라도 지리적 역할을 할당할 수 있다.

2. 맵을 렌더링하려면 뷰 내에 지리적 필드(이 경우 세부 정보 선반 위에 있음)가 있어야 한다.

3. 태블로가 지리적 필드를 내부 데이터베이스와 일치시킬 수 있으면 마크 카드에 놓인 지리적 필드(여러 개 가능)와 함께 **행**과 **열**에 배치된 **위도(생성됨)**와 **경도(생성됨)** 필드가 맵을 렌더링한다.

4. 태블로의 지리 데이터베이스에 일치하지 않는 값들에 대해서는 알 수 없는 값이 있다는 사실을 알려주는 표시기를 생성할 것이다.

 알 수 없는 값이 있다는 표시기를 마우스 오른쪽 단추로 클릭해 숨길 수 있고, 클릭해서 다음 옵션을 사용할 수 있다.

태블로는 산점도에서와 유사한 방식으로 맵 위에 마크를 렌더링한다(사실 맵은 위도와 경도를 투영하고자 복잡한 기하학적 변환을 사용하는 일종의 산점도라고 생각할 수 있다). 즉, 맵상에 원, 점, 사용자 정의 모양을 렌더링할 수 있는 것이다.

마크 아래에 맵 자체는 온라인 맵 서비스에서 검색된 벡터 이미지다. 세부 정보와 맵 계층 및 옵션에 대해 사용자 지정하는 방법을 다음 절에서 살펴본다.

맵 계층 사용자 지정

맵 자체(육지와 물, 지역, 지형, 거리, 국가, 주 경계 등)는 모두 온라인 맵 서비스에서 검색되는 벡터 이미지의 일부로 그려진다(오프라인 옵션 사용 가능).

맵을 그린 후 해당 이미지 위에 마크가 렌더링된다. 마크가 렌더링되는 방식을 조정하고자 데이터와 계산, 매개변수를 어떻게 사용하는지 이미 알고 있지만 태블로를 사용하면 맵 렌더링 방식을 다양하게 제어할 수 있다.

메뉴에서 맵 ➤ 배경 맵을 선택해 여러 가지 옵션을 살펴보자. 다음은 어두운 맵의 예다.

Dark Map

© 2021 Mapbox © OpenStreetMap

741개의 알 수 없는 항목

그림 12.2: 어두운 맵은 맵 배경의 많은 옵션 중 하나다.

이 맵에는 이전 화면과 똑같은 마크가 포함돼 있다. 단순히 다른 배경을 사용하고 있을 뿐이다. 기타 옵션으로 조명, 거리, 위성 등이 있다.

인터넷을 사용할 수 없는 환경(또는 인터넷 연결이 없는 태블로 서버에 게시하는 환경)에서 태블로를 사용하는 경우 **오프라인** 옵션을 선택한다. 그러나 오프라인 버전에는 온라인 옵션에서 사용할 수 있는 세부 정보나 확대/축소 수준이 포함돼 있지 않다.

메뉴에서 맵 ❯ 맵 계층을 선택하면 계층에 관한 추가 옵션들을 찾을 수 있다. 그러면 다음과 같은 맵 계층 창이 열린다.

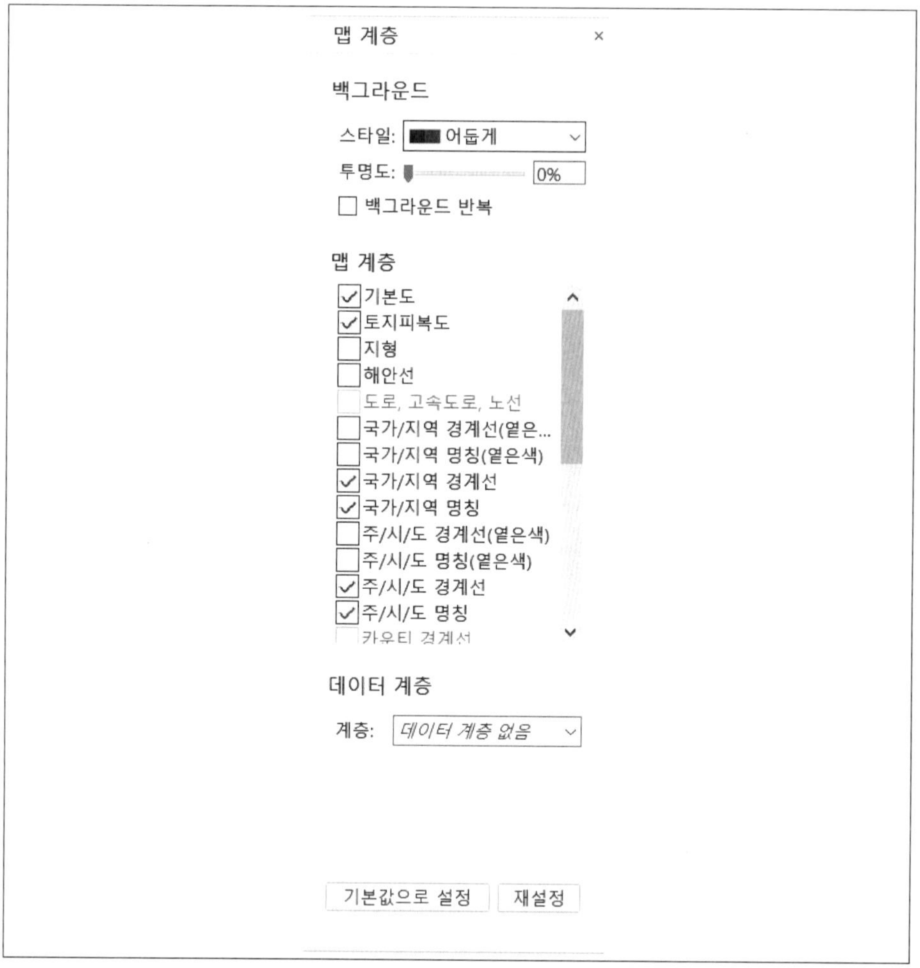

그림 12.3: 맵 계층 창

맵 계층 창은 배경 선택, 유실 설정, 표시할 기능 선택, 데이터 계층 설정에 관한 옵션들을 제공한다. 확대/축소 수준에 따라 여러 가지 옵션이 비활성화될 수도 있다 (예, 맵에서 충분히 가까이 확대하지 않으면 건물 외곽선이 활성화되지 않음). 데이터 계층을 사용하면 다양한 인구 통계를 기반으로 채워진 맵을 배경에 적용할 수 있다. 이러한 인구 통계는 이미지의 일부로만 표시되며 대화형이 아니고 데이터는 사용자 상호작용이나 계산에 노출되지 않는다.

메뉴 옵션의 맵 ❯ 배경 맵 ❯ 맵 관리를 사용해 사용되는 맵 서비스를 변경함으로써 자신의 WMS 서버, 서드파티를 설정할 수 있고 맵박스^{Mapbox} 맵을 사용할 수 있다. 이를 통해 맵의 배경 계층 시각화를 원하는 방식으로 사용자 지정할 수 있다.

 이러한 기능에 대한 자세한 내용은 이 책에서 다루지 않지만 다음에서 태블로의 훌륭한 설명서를 찾아볼 수 있다.

https://help.tableau.com/current/pro/desktop/en-us/maps_mapsources_wms.htm

맵 옵션 사용자 지정

최종 사용자는 맵 옵션을 사용자 지정할 수 있다. 마우스를 맵 위로 가져가면 나타나는 컨트롤을 확인해보자.

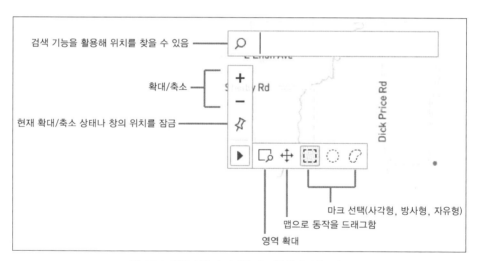

그림 12.4: 맵을 사용자 지정할 때 사용할 수 있는 컨트롤

이러한 컨트롤을 사용해 맵을 검색하고, 확대 및 축소하고, 맵을 현재 위치에 고정하고, 다양한 유형의 선택을 활용할 수 있다.

상단의 메뉴에서 맵 ▶ 맵 옵션을 선택하면 다음의 추가 옵션들이 나타날 것이다.

맵 옵션 ✕

☑ 이동 및 확대/축소 허용
☑ 지도 검색기 표시
☑ 보기 툴바 표시
☐ 맵 배율 표시
단위:
자동 ⌄

그림 12.5: 맵 옵션

이러한 옵션을 사용하면 최종 사용자에게 허용되는 맵 작업과 배율 표시 여부를 설정할 수 있다. 또한 축척 및 방사형 선택에 대해 표시되는 단위를 설정할 수 있다. 옵션으로는 **자동**(시스템 구성 기준), **미터법**(미터 및 킬로미터), **미국**(피트 및 마일)[1]이 있다.

태블로에는 몇 가지 다른 지리 공간 기능이 포함돼 있다. 이제 지리 공간 데이터를 활용하는 방법을 살펴보면서 그중 일부를 살펴보자.

▌ 지리 공간 데이터 사용

태블로가 내장된 지리 데이터베이스와 일치하는 필드를 기반으로 위도(생성됨)와

---

1. 태블로 버전에 따라, 미터와 인치가 보인다. – 옮긴이

경도(생성됨) 필드를 제공하는 것을 봤다. 국가, 주, 우편번호, MSA, 의회 지구와 같은 필드가 태블로의 내장된 지리 정보에 포함돼 있다. 태블로가 계속해서 지리적 기능을 추가하고 있으므로 설명서를 참조해 내장된 데이터베이스에 포함된 항목에 대한 세부 사항을 확인하는 것이 좋다.

시각화에서는 특정 지리 공간 데이터를 활용할 수도 있다. 이제 다음의 내용을 포함해서 지리 공간 시각화를 가능하게 하는 데이터를 사용하는 방법을 살펴본다.

- 데이터에 위도와 경도 값을 포함하기
- 태블로 데이터베이스에 위도와 경도의 정의를 포함하는 .csv 파일 가져오기
- 태블로의 기능을 활용해 기본적으로 공간 개체를 지원하는 다양한 공간 파일이나 데이터베이스에 연결하기
- 다양한 공간 파일이나 데이터베이스에 연결해 태블로의 기능 활용하기

다음 절에서 이러한 옵션들을 살펴보고 지리 공간 함수를 사용해 데이터를 어떻게 확장할 수 있는지 살펴보자.

데이터에 위도와 경도 포함

데이터에 위도와 경도를 포함시키면 시각화(또는 계산)할 때 상당히 유연할 수 있다. 예를 들어 태블로는 국가, 주, 우편번호 등에 대한 지오 코딩을 기본적으로 제공하지만 주소 수준에 대한 지오 코딩은 제공하지 않는다. 데이터에 위도와 경도를 포함시키면 맵에 마크를 정확히 배치할 수 있다.

다음의 예는 Real Estate 데이터 원본을 사용하고 있는 Chapter 12 통합 문서에서 찾아볼 수 있다.

그림 12.6: 가격별로 크기가 지정된 판매용 주택의 맵

여기에서 각 개별 주택은 정확한 위치에 매핑할 수 있고 가격에 따라 크기가 재어졌다. 맵을 보는 사람들을 시각적으로 돕고자 거리 배경이 적용됐다.

 주소를 지리적 코드로 사용할 수 있는 무료 및 상용 유틸리티가 많다. 즉, 주소가 주어지면 이러한 도구는 위도와 경도를 추가한다.

데이터 원본에 필드를 직접 추가할 수 없는 경우 데이터베이스 간 조인이나 데이터 혼합 사용을 고려할 수 있다. 또 다른 대안은 위도와 경도에 관한 정의를 태블로로 직접 가져오는 것이다. 다음 절에서 이 옵션을 살펴본다.

태블로의 지리 데이터베이스로 정의 가져오기

메뉴에서 맵 ➤ 지오코딩 ➤ 사용자 지정 지오코딩 가져오기...를 선택한다. 가져오기 대화상자에는 옵션을 자세히 설명하는 문서에 대한 링크가 있다.

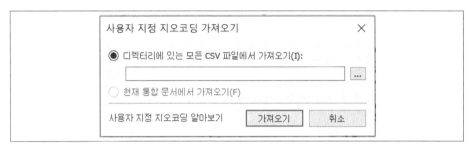

그림 12.7: 사용자 지정 지오 코딩 가져오기 대화상자

정의 세트를 가져오면 다음과 같은 작업을 수행할 수 있다.

- 새로운 지역 유형 추가
- 태블로에서 기본적으로 제공되는 지리 유형 확장

위도와 경도는 단일 지점을 정의하며, 때로는 더 복잡한 지리 공간으로 모양과 선을 렌더링해야 한다. 이제 지리 공간 함수 및 공간 개체 지원과 같은 몇 가지 내용을 살펴보자.

공간 개체 활용

공간 개체는 지리 영역을 정의한다. 이는 하나의 점처럼 단순하기도 하고 다면 다각형만큼 복잡하기도 하다. 이를 통해 사용자 정의 지역에서 강, 도로, 카운티와 국가의 역사적 경계에 이르기까지 모든 것을 렌더링할 수 있다. 공간 개체는 공간 파일에 저장될 수 있으며, 일부 관계형 데이터베이스에서도 지원된다.

태블로는 ESRI, MapInfo, KML, GeoJSON, TopoJSON과 같은 여러 가지 유형의 공간 파일 형식을 지원한다. 또한 ESRI 데이터베이스나 ESRI 또는 SQL 서버와 같은 지리 공간을 지원하는 관계형 데이터베이스에 바로 연결할 수도 있다. 추출을 만들면 공간 개체가 추출에 포함된다.

공간 파일을 생성하는 데 Alteryx, Google Earth, ArcGIS와 같은 애플리케이션을 사용할 수 있다. 공간 파일은 여러 기관에서 쉽게 다운로드할 수 있다. 이는 공간 분석을 할 때 상당한 유연성을 제공해줄 것이다.

예를 들어 미국 철도 맵은 다음과 같다.

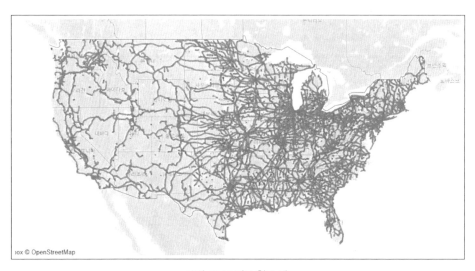

그림 12.8: 미국 철도 맵

이 예제를 똑같이 해보려면 미국 인구 조사국(https://catalog.data.gov/dataset/tiger-line-shapefile-2015-nation-u-s-rails-national-shapefile)에서 shapefile을 다운로드하자.

파일을 다운로드하고 압축을 푼 후 tl_2015_us_rails.shp 파일에 연결한다. 미리 보기에서 ID 필드와 철도 이름이 있는 데이터 레코드를 볼 수 있을 것이다. 기하 도형 필드는 철도 조각의 선형 모양을 정의하기 위한 것이다.

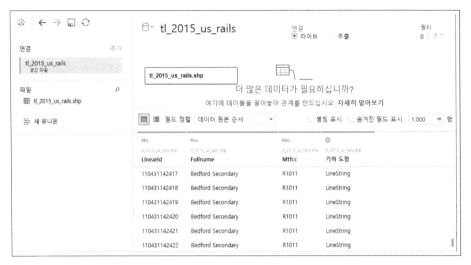

그림 12.9: 미국 철도 맵의 미리 보기

빈 시트에서 기하 도형 필드를 더블 클릭하면 된다. 그러면 태블로가 지리적 컬렉션을 세부 정보에 포함시킬 것이고 자동으로 생성된 위도와 경도 필드로 렌더링을 완료할 것이다. 세부 정보에 ID 필드를 포함시키고 Fullname으로 필터링해보자.

TIP

기존에 가진 데이터를 사용자 정의 공간 데이터로 보완하고자 교차 데이터베이스를 사용하는 것을 생각해볼 수 있다. 태블로는 공간 조인을 지원한다. 이 기능을 이용하면 다른 관계성은 없고 공간적으로만 관련돼 있는 데이터를 함께 사용할 수 있다.

이제 분석을 확장하고자 일부 공간 함수와 공간 조인을 활용하는 방법을 살펴보자.

▌공간 함수 활용

태블로는 공간 함수에 대한 지원을 지속하고 있다. 이 책이 출간되는 시점에 태블로는 다음 함수들을 지원한다.

- Makeline()은 두 점이 주어진 선 공간 개체를 반환한다.
- Makepoint()는 두 좌표가 주어진 점 공간 개체를 반환한다.
- Distance()는 두 지점 사이의 거리를 원하는 측정 단위로 반환한다.
- Buffer()는 주어진 거리의 반경으로 점 주위에 원을 만든다. 측정 단위를 지정할 수 있다.

Chapter 12 통합 문서에 있는 Hospital and Patients 데이터 세트를 사용해 이러한 함수 중 몇 가지를 살펴보자. 데이터 세트는 부동산 데이터를 환자로 둘러싸인 병원으로 재구성한 것이다. Shape, Size, Color의 차이에 따라 표시된 다음의 뷰와 같다.

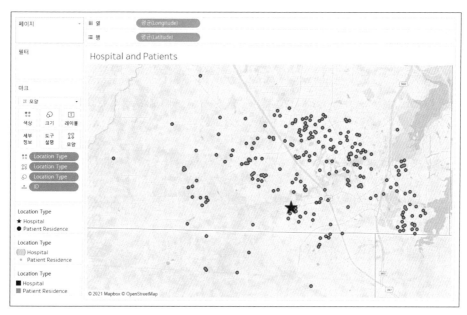

그림 12.10: 환자로 둘러싸인 병원(별표로 표시)

이에 대해 물어볼 수 있는 수많은 분석적 질문이 있다.

- 각 환자는 병원에서 얼마나 멀리 떨어져 있는가?
- 주어진 반경 내에 얼마나 많은 환자가 속해 있는가?

- 반경 밖에 있는 환자는 누구인가?

이러한 질문에 답하고자 빌딩 블록을 제공하는 몇 가지 계산된 필드를 만들 것이다. 동일한 계산에서 여러 개의 점을 사용하려면 병원의 위도와 경도가 각 환자 기록에 포함돼야 한다. 이를 위한 한 가지 방법은 FIXED Level of Detail(LOD) 표현식을 사용해 값을 각 행에 반환하는 것이다.

다음 코드를 사용해 Hospital Latitude를 호출하는 계산을 생성한다.

```
{FIXED : MIN(IF [Location Type] == "Hospital" THEN [Latitude] END)}
```

그리고 다음 코드를 사용해 Hospital Longitude를 호출하는 계산을 생성한다.

```
{FIXED : MIN(IF [Location Type] == "Hospital" THEN [Longitude] END)}
```

각각의 경우 병원의 위도와 경도는 IF/THEN 논리로 결정되고 FIXED LOD 표현식에 의해 행 수준 결과로 반환된다. 이는 몇 가지 추가 계산을 위한 빌딩 블록을 제공해준다. 이어서 Chapter 12 통합 문서에 포함된 몇 가지 예를 살펴보자.

MAKELINE()과 MAKEPOINT()

이 두 함수를 사용하는 계산된 필드를 만들어 병원과 각각의 환자 사이에 선을 그리려고 한다. 계산 이름을 Line이라 정하고 다음 코드를 작성한다.

```
MAKELINE(
   MAKEPOINT([Hospital Latitude], [Hospital Longitude]),
   MAKEPOINT([Latitude], [Longitude])
)
```

MAKELINE()은 두 개의 점이 필요한데, 이것은 MAKEPOINT() 함수를 사용해 만들 수 있다. 이 함수에는 위도와 경도가 필요하다. 첫 번째 지점은 병원용이고 두 번째 지점은 환자의 위도와 경도다.

그림 12.11: Line 필드에 추가된 지리 아이콘

새 시각화에서 Line 필드를 더블 클릭하면 해당 필드가 지리 공간 개체를 정의하기 때문에 즉시 지리 시각화를 얻게 된다. 세부 정보에 수집(Line) 필드, 행과 열에는 각각 위도(생성됨)과 경도(생성됨)이 있다는 것을 눈치챘을 것이다. 지리 공간 컬렉션은 사용자가 뷰에 차원을 추가해 분리하지 않는 한 단일 개체로 그려진다.

이 경우 각각의 ID는 개별 라인을 정의하므로 마크 카드의 세부 정보에 ID를 추가하면 지리 공간 개체를 별도의 라인들로 분리하게 된다.

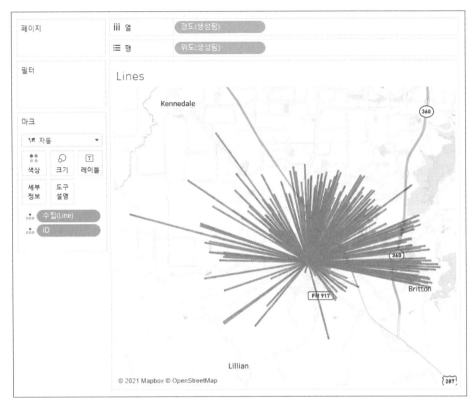

그림 12.12: 각각의 라인은 병원에서 시작해 환자에게까지 그려진다.

각 라인의 길이를 알고 싶다면 어떻게 하면 될까? 다음의 확장된 예에서 살펴보자.

DISTANCE()

거리는 분석할 때 매우 중요한 개념이다. 두 개의 지리 공간 지점이 얼마나 멀리 떨어져 있는지 알면 많은 통찰력을 얻을 수 있다. 계산 자체는 MAKELINE()과 매우 유사하며 다음 코드로 Distance to the Hospital이라고 명명된 계산된 필드를 만들 수 있다.

```
MAKELINE(
    MAKEPOINT([Hospital Latitude], [Hospital Longitude]),
    MAKEPOINT([Latitude], [Longitude]),
    'mi'
)
```

MAKELINE() 계산과 비슷하게 DISTANCE() 함수는 몇 개의 포인트가 필요하고 측정 단위 역시 필요하다. 여기서는 'mi' 인수를 사용해 마일을 지정했고, 킬로미터를 지정하려면 'km'를 사용하면 된다.

이 계산을 도구 설명에 배치해 각 라인의 거리를 확인할 수 있다.

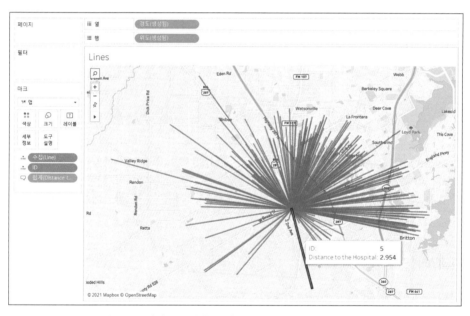

그림 12.13: 이제 도구 설명에 병원에서 환자까지의 거리가 표시된다.

이 간단한 예는 크게 확장될 수 있다. 이제 라인에 마우스를 가져다 두면 환자 ID 5가 병원에서 2.954...마일 떨어져 있음을 알 수 있다. 소수점 이하 2자릿수까지의 거리를 반올림하거나 환자 이름을 검색해 표시를 개선할 수 있다. 거리를 필터로 사용하면(특정 거리 임계값을 초과하거나 미만인 환자를 분석할 수 있음) 분석 유용성을 크게 높일 수 있고, 좀 더 복잡한 분석에서는 상관 요인으로 거리를 사용할 수도 있다.

다음에서 Buffer()를 시각화에 활용해 그중 일부를 수행해보자.

BUFFER()

버퍼는 DISTANCE()와 비슷하지만 그 반대다. 둘 사이의 거리를 계산하는 대신 BUFFER() 함수를 사용해 특정점 주위에 지정된 거리의 반경 안에 포함되는 점, 거리, 반경 측정 단위 등을 지정할 수 있다.

예를 들어 병원에서 반경 3마일 이내에 있는 환자를 시각화할 수 있다. 이를 위해 다음 코드를 사용해 Hospital Radius라는 계산된 필드를 만들어보자.

```
IF [Location Type] == "Hospital"
THEN BUFFER(MAKEPOINT([Latitude], [Longitude]), 3, 'mi')
END
```

이 코드는 먼저 병원 기록에 대해서만 계산을 수행하는지 확인한다. BUFFER() 계산 자체는 위도와 경도를 사용해서 점을 확인한 다음 3마일 반경을 지정한다.

각 환자에 대한 개별 마크와 함께 반경을 시각화하고자 **이중 축 맵**을 만든다. 이중 축 맵은 행이나 열의 위도와 경도 필드를 복사한 다음, 마크 카드의 별도 섹션을 사용해 다른 지리 공간 개체를 렌더링한다. 예를 들어 여기서는 **자동** 마크 유형을 사용해 환자 데이터를 원 및 반경과 함께 시각화하고 있다.

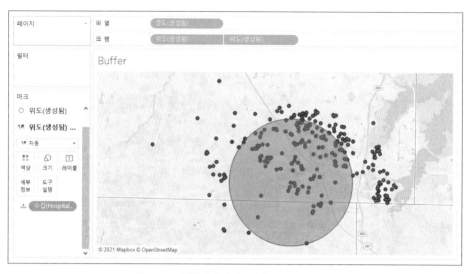

그림 12.14: 병원에서 반경 3마일 이내에 있는 환자

생성된 위도와 경도 필드를 사용한 것에 주의하자. 생성된 위도와 경도는 태블로가 공간 개체를 시각화하기 위한 자리표시자 역할을 한다. 마크 카드의 첫 번째 섹션에 데이터의 위도와 경도 필드를 포함시켰다. 두 번째 섹션에는 Hospital Radius 필드를 포함시켰다. 두 경우 모두 생성된 필드를 통해 마크 카드의 지리 개체나 공간 개체를 사용해 시각화를 정의하게 된다.

우리는 공간 함수로 가능한 것을 아주 조금 살펴봤을 뿐이다. 예를 들어 최종 사용자는 거리가 동적으로 변경될 수 있게 반경 값을 매개변수화할 수 있다. MAKEPOINT()와 BUFFER() 계산에 조인을 사용해 데이터 원본에서 공간적으로 관계된 데이터를 함께 가져올 수 있을 것이다. 예를 들어 BUFFER()상의 환자 기록과 MAKEPOINT()상의 환자 기록을 교차 조인해서 특정 반경 내의 환자를 포함하거나 제외하는 데이터 세트로 작업할 수 있다. 이는 분석 능력을 크게 향상시킬 것이다.

사용 가능한 지리 공간 함수를 이해했으면 이제 관심 있는 또 다른 주제인 사용자 지정 영역 생성을 알아보자.

▌ 사용자 지정 영역 만들기

태블로에서 기본적으로 제공되는 항목(예, 국가 또는 지역 코드)과는 반대로 사용자 지정 영역은 사용자가 만든(또는 데이터가 정의하는) 지리 영역 또는 지역이다. 태블로에는 사용자 지정 영역을 만들기 위한 두 가지 옵션이 있다. 임시 사용자 지정 영역과 필드 정의 사용자 지정 영역이다. 지금부터 이것들을 알아보자.

임시 사용자 지정 영역

맵에서 마크를 선택하고 그룹화해 임시로 사용자 지정 영역을 생성할 수 있다. 하나 이상의 마크를 선택하고 그 위에 마우스를 올려둔 다음 **그룹** 아이콘을 사용하기만 하면 된다. 또는 마크 중 하나를 마우스 오른쪽 단추로 클릭해 옵션을 찾아본다. 데이터에 위도와 경도가 있는 경우 임의의 차원으로 그룹화해 사용자 지정 영역을 생성할 수 있고, 태블로의 생성된 위도와 경도를 사용하는 경우 임의의 지리적 차원으로 그룹화해 사용자 지정 영역을 만들 수 있다.

여기서는 우편번호를 사용한 예를 살펴보자.

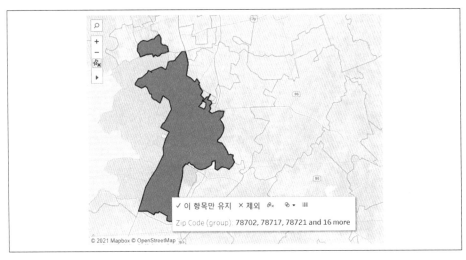

그림 12.15: 채워진 영역을 선택해 새 영역으로 그룹화한 후 종이 클립 아이콘을 사용해 그룹을 생성한다.

이 예에서는 Zip Code(group)이라는 새로운 필드가 생성된 것을 알 수 있다. 이 새 필드는 데이터 패널에 종이 클립과 지구본 아이콘이 있어서 이 필드가 그룹인 동시에 지리적 필드임을 알 수 있다.

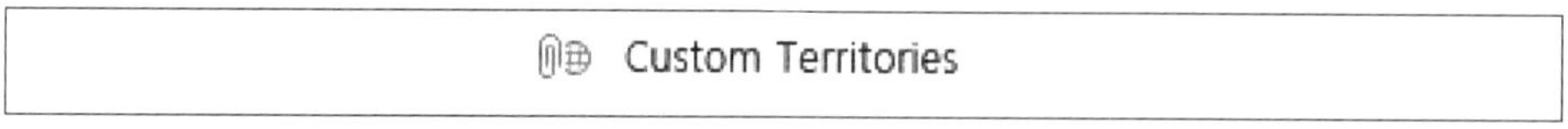

그림 12.16: 그룹인 동시에 지리적 필드인 경우의 아이콘

태블로는 색상 선반에 그룹 필드를 자동으로 포함한다.

원하는 만큼 사용자 지정 영역을 가질 때까지 마크를 선택하고 그룹화하는 것을 계속할 수 있다. 여전히 우편번호는 세부 정보에서 뷰 수준의 일부이므로 각각의 우편번호에 대해 마크가 표시될 것이다(모든 측정값은 우편번호별로 구분된다).

그러나 Zip Code(group) 필드만 남겨두고 뷰에서 우편번호를 제거하면 태블로는 새 그룹을 기반으로 마크를 그린다.

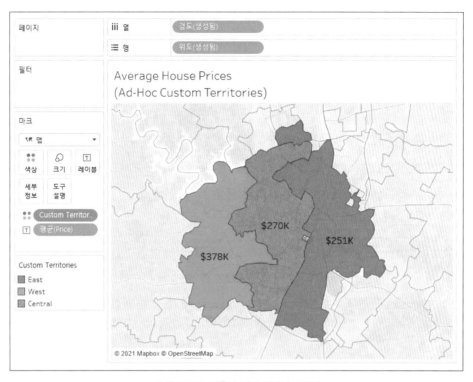

그림 12.17: 사용자 지정 영역별 그룹화

이제 그룹 필드의 이름을 Custom Territories로 변경했다. 그리고 그룹의 이름은 East, West, Central로 별칭을 달았다. 이제 각 사용자 지정 영역에 대한 평균 주택 가격을 볼 수 있다.

이러한 기능에 대한 자세한 내용은 이 책에서는 다루지 않으므로 태블로의 설명서 중 다음 부분을 살펴보기 바란다.

https://help.tableau.com/current/pro/desktop/en-us/maps_mapsources_wms.htm

 채워진 맵을 사용하면 태블로는 연속된 모든 영역을 연결하고, 연결되지 않은 영역은 선택 및 강조 표시의 일부로 포함한다. 기호 맵을 사용하면 태블로는 그룹화된 모든 영역의 지리적 중심에 마크를 그릴 것이다.

때로는 데이터 자체가 영역을 정의한다. 이 경우 영역을 수동으로 생성할 필요는 없다. 대신 다음에 설명하는 기술을 사용해보자.

필드 정의 사용자 지정 영역

데이터에 사용자 지정 영역에 대한 정의가 포함되는 경우가 있다. 예를 들어 데이터에 우편번호를 다양한 지역으로 그룹화한 Region이라는 필드가 있다고 가정해보자. 즉, 모든 우편번호가 한 지역에만 포함돼 있다. 마크를 선택해서 수동으로 그룹화하는 데 시간이 걸리는 것을 바라지 않을 것이다.

대신 데이터에 관계가 이미 존재한다고 태블로에 알릴 수 있다. 이 예에서는 데이터 패널에서 Region 필드의 드롭다운 메뉴를 사용해서 **지리적 역할 ❯ 만들기 원본 ❯ Zip code**를 선택한다. Region은 이제 사용자 지정 영역을 정의하는 지리적 필드다.

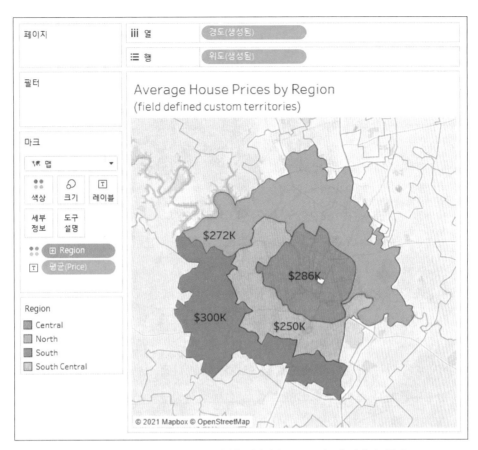

페이지	경도(생성됨) 열
	위도(생성됨) 행
필터	

Average House Prices by Region
(field defined custom territories)

마크

맵

색상 크기 레이블

세부 도구
정보 설명

Region

평균(Price)

Region
Central
North
South
South Central

$272K

$286K

$300K

$250K

© 2021 Mapbox © OpenStreetMap

그림 12.18: 여기서 사용자 지정 영역은 데이터의 Region 필드에 의해 정의된다.

이 경우 지역은 데이터의 Region 필드에 의해 정의됐다. 지역이 나중에 재정의되는 경우 태블로는 새 지역을 표시할 것이다(데이터가 업데이트되는 한). 필드 정의 사용자 지정 영역을 사용하면 정의를 수동으로 업데이트할 필요가 없다는 확신을 갖게 된다.

TIP

임시 사용자 지정 영역을 사용해 빠른 분석을 수행하더라도 장기적으로는 필드 정의 사용자 지정 영역을 사용하는 것을 생각해봐야 한다. 이것을 사용하면 태블로 데이터 원본에 있는 그룹을 수동으로 편집하지 않고도 데이터 영역을 재정의할 수 있다.

태블로 매핑: 팁과 요령

지리적 시각화 작업을 할 때 고려해야 할 몇 가지 팁을 생각해보자.

상단의 맵 ❭ 맵 계층 메뉴를 사용해서 맵의 일부로 표시할 배경 계층에 대해 여러 가지 옵션을 사용해보자.

- 확대/축소에 대한 다른 옵션들은 마우스 휠이나 더블 클릭, Shift + Alt + 클릭, Shift + Alt + Ctrl + 클릭을 사용한다.
- 창 모드로 전환하려면 몇 초 동안 클릭하고 있으면 된다.
- 맵을 마우스 오른쪽 단추로 클릭하고 적절한 옵션을 선택해 확대/축소 컨트롤, 맵 검색을 표시하거나 숨길 수 있다.
- 축을 사용하는 모든 시각화 유형에 확대/축소 컨트롤을 표시할 수 있다.
- 확대/축소 컨트롤 중 압정은 맵을 가장 잘 보이는 데이터로 반환하거나 확대/축소 및 현재 위치를 잠그는 기능을 한다.
- 행에 있는 위도와 열에 있는 경도를 복제한 다음(Ctrl 키 + 드래그/드롭), 필드의 드롭다운 메뉴에서 이중 축을 선택해서 **이중 축 맵**을 만들 수 있다. 이 기법을 사용해서 단일 맵상의 여러 가지 마크 유형을 결합할 수 있다.

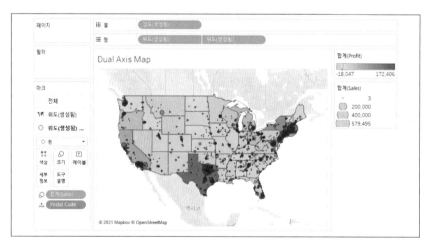

그림 12.19: 주 수준에서 Profit과 Postal Code 수준에서 Sales를 보여주는 이중 축 맵

세부 정보의 여러 가지 수준을 표시하거나 여러 가지 마크 유형을 사용하고자 이중 축을 사용할 수 있다. 여기서는 두 가지 모두에 적용된다. 맵은 이중 축을 활용해 채워진 맵으로 주 수준의 Profit을 표시하고 있고, 원의 형식으로 Postal Code 수준에서 Sales를 표시한다.

- 채워진 맵을 사용하는 경우 깔끔한 모습을 위해 **맵 계층** 창에서 **투명도는 100%**로 설정하는 것이 좋다. 이렇게 하면 채워진 모양만 표시되므로 누락된 주(또는 카운티, 국가 또는 기타)는 그려지지 않는다.

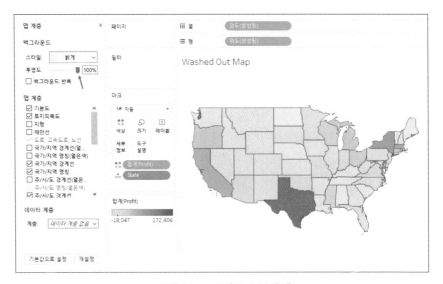

그림 12.20: 투명도 100%의 맵

- 메뉴에서 **맵 › 배경 맵**을 선택하면 배경 맵 이미지의 원본을 변경할 수 있다. 이렇게 하면 **없음**, **오프라인**(이것은 인터넷에 연결되지 않은 상태에서 유용할 수 있으나 표시되는 상세 내용에 제한이 있을 수 있다), **태블로**(기본) 중에서 선택할 수 있다.
- 또한 동일한 메뉴 옵션에서 **맵 서비스**를 설정해 WMS server 또는 Mapbox를 사용할 수 있다.

이제 데이터를 배경 이미지에 시각화해 데이터 시각화와 프레젠테이션을 더욱 향상시킬 수 있는 방법을 살펴보면서 이 장을 마무리해보자.

▍ 배경 이미지에 데이터 시각화

배경 이미지 위에 데이터를 그릴 수 있다. 가능한 것들을 생각해보자. 경기장 이미지에는 좌석별 티켓 판매, 사무실 건물 평면도에는 사무실의 점유율, 네트워크 다이어그램에는 장비당 오류의 수, 달 표면 이미지에는 유성의 영향을 그릴 수 있다.

이 예에서는 병원의 여러 방에 있는 월별 환자 수를 시각화해볼 것이다. 병원 1층과 2층에 대한 평면도 이미지 두 개를 사용한다. 데이터 원본은 Chapter 12 디렉터리에 있는 Hospital.xlsx 파일이다. 이 파일은 두 개의 탭으로 구성돼 있다. 하나는 환자 수이고 다른 하나는 이미지에 매핑된 x/y 좌표를 기반으로 하는 방 위치에 대한 것이다. 어떻게 작동하는지 잠시 살펴보자. Chapter 12 Complete.twbx 통합 문서에서 완성된 예제를 보거나 Chapter 12 Starter.twb를 사용해 처음부터 시작할 수 있다.

배경 이미지를 지정하려면 상단 메뉴에서 맵 ❭ 배경 이미지를 클릭한 다음 이미지가 적용되는 데이터 원본(이 예에서는 Patient Activity(Hospital))을 클릭한다. 배경 이미지 화면에서 한 개 이상의 이미지를 추가할 수 있다.

이제 Chapter 12 디렉터리에 있는 Hospital - Ground Floor.png로 시작해보자.

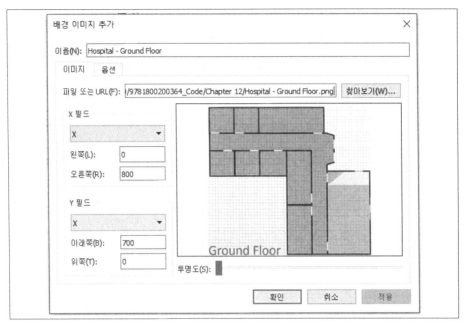

그림 12.21: 배경 이미지 추가 창

X와 Y 필드를 매핑하고(위치 탭에서) 오른쪽은 800, 아래쪽은 700으로 지정했다. 이 것은 픽셀 단위의 이미지 크기를 기반으로 한다.

픽셀을 반드시 사용할 필요는 없지만 대부분의 경우 픽셀을 사용하면 데이터의 위치를 훨씬 쉽게 매핑할 수 있다. 이 경우 이미지의 x와 y 좌표(픽셀 단위)에 이미 매핑된 위치가 있는 엑셀 파일의 탭이 있다. 교차 데이터베이스 조인을 사용하면 이미지에 대한 매핑이 포함된 간단한 텍스트 또는 엑셀 파일을 만들고 기존 데이터 원본에 조인할 수 있다. 그래픽 애플리케이션을 사용해 수동으로 점을 매핑하거나 이미지에 좌표를 빠르게 매핑할 수 있는 무료 온라인 도구를 사용할 수도 있다.

이 도면은 1층에 대해서만 표시할 것이므로 옵션 탭으로 전환해 조건이 데이터를 기반으로 설정됐는지 확인한다. 항상 전체 이미지 표시 역시 선택해야 한다.

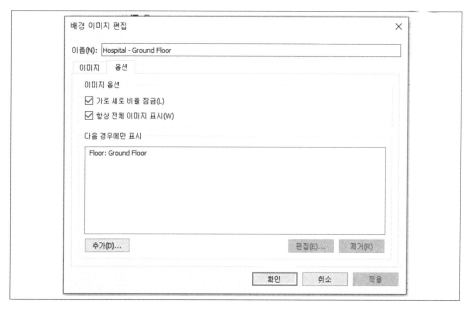

그림 12.22: 배경 이미지 편집 창

이제 앞의 단계를 반복해서 두 번째 이미지(Hospital – 2nd Floor.png)를 데이터 원본에 추가해 2nd Floor만 표시하자.

이미지를 정의하고 매핑했으면 시각화를 구축할 준비가 됐다. 기본적인 개념은 축에 관해 X와 Y 필드를 사용해 산점도를 작성하는 것이다. 그러나 여러 레코드가 함께 추가되는 경우 X와 Y가 합산되면 픽셀 위치에 더이상 올바르게 매핑되지 않게 되므로 합산되지 않도록 주의해야 한다. 여기서 몇 가지 옵션을 살펴보자.

- X와 Y를 연속형 차원으로 사용한다.
- SUM 대신 MIN, MAX 또는 AVG를 사용한다. 그리고 세부 정보의 뷰 수준을 정의하는 데 Location을 사용했는지 확인하자.
- 이미지는 상단의 0에서 하단의 Y까지 측정되지만 산점도는 하단에서 0으로 시작하고 값은 위로 증가한다. 따라서 처음에는 배경 이미지가 거꾸로 표시되는 것을 볼 수 있다. 이 문제를 해결하려면 y축을 편집해(마우스 오른

쪽 단추로 클릭하고 축 편집 선택) 반전 옵션을 선택한다.

또한 뷰에서 Floor 필드가 사용되는지 확인해야 한다. 이는 태블로에 어떤 이미지가 표시돼야 하는지 말해주고자 필요하다. 여기까지 따라 했다면 다음과 같은 시각화를 얻을 수 있어야 한다.

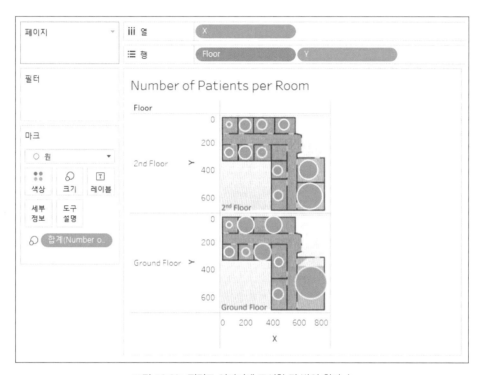

그림 12.23: 평면도 이미지에 표시한 각 방의 환자 수

여기서는 각 방의 환자 수를 기준으로 해서 원의 크기를 그렸다. 다양한 방법으로 시각화를 정리하고 수정할 수 있다.

- x축, y축을 숨긴다(축을 마우스 오른쪽 단추로 클릭하고 머리글 표시를 선택 취소한다).
- 이미지에 이미 레이블이 포함돼 있으므로 Floor의 머리글을 숨긴다.
- 최종 사용자가 한 번에 한 층만 볼 수 있게 필터 선반에 Floor를 추가한다.

배경 이미지에 마크를 그리는 기능을 사용하면 복잡한 주제를 전달할 수 있는 방법이 많아진다. 네트워크 다이어그램 위에 하드웨어 에러의 수를 보여준다거나, 농구 코트 이미지 위에 놓쳐버린 점프 샷을 보여주는 것 또는 사무실 건물에서 사람들 사이의 거리와 같은 것을 어떻게 보여줄 수 있는지 생각해보자. 그 이상도 가능하다.

▌요약

12장에서는 맵에 관한 많은 부분을 다뤘다. 맵 시각화의 기본은 간단하지만 그 이면에는 많은 힘과 가능성이 있다. 태블로에는 사용자의 지리 공간 데이터 사용부터 지리 공간 개체와 함수 활용에 이르기까지 다양한 분석 옵션이 있다. 사용자 지정 영역을 만들고 배경 이미지에 데이터를 시각화하면 가능성이 훨씬 더 많아진다.

다음으로 태블로 2020.2에서 새로운 기능으로 추가된 데이터 모델을 살펴볼 것이다. 데이터 모델 관계, 조인, 혼합 간의 차이점을 살펴보고 이들 모두가 여러 가지 종류의 분석을 수행하는 데 어떻게 사용될 수 있는지 학습해보자.

13

태블로 데이터 모델, 조인, 혼합

13장에서는 태블로를 사용해 데이터를 모델링하고 구조화하는 방법을 좀 더 깊이 알아본다. 이전 장들에서는 데이터 원본 화면에서 테이블을 드래그앤드롭해 테이블 간 관계를 형성하는 방법을 살펴봤다. 이제 태블로를 사용해 논리적 혹은 물리적으로 여러 테이블을 연결할 수 있는 방법을 잘 이해할 수 있는 좀 더 복잡한 기능을 살펴보자.

태블로의 새로운 데이터 모델에 대해 전체적인 개요를 살펴본 나음, 다양한 유형의 조인과 혼합을 자세히 다룬다. 데이터 모델과 혼합은 주로 태블로 데스크톱(및 서버)에 적용되지만 조인 유형을 잘 이해하면 15장에서 태블로 준비를 다룰 때 도움이 될 것이므로 조인에 관한 내용에 특히 주의를 기울이자.

데이터 모델은 태블로 2020.2 이상에서만 사용할 수 있다. 이전 버전을 사용하는 경우 조인과 혼합에 대한 설명은 직접 적용할 수 있으며, 13장의 데이터 모델에 대한 설명을 통해 영감을 얻을 수 있을 것이다.

13장에서 다루는 내용은 다음과 같다.

- 13장에서 사용된 샘플 데이터에 대한 설명
- 태블로 데이터 모델 탐색
- 조인 사용
- 혼합 사용
- 데이터 모델, 조인 또는 혼합을 사용하는 경우

이제 13장의 통합 문서에 포함된 샘플 데이터 세트를 이해해보자. 예제로 작업하기 전에 기반 지식이 될 것이다.

▌ 이 장에서 사용된 샘플 데이터에 대한 설명

이 장에서는 병원의 환자 방문에 관한 샘플 데이터 세트를 사용할 것이다. 데이터는 Learning Tableau\Chapter 13 디렉터리 내의 Hospital Visits.xlsx 엑셀 파일에 포함돼 있다. 엑셀 파일의 탭들은 데이터 테이블을 나타내는데, 이는 관계형 데이터베이스에서 여러 파일로 찾을 수 있는 것이기도 하고 혹은 엑셀 파일의 탭 자체이기도 하다. 이러한 테이블 간의 관계는 다음과 같다.

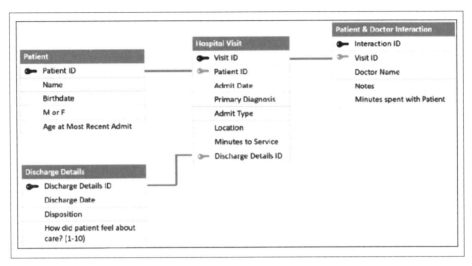

그림 13.1: 관계가 있는 네 개의 테이블로 표시된 엑셀 파일의 네 개 탭

엑셀은 관계를 명시적으로 정의하지 않지만 외래 키 룩업을 사용하는 관계형 데이터베이스 내에 존재하는 것은 여기에 표시될 것이다. 다음은 테이블과 그들의 관계에 대한 간략한 설명이다.

- **Hospital Visit(병원 방문 기록)**: 병원을 한 번 방문한 환자의 입원과 진단을 기록하는 기본 테이블이다. 여기에는 Admit Type(입원 유형) 및 Location(위치) 같은 속성과 Minutes to Service(서비스 소요 시간) 같은 측정값이 포함돼 있다.

- **Patient(환자 정보)**: 이 테이블은 Name(이름), Birthdate(생년월일), Age at Most Recent Admit(최근 입원 시 연령) 측정값과 같은 추가 정보를 포함하고 있다.

- **Discharge Details(퇴원 상세 정보)**: 이 테이블은 Discharge Date(퇴원 날짜), Disposition(퇴원 상태 및 퇴원 후 어디로 갔는지에 관한 정보)와 같이 환자 퇴원에 대한 추가 정보를 제공한다. 또한 치료 수준에 대한 환자의 감정 순위를 매긴 지표(1이 가장 낮고 10이 가장 높은 값)인 How did the patient feel about care? (1-10)(환자는 치료에 대해 어떻게 느꼈는가?(1-10)) 측정값도 포함돼 있다.

- **Patient & Doctor Interaction(환자와 의사 간의 관계):** 이 테이블은 방문 중 환자와 의사 간 상호작용을 정의한다. 여기에는 Doctor Name(의사이름), Note(메모)와 의사가 환자와 얼마나 오랫동안 시간을 보냈는지에 관한 측정값(의사가 환자와 보낸 시간-분)을 포함한다.

테이블은 서로 다른 방식으로 연결된다. 다음 세부 사항들을 살펴보자.

- **Hospital Visit와 Patient(병원 방문 이력과 환자 정보와의 관계):** 모든 방문 이력은 한 명의 환자와 관련되기 때문에 Hospital Visit에는 항상 하나의 Patient ID(환자 ID) 필드가 있는데, 이는 Patient 테이블에서 하나의 레코드와 관련된다. 또한 Patient 테이블에서 방문 기록이 없는 환자 데이터도 찾을 수 있을 것이다. 아마도 그 데이터들은 레거시 시스템의 과거 기록이거나 방문 이외의 방식으로 발생한 병원과 환자의 상호작용일 수 있다.

- **Hospital Visit와 Discharge Details(병원 방문 이력과 퇴원 상세 정보와의 관계):** 모든 Hospital Visit에는 하나의 퇴원 이력이 있지만 일부 환자는 여전히 병원에 있을 수 있다. 잘 설계된 데이터 구조라면 '아직 병원에 있음'을 나타내는 Discharge Details(퇴원 상세 정보) 테이블의 기록을 신뢰할 수 있어야 한다. 그러나 이 엑셀 데이터에는 Discharge Details ID(퇴원 상세 정보 ID)가 있을 수도 있고 없을 수도 있다. 즉, 이것은 모든 Hospital Visit에 대해 항상 관련된 Discharge Details ID가 있는 것은 아니라는 의미다.

- **Patient & Doctor Interaction과 Hospital Visit(환자와 의사의 상호작용과 병원 방문 이력과의 관계):** 환자의 방문 기간 동안 환자와 상호관계를 맺은 한 명 이상의 의사가 있을 것이다. 의사와 상호관계가 전혀 없는 경우도 있을 수 있다. 따라서 Patient & Doctor Interaction에서 하나의 Visit ID를 하나의 레코드나 여러 레코드가 참조하는 경우를 발견할 수 있고, 경우에 따라 Hospital Visit 테이블에는 해당 방문에 대한 레코드가 전혀 없는 경우도 있다.

샘플 데이터 원본에 대한 확실한 이해를 바탕으로, 태블로에서 데이터 모델을 구축하는 방법을 살펴보자.

▌ 태블로 데이터 모델 탐색

태블로 2020.2 이상 버전에서는 새로운 기능인 데이터 모델을 찾을 수 있다. 모든 데이터 원본은 데이터 모델을 사용한다. 이전 버전에서 생성된 데이터 원본은 데이터 모델로 업데이트되지만 단일 개체에 포함되기 때문에 기능적으로는 이전 버전과 동일한 방식으로 작동할 것이다.

이전 버전의 태블로를 사용하면 테이블 조인과 데이터 원본 혼합을 함께 활용할 수 있으며, 이 장의 끝에서 이러한 옵션을 살펴볼 것이다. 여기서는 데이터 모델의 생성과 그 패러다임에 관해 이해해보자.

데이터 모델의 생성

2장에서 데이터 원본 화면을 간략히 살펴봤다. 이제 인터페이스 이면의 개념을 좀 더 자세히 살펴보자. Chapter 13 Starter.twb 통합 문서를 사용해 다음 예를 따라 해보거나 Chapter 13 Complete.twbx에서 최종 결과로 확인해보자.

Chapter 13 디렉터리에 있는 Hospital Visits.xlsx 파일에 대한 연결을 만드는 것으로 시작한다. 데이터 원본 화면에서 우선 다음과 같이 파일에 연결하기가 표시될 것이다.

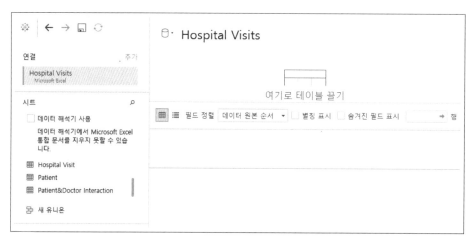

그림 13.2: 데이터 원본 화면에는 엑셀 통합 문서에 있는 탭들이 나열돼 있어 데이터 모델을 시작할 수 있다.

테이블을 캔버스로 끌어다 놓는 방식으로 데이터 모델을 구축하는데, 4개의 테이블을 모두 추가할 것이다. 태블로는 추가된 각각의 새 테이블에 대해 일치하는 필드명과 유형을 기반으로 테이블들에 대한 관계를 제안해준다. ID 필드의 경우 올바른 관계는 이름과 형식이 같다는 것을 나타내므로 이 테이블들에 대해서는 기본 설정을 적용할 것이다.

추가된 첫 번째 테이블이 루트 테이블이 돼서 데이터 모델의 시작을 형성한다. 이 예에서는 테이블을 추가하는 순서는 중요하지 않지만 테이블 추가를 시작하는 테이블에 따라 약간 다르게 표시될 수 있다는 것을 알아차렸을 것이다. 다음 화면에서는 Hospital Visit(이것이 기본 테이블이므로 루트 테이블이 된다)와 다른 테이블들을 모두 추가했다.

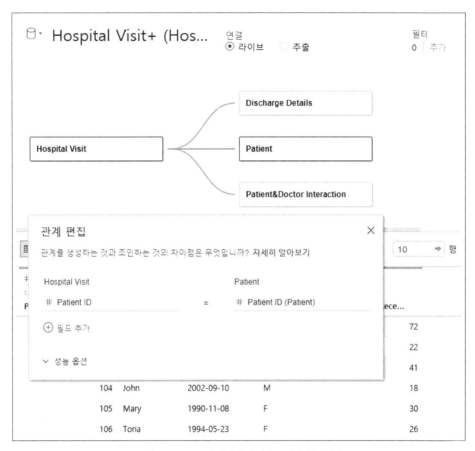

그림 13.3: 모든 테이블이 데이터 모델에 추가됐다.

Hospital Visit와 Patient 간의 관계에 대한 관계 편집 대화상자가 열려 있음을 알 수 있다. 두 테이블에서 ID 필드의 이름과 유형이 동일하기 때문에 태블로가 자동으로 관계를 생성했다. 필요한 경우 관계를 정의하는 필드를 변경하고자 관계를 수동으로 편집할 수 있다.

 관계는 어떤 필드로 테이블을 연결하는지 정의한다. 테이블이 서로 관련되는 방식을 정확하게 정의하는 것은 아니다. 이 장의 뒷부분에서 조인 유형(예, 왼쪽 조인 또는 안쪽 조인)의 개념을 설명하겠지만, 관계가 특정 조인 유형으로 제한되지는 않는다. 대신 태블로는 뷰에서 사용하는 필드에 따라 적절한 종류의 조인과 올바른 집계를 사용한다. 대부분의 경우 태블로가 백그라운드에서 수행하는 작업에 대해 생각할 필요는 없지만 다음 절에서는 몇 가지 고유한 동작을 살펴본다.

관계를 정의하기 위한 계산을 작성하는 기능은 2020.2에서는 사용할 수 없지만 2020.3에서는 사용할 수 있다.

또한 다음과 같이 관계 편집기에서 성능 옵션 드롭다운 메뉴를 확인할 수 있다.

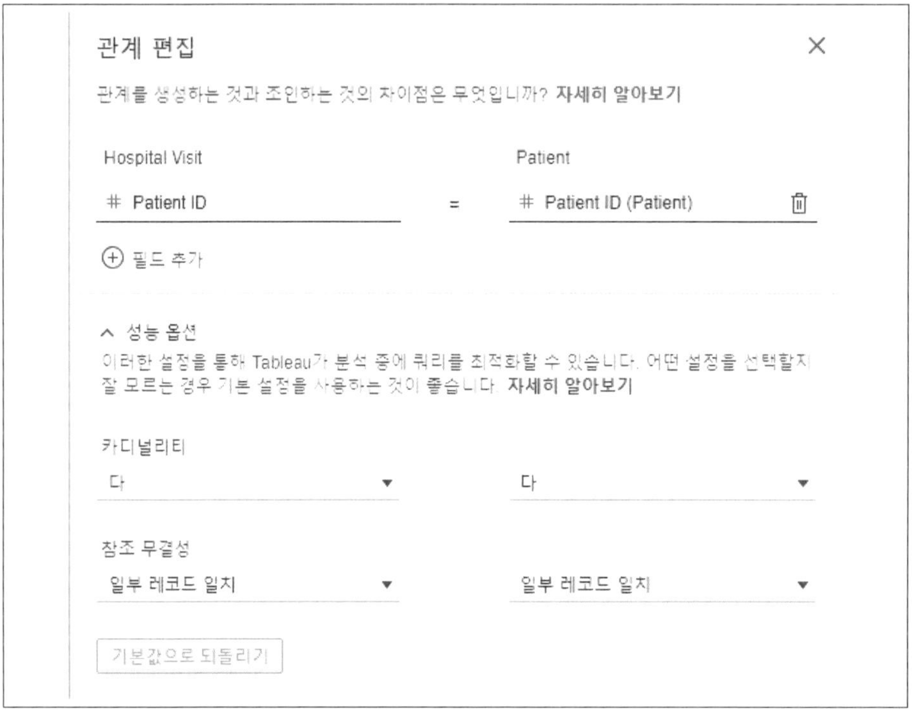

그림 13.4: 성능 향상을 위한 옵션이 포함된 관계 편집 대화상자

이러한 성능 옵션을 사용하면 관계의 특성이 알려진 경우 태블로에서 좀 더 효율적인 쿼리를 생성할 수 있다. 관계의 정확한 특성을 모르는 경우 잘못된 설정으로 인해 잘못된 결과가 발생할 수 있으므로 옵션은 기본 설정으로 두는 것이 가장 좋다.

성능 옵션에서 다루는 두 가지 기본 개념은 다음과 같다.

- **카디널리티:** 이 용어는 한 테이블의 레코드가 다른 테이블의 레코드와 잠재적으로 관련될 수 있는 수를 나타낸다. 예를 들어 한 번의 방문은 한 명의 환자와 일치한다는 것을 알고 있지만 환자가 1회 방문하는 동안 많은 의사와 상호작용할 수 있다는 것도 알고 있다.
- **참조 무결성:** 이 용어는 모든 레코드가 일치 항목을 찾을 것으로 예상하는지 또는 일부 레코드가 잠재적으로 일치하지 않을 수 있는지 여부를 나타낸다. 예를 들어 우리는 (앞의 설명 참고) Patient 테이블에 있는 환자 중에는 Hospital Visit 테이블의 환자와 일치하지 않는 경우가 있음을 알고 있다. 또한 일부 환자는 아직 병원에 있기 때문에 퇴원 기록이 없을 것이다.

태블로가 관계형 데이터베이스에서 제약 조건을 결정할 수 있는 경우 해당 제약 조건이 사용되겠지만 그렇지 않으면 기본값을 전부 또는 일부 레코드 일치로 설정한다. 이 장의 예에서는 관계의 정확한 특성을 알고 있지만(앞 절에서 설명함) 데이터 세트가 눈에 띄는 성능 향상이 없을 만큼 충분히 작기 때문에 성능 옵션의 기본값을 사용해도 된다.

초기 데이터 모델이 생성됐으면 잠시 시간을 내어 데이터 모델 패러다임의 두 가지 계층을 살펴보자.

데이터 모델의 계층

하나의 데이터 모델은 두 개의 계층으로 구성된다.

- **논리 계층:** 관련된 논리 테이블이나 개체로 구성된 시맨터 계층으로, 각각의 논리 테이블은 한 개 이상의 물리 테이블로 구성된다.
- **물리 계층:** 하나의 계층은 기본 데이터 원본에서 가져온 물리 테이블들로 구성된다. 이러한 테이블들은 기존의 조인이나 유니온과 함께 조인 또는 유니온하거나 사용자 지정 SQL문을 사용해 만들 수 있다.

네 개 테이블을 포함하는 다음의 화면과 같은 캔버스를 고려해보자.

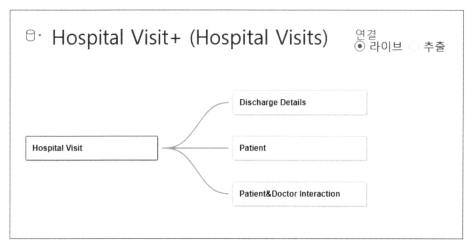

그림 13.5: 데이터 모델의 논리 계층

이 초기 캔버스는 데이터 모델의 **논리 테이블**을 정의한다. 논리 테이블은 단일 구조 또는 데이터의 다른 논리 구조와 관련된 개체를 정의하는 데이터 모음이다. 캔버스에서 Hospital Visit 테이블을 더블 클릭하면 논리 계층 아래에 다른 계층이 표시된다.

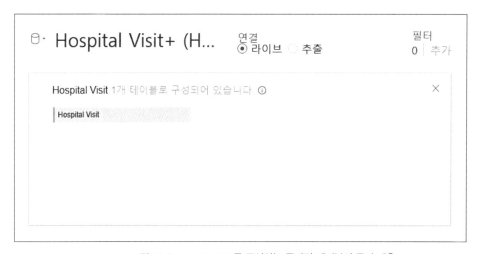

그림 13.6: Hospital Visit를 구성하는 물리적 테이블의 물리 계층

이것은 Hospital Visit 논리 테이블에 대한 물리 계층이다. 이 물리 계층은 잠재적으로 유니온되거나 조인된 물리 데이터 테이블로 구성된다. 이 경우 Hospital Visit는 1개의 테이블로 구성돼 있다는 것을 알 수 있다. 여기서 Hospital Visit의 논리 계층은 그 물리 계층과 동일하다. 이 장의 '조인 사용' 절에서 테이블 모음들을 하나의 개체로 다루는 과정을 살펴보면서 여러 테이블과 물리 계층의 복잡성을 확장할 수 있는 방법의 예를 알아볼 것이다.

상단 모서리에 있는 X 아이콘으로 Hospital Visit를 닫고 이 장의 예제 통합 문서에서 분석 패널로 이동해 데이터 모델이 실제로 어떻게 작동하는지 살펴보자.

데이터 모델의 사용

대부분의 경우 데이터 모델로 작업하는 것은 상대적으로 직관적일 것이다. 이전의 태블로 버전으로 작업했다면 인터페이스가 약간 변경된 것이나 예상해야 하는 몇 가지 데이터 모델 동작이 있다는 것을 알 수 있을 것이다. 이것들에 익숙해지면 분석 결과는 기대치를 뛰어 넘을 것이다.

새로운 데이터 패널 인터페이스

이제 데이터 패널에서 다음과 같은 차이점을 발견할 수 있을 것이다.

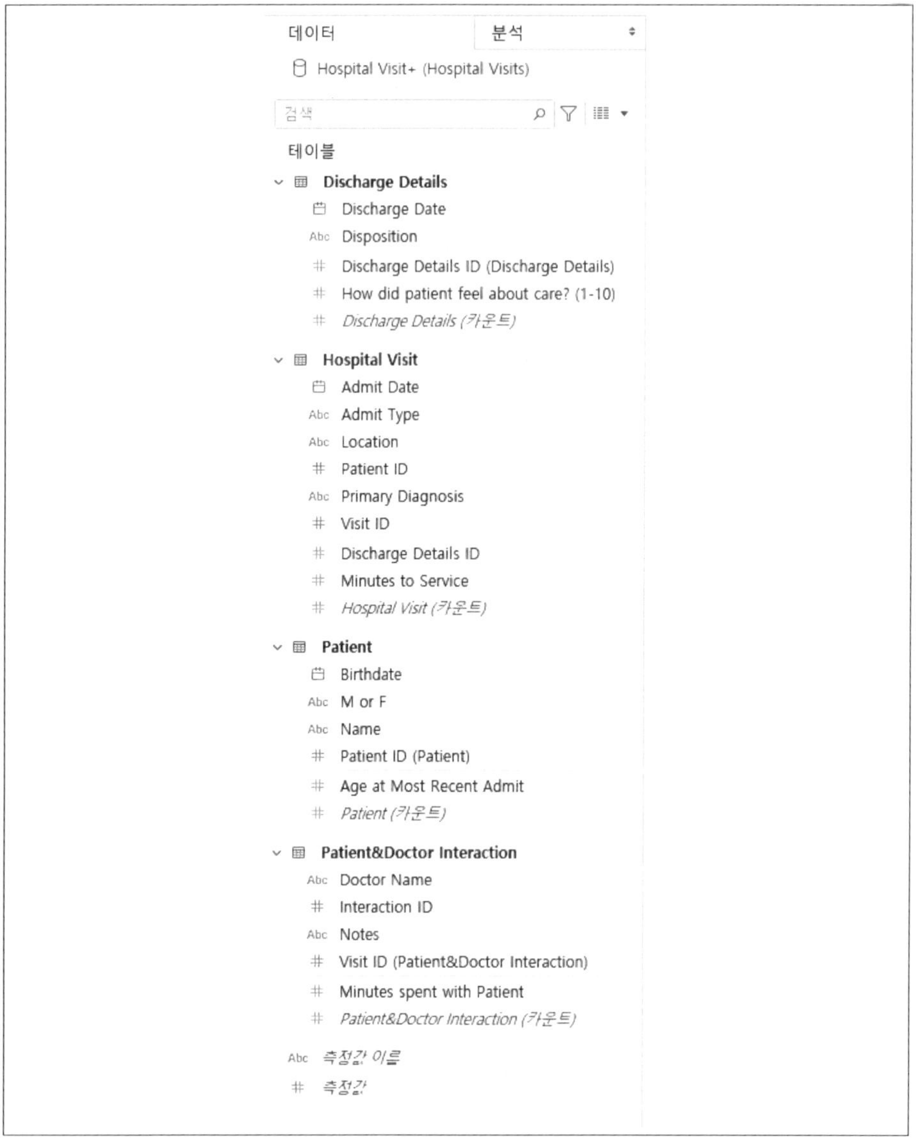

그림 13.7: 데이터 패널은 논리 테이블로 구성되며 테이블마다 차원과 측정값이 구분돼 표시된다.

데이터 패널은 각 테이블에 속하는 필드를 가진 논리 테이블들로 구성돼 있다. 측정값과 차원은 예전처럼 다른 섹션에 표시되지 않고 가는 선으로 구분됐다. 이렇게 하면 분석과 관련된 필드를 더 쉽게 찾을 수 있으며 데이터 모델의 예상 동작을 이해하는 데도 도움이 된다. 또한 이전 버전과 다른 점은 각 논리 테이블에는 테이블의 레코드 수를 나타내는 고유 필드가 포함돼 있는데, 이는 테이블명(카운트) 규칙을 사용해 이름이 지정된다. 필드 목록의 맨 아래에서 **측정값 이름/측정값**으로 함께 추가할 수 있는 계산을 찾을 수 있다.

뒤에서 일부 UI 변경 사항을 소개할 때 데이터 모델에서 기대할 수 있는 몇 가지 동작을 살펴보자.

데이터 모델 동작

Starter 통합 문서의 Analysis 탭에서 다른 시각화를 만들어보자. 특히 차원과 무슨 값이 표시되는지, 측정값이 어떻게 집계되는지 살펴보자. 설명을 위해 몇 가지 예를 살펴보자(Starter 통합 문서에서 복제하거나 Complete 통합 문서에서 검토할 수 있다).

먼저 Patient 테이블에서 행에 Name을 드래그하면 10명의 환자가 표시된다. 이러한 모든 환자가 병원을 방문한 것은 아니지만 동일한 논리 테이블에서 하나 이상의 차원을 사용하면 태블로에서 전체 값 도메인을 볼 수 있다. 즉, 병원을 방문했는지 여부에 관계없이 모든 환자를 보게 된다. Hospital Visit (카운트) 필드를 추가해 각 환자가 방문한 횟수를 확인할 수 있으며 결과는 다음과 같다.

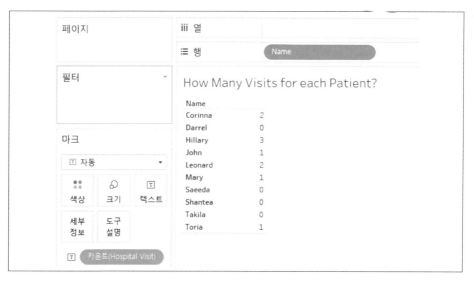

그림 13.8: 모든 환자가 표시돼 0회 방문한 환자도 표시된다.

그러나 테이블에서 Primary Diagnosis(주요 진단명)를 가져다 행 선반에 추가하면 10명의 환자 중 6명만 표시된다.

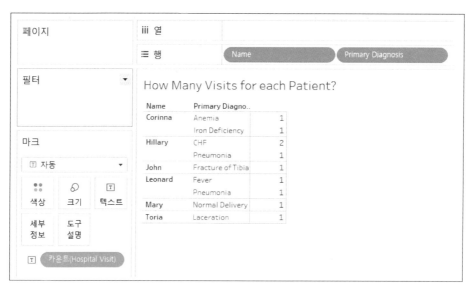

그림 13.9: 방문한 환자만 표시된다. 대부분의 환자는 진단마다 한 번 방문한 이력이 있지만 한 명은 동일한 진단으로 두 번 방문했다.

이것은 또 하나의 동작을 강조한다. 두 개 이상의 테이블에서 차원을 포함하면 일치하는 값만 표시된다. 본질적으로 Name과 Primary Diagnosis를 추가하면 태블로는 Patient 테이블과 Hospital Visit 테이블에 공통으로 존재하는 환자를 표시한다. 이렇게 하는 것은 병원을 방문한 환자들만 알고자 할 때 좋다.

그러나 모든 환자별로 환자에 해당하는 진단을 보고 싶다면 어떻게 해야 할까? 이를 수행하려면 전체 도메인을 보려는 필드의 테이블에서 측정값을 추가하기만 하면 된다. 이 경우 Age at Most Recent Admit, Patient(카운트) 측정값 둘 다 Patient 테이블에서 가져와 추가할 수 있다. 이렇게 하면 다음과 같은 뷰가 나타난다.

그림 13.10: 모든 환자가 다시 표시된다.

Age at Most Recent Admit 값은 최근 입원한 적이 없는 환자에 대해서는 NULL 값을 표시하지만 뷰에 측정값을 추가하면 태블로에는 모든 환자가 표시된다. 이는 세

번째 동작을 보여준다. 차원과 동일한 테이블의 측정값을 포함시키면 태블로는
해당 차원에 대한 값의 전체 도메인을 표시하게 된다.

여기서 데이터 모델 동작의 또 다른 기본 원칙도 볼 수 있다. Age at Most Recent
Admit은 각각의 환자와 진단에 대해 표시된다. 하지만 태블로가 합계 또는 부분합
의 값을 잘못 복제하지는 않는다. 다음 뷰에서 수행한 것처럼 Age at Most Recent
Admit과 Hospital Visit의 카운트 열에서 각각의 환자에 대한 부분합을 추가하면 태
블로가 올바른 값을 포함하고 있음을 알 수 있다.

그림 13.11: 태블로는 조인 동작으로 값을 복제하더라도 부분합을 올바르게 계산한다.

데이터 모델의 이 마지막 동작은 다음과 같이 설명될 수 있다. 집계는 측정값의
논리 테이블에 의해 정의된 세부 수준에서 계산된다. 여기서 LOD 중복을 피하고
자 세부 수준(LOD) 표현식을 사용하는 것과 비슷하지만 문제를 해결하고자 표현식

을 작성하거나 생각의 흐름을 깨뜨릴 필요가 없다. 태블로 데이터 모델^{Tableau Data} ^{Model}이 여러분을 위해 열심히 일한 것이다.

생성한 데이터 모델을 사용해 뷰와 시각화를 구축하는 데 좀 더 시간을 투자하자. 그리고 다음 동작을 검토해 예상되는 사항과 수행하고자 하는 분석을 제어하는 방법을 알 수 있다.

- 동일한 논리 테이블에서 하나 이상의 차원을 사용하면 태블로에서 값의 전체 도메인을 볼 수 있다.
- 둘 이상의 논리 테이블에서 차원을 포함하면 일치하는 값만 표시된다.
- 차원과 동일한 논리 테이블의 측정값을 포함하면 태블로가 해당 차원에 대한 전체 도메인 값을 표시하게 된다(이전 동작이 적용된 경우에도 해당).
- 집계는 측정값의 논리 테이블에 의해 정의된 세부 수준에서 계산된다.

약간의 연습만으로도 동작이 자연스럽게 느껴지고 정확한 세부 수준에서 집계를 수행하는 태블로에 감사하게 될 것이다.

 TIP 새 데이터 모델을 처음 만들 때 앞의 예와 같이 몇 가지를 빠르게 확인해보는 것이 유용하다. 이렇게 하면 데이터 모델에 익숙해지고 관계가 예상대로 작동하는지 확인하는 데 도움이 된다.

이제 조인을 사용해 물리 계층의 데이터를 연결하는 방법을 알아보자.

조인 사용

물리 계층에서 하나의 조인은 테이블 간 데이터를 행 단위로 일치시키는 것이다. 몇 가지 다른 유형의 조인을 살펴본 다음, 데이터 모델의 물리 계층에서 이것을 활용하는 방법을 살펴보자.

조인의 유형

물리 계층에는 다음과 같은 유형의 조인이 있다.

- **안쪽:** 왼쪽 테이블과 오른쪽 테이블에서 조인 조건과 일치하는 레코드만 남는다. 다음의 예에서 일치하는 행 3개만 결과로 남는다.

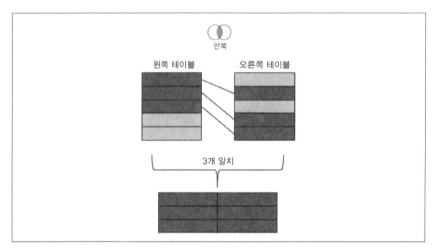

그림 13.12: 안쪽 조인

- **왼쪽:** 왼쪽 테이블의 모든 레코드가 유지된다. 오른쪽 테이블의 일치하는 레코드는 결과 테이블에 값이 있지만 일치하지 않는 레코드는 오른쪽 테이블의 모든 필드에 대해 NULL 값을 갖는다. 다음 예에서는 일치하지 않는 오른쪽 테이블의 값에 대한 NULL 결과와 함께 왼쪽 테이블의 5개 행이 유지되는 것을 보여준다.

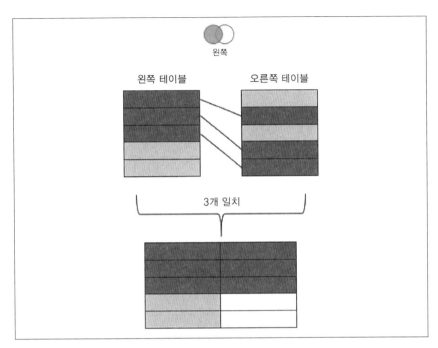

그림 13.13: 왼쪽 조인

- **오른쪽:** 오른쪽 테이블의 모든 기록이 유지된다. 왼쪽 테이블에서 일치하는 레코드 값이 남고, 왼쪽 테이블의 필드에 대해 일치하지 않는 모든 레코드에는 NULL 값이 포함될 것이다. 모든 데이터 원본이 오른쪽 조인을 지원하지는 않는다. 지원되지 않는 경우 옵션이 비활성화된다. 다음 예에서는 왼쪽 테이블에서 일치하지 않는 모든 값에 대해 NULL 결과와 함께 오른쪽 테이블의 5개 행이 유지되는 것을 보여준다.

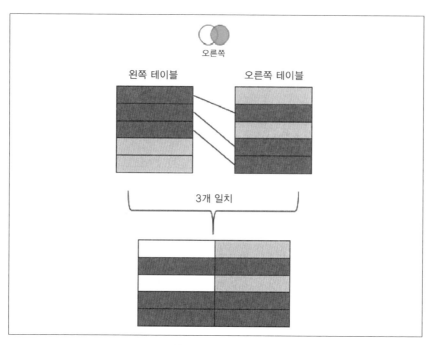

그림 13.14: 오른쪽 조인

- **전체 바깥쪽:** 양쪽 테이블의 모든 레코드가 유지된다. 왼쪽과 오른쪽에서 일치하는 레코드는 값이 있을 것이다. 왼쪽이나 오른쪽에 일치하는 레코드가 없는 경우 일치하지 않는 레코드는 NULL 값을 가질 것이다. 모든 데이터 원본이 전체 바깥쪽 조인을 지원하는 것은 아니다. 지원되지 않는 경우 옵션이 비활성화된다. 다음 예에서는 일치하는 값이 발견되지 않는 모든 곳에서 양쪽으로 NULL 값이 유지되는 것을 보여준다.

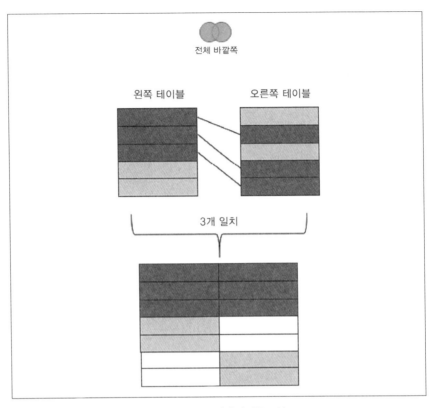

그림 13.15: 전체 바깥쪽 조인

- **공간**Spatial: 이 조인은 공간 개체들의 교차 영역(겹침)을 기준으로 일치하는 레코드가 함께 사용된다(12장에서 태블로의 공간 기능을 설명한다). 예를 들어 위도와 경도를 기반으로 하는 점들은 공간 파일shapefile에 정의된 복잡한 모양 안에 포함될 수 있다. 한 테이블 내의 공간 개체는 다른 테이블에서 지정된 공간 개체와 겹치는 모든 레코드에 대해 레코드가 유지된다.

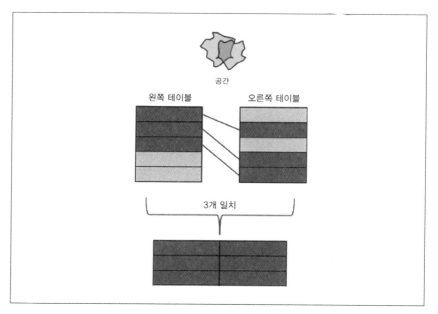

그림 13.16: 공간 조인

왼쪽과 오른쪽 테이블에서 공간 개체를 선택하면 그림 13.17과 같이 공간 조인을
수행하고자 필드 간 연산자를 Intersects로 지정해야 한다.

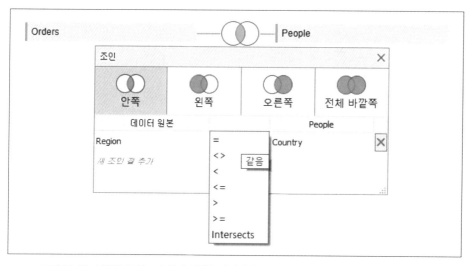

그림 13.17: 선택한 두 필드가 공간 개체를 나타내면 Intersects 옵션을 사용할 수 있을 것이다.

조인 유형에 대한 이해를 바탕으로 태블로 데이터 모델의 물리 계층에서 조인 유형을 사용하는 방법을 알아보자.

테이블 조인

대부분의 데이터베이스에는 어떤 방식으로든 관련된 여러 데이터 테이블이 있다. 또한 다양한 데이터 원본에 대해 다양한 데이터 연결을 사용해 데이터 테이블을 조인할 수 있다.

여기 예에서는 약간 단순화된 병원 데이터베이스의 테이블들을 다시 한 번 살펴보자.

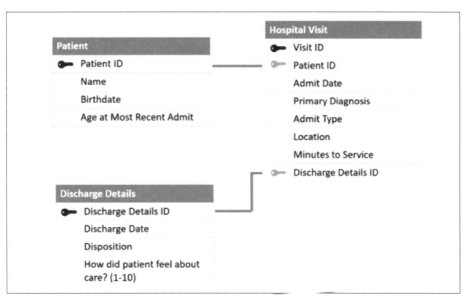

그림 13.18: 관계형 데이터베이스에 존재할 수 있는 Patient(환자 정보)와 Discharge Details(퇴원 상세 정보)가 포함된 기본 Hospital Visit(병원 방문 기록) 테이블

물리 계층에서 몇 가지 조인을 사용해 데이터 원본을 구축하는 방법을 살펴보자. 이것을 따라하려면 Chapter 13 디렉터리 내의 Hospital Visits (Joins).xlsx 파일을

참조하는 Chapter 13 Starter.twbx 통합 문서에서 새 엑셀 데이터 원본을 생성한다. Chapter 13 Complete.twbx 통합 문서 내에서 연결을 검사할 수도 있다.

앞에서 했던 것처럼 Hospital Visit 테이블을 데이터 원본 캔버스에 끌어다가 논리 계층에 Hospital Visit 개체가 생성되게 한다.

그림 13.19: 테이블을 캔버스로 끌어다 두면 논리 계층에 Hospital Visit 개체가 생성된다.

여기서 논리 계층 개체는 단순히 하나의 물리 테이블을 포함한다. 그러나 우리는 다음에 이것을 확장할 것이다. Hospital Visit 개체를 더블 클릭해 물리 계층을 확장할 수 있다. 그러면 다음과 같이 표시될 것이다.

그림 13.20: 하나의 물리 테이블로 구성된 물리 계층

추가 테이블을 더해 물리 모델을 확장할 수 있다. 여기서 Discharge Detail 테이블과 Patient 테이블을 추가해 이를 수행할 수 있다. 이 테이블들을 추가하면 태블로는 조인의 세부 정보를 조정할 수 있는 대화상자를 표시한다. 이는 다음과 같이 표시될 것이다.

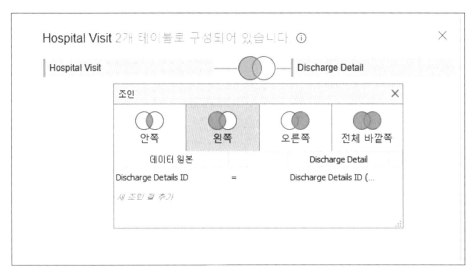

그림 13.21: 물리 계층에서 Discharge Detail 테이블을 Hospital Visit 테이블과 조인하기

조인 대화상자에서 조인 유형(안쪽, 왼쪽, 오른쪽, 전체 바깥쪽)을 지정할 수 있고, 조인할 하나 이상의 필드를 지정할 수 있다. 필드 사이에서는 필드를 조인하는 연산자의 종류를 선택할 수 있다. 기본값은 같음(=; 필드가 같아야 함)이지만, 같지 않음(<>; 필드가 같지 않아야 함), 보다 작음(<), 보다 작거나 같음(<=), 보다 큼(>), 또는 크거나 같음(>=)을 선택할 수도 있다. 조인의 유형과 조인을 정의하는 필드 관계에 의해 조인의 결과로 반환되는 레코드 수가 결정된다. 다음 절에서 자세한 내용을 살펴보자.

 일반적으로 기본 테이블을 물리 계층 캔버스로 끌어다 시작하는 것이 좋다. 이 경우 Hospital Visit 테이블은 추가 테이블을 조인하기 위한 키를 포함하고 있다. 추가 테이블은 기본 테이블 다음에 드래그앤드롭한다.

이제 태블로가 테이블 간 공유할 수 있는(Discharge Details 테이블의 Discharge Details ID와 Patient 테이블의 Patient ID) 필드를 자동으로 감지한 것을 확인한다. 그리고 Discharge Details에 관한 조인을 왼쪽 조인으로 변경한다. 이렇게 하면 아직 퇴원하지 않은 경우에 대한 모든 병원 방문 기록도 포함될 것이다. Patient 테이블과의 조인은 내부 조인으로 둔다. 이렇게 하면 테이블 간 공유되는 레코드만 반환하게 돼서 방문한 환자만 남게 된다.

이제 Hospital Visit 테이블의 물리 계층은 다음과 같다.

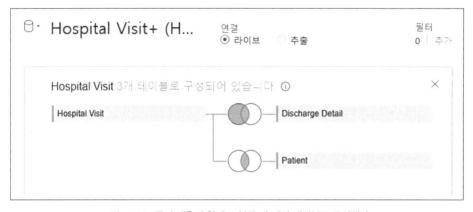

그림 13.22: 물리 계층이 함께 조인된 세 개의 테이블로 구성됐다.

물리 계층을 닫을 때 단일 개체 Hospital Visit를 포함하는 논리 계층을 볼 수 있을 것이다. 이 개체는 조인된 물리 테이블들로 구성됐음을 나타내는 조인 아이콘을 포함하고 있다. 그러나 이는 데이터 모델의 논리 계층에 단일 개체로 남아 있으며 다음과 같이 보일 것이다.

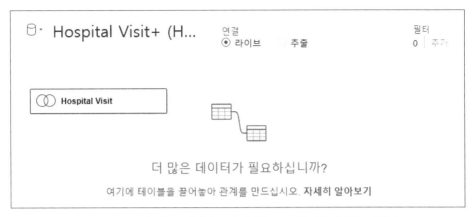

그림 13.23: 논리 계층은 세 개의 물리 테이블로 구성된 단일 개체를 포함한다.

모든 조인은 데이터 모델의 개체들과 관련될 수 있는 하나의 플랫 테이블과 같은 것을 생성한다. 다시 말해 이러한 각각의 개체들은 하나의 물리적 테이블이나 조인된 여러 개의 물리적 테이블로 구성될 수 있다.

이 예제를 따라 하고 있다면 데이터 원본의 이름을 Hospital Visits (Joins)로 바꾸자. 이 장의 끝에서 또 다른 예제에 이 데이터 원본을 활용할 것이다. 그 동안 조인과 관련된 몇 가지 추가 세부 사항을 살펴보자.

기타 조인 고려 사항

조인을 활용할 수 있는 몇 가지 가능성을 좀 더 알아보고 조인을 사용함으로써 발생할 수 있는 잠재적인 문제를 확인하는 것으로 이번 절을 마무리한다.

조인 계산

앞의 예에서 태블로는 데이터 내의 필드를 기준으로 행별 조인을 한다는 것을 알게 됐다. 데이터에는 없지만 기존 데이터에서 파생될 수 있는 값을 기반으로 조인해야 하는 경우가 있을 수 있다. 예를 들어 데이터 세트에 상당한 가치를 추가할 수 있는 Patient Profile(환자 프로파일) 테이블이 있다고 가정해보자. 하지만 이 테이블은 Patient ID가 부족하고 First Name과 Last Name 필드만 갖고 있다.

이것을 우리의 Patient 테이블에 조인하고자 조인 계산을 사용할 수 있다. 이는 테이블들을 결합할 목적으로만 존재하는 계산이다. 조인 계산을 만들려면 조인 대화상자의 필드 드롭다운 목록에서 마지막 옵션인 조인 계산 만들기를 선택한다.

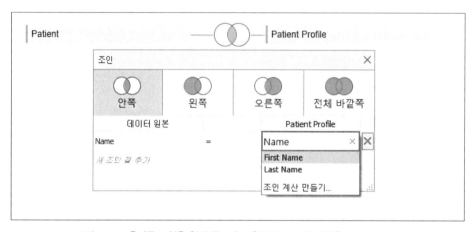

그림 13.24: 올바른 조인을 형성하는 데 도움이 되는 조인 계산을 만들 수 있다.

이 옵션을 선택하면 조인에 사용할 수 있는 행 수준 계산을 작성할 수 있다. 예를 들어 조인 계산에는 Name 필드와 일치하는 값을 반환하도록 [First Name] + " " + [Last Name]과 같은 코드를 사용할 수 있다.

 성능을 고려해 데이터 세트의 크기가 클수록 텍스트 필드에 조인하는 것은 피하는 것이 좋다. 정수 간 조인이 훨씬 더 효율적이다. 또한 두 사람이 이름과 성을 공유하는 것이 가능 하므로 이 예제의 구조를 따르는 실제 데이터 세트는 잘못된 일치와 오류의 대상이 될 수 있다.

12장에서 언급한 지리 공간 함수를 활용해 하나 혹은 둘 다 조인할 특정 공간 개체가 없는 경우에도 두 개의 데이터 원본 간 공간 조인을 생성할 수 있다. 예를 들어 데이터에 Latitude와 Longitude가 있다면 MAKEPOINT([Latitude], [Longitude]) 코드를 사용하는 조인 계산을 만들어 또 다른 테이블에 있는 다른 공간 개체와의 교차 영역을 찾을 수 있다.

조인을 위한 필드가 누락된 경우에도 조인 계산이 도움이 될 수 있다. 조인하려는 데이터가 완전히 다른 데이터베이스나 파일에 있으면 어떻게 될까? 다음 시나리오에서는 데이터베이스 간 조인을 살펴보자.

데이터베이스 간 조인

태블로를 사용하면 서로 다른 여러 데이터 연결에 대해 (행 수준에서) 조인할 수 있다. 서로 다른 데이터 연결 간 조인을 데이터베이스 간 조인이라고 한다. 예를 들어 SQL 서버 테이블을 텍스트 파일이나 엑셀 파일과 조인할 수 있고, 하나의 데이터베이스 테이블을 다른 서버에 있는 테이블과 조인할 수도 있다. 이것으로 데이터가 보완되고 서로 다른 원본의 데이터를 분석할 수 있게 되는 등 모든 종류의 가능성이 열린다.

병원 데이터를 생각해보자. 데이터의 일부가 Chapter 13 파일 세트를 포함하지 않았는데, 청구 데이터가 환자 치료 데이터와 별도의 시스템에 있는 것은 흔히 일어나는 일이다. 이때 병원 방문 분석에 포함하려는 데이터로 환자 청구 파일이 있다고 가정해보자. 다음과 같이 텍스트 파일을 데이터 연결로 추가한 다음 기존 테이블에 조인해 이 작업을 수행할 수 있다.

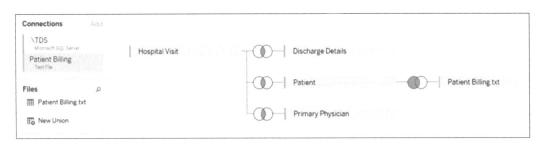

그림 13.25: 별도의 데이터 연결을 기반으로 테이블이나 파일 결합하기

데이터 원본 화면의 인터페이스에는 데이터 원본에 데이터 연결을 추가할 수 있는 추가 링크가 포함돼 있는 것을 알 수 있을 것이다. 각각의 연결을 클릭하면 해당 연결에서 테이블을 데이터 원본 디자이너로 드래그앤드롭하고 원하는 조인을 지정한다. 각각의 데이터 연결은 색상으로 구분할 수 있게 돼 있어 디자이너에 있는 여러 가지 테이블 원본을 즉시 식별할 수 있다.

논리 계층에서는 여러 데이터 원본을 사용할 수도 있다.

조인에 대해 살펴봐야 할 또 다른 한 가지는 의도하지 않은 오류며, 이에 관해서는 다음에서 살펴보자.

의도하지 않은 데이터 복제

마지막으로 조인에 대한 경고를 살펴보자. 주의하지 않으면 몇 개의 추가 행이 발생할 수 있고, 레코드가 예상했던 것보다 몇 배로 늘어날 수 있다. 이론상의 예를 살펴보자.

다음과 같은 Visit 테이블이 있다고 가정해보자.

Visit ID	Patient Name	Doctor ID
1	Kirk	1
2	Picard	2
3	Sisko	3

그리고 다음과 같은 Doctor 테이블이 있다.

Doctor ID	Doctor Name
1	McCoy
2	Crusher
3	Bashir
2	Pulaski

Doctor ID의 값 2에 대한 값이 Doctor 테이블에 두 번 발생했다. Doctor ID 값이 같을 때 테이블을 조인하면 사용되는 조인 유형에 관계없이 중복 레코드가 생성된다. 이러한 조인으로 다음 데이터 세트가 생성된다.

Visit ID	Patient Name	Doctor ID	Doctor Name
1	Kirk	1	McCoy
2	Picard	2	Crusher
3	Sisko	3	Bashir
2	Picard	2	Pulaski

이는 분석에 큰 영향을 미친다. 예를 들어 얼마나 많은 환자 방문이 발생했는지 파악하고자 행수를 세는 경우 여러분은 실제 숫자보다 넘치게 계산하게 될 것이다. 또한 분석에 도움이 되게 하고자 의도적으로 중복 레코드를 생성하려는 경우가 있다. 그러나 이것으로 인해 외도하지 않은 오류가 나타날 때가 있다.

 의도하지 않게 데이터가 복제된다든가, 추가 행이 발생할 위험 외에도 일치할 것으로 예상한 값이 정확히 일치하지 않는 일이 발생해 행을 잃게 될 가능성도 있다. 이를 방지하려면 조인을 사용하는 모든 데이터 원본의 행수를 확인하는 습관을 갖자.

조인에 대해 확실히 이해해두면 태블로 데스크톱과 태블로 서버를 활용하는 데 도움이 될 뿐만 아니라 15장에서 태블로 프렙을 살펴볼 때 견고한 기반이 될 것이다. 이제 혼합에 대해 간략하게 살펴보면서 이 장을 마무리하겠다.

▌ 혼합 사용

데이터 혼합을 통해 동일한 뷰 내에서 여러 가지 데이터 원본의 데이터를 사용할 수 있다. 이런 데이터 원본들이 다른 유형인 경우가 있다. 예를 들어 오라클의 데이터를 엑셀의 데이터와 혼합할 수 있고, 구글 애널리틱스 데이터를 공간 파일과 혼합할 수도 있다. 데이터 혼합을 사용하면 다양한 세부 수준에서 데이터를 비교할 수도 있다. 기본 사항과 간단한 예를 살펴보자.

데이터 혼합은 각각의 데이터 원본으로 보내지는 여러 가지 쿼리를 포함하며 집계 수준으로 수행된다. 조인과 비교해보면 조인은 하나의 데이터 원본에 보내지는 하나의 쿼리를 포함하며 행 수준으로 수행된다. 간단한 데이터 혼합 프로세스에는 다음 다이어그램과 같이 여러 단계가 포함된다.

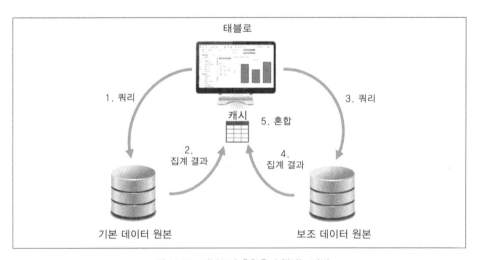

그림 13.26: 태블로가 혼합을 수행하는 방법

앞의 다이어그램의 내용은 다음과 같다.

1. 태블로가 기본 데이터 원본에 대한 쿼리를 실행한다.
2. 엔진이 집계 결과를 반환한다.
3. 태블로가 보조 데이터 원본에 대해 또 다른 쿼리를 실행한다. 이 쿼리는 두 데이터 원본을 연결하는 차원에 대해 기본 데이터 원본에서 반환된 값 집합을 기반으로 필터링된다.
4. 데이터 엔진은 보조 데이터 원본에서 집계 결과를 반환한다.
5. 기본 데이터 원본의 집계된 결과와 보조 데이터 원본의 집계된 결과가 캐시에서 함께 혼합된다.

데이터 혼합은 조인과 다르다는 점을 명심하자. 조인은 단일 쿼리로 수행되며 결과는 행별로 일치되는 반면 데이터 혼합은 두 개의 개별 쿼리를 실행한 다음 집계 결과를 혼합해 이뤄지는 것이다.

기본 데이터 원본은 하나일 수 있지만 보조 데이터 원본은 사용자가 원하는 만큼 존재할 수 있다. 각 보조 원본에 대해 3단계와 4단계가 반복된다. 집계된 모든 결과가 반환되면 태블로는 연결 필드를 기반으로 집계된 행을 일치시킨다.

태블로 통합 문서에 데이터 원본이 두 개 이상 있는 경우 뷰에서 처음 사용하는 원본이 해당 뷰의 기본 원본이 된다.

혼합은 뷰에 따라 다르다. 하나의 뷰에서는 하나의 데이터 원본을 기본적인 데이터 원본으로 사용할 수 있고, 다른 뷰의 데이터를 보조 데이터 원본으로 가질 수 있다. 모든 데이터 원본을 혼합에 사용할 수 있지만 SQL 서버 분석 서비스(Server Analysis Services)와 같은 OLAP 큐브를 기본 데이터 원본으로 사용해야 한다.

여러 면에서 혼합은 두 개 이상의 개체를 가진 데이터 모델을 생성하는 것과 유사하다. 대부분의 경우 데이터 모델은 혼합을 사용하지 않고도 정확히 필요한 것을 제공한다. 그러나 개체 수준이 아닌 뷰 수준에서 관련된 필드를 변경할 수 있기 때문에 혼합에 훨씬 더 많은 유연성이 있다.

연결 필드는 기본 및 보조 데이터 원본 간에 혼합된 데이터를 일치시키는 데 사용되는 차원이다. 연결 필드는 보조 원본에 대한 세부 수준을 정의한다. 데이터 원본 간 필드가 이름 및 유형별로 일치하면 연결 필드가 자동으로 할당된다.

그렇지 않으면 다음과 같이 메뉴의 데이터 ▶ 혼합 관계 편집에서 필드 간 관계를 선택해 수동으로 할당할 수 있다.

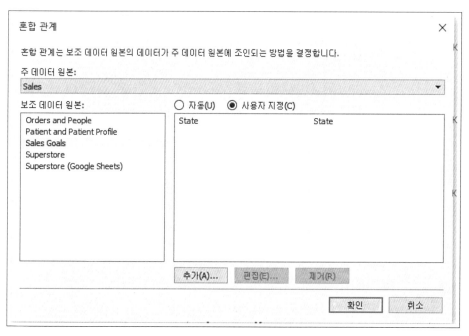

그림 13.27: 데이터 원본 간의 혼합 관계 정의

관계 창은 서로 다른 데이터 원본 사이에 인식된 관계를 표시한다. 사용자가 **자동**에서 **사용자 지정**으로 전환해 고유한 연결 필드를 정의할 수 있다.

뷰에서 연결 필드를 활성화하거나 비활성화해 혼합할 수 있다. 일반적으로 뷰에서 사용되는 연결 필드는 기본적으로 활성화되지만 다른 필드는 활성화되지 않는다. 그러나 데이터 패널에서 연결 필드 옆에 있는 연결 아이콘을 클릭해 연결 필드의 활성 여부를 변경할 수 있다.

 또한 데이터 관계 편집 화면을 사용해 데이터 원본 간 필터에 사용될 필드를 정의할 수 있다. 뷰의 필터에 있는 필드에 대해 드롭다운 메뉴를 사용해 워크시트에 적용 › 이 데이터 원본을 사용하는 모든 항목을 선택하면 필터는 이 데이터 원본들에 대해 작동하게 된다.

예제를 사용해 이 개념을 실제로 확인해보자.

혼합 예

실제에서 혼합의 예를 빠르게 살펴보자. 환자 서비스와 관련해 병원 전체의 다양한 위치에서의 서비스 목표를 나타내는 다음의 표가 있다고 가정해보자.

Location	Avg. Minutes to Service Goal
Inpatient Surgery	30
Outpatient Surgery	40
ICU	30
OBGYN	25
Lab	120

이 데이터는 Chapter 13 디렉터리에 있는 Location Goals.txt라는 간단한 텍스트 파일에 포함돼 있다. Starter 통합 문서와 Complete 통합 문서에는 이미 이 파일에 대해 정의된 데이터 원본이 포함돼 있다.

이전에 만든 Hospital Visit (Joins) 데이터 원본에서 간단한 막대 차트를 만들어 Average Minutes to Service by Location(위치별 평균 서비스 소요 시간(분))을 다음과 같이 표시한다.

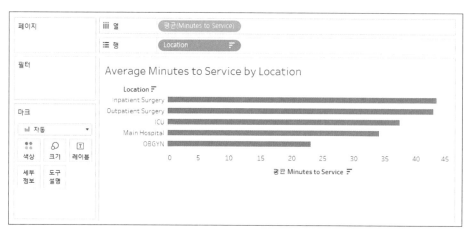

그림 13.28: Average Minutes to Service by Location

그런 다음 데이터 패널에서 데이터 원본 중 Location Goals를 선택한다. 이제 데이터 패널은 다음과 같이 보일 것이다.

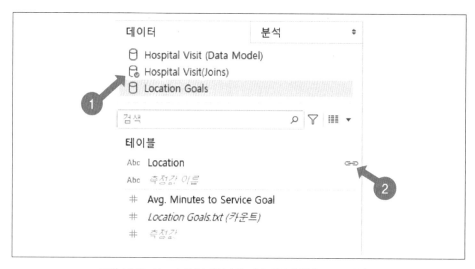

그림 13.29: Hospital Visit (Join)이 기본 데이터 원본으로 표시되고
Location Goals 내의 Location이 연결 필드로 표시됐다.

Hospital Visit(Join) 데이터 원본(그림 13.29에서 ❶번)의 파란색 확인 표시는 이 데이터 원본이 기본이 된다는 것을 나타낸다. 태블로는 Location을 연결 필드로 인식하고 연결된 링크 아이콘(그림 13.29에서 ❷번)으로 활성 상태임을 나타낸다. 현재 뷰에서 기본 데이터 원본에 있는 Location을 사용했기 때문에 활성화됐다. 그렇지 않았다면 태블로가 링크를 표시하더라도 기본적으로 활성화되지는 않을 것이다. 링크 아이콘을 클릭해 활성에서 비활성으로 전환하거나 반대로 전환해 보조 원본에서 집계가 수행되는 세부 수준을 제어할 수 있다.

여기서는 데이터 패널에 있는 Avg. Minutes to Service Goal을 클릭하고 **표현 방식**에서 불릿 그래프를 선택한다. 다음 그림을 참고하자.

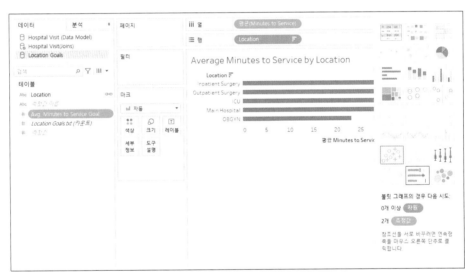

그림 13.30: 보조 원본의 필드를 뷰에 드래그앤드롭하고 표현 방식을 사용할 수 있다.

뷰에서 Avg. Minutes to Service 축을 마우스 오른쪽 단추로 클릭하고 기준선 교체 필드를 선택해 목표가 참조선이고 막대가 실제 메트릭인지 확인한다. 이제 뷰는 다음과 같아야 한다.

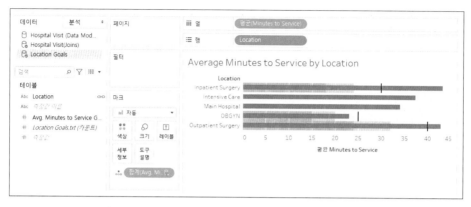

그림 13.31: 기본 데이터 원본과 보조 데이터 원본으로부터 생성된 뷰

이 뷰에서는 Hospital Visit(Joins) 데이터 원본과 Location Goals 데이터 원본이 모두 사용된다는 것을 알아두자. Hospital Visit (Joins)는 기본 데이터 원본(파란색 체크 표시로 구분된다)이고 Location Goals는 보조 원본이다(주황색 체크 표시로 구분된다). 마크 카드의 세부 정보에 놓인 Avg. Minutes to Service Goal 필드는 보조 원본으로부터 가져온 것이어서 이것 역시 주황색 체크 표시 아이콘으로 표시됐다.

또한 Main Hospital과 Intensive Care에는 뷰에 표시된 목표가 없음을 알 수 있다. 기본 데이터 원본은 뷰에 표시되는 전체 값 목록을 결정하는 데 사용된다. Main Hospital은 기본 데이터 원본에는 있지만 보조 원본에는 일치하는 항목이 없다. 그래서 뷰에는 표시되지만 보조 원본 값이 없다.

Intensive Care 역시 보조 값이 없다. 이는 보조 원본에서 해당하는 값이 ICU이기 때문이다. 혼합에 대해 일치하는 항목을 찾으려면 기본 원본과 보조 원본 사이 값이 정확히 일치해야 한다. 그러나 혼합은 별칭[1] 역시 고려한다.

---

1. allias, 앨리어스라고도 부른다. - 옮긴이

다음과 같이 뷰에서 행 머리글을 마우스 오른쪽 단추로 클릭하고 별칭 편집... 옵션을 사용해 필드의 별칭을 변경할 수 있다.

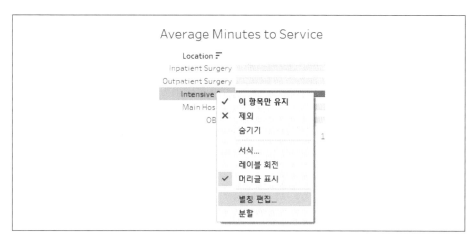

그림 13.32: 별칭 편집... 옵션 사용

별칭을 ICU로 변경하면 일치 항목이 보조 원본에서 발견되고 뷰에 보조 값이 반영된다.

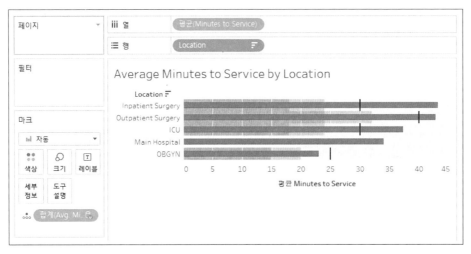

그림 13.33: ICU는 이제 보조 원본에서 일치하는 항목을 찾는다.

Location, Lab에 대한 최종 값은 Location Goal.txt 원본에서만 발생하기 때문에 이 뷰에서는 표시되지 않았다. 새로운 뷰를 생성하고 Location Goals를 기본 원본으로 사용했다면 뷰에 표시됐을 것이다.

이 장에서는 데이터를 연결하는 방법에 관한 몇 가지 옵션을 다뤘다. 이러한 다양한 기술을 언제 사용해야 하는지 잠시 생각해보는 시간을 갖자.

데이터 모델, 조인, 혼합을 사용하는 경우

어떤 의미에서 모든 최신 버전의 태블로를 사용해 만든 모든 데이터 원본은 데이터 모델을 사용할 것이다. 하나의 물리 테이블을 사용하는 데이터 원본조차 하나의 데이터 모델의 논리 계층에 해당 개체가 있다. 그러나 언제 데이터 모델을 사용해 테이블을 연결해야 하며, 언제 물리 계층에서 테이블을 결합해야 할까? 혼합을 사용해야 하는 시기는 언제일까?

대부분의 경우 정답이나 오답은 없다. 그러나 다음의 몇 가지 지침을 참고해 주어진 접근 방식을 사용하는 것이 적절한 시기를 생각해보자.

일반적으로 다음과 같은 경우 **데이터 모델**을 사용해 테이블을 연결한다.

- 조인이 정확한 집계를 불가능하게 하거나 정확한 결과를 얻으려면 복잡한 LOD 표현식이 필요한 경우
- 조인으로 인해 데이터가 중복되는 경우
- 차원의 전체 도메인을 표시하는 데 유연성이 필요하면서도 관계에서 일치하는 값만 표시해야 하는 경우
- 데이터 원본이 확실하지 않고 사용해야 할 조인 유형을 모르는 경우

일반적으로 다음과 같은 경우 물리 수준에서 **조인**을 사용한다.

- 필드 간 같음 이외의 연산자를 사용해야 하는 경우
- 공간 조인을 수행하려는 경우
- 분석에 사용되는 조인 유형을 구체적으로 제어하려는 경우
- 데이터 모델의 성능이 조인을 사용할 때보다 효율성이 떨어지는 경우

일반적으로 다음과 같은 경우 **혼합**을 사용한다.

- 데이터 모델(예, OLAP 큐브와 같은)을 사용해 조인되거나 연결될 수 없는 데이터 원본들을 연결해야 하는 경우
- 별칭을 사용해 일치하는 것을 '수정'할 수 있는 유연성이 필요한 경우
- 다른 뷰에서 관계를 다르게 정의하는 필드를 조정할 수 있는 유연성이 필요한 경우

이러한 각각의 접근 방식을 사용하면서 자신감이 커지면 주어진 상황에서 어떤 것이 적당한지 결정할 수 있게 될 것이다.

요약

이제 데이터 테이블을 연결해야 할 때 사용할 수 있는 몇 가지 기술을 알게 됐다. 태블로 최신 버전의 새로운 기능인 데이터 모델은 논리적 데이터 테이블을 연결하기 위한 새로운 패러다임을 제시한다. 차원 값의 전체 및 부분 도메인을 표시할 때 몇 가지 새로운 동작을 도입하지만 집계에 대한 자연적인 세부 수준을 고려해 집계를 크게 단순화한다. 물리 계층에서는 물리 테이블을 결합하는 옵션이 있다.

다양한 유형의 조인을 다루고 궁극적인 유연성을 위해 조인 계산 및 데이터베이스 간 조인을 사용할 수 있는 가능성을 논의했다. 데이터 혼합이 작동하는 방식을 간략히 다루고 실용적인 예를 살펴봤다. 마지막으로 각각의 접근 방식으로 전환해야 하는 시기를 광범위하게 살펴봤다. 이제 우리는 다른 테이블, 다른 데이터베이스 또는 파일의 데이터를 처리할 수 있는 도구 세트를 갖게 됐다.

14장에서는 태블로 프렙 빌더를 살펴보면서 이 도구 세트를 좀 더 확장해볼 것이다. 태블로 프렙은 놀라운 성능과 정교함을 제공해 다양한 데이터 원본들을 가져와 정리하고 원하는 방식으로 구조화할 수 있게 해준다.

태블로에서 잘 작동할 수 있게 지저분한 데이터 구조화

지금까지 이 책에서 살펴본 대부분의 예는 데이터 구조화가 잘 돼 있고 상당히 깨끗하다고 가정했다. 그러나 실제로 데이터가 항상 잘 정돈돼 있는 것은 아니다. 지저분하거나 좋은 구조가 아닐 수도 있고, 값이 누락됐거나 중복된 값이 있을 수도 있으며, 세부 수준이 잘못됐을 수도 있다.

이러한 유형의 지저분한 데이터를 어떻게 처리할 수 있을까? 13장에서는 태블로의 데이터 모델을 사용해 서로 다른 테이블의 데이터를 연결하는 방법을 살펴봤다. 15장에서는 데이터를 정리하고 구조화하는 강력한 방법 중 하나인 태블로 프렙 빌더Tableau Prep Builder를 살펴볼 것이다. 14장에 있는 대부분의 내용은 태블로 프렙 작업을 위한 필수 지식이다.

여기서는 태블로에서 잘 작동하는 몇 가지 기본 데이터 구조와 이러한 구조로 데이터를 가져올 때 사용할 수 있는 몇 가지 추가 기술을 알아본다. 이 장에서는 기본적인 태블로 기능만 다루지만 배우는 내용의 대부분은 다음번 태블로 프렙에 적용된다. 이 장을 마치면 좋은 데이터 구조를 구성하는 것에 관한 이해의 기초가 마련될 것이다. 태블로에서 잘 작동하는 데이터 구조를 아는 것은 특정 문제를 해결하는 방법을 이해하는 데 있어 중요하다.

이 장에서는 태블로에서 잘 작동하도록 데이터를 구조화하는 몇 가지 원칙과 일반적인 데이터 문제를 해결하는 방법의 구체적인 예를 살펴본다. 14장에서는 다루는 내용은 다음과 같다.

- 태블로용 데이터 구조화
- 네 가지 기본적인 데이터 변환
- 데이터 문제에 대한 고급 수정 소개

먼저 태블로에 적합한 데이터 구조를 살펴보자.

▌태블로용 데이터 구조화

태블로에서는 거의 모든 데이터 원본에 연결할 수 있다는 것을 앞에서 확인했다. 태블로에 내장돼 있는 직접 연결, 개방형 데이터베이스 연결^{ODBC, Open Database Connectivity} 또는 태블로의 데이터 추출 API를 사용해 추출을 생성하는 경우 데이터가 제한되지 않는다. 한편 태블로에서 데이터를 좀 더 쉽게 사용할 수 있는 특정 구조가 있다.

태블로에서 잘 작동하는 좋은 데이터 구조를 보장하려면 다음의 두 가지 중요한 점이 있다.

- 데이터 연결된 원본의 모든 레코드는 의미 있는 세부 수준이어야 한다.
- 원본에 포함된 모든 측정값의 세부 수준은 데이터 원본의 세부 수준과 같거나 더 높을 수는 있지만 더 낮은 수준일 수는 없다.

예를 들어 학교 교실당 하나의 레코드가 있는 시험 점수표가 있다고 가정해보자. 레코드에는 교실의 평균 GPA^{Average GPA for the classroom}, 학급의 학생 수^{Number of Students}, 학교의 평균 GPA^{Average GPA of the school}의 세 가지 측정값이 있을 수 있다.

School	Classroom	Average GPA	Number of Students	Number of Students (School)
Pickaway Elementary	4th Grade	3.78	153	1,038
Pickaway Elementary	5th Grade	3.73	227	1,038
Pickaway Elementary	6th Grade	3.84	227	1,038
McCord Elementary	4th Grade	3.82	94	915
McCord Elementary	5th Grade	3.77	89	915
McCord Elementary	6th Grade	3.84	122	915

처음 두 측정값(Average GPA와 Number of Students – 평균 GPA와 학생 수)은 세부 정보의 수준이 개별 데이터 레코드(학교의 교실당)와 같다. Number of Students(School)는 세부 정보 수준이 더 높다. 이를 알고 있다면 신중한 분석을 수행할 수 있을 것이다. 그러나 각 학생의 GPA를 수업 레코드에 저장하려고 하면 데이터 구조 문제가 발생할 것이다. 데이터가 학년별 모든 학생의 GPA를 저장하고자 구조화된 경우(각 학생에 대한 열이나 쉼표로 구분된 학생 점수 목록이 포함된 단일 필드) 몇 가지 작업을 수행해야 태블로에서 데이터를 더욱 유용하게 사용할 수 있게 된다.

원본의 세부 수준(종종 세분성이라고 하는 경우가 있음)을 이해하는 것이 중요하다. 데이터 원본에 연결할 때마다 가장 먼저 알아야 할 것은 "단일 레코드가 무엇을 나타내는가?"에 관한 것이다. 예를 들어 레코드 수(태블로 2020.2 이상에서는 테이블 명(Count) 필드) 필드를 뷰로 끌어다 놓고 1,000개의 레코드를 관찰하는 경우 I have 1,000 _____ 구문을 완료할 수 있다. 학생 1,000명, 시험 점수 1,000개, 또는 1,000개의 학교가 될 수 있다. 데이터의 세분성을 잘 파악하면 잘못된 분석을 피하고 분석에 필요한 데이터가 있는지 여부를 결정할 수 있다.

> 데이터의 세부 정보 수준을 찾는 빠른 방법은 **텍스트** 선반에 레코드수 필드(태블로 2020.2 이상에서는 테이블 명(카운트)필드)를 배치하고, 행 선반에는 다른 차원을 두는 것이다. 이렇게 했을 때 모든 행에 1이 표시되고 왼쪽 아래 상태 표시줄에 표시된 총계가 데이터의 레코드 수와 같으면 해당 차원(또는 차원 조합)이 레코드를 고유하게 식별하고, 데이터의 가장 낮은 수준의 세부 정보를 정의한다는 것을 알 수 있다.

데이터의 세분성에 관한 중요한 원칙이 이해됐으면 태블로에서 원활하게 효율적인 작업을 할 수 있는 특정 데이터 구조로 넘어가보자. 경우에 따라 알테릭스^Alteryx 또는 태블로 프렙 빌더^Tableau Prep Builder와 같은 도구를 사용해 원본에서 데이터를 재구성하는 것이 더 나을 수 있지만 원본 데이터를 재구성하는 것이 불가능하거나 실행할 수 없는 경우가 있다. 예를 들어 데이터베이스에 대한 쓰기 접근 권한이 없거나 미리 정의된 구조가 있는 클라우드 기반 데이터 원본일 수 있다. 이러한 경우에 관한 태블로의 몇 가지 옵션을 살펴보자. 먼저 태블로에서 어떤 종류의 데이터 구조가 잘 동작하는지 알아보자.

태블로에서 잘 구조화된 데이터

앞 절에서 언급한 좋은 데이터 구조에 대한 두 가지 핵심 내용은 단일 측정값이 단일 열에 포함된 데이터 구조가 생성돼야 함을 의미한다. 여러분은 여러 개의 차별화된 측정값을 갖고 있겠지만 어떤 단일 측정값도 여러 열로 나누면 안 된다. 이런 데이터 구조의 다른 점은 넓은 데이터와 긴 데이터로 설명되곤 한다.

넓은 데이터

넓은 데이터는 일반적으로 태블로의 시각적 분석에 적합한 구조가 아니다.

넓은 데이터는 하나의 행에 있는 측정값이 여러 열에 걸쳐 있는 구조다. 이 데이터는 사람이 읽는 데 좀 더 적합한 형식이다. 폭이 넓은 데이터를 사용하면 행수가 적고 열이 더 많아진다.

다음의 예는 인구수 표에서 넓은 데이터가 어떻게 보이는지에 관한 것이다.

Country Name	1960	1961	1962	1963	1964
Afgh-anistan	8,774,440	8,953,544	9,141,783	9,339,507	9,547,131
Aus-tralia	10,276,477	10,483,000	10,742,000	10,950,000	11,167,000

이 테이블의 세부 정보 수준은 모든 국가에 대해 한 행으로 구성돼 있다. 그러나 한 나라의 측정값(인구)이 하나의 열에 저장되지는 않는다. 이 데이터에는 여러 개의 열(매년의 데이터가 열로 구성됨)로 나뉘는 단일 측정값(모집단)으로 인해 폭이 넓은 것이다. 측정값이 개별 레코드보다 세부 수준이 낮기 때문에 넓은 테이블은 좋은 구조에 대한 두 번째 핵심 사항을 위반하게 되는 것이다(국가별이 아닌 연간 국가별).

긴 데이터

긴 데이터는 일반적으로 태블로의 시각적 분석에 적합한 구조다.

긴 데이터는 행의 각 고유 측정값이 단일 열에 포함되는 구조며 종종 더 많은 행과 더 적은 열을 생성한다.

앞에서와 동일한 데이터를 긴 데이터 형식으로 표현한 다음 테이블을 살펴보자.

Country Name	Year	Population
Afghanistan	1960	8,774,440
Afghanistan	1961	8,953,544
Afghanistan	1962	9,141,783
Afghanistan	1963	9,339,507
Afghanistan	1964	9,547,131
Australia	1960	10,276,477
Australia	1961	10,483,000
Australia	1962	10,742,000
Australia	1963	10,950,000
Australia	1964	11,167,000

여기에는 더 많은 행(각 국가에 대해 매해 행)이 있다. 개별 연도는 별도의 열이 아니며 인구 측정값이 열로 분산돼 있지 않다. 대신 하나의 열에는 Year 차원이 있고 또 하나의 열로 Population 측정값을 제공하고 있다. 행의 수는 증가한 반면 열의 수는 감소했다. 여기서 인구 측정값은 개인별 행과 세부 정보의 수준이 동일하기 때문에 태블로의 시각적 분석이 훨씬 쉬워진다.

이것이 만드는 실제 차이점을 살펴보자.

태블로에서 넓은 데이터와 긴 데이터

태블로에서 넓고 긴 데이터 간의 차이는 쉽게 볼 수 있다. 다음은 왼쪽 데이터 패널에 표시되는 넓은 데이터 테이블의 모습이다.

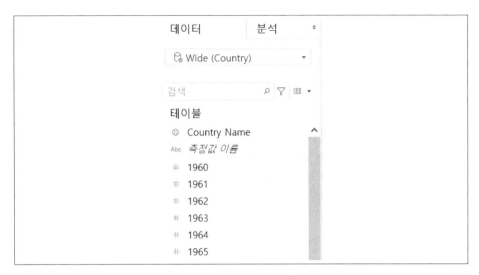

그림 14.1: 넓은 데이터에는 연도별 측정값이 있다.

예상대로 태블로는 테이블의 각 열을 별도의 필드로 취급하고 있어서 넓은 데이터 구조는 불리하게 작용한다. 매년 별도의 측정값이 있어서 연간 인구의 라인 그래프를 그리려면 어려움을 겪게 될 것이다. 날짜를 나타내는 차원으로 무엇을 사용할 수 있을까? 인구에 대해 하나로 사용할 수 있는 측정값은 무엇일까?

이런 점들로 인해 태블로에서 넓은 데이터를 사용할 수 없다는 것은 아니다. 예를 들어 **측정값 이름/측정값**을 사용하면 다음과 같이 하나의 뷰에 모든 **년도별** 측정값을 표시할 수 있다.

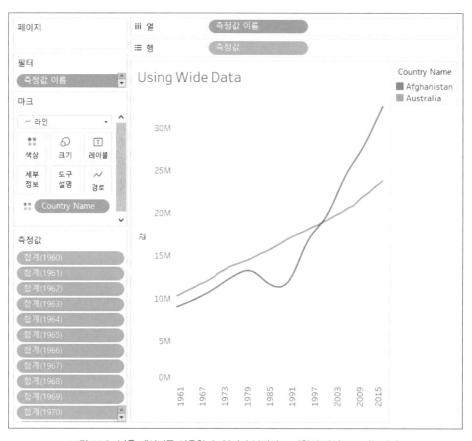

그림 14.2: 넓은 데이터를 사용할 수 있지만 복잡하고 제한된 방식으로 가능하다.

모든 **년도**의 필드가 **측정값** 선반에 배치됐음을 알 수 있다. 좋은 소식은 이와 같이 구조화되지 않은 데이터에서도 시각화를 만들 수 있다는 것이다. 나쁜 소식은 뷰를 만들기가 더 어렵고 특정 고급 기능들을 사용하지 못할 수 있다는 것이다.

넓은 데이터 구조를 기반으로 한 그림 14.2의 뷰에는 다음의 제한 사항이 적용된다.

- 날짜 차원이나 정수가 없기 때문에 태블로에서 예측을 사용할 수 없다.
- 열에 날짜나 연속형 필드가 없기 때문에 태블로에서 추세선을 활성화할 수 없다.

550

- 각각의 측정값은 별도의 필드이기 때문에 퀵 테이블 계산(예, 누계, 백분율 차이 등)을 사용할 수 없다.
- 연도별 평균 인구와 같은 값을 구하고자 측정값에 관한 집계만 간단히 변경하면 되는 것이 아니라 지루한 사용자 지정 계산이 필요하다.
- 날짜에 대한 축이 없어서(측정값 이름에 대한 일련의 머리글만) 참조선을 추가할 수 없다.

이와 대조적으로 긴 데이터는 데이터 패널에서 다음과 같이 보일 것이다.

그림 14.3: 긴 데이터에는 하나의 차원 Year와 하나의 측정값 Population이 있다.

이 데이터 원본은 작업하기가 훨씬 쉽다. 여기에는 하나의 측정값(Population)과 측정값을 분할할 수 있는 차원이 있다. 연도별 인구를 라인 차트로 표시하길 원하면 Population과 Year 필드를 각각 열과 행 선반에 드래그앤드롭만 하면 된다. 예측, 추세선, 클러스터링, 평균, 표준편차, 기타 고급 기능은 모두 예상대로 작동할 것이다.

세 개의 활성 필드만을 사용해 태블로에서 훨씬 쉽게 결과 시각화를 생성할 수 있다는 것을 확인했다.

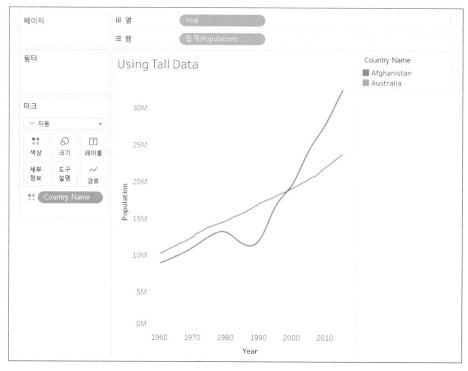

그림 14.4: 긴 데이터를 사용하면 태블로에서 뷰를 훨씬 쉽게 만들 수 있다.

이제 태블로에서 잘 작동하는 다른 데이터 구조 몇 가지를 살펴볼 것이다.

스타 스키마(데이터 마트/데이터 웨어하우스)

스타 스키마^{Star Shema} 데이터 모델이 잘 설계됐다면 잘 정의된 데이터 세분성, 측정 값, 차원을 갖기 때문에 태블로에서 매우 잘 작동한다. 또한 제대로 구현된다면 쿼리하는 데 매우 효율적일 것이다. 특히 태블로에서 라이브 연결을 사용할 때 경험해볼 수 있을 것이다.

스타 스키마는 관련된 차원 테이블^{Dimension Table}들로 둘러싸인 단일 팩트 테이블^{Fact Table}로 구성돼 별 모양을 갖게 돼 붙여진 이름이다. 팩트 테이블에는 의미 있는 세분성 수준의 측정값을 포함하고 있고, 차원 테이블에는 다양한 관련 엔티티^{entity}의 속성들이 포함돼 있다. 다음 다이어그램은 하나의 팩트 테이블(Hospital Visit)과 세 개의 차원 테이블(Patient, Primary Physician, Discharge Details)로 구성된 간단한 스타 스키마를 보여준다.

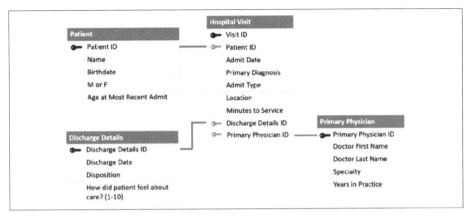

그림 14.5: 간단한 스타 스키마

팩트 테이블은 하나의 차원 레코드를 참조하는 대체 키 또는 외래 키를 사용해 관련된 차원에 조인할 수 있다. 팩트 테이블은 세분화 수준을 정의하고 측정값을 포함한다. 이 경우 Hospital Visit에는 각 방문에 대해 하나의 레코드 수준 세분성이 있다. 이 간단한 예에서 각각의 방문은 한 명의 주치의를 보고 퇴원한 한 명의 환자에 대한 것이다. Hospital Visit 테이블은 명시적으로 Visit Duration 측정값을 저장하고, 암묵적으로는 또 다른 측정값인 Number of Visits(행 개수로)를 정의한다.

데이터 모델링 순수주의자들은 날짜 값이 팩트 테이블(및 일부 차원)에 저장돼 있음을 지적할 것이다. 이들은 그 대신 각 날짜에 대한 확장 속성이 있는 날짜 차원 테이블을 따로 두고 팩트 테이블에는 대체(외래) 키만 저장하는 것이 좋다고 추천할 것이다.

날짜 차원은 매우 유용할 수 있다. 그러나 태블로에서 기본 제공되는 날짜 계층 구조와 광범위한 날짜 옵션을 사용하면 실행할 수 있는 옵션 대신 팩트 테이블에 날짜를 저장하게 된다. 태블로에서 사용할 수 없는 특정 날짜 특성(예, 회사 휴일)이 필요하거나 회계 연도가 복잡한 경우 또는 레거시 BI 보고 도구를 지원해야 하는 경우 날짜 차원을 사용하는 것이 좋다.

잘 설계된 스타 스키마가 있으면 모든 대체 키가 단일 차원 레코드를 참조하기 때문에 내부 조인을 사용할 수 있다. 차원 값을 알 수 없거나 적용할 수 없는 경우 특수 차원의 레코드가 사용된다. 예를 들어 아직 완료되지 않은 병원 방문 기록(환자가 아직 병원에 있음)은 Discharge Details 테이블 내에 Not yet discharged로 표시된 특수 기록을 참조할 수 있다.

13장에서 데이터 모델의 논리 계층과 물리 계층의 관련 테이블 간 다른 점을 경험하면서 유사한 데이터 구조를 사용해 이미 작업해봤다. 13장으로 돌아가 개념을 검토해보자.

잘 구현된 스타 스키마는 태블로가 조인 컬링join culling을 구현해 성능을 향상시키기 때문에 라이브 연결에서 특히 유용하다. 조인 컬링은 쿼리를 데이터 원본 엔진으로 보내 쿼리에서 불필요한 조인을 없애는 것이다.

예를 들어 내과의사당 환자들의 평균 방문 시간에 관한 막대 차트를 얻고자 내과의사 이름을 행에 두고 평균 방문 시간을 열에 배치하면 치료 테이블과 환자 테이블에 대한 조인이 필요하지 않을 수 있다. 태블로는 중앙 팩트 테이블에서만 조인이 가능하고 원본에서 참조 무결성이 활성화된 조인이 있는 간단한 스타 스키마를 사용하거나, 태블로가 참조 무결성을 가정하게 허용하는 한 불필요한 조인을 제거할 것이다. 물리 계층에서 조인된 테이블의 경우 데이터 메뉴에서 데이터 원본 연결을 선택하거나 데이터 원본 연결에서 메뉴에 있는 참조 무결성 가정을 선택한다. 데이터 모델의 논리 계층에 있는 관계의 경우 적용 가능한 관계에 대한 참조무결성 성능 옵션을 사용한다.

좋은 구조의 몇 가지 예를 살펴봤으면 구조가 좋지 않은 데이터 세트를 태블로에서 더 쉽게 작업할 수 있는 좋은 구조의 데이터 세트로 변환하는 데 도움이 되는 몇 가지 기본 변환을 살펴보자.

▌네 가지 기본 데이터 변환

이 절에서는 데이터 구조를 근본적으로 변경할 수 있는 몇 가지 기본 변환을 소개한다. 개요부터 시작한 다음 몇 가지 실용적인 예를 살펴보자.

변환에 관한 소개

태블로(및 태블로 프렙)에는 기본적인 네 가지 데이터 변환이 있다. 다음 정의는 대부분의 데이터베이스와 데이터 변환 도구에 광범위하게 적용된다. 태블로와 관련된 몇 가지 세부 정보와 용어를 살펴보자.

- **피벗:** 열을 행으로 또는 행을 열로 변환하는 것을 의미한다. 후자는 태블로 프렙에서만 가능하다. 결과 데이터 세트는 적은 수의 열과 많은 행(열에서 행으로)의 형식에서 더 많은 열과 더 적은 행(행에서 열로) 형식으로 더 넓고 짧아진다.
- **유니온:** 하나의 데이터 테이블에다 또 하나의 데이터 테이블을 그들의 일치하는 열을 기준으로 행을 추가하는 것을 말한다. 결과 데이터 구조는 원래 테이블들의 모든 행을 포함하고 열은 일치하는 것을 포함하는데, 테이블에 대해 일치하지 않는 열은 NULL 값으로 포함시킨다.
- **조인:** 두 개 이상의 테이블을 행 단위로 일치시켜 모든 테이블의 열을 포함하는 데이터 구조를 만드는 것을 말한다. 행의 개수는 조인 유형과 일치하는 항목 수가 얼마나 많은지를 기반으로 한다.
- **집계:** 이것은 테이블의 데이터를 좀 더 높은 상세 수준으로 집게하는 것을 가리킨다. 그룹핑이나 집계는 합계, 최소, 최대, 기타 집계가 될 수 있다.

이러한 정의를 완전히 이해하고자 몇 가지 그림과 실제 예를 살펴보자.

피벗(일부 간단한 데이터 정리와 함께)

이 책의 예제 원본 파일 중 Chapter 14 디렉터리에 포함된 World Population Data. xlsx 엑셀 통합 문서는 일반적인 엑셀 문서들과 유사하며 다음과 같이 표시된다.

	A	B	C	D	E	F	G	H	I	J	K
1	World Population Data										
3		This is sample data only.									
4		Accuracy and completeness is not guaranteed.									
5											
6	Country Name and Code	Indicator Name	Indicator Code	1960	1961	1962	1963	1964	1965	1966	1967
7	Aruba (ABW)	Population, total	SP.POP.TOTL	54208	55435	56226	56697	57029	57360	57712	58049
8	Andorra (AND)	Population, total	SP.POP.TOTL	13414	14376	15376	16410	17470	18551	19646	20755
9	Afghanistan (AFG)	Population, total	SP.POP.TOTL	8774440	8953544	9141783	9339507	9547131	9765015	9990125	10221902
10	Angola (AGO)	Population, total	SP.POP.TOTL	4965988	5056688	5150076	5245015	5339893	5433841	5526653	5619643
11	Albania (ALB)	Population, total	SP.POP.TOTL	1608800	1659800	1711319	1762621	1814135	1864791	1914573	1965598
12	United Arab Emirates (ARE)	Population, total	SP.POP.TOTL	89608	97727	108774	121574	134411	146341	156890	167360
13	Argentina (ARG)	Population, total	SP.POP.TOTL	20623998	20959241	21295290	21630854	21963952	22293817	22618887	22941477
14	Armenia (ARM)	Population, total	SP.POP.TOTL	1867396	1934239	2002170	2070427	2138133	2204650	2269475	2332624
15	American Samoa (ASM)	Population, total	SP.POP.TOTL	20012	20478	21118	21883	22701	23518	24320	25116
16	Antigua and Barbuda (ATG)	Population, total	SP.POP.TOTL	54681	55403	56311	57368	58500	59653	60818	62002
17	Australia (AUS)	Population, total	SP.POP.TOTL	10276477	10483000	10742000	10950000	11167000	11388000	11651000	11799000
18	Austria (AUT)	Population, total	SP.POP.TOTL	7047539	7086299	7129864	7175811	7223801	7270889	7322066	7376998
19	Azerbaijan (AZE)	Population, total	SP.POP.TOTL	3897889	4030130	4167558	4307315	4445653	4579759	4708485	4832098

그림 14.6: 세계 인구 데이터 엑셀 파일

이와 같은 엑셀 문서는 사람이 읽을 수 있는 경우가 많지만 태블로에서 데이터 분석에 사용할 때는 여러 문제가 발생한다. 이 문서에서 발생하는 문제는 다음과 같다.

- 데이터의 일부가 아닌 과도한 머리글(제목, 메모, 서식)
- 병합된 셀
- 단일 열의 국가 이름과 코드
- 불필요할 가능성이 있는 열(표시기 이름, 표시기 코드)
- 넓은 데이터. 즉, 하나의 레코드 기준으로 봤을 때 인구 측정값이 매년의 열들에 걸쳐 분산돼 있다.

태블로에서 엑셀 문서에 연결하면 최초 연결 화면은 그림 14.7과 같다.

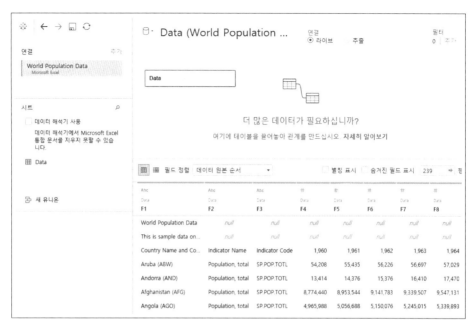

그림 14.7: 태블로 데이터 원본 페이지에서 World Population Data.xlsx

데이터 미리 보기에서 이 잘못된 데이터 구조로 인한 몇 가지 문제를 발견할 수 있다.

- 열 머리글이 첫 번째 엑셀 행에 없기 때문에 태블로는 각 열에 기본값 F1, F2 등을 지정했다.
- World Population Data라는 제목과 샘플 데이터에 대한 메모가 F1 열의 값으로 해석됐다.
- 실제 열 머리글이 데이터 행(세 번째 행)으로 처리됐다.

다행히도 이러한 문제는 데이터 연결 창에서 해결할 수 있다. 우선 이 과도한 머리글 이슈(엑셀과 구글 시트에서 발생하는 공통된 구조적 이슈)를 식별하고 해결하는 데 특화된 구성 요소인 **태블로 데이터 해석기**를 열어 수정할 수 있다. 데이터 해석기 사용 옵션을 체크하면 데이터 미리 보기에서 더 많은 결과를 표시할 수 있다.

Data Country Name a	Data Indicator Name	Data Indicator Code	Data 1960	Data 1961	Data 1962	Data 1963	Data 1964	Data 1965
Aruba (ABW)	Population, total	SP.POP.TOTL	54,208	55,435	56,226	56,697	57,029	57,360
Andorra (AND)	Population, total	SP.POP.TOTL	13,414	14,376	15,376	16,410	17,470	18,551
Afghanistan (AFG)	Population, total	SP.POP.TOTL	8,774,440	8,953,544	9,141,783	9,339,507	9,547,131	9,765,015
Angola (AGO)	Population, total	SP.POP.TOTL	4,965,988	5,056,688	5,150,076	5,245,015	5,339,893	5,433,841
Albania (ALB)	Population, total	SP.POP.TOTL	1,608,800	1,659,800	1,711,319	1,762,621	1,814,135	1,864,791
United Arab Emir...	Population, total	SP.POP.TOTL	89,608	97,727	108,774	121,574	134,411	146,341

그림 14.8: 태블로 데이터 해석기는 엑셀(및 유사) 데이터 원본에서 발견된 많은 일반적인 문제를 해결한다.

확인란 아래에 있는 **결과를 검토하십시오...** 링크를 클릭하면 태블로 데이터 해석기가 엑셀 문서를 구문 분석한 방법을 색상으로 구분해 표시한 새 엑셀 문서를 생성한다. 이 기능을 사용해 태블로가 엑셀 문서를 올바르게 해석하고 예상한 데이터를 유지했는지 확인할 수 있다.

과도한 머리글을 제거하고 열의 이름을 수정하는 것을 살펴보자. 하지만 몇 가지 추가 문제는 여전히 수정이 필요할 것이다.

첫째, Indicator Name과 Indicator Code 열이 분석에 유용하지 않다고 생각되면 숨길 수 있다. 열 머리글의 드롭다운 화살표를 클릭하면 옵션 메뉴가 표시된다.

숨기기를 선택하면 연결에서 필드가 제거되고 추출에 저장되지 않는다.

그림 14.9: 데이터 원본 화면에서 필드를 숨길 수 있다.

둘째, 동일한 메뉴의 옵션을 사용해 Country Name and Code 열을 두 개의 열로 분할해 이름과 코드를 별도로 작업할 수 있다. 이 경우 메뉴의 분할 옵션이 잘 작동하며 태블로는 코드 주변의 괄호를 제거하더라도 데이터를 완벽하게 분할한다. 분할 옵션이 처음에 작동하지 않는 경우 **사용자 지정 분할...** 옵션을 사용해보자. 그리고 이름 바꾸기 옵션을 사용해 Country Name and Code − Split 1과 Country Name and Code − Split 2로 분리된 필드의 이름을 각각 Country Name과 Country Code로 바꾼다. 그런 다음 원래의 Country Name and Code 필드를 숨긴다.

이제 대부분의 데이터는 구조 문제가 해결됐지만 데이터가 넓은 형식이라는 것을 알 수 있다. 이미 앞으로 직면하게 될 문제를 살펴봤다.

계산 Country Name	계산 Country Code	# Data 1960	# Data 1961	# Data 1962	# Data 1963	# Data 1964	# Data 1965	# Data 1966
Aruba	ABW	54,208	55,435	56,226	56,697	57,029	57,360	57,712
Andorra	AND	13,414	14,376	15,376	16,410	17,470	18,551	19,646
Afghanistan	AFG	8,774,440	8,953,544	9,141,783	9,339,507	9,547,131	9,765,015	9,990,125
Angola	AGO	4,965,988	5,056,688	5,150,076	5,245,015	5,339,893	5,433,841	5,526,653
Albania	ALB	1,608,800	1,659,800	1,711,319	1,762,621	1,814,135	1,864,791	1,914,573
United Arab Emir...	ARE	89,608	97,727	108,774	121,574	134,411	146,341	156,890

그림 14.10: 데이터를 일부 정리한 후에도 여전히 바람직하지 않은 넓은 구조다.

마지막 단계는 연도 열을 **피벗**하는 것이다. 즉, 모든 국가가 매년에 대한 행을 갖도록 데이터를 재구성할 것이다. 1960 열을 클릭하고 맨 오른쪽으로 스크롤한 다음 Shift 키를 누른 상태에서 2013 열을 클릭해 모든 연도 열을 선택한다. 마지막으로 연도 필드 중 하나에서 드롭다운 메뉴를 사용하고 **피벗** 옵션을 선택한다.

그렇게 하면 모든 연도 열 대신 두 개의 열(피벗 필드명, 피벗 필드 값)이 생성된다. 두 개의 새 열을 Year와 Population으로 이름을 바꾼다. 이제 데이터 세트는 넓고 짧은 형식이 아니고 좁고 길어졌다.

마지막으로 Year 열의 아이콘은 태블로에서 텍스트 필드로 인식된다. 아이콘을 클릭하면 데이터 유형을 직접 변경할 수 있다. 이 경우 **날짜**를 선택하면 NULL 값이 생성되지만 데이터 유형을 **숫자(정수)**로 변경하면 대부분의 경우 잘 작동하는 정수 값이 제공된다.

그림 14.11: 데이터 원본 페이지에서 필드의 데이터 유형들을 변경할 수 있다.

또는 Year 필드의 첫 번째 드롭다운 메뉴를 사용해 **계산된 필드 만들기...**를 선택할 수 있다. 이렇게 해서 계산된 필드명 **Year(date)**를 만들 수 있고, 연도 문자열을 DATE(DATEPARSE ("yyyy", [Year])) 코드를 사용해 날짜로 구문 분석할 수 있다. 이 코드는 문자열을 구문 분석한 다음 시간이 없는 간단한 날짜로 변환하는 것이다. 그다음 원래 Year 필드를 숨길 수 있다. 이 필드가 뷰에서 사용되지 않는 한 계산에 사용되더라도 필드를 숨길 수 있다. 이렇게 하면 매우 깨끗한 데이터 세트를 남기게 된다.

마지막으로 정리된 피벗된 데이터 세트는 원본보다 태블로에서 작업하기가 훨씬 쉽다.

Country Name	Country Code	Year	Population
Burkina Faso	BFA	1961	4,894,578
Bulgaria	BGR	1961	7,943,118
Benin	BEN	1961	2,466,002
Belgium	BEL	1961	9,183,948
Bangladesh	BGD	1961	50,953,503
Azerbaijan	AZE	1961	4,030,130
Austria	AUT	1961	7,086,299
Australia	AUS	1961	10,483,000
Aruba	ABW	1961	55,435
Armenia	ARM	1961	1,934,239
Argentina	ARG	1961	20,959,241

그림 14.12: 정리되고 피벗된 데이터 세트

그 만큼 태블로의 데이터 해석기, 정리 옵션, 데이터(열에서 행으로) 피벗 기능을 사용하면 많은 데이터 세트를 훨씬 쉽게 작업할 수 있다. 다음으로 유니온을 살펴보자.

유니온

전체 데이터 세트를 함께 나타내는 여러 개의 개별 파일이나 테이블을 가진 경우가 있다. 예를 들어 특정 디렉터리에 새 텍스트 파일로 새 월별 데이터 덤프를 만드는 프로세스가 있을 수 있다. 또는 각 부서의 데이터가 별도의 시트에 포함된 엑셀 파일이 있을 수 있다.

유니온은 하나의 테이블에 각 테이블의 행을 함께 제공하는 데이터 테이블 연결이다. 예를 들어 다음과 같은 세 개의 데이터 테이블을 살펴보자.

원본 테이블

Name	Occupation	Bank account balance
Luke	Farmer	$2,000
Leia	Princess	$50,000
Han	Smuggler	-$20,000

전편 테이블

Name	Occupation	Bank account balance
Watto	Junk Dealer	$9,000
Darth Maul	Face Painter	$10,000
Jar Jar	Sith Lord	-$100,000

속편 테이블

Name	Occupation	Bank account balance
Rey	Scavenger	$600
Poe	Pilot	$30,000
Kylo	Unemployed	$0

이 테이블들에 대한 유니온은 각 개별 테이블의 행을 포함하는 단일 테이블이 된다.

Name	Occupation	Bank account balance
Luke	Farmer	$2,000
Leia	Princess	$50,000
Han	Smuggler	-$20,000
Watto	Junk Dealer	$9,000
Darth Maul	Face Painter	$10,000
Jar Jar	Sith Lord	-$100,000
Rey	Scavenger	$600
Poe	Pilot	$30,000
Kylo	Unemployed	$0

태블로를 사용하면 다음과 같은 파일 기반 데이터 원본의 테이블들을 사용할 수 있다.

- 텍스트 파일(.csv, .txt, 기타 텍스트 파일 형식)
- 엑셀 문서 내의 시트(탭)
- 엑셀 시트 내의 하위 테이블
- 여러 엑셀 문서
- 구글 스프레드시트
- 관계형 데이터베이스 테이블

데이터 해석기 기능을 사용해 엑셀이나 구글 스프레드시트에서 하위 테이블을 찾는다. 왼쪽 사이드 바에 추가 데이터 테이블로 표시된다.

태블로에서 유니온을 만들려면 다음을 따라 한다.

1. 메뉴, 도구 모음 또는 데이터 원본 화면에서 유니온에 포함시키고자 하는 파일 중 하나로 시작해 새 데이터 원본을 만든다. 그런 다음 추가 파일을 캔버스의 기존 테이블 바로 아래(논리 계층이나 물리 계층에 있지만 유니온은 물리적 계층에 존재)에 있는 유니온으로 테이블 끌기 영역에 끌어다둔다.

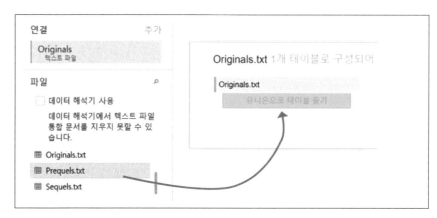

그림 14.13: 캔버스의 기존 테이블 바로 아래에 테이블이나 파일을 끌어다 유니온을 만들 수 있다.

2. 유니온을 만든 후에는 디자이너의 테이블에 있는 드롭다운 메뉴를 사용해 유니온에 대한 옵션을 구성할 수 있다. 또는 왼쪽 사이드바에서 새 유니온 개체를 디자이너로 끌어다 기존 테이블을 바꿀 수 있다. 그러면 유니온을 만들고 구성하는 옵션이 표시된다.

그림 14.14: 이러한 옵션을 사용해 유니온을 편집할 수 있다.

특정(수동) 탭 테이블을 사용하면 유니온 안팎으로 끌어다 둘 수 있다. 와일드카드(자동) 탭을 사용하면 와일드카드가 일치하는 것에 따라 유니온의 파일과 시트를 자동으로 포함할 수 있도록 파일명과 시트(엑셀 및 구글 시트)에 대한 와일드카드 지정을 할 수 있다.

나중에 파일이 추가될 것으로 예상되는 경우 **와일드카드(자동)** 기능을 사용해보자. 예를 들어 데이터 파일이 주기적으로 덤프되는 특정 디렉터리가 있는 경우 와일드카드 기능을 사용하면 연결을 수동으로 편집할 필요가 없다.

3. 유니온을 정의한 후에는 결과 데이터 원본을 사용해 데이터를 시각화할 수 있다. 또한 유니온 테이블은 디자이너 창에서 다른 테이블과 조인될 수 있어 데이터 작업에 많은 유연성을 제공한다.

유니온을 만들 때 태블로는 데이터가 생성된 파일, 시트, 테이블을 식별하는 데 도움이 되도록 데이터 원본에 하나 이상의 새 필드를 포함한다. Path에는 파일 경로(파일명 포함)가 포함되고 Sheet에는 시트 이름(엑셀 또는 Google Sheets의 경우)이 포함되며 Table Name에는 하위 테이블이나 텍스트 파일명이 포함된다. 이러한 필드를 사용해 데이터 문제를 식별하고 필요에 따라 데이터 세트를 확장할 수도 있다.

예를 들어 파일명 2020-01.txt, 2020-02.txt, 2020-03.txt 등의 월별 데이터 덤프 파일에 대한 디렉터리가 있지만, 파일에 실제 날짜 필드가 없다면 다음과 같은 코드로 계산된 필드를 사용해 날짜를 얻을 수 있다.

```
DATEPARSE('yyyy-MM', [Table Name] )
```

태블로에서 유니온을 사용하면 테이블 간의 열을 그 이름으로 맞추게 된다. 그런데 테이블이나 파일 간에 열이 동일하지 않으면 어떻게 될까? 일반적으로 열 이름이 정확히 일치해야 하므로 데이터베이스에 쿼리를 작성하는 경우 실패한 결과를 얻게 된다. 그러나 태블로를 사용하면 이름이 일치하지 않는 파일이나 테이블을 유니온할 수 있다.

하나의 파일/테이블에는 있지만 다른 테이블에는 없는 열들은 유니온 테이블의 일부로 나타나지만, 열이 존재하지 않는 파일/테이블에 있는 값들은 NULL이 될 것이다. 예를 들어 파일 중 하나에 Occupation 대신 Job이라는 열이 포함된 경우 최종 유니온 테이블에는 Job이라는 이름의 열을 포함하고, Occupation 테이블에는 열이 있지만 Job 테이블에는 열이 존재하지 않는 곳에서는 Null 값을 갖는 Occupation을 갖게 된다. 열을 선택하고 드롭다운 메뉴를 사용해 일치하지 않는 열을 병합할 수 있다. 이렇게 하면 하나의 새로운 열로 데이터 값이 행별로 병합된다(null이 아닌 첫 번째 값 유지).

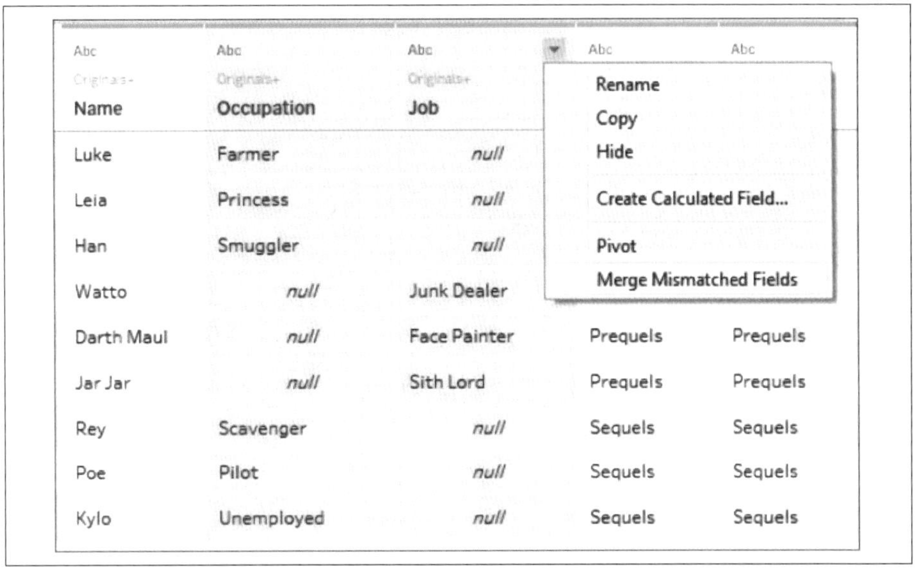

그림 14.15: Merge Mismatched Fields(불일치 필드 병합)[1]을 사용해 필드명이 일치하지 않는 유니온의 결과 열을 결합한다(이 불일치는 예제 데이터에 포함되지 않음).

일치하지 않는 필드를 언제나 병합할 필요는 없지만 모든 파일이나 테이블에 해당하는 일치 항목이 없을 때가 있으므로 분석에 유용할 수 있다.

유니온은 상대적으로 동일한 구조로 여러 개의 파일이나 테이블을 가져오게 할 수 있고, 이 테이블들을 쌓을 수 있어서 모든 테이블/파일의 레코드를 끝까지 볼 수 있게 해준다. 피벗과 유니온을 살펴보면서 네 가지 기본 변환 유형 중 두 가지를 다뤘다. 조인을 사용해 데이터를 재구성하는 방법의 예를 계속 살펴보자.

조인

13장에서 다뤘던 조인의 개념과 유형을 상기해보자. 조인은 동일한 데이터베이스나 서로 다른 데이터 원본(다른 시스템과 형식에 포함된 데이터)의 테이블을 통합

---

1. 미리 보기 창에서 유니온하고자 하는 둘 이상의 열을 선택하고 열 드롭다운 화살표를 클릭하면 불일치 필드 병합 메뉴가 나타난다. – 옮긴이

하는 데 매우 유용하며, 데이터의 재구성과 같은 방법을 통해 다른 데이터 문제를
해결하는 데도 사용할 수 있다

 Chapter 14 통합 문서에서 다음 예제를 통해 작업할 수 있지만, 서버 데이터베이스 데이터 원본은
텍스트 파일(Patient Visits.txt)로 대체 사용했다.

서버 데이터베이스(예, SQL 서버나 오라클)에 병원 환자당 한 행이 있고, 각 환자에
대해 별도의 열로 Admit Date(입원 날짜)와 Discharge Date(퇴원 날짜)를 포함하는 테
이블이 있다고 가정해보자.

Patient ID	Patient Name	Admit Date	Discharge Date
1	David	12/1/2018	12/20/2018
2	Solomon	12/3/2018	12/7/2018
3	Asa	12/5/2018	12/22/2018
4	Jehoshaphat	12/5/2018	12/6/2018
5	Joash	12/9/2018	12/16/2018
6	Amaziah	12/10/2018	12/14/2018
7	Uzziah	12/12/2018	12/24/2018
8	Jotham	12/16/2018	12/29/2018
9	Hezekiah	12/18/2018	12/22/2018
10	Josiah	12/22/2018	12/23/2018

이 데이터 구조는 특정 종류의 분석에 적합해서 12월 한 달 동안 매일 병원에 있는
환자 수를 시각화하려면 사용하기 어려울 것이다.

첫째, 축에 어떤 날짜 필드를 사용해야 할까? 한 필드에 모든 날짜를 포함하도록 테이블을 피벗하더라도 데이터에 간격이 있음을 알 수 있다. 희소 데이터, 즉 측정 값에 대한 레코드가 존재하지 않는 경우는 특정한 실제 데이터에서 매우 일반적이기도 하다. 특히 이 경우에는 각각의 입원이나 퇴원 날짜에 대한 단일 레코드가 있지만 그 사이의 날짜에 대한 레코드가 없다.

때로는 원본에서 데이터를 재구성하는 옵션이 있을 수 있지만 데이터베이스가 잠겨 있으면 해당 옵션이 없을 수 있다. 태블로의 기능을 사용해 데이터(데이터 밀도)의 간격을 메워 문제를 해결할 수도 있다. 그러나 이 해결책은 복잡하고 쉽게 망가지거나 유지 관리가 어려울 수 있다.

대안은 조인을 사용해 모든 날짜에 대한 행을 만드는 것이다. 이 경우 교차 데이터베이스 조인 기능을 사용해 다른 데이터 원본을 모두 가져온다. 그러면 다음과 같이 보고 싶은 날짜 목록이 있는 엑셀 시트를 빠르게 만들 수 있다.

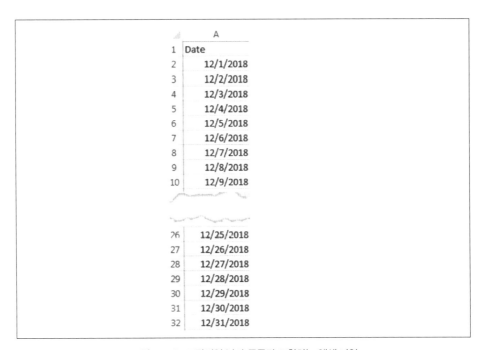

그림 14.16: 포괄적인 날짜 목록만 포함하는 엑셀 파일

엑셀 파일은 각 날짜에 대한 레코드를 포함한다. 우리의 목표는 데이터베이스 테이블과 엑셀 테이블 간의 데이터를 교차 조인(한 테이블의 모든 행을 다른 테이블의 모든 행과 조인)하는 것이다. 이 작업을 수행하면 모든 날짜에 대해 모든 환자와 관련된 행이 생긴다.

> **TIP**
>
> 한 데이터 세트의 모든 레코드를 다른 데이터 세트의 모든 레코드와 조인하는 것을 **카르테시안 곱**이라고 한다. 결과 데이터 세트에는 N1 * N2개의 행이 생성된다(여기서 N1은 첫 번째 데이터 세트의 행의 개수고 N2은 두 번째 데이터 세트의 행 개수다). 이 접근 방식은 더 작은 데이터 세트에서 잘 작동한다. 더 큰 데이터 세트로 작업하면 카르테시안 곱이 너무 커져서 이 해결책을 사용할 수 없다는 점을 주의하자.

데이터를 조인할 수 있는 다양한 테이블에 특정 필드가 있는 경우가 있다. 그러나 이 경우 조인을 정의하는 키가 없다. 날짜 역시 우리가 원하는 구조로 모든 데이터를 결합할 수 있는 방법을 제공하지는 않는다. 이런 교차 조인을 달성하고자 조인 계산을 사용할 것이다. 조인 계산을 사용하면 조인에서의 사용을 목적으로 하는 특별한 계산 필드를 작성할 수 있다.

이 경우 두 테이블 모두에 대해 조인 계산 만들기...를 선택하고 왼쪽과 오른쪽 모두에 대해 하나의 하드 코딩된 값, 즉 **1**을 입력한다.

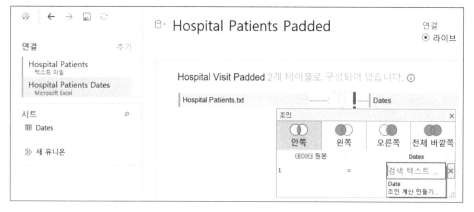

그림 14.17: 지금까지 살펴본 것처럼 데이터 모델의 물리 계층에 조인이 생성됐다.

왼쪽의 모든 행에 있는 1이 오른쪽의 모든 행에 있는 1과 일치하기 때문에 일치하는 모든 행을 얻을 수 있다. 이것이 진정한 교차 조인이다.

이 대체 예제의 스크립트는 모든 행에 대해 값 1이 있는 필드를 포함하도록 1 AS Join으로 수정됐다(스크립트에서 이 작업을 수행하지 않은 경우 간단히 조인 계산을 사용할 수 있다). 사용자 지정 SQL에 정의된 필드는 조인에도 사용할 수 있다.

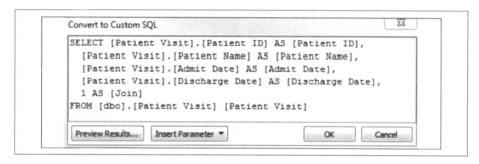

그림 14.18: 조인할 값을 생성하는 데 사용할 수 있는 샘플 스크립트

조인 계산을 기반으로 새로운 교차 조인 데이터 세트는 모든 날짜의 모든 환자에 대한 기록을 포함하고 있으며, 환자가 특정 날짜에 병원 인구의 일부로 계산돼야 하는지 여부를 확인할 수 있는 빠른 계산을 생성할 수 있다. Patients in Hospital이라는 계산된 필드는 다음 코드로 돼 있다.

```
IF [Admit Date] <= [Date] AND [Discharge Date] >= [Date]
THEN 1
ELSE 0
```

이를 통해 환자의 흐름을 쉽게 시각화하고 평균, 추세, 예측을 기반으로 고급 분석을 수행할 수도 있다.

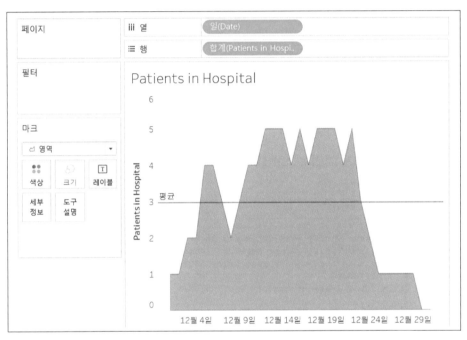

그림 14.19: 일부 데이터 재구성으로 쉽게 만든 일일 병원 인구의 시각화

궁극적으로는 장기적인 해결책으로 원하는 분석에 필요한 구조를 제공하는 서버 기반의 데이터 원본 개발을 고려하고자 할 것이다. 그러나 이 조인으로 긴 개발 주기를 기다리지 않고 분석을 수행할 수 있다.

피벗, 유니온, 조인의 예를 살펴봤으면 이제 마지막으로 주요 변환 유형인 집계를 살펴보자.

집계

두 가지를 기억해보자. 좋은 데이터 구조의 핵심은 다음과 같다.

- 의미 있는 세부 수준 보유
- 세부 수준과 일치하거나 더 높은 세부 수준의 측정값이 있는 경우

낮은 수준의 측정값은 넓은 데이터를 생성하는 경향이 있으며 일부 분석을 어렵게 하거나 불가능하게 만들 수 있다. 더 높은 수준의 세부 수준에 대한 측정값이 유용할 때가 있다. 이를 올바르게 처리하는 방법을 알고 있는 한 몇 가지 함정을 피할 수 있다.

예를 들어 아파트마다 매월 하나의 레코드가 제공되고 있는 다음과 같은 데이터 (Chapter 14 디렉터리의 Apartment Rent.xlsx에 포함돼 있다)를 살펴보자.

Apartment	Month	Rent Collected	Square Feet
A	Jan	$0	900
	Feb	$0	900
	Mar	$0	900
	Apr	$0	900
	May	$0	900
	Jun	$1,500	900
	Jul	$1,500	900
	Aug	$1,500	900
	Sep	$1,500	900
	Oct	$1,500	900
	Nov	$1,500	900
	Dec	$1,500	900
B	Jan	$1,200	750
	Feb	$1,200	750
	Mar	$1,200	750
	Apr	$1,200	750
	May	$1,200	750
	Jun	$1,200	750
	Jul	$0	750
	Aug	$0	750
	Sep	$0	750
	Oct	$0	750
	Nov	$0	750
	Dec	$0	750

그림 14.20: 평방피트 측정값이 매월 반복되기 때문에 구조화되지 않은 아파트 임대 데이터

두 측정값은 실제로 다른 수준의 세부 정보다.

- Rent Collected는 매월 각 아파트에 대한 임대료 데이터의 세부 수준과 일치한다.
- 반면 Square Feet는 월별로 변경되지 않는다. 오히려 Apartment와 같이 세부 수준이 좀 더 높다.

 TIP 태블로의 데이터 모델은 데이터가 올바른 세부 수준에서 두 개의 테이블에 포함된 경우 데이터를 매우 쉽게 사용할 수 있게 해준다. 사용자 지정 SQL문을 사용해 적절한 세부 수준에서 두 개의 테이블을 생성할 수 있는 관계형 데이터베이스에 있는 경우 해당 접근 방식을 고려할 수 있다. 15장에서는 태블로 프렙을 사용해 이 문제를 쉽게 해결하는 방법을 살펴본다. 여기서는 구조가 좋지 않은 경우에 직면했을 때 집계 문제를 처리하는 방법을 자세히 살펴볼 것이다(태블로 프렙과 태블로 데이터 모델이 무엇을 할 수 있는지에 대해 대단히 감사하게 될 것이다).

뷰에서 날짜를 제거하고 Apartment 수준에서 모든 것을 보면 세부 수준의 차이를 확인할 수 있다.

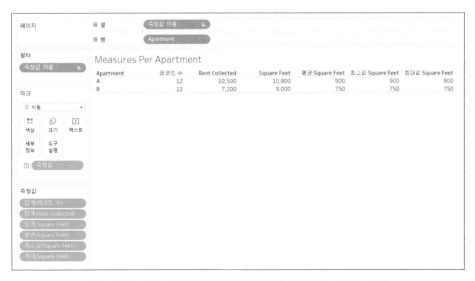

그림 14.21: 세부 수준에 따라 다양한 집계가 옳고 그름을 나타내는 화면

합계(Rent Collected)는 완벽한 의미가 있다. 매월 징수된 임대료를 합산해 아파트별로 의미 있는 결과를 얻을 수 있다. 그러나 합계(Square Feet)는 불가능해 아파트별로 의미 있는 결과를 얻을 수 없다. 평균, 최소값, 최대값과 같은 다른 집계는 아파트별로 적합한 결과를 제공하게 될 것이다.

그러나 아파트별로 square feet(평방피트)당 징수된 총 임대료의 비율을 구해달라는 요청을 받았다고 가정해보자. 나누기 전에 징수된 임대료를 합산해야 하기 때문에 집계 계산이 될 것임을 알고 있다. 다음 중 올바르게 계산된 것은 어느 것일까?

- SUM([Rent Collected])/SUM([Square Feet])
- SUM([Rent Collected])/AVG([Square Feet])
- SUM([Rent Collected])/MIN([Square Feet])
- SUM([Rent Collected])/MAX([Square Feet])

첫 번째는 분명히 잘못됐다. 우리는 이미 평방피트를 매달 추가해서는 안 된다는 것을 살펴본 바 있다. Apartment가 뷰의 세부 수준을 계속 정의하면 마지막 세 가지 중 하나라도 정확할 것이다.

그러나 세부 수준이 다른 뷰(예, 모든 아파트의 합계 또는 여러 아파트의 월별 합계)를 보면 계산이 작동하지 않는다. 이유를 이해하려면 열 총합계를 적용할 때 어떤 일이 발생하는지 고려해보자(메뉴에서 분석 ▶ 총계 ▶ 열 총합계 표시를 선택하거나 분석 패널에서 총계를 끌어다둔다).

Apartment	레코드 수	Rent Collected	Square Feet	평균 Square Feet	최소값 Square Feet	최대값 Square Feet
A	12	$10,500	10,800	900	900	900
B	12	$7,200	9,000	750	750	750
총합계	24	$17,700	19,800	825	750	900

그림 14.22: 총합계를 제공하는 집계는 없다.

여기서 문제는 **총합계** 행이 모든 아파트의 세부 수준(전체 월)에 대한 것이라는 점
이다. 평방피트의 **총합계**로 우리가 원하는 것은 **900 + 750 = 1,650**이다. 그러나 여
기에서 평방피트의 합은 모든 월에 대한 모든 아파트의 평방피트를 더한 것이다.
이때 평균은 작동하지 않는다. 데이터에서 모든 아파트에 대한 최소 측정값으로
750을 찾는다. 마찬가지로 하나의 최대값으로는 900이 선택된다. 따라서 제안된
계산 중 어느 것도 개별 아파트를 포함하지 않는 세부 수준에서는 작동하지 않을
것이다.

개별 값을 클릭하고 드롭다운 메뉴를 사용해 합계 계산 방법을 선택함으로써 소계와 총합계를 조정
할 수 있다. 또는 활성화돼 있는 측정값 필드를 마우스 오른쪽 단추로 클릭하고 **총계 사용**을 선택한
다. 메뉴에서 **분석 ▶ 총계 ▶ 총계 모두 사용**에 다음의 계산 표시를 사용한다. 이 기법을 사용하면 앞의
뷰에서 올바른 결과를 가져올 수 있지만 언제나 문제를 모두 해결할 수는 없다. 예를 들어 매월 평방
피트당 가격을 표시하려는 경우 동일한 문제가 발생한다.

다행히 태블로는 뷰에서 다양한 수준의 세부 정보로 작업할 수 있는 기능을 제공
한다. 5장에서 살펴본 것처럼 세부 수준(LOD) 계산을 사용해 아파트당 평방피트를
계산할 수 있다.

여기서는 고정된 LOD 계산을 사용해 아파트 수준에서 세부 수준을 고정한다.
다음 코드를 사용해 Square Feet per Apartment라는 이름의 계산된 필드를 만
든다.

```
{ INCLUDE [Apartment] : MIN([Square Feet]) }
```

중괄호는 LOD 계산을 둘러싸고 키워드 INCLUDE는 Apartment가 뷰 세부 수준에 포
함되지 않더라도 계산 세부 수준의 일부로 포함할 것임을 나타낸다. MIN은 위의
코드에서 사용됐지만 아파트당 동일한 결과를 제공하기 때문에 MAX 또는 AVG 역시
사용할 수 있다.

여기서 볼 수 있는 것처럼 계산은 아파트 수준과 총합계 수준으로 뷰에서 올바른 결과를 반환한다. 여기서 태블로는 900(A의 최소값)과 750(B의 최소값)인 Apartment를 포함하고, 이들을 합해 합계 1,650을 얻는다.

Apartme値▼	Rent Collected	Square Feet per Apartment
A	10,500	900
B	7,200	750
총합계	17,700	1,650

그림 14.23: LOD 계산은 모든 세부 수준에서 올바른 결과를 제공한다.

이제 또 다른 계산에서 LOD 계산된 필드를 사용해 원하는 결과를 결정할 수 있다. 다음 코드를 사용해 Rent Collected per Square Foot라는 계산된 필드를 만들어보자.

```
SUM([Rent Collected])/SUM([Square Feet per Apartment])
```

해당 필드가 뷰에 추가되고 소수를 표시하도록 형식이 지정되면 최종 결과가 산출된다.

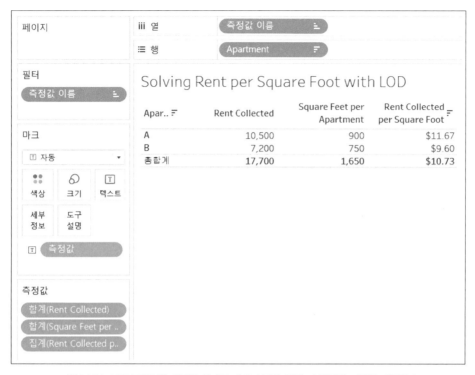

그림 14.24: LOD 표현식은 면적당 임대료 계산과 같은 훨씬 더 복잡한 기반을 제공한다.

TIP

INCLUDE을 사용하는 대신 FIXED 세부 수준을 이용할 수 있다. 이것을 사용하면 뷰에서 정의된 세부 수준에 관계없이 FIXED 키워드 다음에 나오는 차원의 세부 수준에서 항상 수행되는 세부 수준을 사용할 수 있다. 이렇게 하면 뷰 세부 수준을 정의하는 차원에 관계없이 항상 아파트당 최소 평방피트를 계산하도록 태블로에 지시하게 된다. 매우 유용하지만 FIXED LOD 계산은 전체 컨텍스트(전체 데이터 세트 또는 컨텍스트 필터에 의해 정의된 하위 집합에 의해)에 대해 계산된다는 점을 알아두자. 이를 이해하지 않고 사용하면 예기치 않은 결과가 발생할 수 있다.

지금까지 몇 가지 집계 문제를 처리하는 방법을 익혔다. 이제 15장에서는 집계를 사용해 데이터를 변환해서 앞의 연습과 같은 문제를 훨씬 쉽게 만들 수 있는 방법을 살펴본다. 그 동안 데이터 문제에 대한 몇 가지 대체 수정 사항을 살펴보자.

▌데이터 문제에 대한 고급 수정 소개

이 장의 앞부분에서 언급한 기술 이외에도 데이터 구조 문제를 처리할 수 있는 몇 가지 추가 가능성이 있다. 이러한 개념을 완전히 발전시키는 것은 이 책의 범위를 벗어나지만 이러한 접근 방식에 익숙해지면 문제가 발생했을 때 처리 능력을 넓힐 수 있게 될 것이다.

- **사용자 지정 SQL**: 이 기능은 일부 데이터 문제를 해결하고자 데이터 연결에서 사용된다. 앞에서 살펴본 것처럼 교차 데이터베이스에 대한 필드를 제공하는 이외에도 사용자 지정 SQL을 사용해 원본에서 검색된 데이터의 형태를 근본적으로 변경할 수 있다. 사용자 지정 SQL은 모든 데이터 원본에 대한 옵션은 아니지만 많은 관계형 데이터베이스에 대한 옵션이 된다. 이 장의 앞부분에서 언급한 광범위한 국가 인구 테이블을 가져와 이것을 긴 테이블로 재구성하는 사용자 지정 SQL 스크립트를 고려해보자.

```
SELECT [Country Name],[1960] AS Population, 1960 AS Year
FROM Countries

UNION ALL

SELECT [Country Name],[1961] AS Population, 1961 AS Year
FROM Countries

UNION ALL

SELECT [Country Name],[1962] AS Population, 1962 AS Year
FROM Countries
...
...
```

이외에도 설정 작업이 약간 지루할 수 있지만 태블로에서 데이터 작업은 훨씬 더 쉬워질 것이다. 그러나 많은 데이터 원본을 복잡하게 사용하는 사용자 지정 SQL은 성능상의 이유로 제거하는 것이 좋다.

- **테이블 계산:** 테이블 계산은 중복 레코드를 찾고 제거하는 작업에서부터 여러 수준의 세부 정보 작업에 이르기까지 다양한 데이터 문제를 해결하는 데 사용할 수 있다. 테이블 계산은 더 높은 세부 수준의 파티션 내에서 작동할 수 있으므로 여러 테이블 계산과 집계 계산을 함께 사용해 단일 뷰에서 세부 수준을 혼합할 수 있다. 이에 대한 간단한 예로 뷰의 세부 수준에서 집계 계산을 상위 수준의 합계와 비교하는 **구성 비율**과 같은 것이 있다.
- **데이터 혼합:** 데이터 혼합은 수많은 데이터 구조 문제를 해결하는 데 사용할 수 있다. 사용되는 연결 필드를 정의할 수 있기 때문에 혼합의 세부 수준을 제어할 수 있다.
- **데이터 스캐폴딩:** 데이터 스캐폴딩^{Data Scaffolding}은 데이터 혼합의 개념을 확장한 것이다. 이 접근 방식을 사용해서 기본 원본으로 사용할 다양한 차원 값의 스캐폴드를 구성한 다음 하나 이상의 보조 원본과 혼합한다. 이러한 방식으로 보조 원본에 포함된 데이터를 계속 활용할 수 있는 동시에 기본 원본의 구조와 세분성을 제어할 수 있다.
- **데이터 모델:** 데이터 혼합은 뷰당 관계 수준을 제어해야 할 때 유용하다. 관계가 더 잘 정의된 경우 데이터 모델은 다양한 세부 수준에 있는 테이블을 연결하고 집계가 올바르게 작동할 것이라는 확신을 가질 수 있는 놀라운 기능을 제공한다.

▎ 요약

14장에서는 잘 구조화되고 사용하기 쉬운 데이터에 관해 살펴봤다. 즉, 무엇이 좋은 구조를 구성하는지, 열악한 데이터 구조를 어떻게 처리하는지 살펴봤다. 좋은 구조는 의미 있는 세부 수준으로 구성되고 해당 세부 수준과 일치하는 측정값이 있는 데이터로 구성된다. 측정값이 여러 열에 분산돼 있으면 긴 데이터가 아닌 넓은 데이터를 얻게 된다.

또한 기본 변환 유형인 피벗, 유니온, 조인, 집계를 이해하는 데 시간을 보냈다. 이것들을 이해하는 것은 데이터 구조 문제를 해결하는 데 기본이 될 것이다.

모양이 잘못됐거나 세부 수준이 잘못된 데이터를 처리하고자 다양한 기술을 적용해봤다. 태블로는 이러한 구조적 문제 중 일부를 처리할 수 있는 능력과 유연성을 제공하지만 원본에서 데이터 구조를 수정하는 것이 훨씬 바람직하다.

15장에서는 까다로운 데이터를 처리하는 또 다른 대안인 태블로 프렙을 스터디하기 전에 태블로 데스크톱을 잠시 살펴본다.

15

태블로 프렙으로 데이터 길들이기

14장에서는 태블로 데스크톱에서 데이터를 구조화할 수 있는 몇 가지 옵션을 살펴봤다. 이제 태블로의 다른 제품인 **태블로 프렙**^{Tableau Prep}을 살펴보고자 하는데, 잘 구조화된 데이터에 대한 많은 개념이 여기 적용될 것이다. 태블로 프렙은 태블로에서 분석할 데이터를 정리하고 구조화할 수 있는 강력한 옵션으로 태블로 플랫폼을 확장시켜준다. 태블로 데스크톱이 데이터 시각화와 분석을 위한 시각적 직접 경험을 제공하는 것이라면 태블로 프렙은 데이터 정리와 형성을 위한 시각적 직접 경험을 제공하는 것이다.

태블로 프렙은 빠르게 성장하고 있는 플랫폼으로 매월 제품을 릴리스하고 있다. 이 제품에는 데이터 정리와 형성을 위한 기반을 설정하는 기본 패러다임이 있다. 15장에서 많은 부분을 다루기는 하겠지만 우리의 목표가 가능한 모든 기능을 다루는 것은 아니다. 대신 태블로 프렙에서 다양한 데이터 문제를 해결할 수 있도록 기본 패러다임과 사고의 흐름을 이해하려고 노력할 것이다.

15장에서는 태블로 프렙 패러다임의 탐색과 변환에 대한 근본적인 이해를 통해 태블로 프렙의 많은 특징과 함수들을 살펴보면서 몇 가지 실용적인 예를 살펴본다.

15장에서 다루는 내용은 다음과 같다.

- 태블로 프렙 탐색
- 태블로 프렙 빌더 인터페이스 이해
- 근본적인 패러다임을 갖고 있는 흐름
  - 데이터에 연결
  - 데이터 정리
  - 태블로 프렙으로 계산 및 집계
  - 태블로 프렙에서 데이터 필터링
  - 분석을 위한 데이터 변환
- 흐름 자동화를 위한 옵션

15장에서는 태블로가 데이터 준비를 위해 개발한 전체 플랫폼을 태블로 프렙이라는 용어로 광범위하게 사용할 것이고, 데이터에 연결하고 데이터 흐름을 생성하며 출력을 정의하는 데 사용되는 클라이언트 애플리케이션인 태블로 프렙 빌더의 약어로도 사용할 것이다. 좀 더 명확하게 다음의 특정 명칭을 사용할 것이다.

- **태블로 프렙 빌더**Tableau Prep Builder : 데이터 흐름을 설계하고 로컬에서 실행하고 게시하는 데 사용되는 클라이언트 애플리케이션
- **태블로 프렙 컨덕터**Tableau Prep Conductor : 게시된 데이터 흐름의 스케줄링과 자동화를 허용하는 태블로 서버의 추가 기능

이제 태블로 프렙을 시작하는 방법을 이해하는 것부터 시작해보자.

태블로 프렙 탐색

태블로 프렙 빌더는 윈도우와 맥에서 사용할 수 있다. 컴퓨터에 태블로 프렙 빌더가 설치돼 있지 않은 경우 잠시 시간을 내어 https://www.tableau.com/products/prep/download에서 애플리케이션을 다운로드한다. 태블로 프렙 빌더 라이선스는 태블로 크리에이터 라이선스에 포함돼 있다. 라이선스가 없는 경우 14일 동안 애플리케이션 평가판을 사용할 수 있다. 라이선스와 평가판 기간을 확인하려면 태블로 담당자에게 문의해보자.

이 장의 예들은 \Learning Tableau\Chapter 15 디렉터리에 있는 파일을 사용한다. 여러 가지 파일을 사용하는 시기와 방법에 관한 세부 지침은 앞으로 안내할 것이다.

태블로 프렙 빌더를 다운로드하고 설치하면 애플리케이션을 시작할 수 있다. 그러면 다음 절에서 인터페이스를 다루면서 자세히 설명할 시작 화면이 표시된다.

태블로 프렙 빌더 인터페이스 이해

태블로 프렙 빌더와 태블로 데스크톱 인터페이스 간에는 많은 유사점을 찾을 수 있다. 태블로 프렙 빌더의 홈 화면은 다음과 같다.

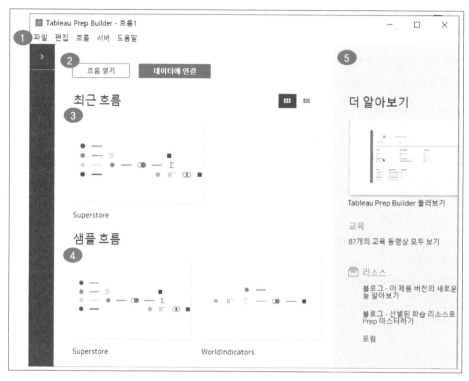

그림 15.1: UI의 주요 구성 요소를 식별하고자 번호를 매겨둔 태블로 프렙 빌더 시작 화면

다음 구성 요소들은 그림 15.1에서 번호를 매겨 둔 것이다.

❶ 메뉴에는 파일 열기, 흐름 편집, 실행, 태블로 서버에 로그인과 다양한 도움
말 함수에 대한 옵션이 포함돼 있다. 또한 **파일** 메뉴 바로 아래의 왼쪽에 있
는 **연결** 패널을 확인해보자. 처음에는 축소돼 있지만 데이터 연결을 생성
하면 데이터 연결 목록이 포함된다.

❷ 상단에 있는 두 개의 큰 단추는 옵션을 제공하는데, **흐름 열기**를 사용하면
기존 태블로 프렙 흐름 파일을 열 수 있고, **데이터에 연결**을 사용하면 초기
데이터를 연결해 새로운 흐름을 시작할 수 있다. 다음 절에서는 흐름을 정
의할 것이다. 태블로 프렙의 흐름이라는 단어는 태블로 데스크톱의 통합
문서와 동일하게 생각하면 된다.

❸ **최근 흐름**에는 최근에 저장한 태블로 프렙 데이터 흐름이 표시된다. 그중 하나를 클릭해 흐름을 열고 편집하거나 실행할 수 있다. 오른쪽의 토글 단추를 사용하면 썸네일과 목록 사이를 전환할 수 있다.

❹ **샘플 흐름**을 사용하면 미리 구축된 몇 가지 예제를 열 수 있다.

❺ **더 알아보기** 창은 극적 장면 준비에 대해 더 배울 수 있는 교육에 대한 옵션과 자원을 제공한다. 사용 가능한 최신 버전이 있는 경우 업그레이드에 관한 알림이 표시된다.

새 흐름을 열거나 시작하면 홈 화면이 새 인터페이스로 대체돼 흐름을 쉽게 설계하고 실행할 수 있다.

그림 15.2: 흐름을 설계할 때 이와 같은 인터페이스를 보게 된다.

앞의 화면에서 번호가 매겨진 흐름의 구성 요소는 다음과 같다.

❶ **흐름 패널**은 데이터 정리부터 계산, 변환, 모양 변경에 이르는 모든 데이터 작업의 단계를 흐름을 따라 논리적으로 작성하는 곳이다. 하나의 단계를 선택하면 화면 하단에 인터페이스가 표시된다. 이 인터페이스는 선택한 단계 유형에 따라 약간 달라진다.

❷ **설정** 또는 **변경** 패널에는 단계에 대한 설정과 계산, 필드명 변경, 제거, 데이터 유형 변경, 값 그룹화에 이르기까지 단계에서 수행된 모든 변경 목록이 나열된다. 개별 변경 사항을 클릭해 편집하거나 데이터가 어떻게 변경되는지 확인할 수 있다.

❸ **프로파일** 패널은 선택한 단계에 존재하는 데이터의 각 필드에 대한 프로파일을 제공한다. 각 필드에 대한 값의 유형과 분포를 볼 수 있다. 필드를 클릭하면 흐름 패널에서 계보가 강조 표시되고 필드 값을 하나 이상 클릭하면 다른 필드의 관련된 값이 강조 표시된다.

❹ **데이터 그리드**는 해당 단계에 존재하는 데이터의 개별 레코드를 보여준다. 변경 그리드에서 변경 사항을 선택하면 선택한 변경 사항까지 포함해 변경 사항을 기반으로 데이터가 표시된다. 프로파일 창에서 값을 선택하면 해당 값을 포함하는 레코드만 표시하도록 데이터 그리드가 필터링된다. 예를 들어 프로파일 창에서 Order Date 필드의 첫 번째 행을 선택하면 해당 막대로 표시되는 레코드만 표시되도록 데이터 그리드가 필터링된다. 이를 통해 데이터를 탐색할 수 있지만 변경을 초래하는 특정 동작을 수행할 때까지 데이터가 변경되지 않는다.

또한 동작을 실행 취소 또는 다시 실행하고, 데이터를 새로 고치거나 흐름을 실행할 수 있는 도구 모음을 볼 수 있다. 선택한 단계나 필드 유형에 따라 다른 옵션이나 컨트롤이 표시되기도 한다. 이 장의 뒷부분에서 태블로 프렙 패러다임을 상세히 살펴보고 실제 예를 살펴볼 것이다.

▌흐름의 기초적인 패러다임

태블로 프렙의 전반적인 패러다임은 흐름을 통해 데이터를 발견, 정리, 형성하는 시각적 경험이다. 흐름(데이터 흐름이라고도 함)은 입력부터 출력에 이르기까지 데이터에 적용되는 일련의 논리적 단계와 변경 사항을 가리킨다.

다음은 태블로 프렙의 흐름 패널에 표시되는 흐름의 예다.

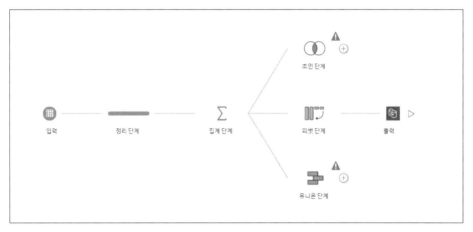

그림 15.3: 태블로 프렙 흐름의 예

흐름의 개별 구성 요소를 단계라고 하며 왼쪽에서 오른쪽으로 데이터의 논리적 흐름을 나타내는 선으로 연결된다. 선은 흐름의 커넥터 또는 브랜치라고 불리기도 한다. 여기서 집계 단계는 왼쪽에서 한 줄이 들어와 오른쪽으로 세 줄로 확장되는 것에 주목해보자. 모든 단계는 흐름의 각 지점에서 데이터의 논리적 복사본을 나타내는 여러 개의 출력 브랜치를 가질 수 있다.

주목해야 할 한 가지 중요한 점은 단계 유형 중 네 가지가 14장에서 다뤘던 주요 데이터 변환을 나타낸다는 것이다. 피벗, 유니온, 조인, 집계의 단계 유형은 이러한 변환과 정확히 일치하는 반면 정리 단계는 정리와 계산에 포함된 다양한 작업을 허용한다. 14장의 기본 변환을 다시 한 번 떠올려보자.

이 장 전체에서 흐름의 예를 살펴보면서 각 단계 유형을 더 자세히 살펴볼 것이다. 여기서는 태블로 프렙의 기본 단계에 대한 다음과 같은 정의를 살펴보자.

- **입력 단계:** 입력 단계는 파일, 테이블, 뷰 또는 사용자 지정 SQL과 같은 원본으로부터 데이터 흐름을 시작한다. 파일 구분 기호, 여러 테이블 또는 파일의 통합, 샘플링할 데이터 양(더 큰 레코드 세트의 경우)을 정의하는 옵션을 제공한다.

- **정리 단계:** 정리 단계에서는 계산, 필터링, 데이터 유형 조정, 필드 제거, 병합, 그룹화, 정리 등 데이터에 대해 다양한 기능을 수행할 수 있다.

- **집계 단계:** 집계 단계는 사용자가 지정한 상세 수준에서 값 집계를 할 수 있다(예를 들어 MIN, MAX, SUM, AVG).

- **조인 단계:** 조인 단계에서는 흐름의 두 가지 브랜치를 결합하고 선택한 필드와 조인 유형에 따라 행별로 데이터를 일치시킬 수 있다.

- **유니온 단계:** 유니온 단계는 통합할 데이터 세트를 나타내는 두 개 이상의 브랜치를 함께 가져올 수 있다. 일치하지 않는 필드를 병합하거나 제거하는 옵션이 있다.

> 이 예제의 유니온 단계와 조인 단계 모두 흐름에서 올바르게 구성되지 않았음을 나타내는 오류 아이콘이 있다. 아이콘 위로 마우스를 가져가면 오류에 대한 도구 설명이 제공된다. 이 경우 오류는 입력 연결이 하나만 있기 때문에 발생하는 반면 유니온과 조인에는 둘 이상의 입력이 필요하다. 오류 아이콘이 있는 단계를 선택하면 변경 패널이나 구성 단계의 다른 위치에 오류에 대한 세부 정보가 표시될 수 있다.

- **피벗 단계:** 피벗 단계는 데이터 열을 행으로 변환하거나 데이터 행을 열로 변환할 수 있게 해준다. 피벗 유형과 필드 자체를 선택할 수 있는 옵션이 있다. 이 작업을 전치^{transpose}라는 용어로 표현하기도 한다.

- **출력 단계:** 출력 단계란 정리되고 변환된 데이터의 최종 목적지를 정의한다. 텍스트 파일(.csv), 추출(.hyper 또는 .tde) 또는 추출된 데이터 원본을 태

블로 서버에 게시할 수 있다. 출시 당시에는 사용할 수 없었지만 그 이후에 데이터베이스로 출력하는 기능이 발표됐다. 경로 및 파일명 또는 태블로 서버 및 프로젝트와 함께 출력 유형을 선택할 수 있는 옵션이 있다.

> 단계 또는 커넥터를 마우스 오른쪽 단추로 클릭하면 다양한 옵션이 표시된다. 단계들을 조인하거나 유니온하기 위한 옵션을 표시하고자 단계를 다른 단계로 끌어다 놓을 수도 있다. 흐름의 초기 부분을 교체해 입력 단계를 교체하려는 경우 커넥터를 마우스 오른쪽 단추로 클릭하고 제거를 선택한 다음 새 입력 단계를 원하는 다음 단계 위로 끌어다 새 항목으로 추가할 수 있다.

흐름이라는 용어를 사용해 데이터의 논리적 흐름과 변환을 정의하는 단계나 연결을 지칭하는 것 이외에도 태블로 프렙이 단계의 정의와 흐름의 변화를 저장하는 데 사용하는 파일임을 가리키는 데 사용된다. 태블로 프렙 흐름 파일에는 .tfl(패키지되지 않은 흐름) 또는 .tflx(패키지된 흐름) 확장자가 있다.

태블로 프렙의 패러다임은 단일 단계의 기능을 훨씬 뛰어 넘는다. 흐름을 구축하고 수정하는 과정에서 즉각적인 피드백을 얻게 되므로 각 단계와 변경 사항의 영향을 확인할 수 있다. 이렇게 하면 데이터를 반복적으로 검색하고 필요한 변경 작업을 수행하는 것을 비교적 쉽고 재미있게 할 수 있다.

> 흐름을 만들고 단계를 추가, 변경하고 데이터와 상호작용할 때는 디자인 모드에 있는 것이다. 태블로 프렙은 데이터베이스의 직접 쿼리와 함께 하이퍼(Hyper) 엔진의 캐시 조합을 사용해 사용자가 변경하면 거의 즉각적인 피드백을 제공한다. 사용자가 흐름을 실행하면 배치 모드 또는 실행 모드를 사용하게 된다. 태블로 프렙은 디자인 모드에서 실행되는 쿼리와 약간 다를 수 있는 최적화된 쿼리와 연산을 실행할 것이다.

이 장의 나머지 부분에서는 태블로 프렙 패러다임에 대한 논의를 돕고 몇 가지 중요한 기능과 고려 사항을 강조하는 예제를 살펴볼 것이다. 이 예제는 유기적으로 전개될 것이다. 이를 통해 태블로 프렙이 데이터 문제가 발생했을 때 해결하는 방식, 데이터의 새로운 측면을 발견해 가면서 변경을 수행할 수 있는 유연성을 제공하는 방식을 확인할 수 있다.

여러분이 자신의 조직에서 분석가 역할을 맡게 됐고 직원들의 항공 여행을 분석하는 업무를 담당하게 됐다고 가정해보자. 여기에는 티켓 가격, 항공사, 여행 자체에 대한 약간의 지리 공간 분석이 필요하다. 여러 시스템으로부터 데이터를 통합하고 분석을 가능하게 하려면 약간의 데이터 정리와 모양 조정이 필요하다.

태블로 프렙 빌더를 열어 홈 화면에서 시작해보자(이 장의 시작 단계는 없음). Chapter 15 디렉터리에 있는 샘플데이터의 작업을 확인하려면 Complete 흐름을 사용하면 된다. Complete (clean) 흐름은 흐름이 어떻게 자체 문서화됐는지에 관한 샘플을 포함하고 있다(이것이 화면과 정확하게 일치하지 않을 수 있다).

> **TIP**
>
> Complete 흐름 파일을 열면 입력 경로와 출력 경로가 유효하지 않다는 오류와 경고가 표시될 수 있다. 이는 예제에서 준비된 것과 컴퓨터가 다른 드라이브와 디렉터리 구조를 갖기 때문일 것이다. 다른 사람과 흐름 파일을 공유할 때도 이 동작이 발생한다. 이 문제를 해결하려면 왼쪽에 있는 연결 패널(그림 15.4에서 확장됨)의 연결을 통해 파일에 다시 연결하고 출력 단계를 자신의 시스템에 맞는 디렉터리로 설정하면 된다.

일부 데이터에 연결해 시작해보자.

데이터에 연결

태블로 프렙에서 데이터에 연결하는 것은 태블로 데스크톱에서 데이터에 연결하는 것과 매우 유사하다. 홈 화면에서 데이터에 연결 또는 확장된 연결 패널에서 + 단추를 클릭할 수 있다.

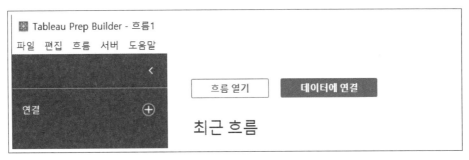

그림 15.4: + 단추나 데이터에 연결 단추를 클릭해 새 데이터 연결을 만들 수 있다.

두 UI 요소는 선택할 데이터 원본 유형 목록을 표시할 것이다.

> **TIP**
> 태블로 데스크톱과 마찬가지로 파일 기반 데이터 원본의 경우 **윈도우 탐색기** 또는 **파인더**에서 태블로 프렙 창으로 파일을 끌어다 빠르게 연결을 만들 수 있다.

태블로 프렙은 수십 개의 파일 유형과 데이터베이스 유형을 지원하며 목록은 계속 증가하고 있다. 태블로 데스크톱에 존재하는 동일한 많은 유형의 연결 가능성을 인식하게 될 것이다. 그러나 이 책을 쓰고 있는 지금 시점에 태블로 프렙이 태블로 데스크톱에서 사용할 수 있는 모든 연결을 지원하지는 않고 있다.

원하는 만큼 연결을 만들 수 있으며 **연결** 패널에는 연결된 파일, 테이블, 뷰, 저장 프로시저 또는 해당 데이터 원본에 적용할 수 있는 기타 옵션과 함께 각 연결이 별도로 나열될 것이다. 흐름에서는 데이터 원본의 모든 조합을 사용할 수 있을 것이다.

다음의 과정을 따라 예를 시작해보자.

1. 그림 15.4에 표시된 장에서 시작해 **데이터에 연결**을 클릭한다.
2. 표시되는 연결 목록에서 Microsoft Excel을 선택한다.
3. Employee Flights라는 기본 테이블과 Employee Flights Table 1이라는 보조 테이블이 표시된다. Employee Flights 테이블을 흐름 캔버스에 끌어다둔다. 입력 단계가 생성돼 데이터와 기타 옵션을 미리 볼 수 있을 것이다. 입

력 미리 보기 패널은 처음에 다음과 같이 보일 것이다.

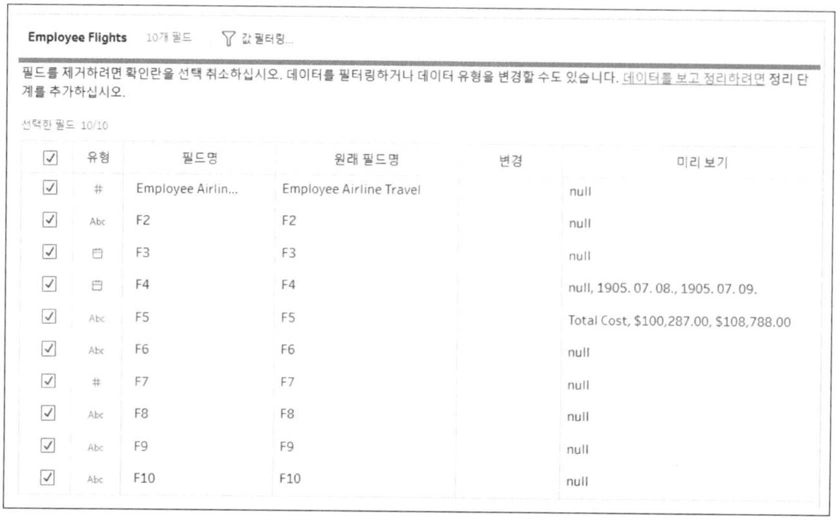
Employee Flights 10개 필드 값 필터링...

필드를 제거하려면 확인란을 선택 취소하십시오. 데이터를 필터링하거나 데이터 유형을 변경할 수도 있습니다. 데이터를 보고 정리하려면 정리 단계를 추가하십시오.

선택한 필드: 10/10

☑	유형	필드명	원래 필드명	변경	미리 보기
☑	#	Employee Airlin...	Employee Airline Travel		null
☑	Abc	F2	F2		null
☑		F3	F3		null
☑		F4	F4		null, 1905. 07. 08., 1905. 07. 09.
☑	Abc	F5	F5		Total Cost, $100,287.00, $108,788.00
☑	Abc	F6	F6		null
☑	#	F7	F7		null
☑	Abc	F8	F8		null
☑	Abc	F9	F9		null
☑	Abc	F10	F10		null

그림 15.5: 입력 미리 보기를 사용하면 흐름에 포함할 입력 필드를 선택하고 필드명을 바꾸고, 데이터 유형을 변경할 수 있다.

입력 단계는 필드의 그리드와 필드들에 대한 옵션을 표로 표시한다. Employee Flights 테이블의 많은 필드 이름이 F2, F3, F4 등으로 지정돼 있음을 알 수 있다. 이는 셀 병합이나 요약 하위 테이블과 같은 엑셀 파일의 형식 때문이다. 다음 과정에 따라 연습을 계속해보자.

4. 연결 패널에 있는 데이터 해석기 사용 옵션을 확인하면 태블로 프렙은 다음과 같이 파일을 정확하게 구문 분석한다.

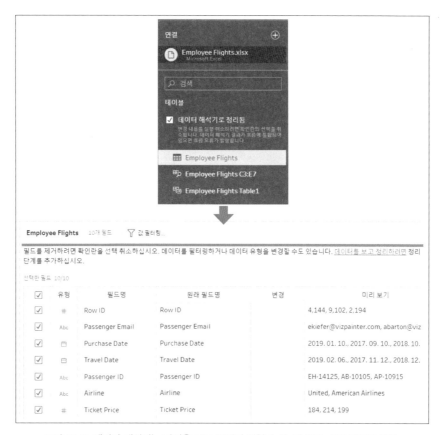

그림 15.6: 데이터 해석기는 파일을 구문 분석해 병합된 셀, 빈 헤더, 소계 라인과 같은
일반적인 문제를 해결한다.

입력단계를 선택할 때 태블로 프렙은 데이터에서 필드 그리드를 표시할
것이다. 포함하길 원하지 않는 필드는 선택 취소할 수 있고 관련된 기호를
클릭해 데이터 유형을 편집할 수 있다(예, 문자열을 날짜로 변경). 그리고 필
드를 더블 클릭해 필드명 자체를 편집할 수 있다.

데이터 원본에 많은 수의 레코드가 포함돼 있음을 감지하면 태블로 프렙 빌더가 켜질 수 있다. **데이터 샘플링**은 디자인 모드에서 신속한 피드백과 프로파일링을 제공하고자 더 작은 레코드 하위 집합을 사용한다. 하지만 배치 모드에서 전체 흐름을 실행할 때는 전체 데이터 세트를 사용할 것이다. 입력 패널에서 **데이터 샘플**을 클릭해 데이터 샘플링 옵션을 제어할 수 있다. 데이터 원본에 대한 샘플 크기를 설정할 수 있지만 조인과 같은 후속 단계에서 많은 수의 레코드를 생성하면 비활성화할 수 없는 샘플링이 설정될 수 있다. 흐름의 어느 부분에서든 발생하면 데이터 샘플링 표시기를 보게 될 것이다.

5. 계속해서 데이터를 탐색하고 그 과정에서 몇 가지 문제를 수정하게 될 것이다. Employee Flights 입력 단계 위로 마우스를 가져가면 나타나는 + 단추를 클릭한다. 이를 통해 추가 단계 유형을 더해 흐름을 확장할 수 있다. 여기서는 정리 단계를 추가한다. 이렇게 하면 정리 1이라는 이름의 정리 단계가 추가돼 흐름이 확장된다.

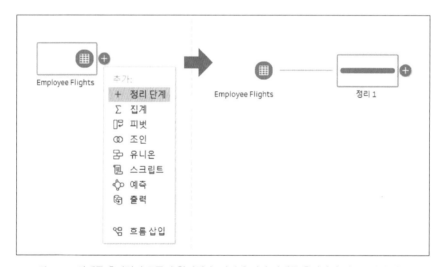

그림 15.7: 단계를 추가하면 흐름이 확장된다. 여기에 정리 단계를 추가하면 정리 1이 추가된다.

6. 정리 1 단계가 선택되면 프로파일 패널을 사용해 데이터를 탐색해보자. 프로파일 패널에 있는 필드들의 개별 값들을 선택하면 다른 필드의 관련된 값의 비중이 어떻게 강조되는지 살펴보자. Ticket Type을 기반으로 다양한

가격대를 살펴볼 수 있는 것과 같이 이를 통해 여러분이 데이터를 바라보는 데 큰 통찰력을 제공할 수 있다.

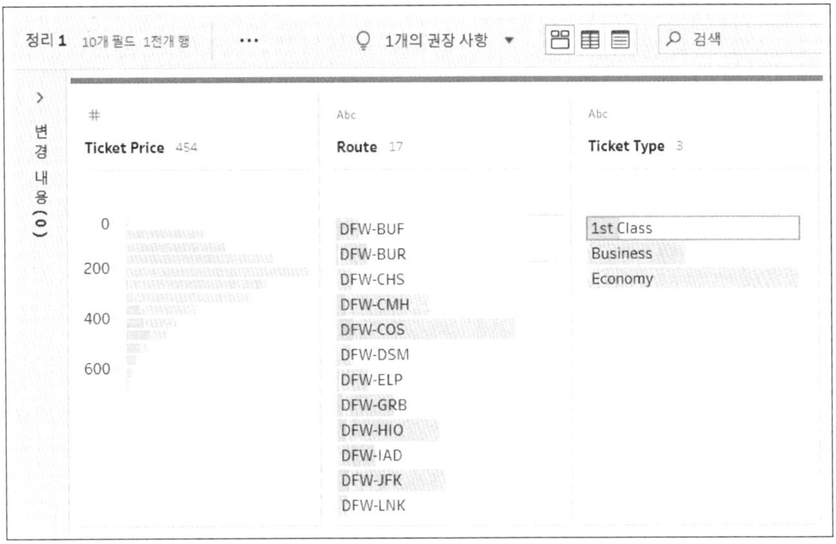

그림 15.8: 프로파일 패널에서 필드 값을 선택하면
선택한 값과 관련된 값(및 해당 값의 비율)이 강조 표시된다.

프로파일 패널에서 선택한 필드 값의 결과로 필드를 넘나들며 막대 조각들을 강조하는 것을 브러싱이라고 한다. 프로파일 패널의 맨 위에 있는 도구 모음을 사용하거나 필드 값을 마우스 오른쪽 단추로 클릭해 선택한 값에 대해 작업을 수행할 수도 있다. 이러한 작업에는 필터링, 값 편집, NULL로 대체가 포함된다. 그러나 데이터를 변경하거나 정리하기 전에 추가 데이터에 연결해보자.

대부분의 항공권 예약 데이터는 엑셀 파일로 표시되는 하나의 데이터베이스에 있지만 다른 항공사의 예약 데이터는 정기적으로 디렉터리에 추가되는 파일에 저장된다. 이러한 파일은 \Learning Tableau\Chapter 15\ 디렉터리에 있다. 파일은 Southwest YYYY.csv(여기서는YYYY는 year를 나타냄) 규칙에 따라 이름이 지정된다.

모든 기존 파일에 연결하고 향후 추가 파일에 대비할 수 있게 한다.

1. 연결 패널에서 + 아이콘을 클릭해 텍스트 파일로의 새 연결을 추가한다.
2. \Learning Tableau\Chapter 15\ 디렉터리로 이동하고 Southwest YYYY. csv 유형의 파일 중 아무거나 선택해 연결을 시작할 파일을 선택한다. 입력 설정을 열어 태블로 프렙이 필드 구분 기호, 필드명, 유형을 올바르게 식별하는지 확인한다.

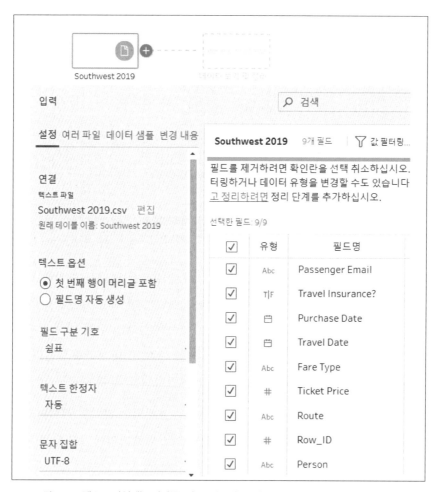

그림 15.9: 텍스트 파일에는 머리글, 필드 구분 기호, 텍스트 한정자, 문자 집합 등에 대한 옵션이 포함돼 있다. 텍스트 입력에 대한 다른 옵션을 제공하는 다중 파일 및 데이터 샘플과 같은 탭도 확인해보자.

3. 입력 패널에서는 여러 파일에서 탭을 선택하고 단일 테이블로 선택돼 있는 것을 와일드카드 유니온으로 변경한다. 일치 패턴을 Southwest*로 설정하고 적용을 클릭한다. 이렇게 하면 태블로 프렙이 디렉터리에서 Southwest로 시작하는 모든 텍스트 파일을 유니온하게 지시하게 된다.

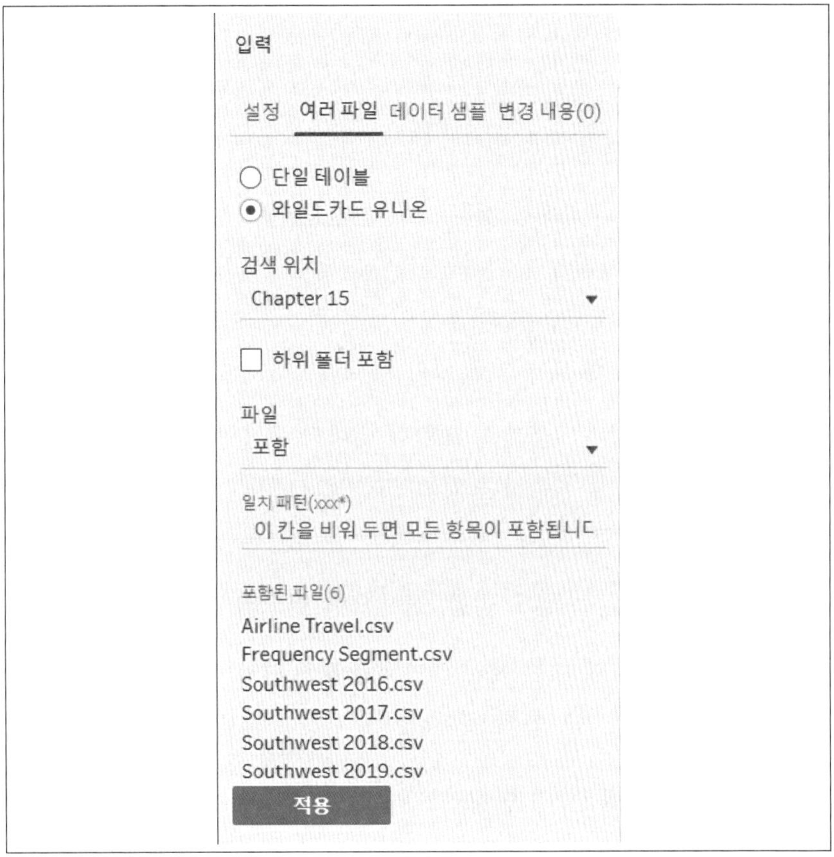

그림 15.10: 일지 패턴 사용은 유니온할 파일들을 태블로 프렙에 알려준다.
이렇게 하면 Southwest 2020.txt 및 향후 파일이 디렉터리에 드롭될 때 자동으로 포함된다.

4. 흐름 패널의 Southwest 입력 단계에서 + 아이콘을 사용해 새 정리 단계를 추가한다. 이 단계의 이름은 기본적으로 정리 2로 지정될 것이다. 다시 한번 데이터를 탐색하되 흐름에서 두 원본을 함께 가져올 때까지는 아무 조

치도 취하지 말자. 정리 2 단계에서 File Paths라는 새 필드를 볼 수 있을 것이다. 이 필드는 유니온의 어떤 파일이 각 레코드와 연관돼 있는지를 나타낸다.

입력 단계가 정의됐으면 분석 준비를 위해 일부 데이터를 정리하는 방법을 살펴보자.

데이터 정리

흐름의 프로세스를 구축하는 것은 매우 반복적이며, 데이터를 정리하고 변환하는 데 도움이 되는 데이터를 발견하는 경우가 많다. 참조를 위해 이 예제를 몇 개의 절로 나누겠지만 흐름을 구축하는 것이 생각의 흐름이어야 한다는 생각을 계속하고 있어야 한다. 이 예제는 끊김 없이 진행될 것이다.

다음 절에서는 병합과 그룹화를 포함해 데이터 준비의 몇 가지 방법을 살펴본다. 흐름에서 브랜치를 유니온하는 방법부터 살펴보자.

유니온, 일치하지 않는 필드 결합, 불필요한 필드의 제거

우리는 모든 항공사에 대한 예약 데이터를 모으려고 한다는 것을 알고 있으므로 흐름에서 두 경로를 유니온할 것이다.

1. 정리 2 단계를 정리 1 단계로 드래그하면 나타나는 유니온 상자에 떨어뜨린다. 이렇게 하면 두 개의 정리 단계로부터의 입력 연결이 있는 새로운 유니온 단계가 생성될 것이다.

600

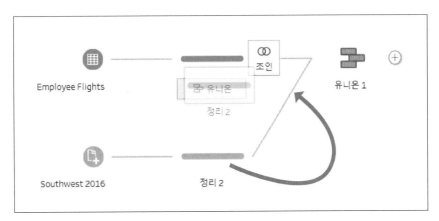

그림 15.11: 흐름에서 한 단계를 다른 단계로 끌어다두면 흐름에서 데이터 세트를 가져오는 옵션이 표시된다. 예를 들어 여기에는 유니온이나 조인을 만드는 옵션들이 있다.

2. 유니온 패널은 유니온 단계가 선택됐을 때 일치하지 않는 필드와 연관돼 있는 입력을 보여주고 필드들을 제거하거나 병합할 수 있는 옵션들을 보여줄 것이다. 예를 들어 Fare Type과 Ticket Type은 엑셀 파일과 텍스트 파일간 이름이 다르게 돼 있지만 실제로는 동일한 데이터를 나타낸다. Ctrl 키를 누르고 두 필드를 선택한다. 그런 다음 패널 상단에 있는 도구 모음이나 오른쪽 클릭 메뉴에서 **필드 병합**을 선택한다.

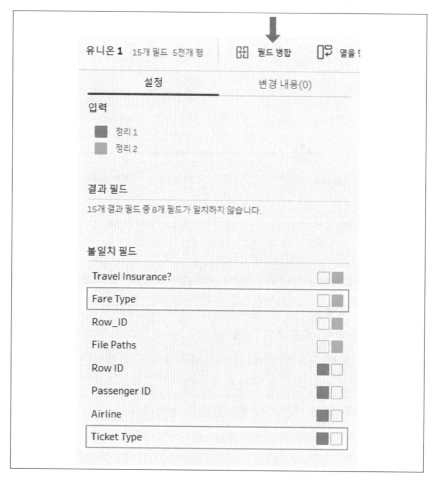

그림 15.12: 필드를 하나 선택하면 태블로 프렙이 잠재적으로 동일한 데이터인 필드를 강조 표시한다.
둘 다 선택하면 필드 병합 옵션이 표시된다.

3. Row ID와 Row_ID를 병합한다.

4. File Paths는 입력 단계에서 유니온됐던 Southwest 파일에만 적용된다. 이 자동 생성 필드는 매우 유용할 때가 있지만 이 예제에서는 데이터에 아무 것도 추가하지 않는다. 필드를 선택한 다음 줄임표 메뉴 단추를 클릭하고 필드 제거를 선택한다.

5. 마찬가지로 Travel Insurance와 Passenger ID를 하나의 입력에만 적용

602

하고, 우리 분석에서는 거의 사용하지 않을 것이다. 해당 필드 역시 제거한다.

6. 나머지 하나의 불일치 필드 Airline은 유용하다. 지금은 그대로 두고 흐름 패널의 유니온 1 단계에 있는 + 아이콘을 클릭하고 정리 단계를 선택해 흐름을 확장한다. 지금까지 작업한 흐름은 다음과 같아야 한다.

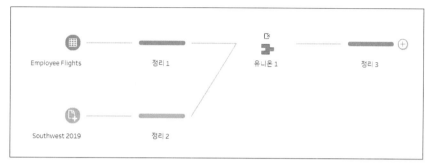

그림 15.13: 흐름은 이것과 유사하게 보여야 한다. 단계나 색상의 정확한 위치에 약간의 차이가 있을 수 있다(단계를 마우스 오른쪽 단추로 클릭해 단계의 색상을 변경할 수 있다).

흐름의 유니온 1 단계 위에는 이 단계에서 변경된 사항을 나타내는 아이콘이 있다. 이 경우 변경 사항은 여러 필드를 제거한 것이다. 변경 사항이 있는 각 단계에는 유사한 아이콘이 있으며, 마우스를 올려놓으면 세부 정보가 도구 설명으로 표시돼 변경 사항과 상호작용할 수 있다. 단계를 클릭하고 변경 패널을 열어 전체 변경 목록을 보고, 편집하고, 재정렬하고, 제거할 수 있다. 단계 유형에 따라 확장하거나 변경 탭을 선택해 사용할 수 있다.

다음으로 계속해서 흐름을 구축하고 그룹화와 정리를 위한 몇 가지 옵션을 살펴보자.

그룹화와 정리

이제 양쪽의 원본으로부터 가져온 데이터를 정리하는 데 시간을 쏟을 때다. 선택한 정리 3 단계에서 프로파일 패널을 사용해 데이터를 검토하고 흐름을 계속한다.

처음 두 필드는 해결해야 할 몇 가지 문제를 나타낸다.

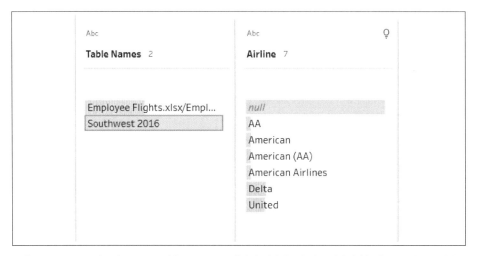

그림 15.14: Airline 필드의 모든 null 값은 Southwest 파일의 것이다. 이 경우 데이터 원본은 항공사를 나타낸다.

Table Names 필드는 레코드의 원본을 가리키고자 유니온 1의 일부로 태블로 프렙에 의해 생성된 것이다. 이 Airline 필드는 엑셀 파일에서만 가져온 것이다(프로파일 패널에서 필드를 선택하고 흐름 창에서 필드가 강조 표시된 경로를 관찰해 확인할 수 있다). Airline의 NULL 값을 클릭하고 브러싱을 관찰한다. 이는 해당 파일이 항공사를 나타내는 필드를 포함하지 않았기 때문에 Airline의 NULL 값이 모두 Southwest 파일에서 온다는 증거다. 우리는 NULL 값을 정리해 일부 추가 정리 작업을 수행해보고자 한다.

1. NULL 값을 더블 클릭한 다음 NULL 값을 우리가 알고 있는 올바른 항공사로 대체할 수 있도록 Southwest를 타이핑한다. 태블로 프렙은 **그룹화와 바꾸기** 작업이 발생했음을 종이 클립 아이콘으로 나타낼 것이다.
2. American의 변형을 정리하고자 추가 그룹화를 수행할 것이다. Airline 필드의 옵션 단추를 사용해 **값 그룹화 ❯ 발음**을 선택한다.

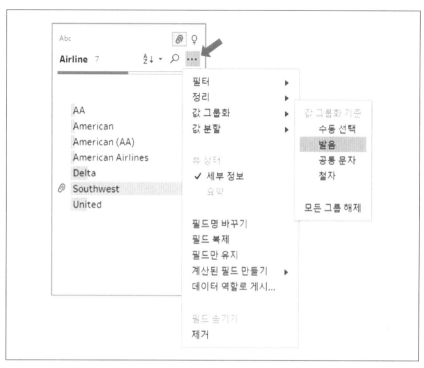

그림 15.15: 필드의 줄임표 단추는 정리에서 필터링, 그룹화, 계산 생성에 이르기까지
다양한 옵션을 표시한다.

거의 모든 변형은 American 가치로 그룹화되고 AA만 남는다.

3. 표시된 발음별 그룹 값 창에서 American Airlines 그룹을 선택하고 오른쪽에
나타나는 목록에서 AA를 선택해 수동으로 추가한다.

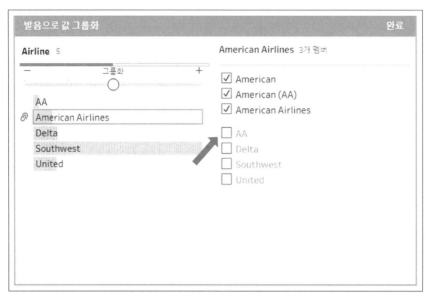

그림 15.16: 발음별로 그룹화하면 그룹화의 민감도를 제어할 수 있는 슬라이더가 표시된다.
필드를 선택해 수동으로 그룹화를 조정할 수도 있다.

4. 발음에 의해 값 그룹화 패널에서 완료를 클릭한다.

5. 이제 더 이상 필요하지 않은 Table Names 필드를 선택한다. 도구 모음 옵션을 사용하거나 필드를 마우스 오른쪽 단추로 클릭해 메뉴나 옵션 단추를 사용해 필드 제거를 선택한다.

6. 프로파일 패널의 일부 필드에는 오른쪽 상단 모서리에 권장 사항 아이콘(전구 모양)이 표시된다. Passenger Email 필드에서 이 아이콘을 클릭한 다음 권장 사항을 적용해 Email 데이터 역할을 할당한다.

그림 15.17: 태블로 프렙에 필드 정리에 대한 제안이 있는 경우 권장 사항이 표시된다.

 TIP 데이터 역할을 사용하면 예상되는 값의 패턴이나 도메인에 따라 유효하거나 유효하지 않은 값을 신속하게 식별할 수 있다. 데이터 역할을 할당하면 잘못된 값을 필터링하거나 교체하는 내용의 추가 권장 사항을 받을 수 있을 것이다.

권장 사항을 적용하고 나면 프로파일 패널에서 잘못된 값에 대한 표시를 보게 될 것이다. 예제를 계속 따라가면서 잘못된 값을 빠르게 처리하기 위한 몇 가지 옵션을 살펴보자.

7. Passenger Email 필드에서 **권장 사항** 단추를 다시 클릭하면 그룹에 대한 적용 옵션과 잘못된 역할 값을 NULL로 바꾸기라는 두 가지 새로운 옵션을 볼수 있을 것이다.

그림 15.18: 여기서 태블로 프렙은 잘못된 값이 있는 레코드를 필터링하거나
잘못된 값을 NULL로 대체할 것을 제안한다. 이 경우 전체 레코드를 필터링하고
싶지는 않지만 유효하지 않은 값 자체는 쓸모없으며, NULL로 가장 잘 표현된다.

8. Fare Type을 제외한(또는 Type Ticket과 같이 이전에 필드를 병합할 때 유지된 이름에 따라) 대부분의 나머지 필드는 괜찮아 보인다. 이 필드에는 1st Class와 First Class 값이 포함돼 있다. Ctrl 키를 누른 다음 이 두개의 값 각각을 클릭해 두 개의 값을 모두 선택하고 값 그룹화를 한다. 값을 그룹화하기 위한 두 가지 인터페이스 옵션을 표시해보면 다음과 같다.

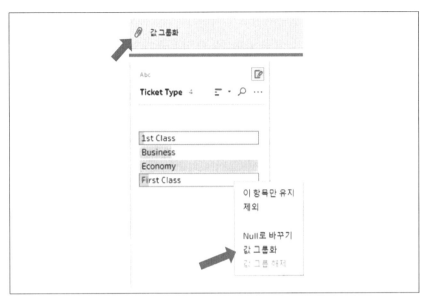

그림 15.19: 두 개 이상의 값을 선택한 후 도구 모음 옵션이나
오른쪽 클릭 메뉴를 사용해 그룹화할 수 있다.

9. 이제 모든 기본 데이터를 포함하는 깨끗한 데이터 세트를 갖고 있고, 우리는 많은 분석을 할 수 있다. 시간을 내어 데이터를 살펴보자. 정리 3 단계를 마우스 오른쪽 단추로 클릭하고 태블로 데스크톱에서 미리 보기를 선택한다.

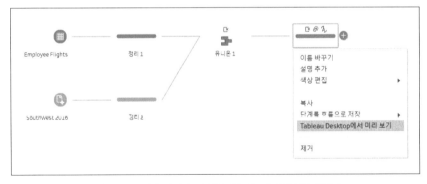

그림 15.20: 해당 단계의 오른쪽 클릭 메뉴에서 옵션을 선택해
태블로 데스크톱의 모든 단계로 표시된 데이터를 미리 볼 수 있다.

새로운 데이터 연결이 이뤄지고 태블로 데스크톱에서 열린다. 흐름의 모든 단계에 대한 데이터를 미리 볼 수 있다. 잠시 시간을 내어 태블로 데스크톱의 데이터를 탐색해보고 태블로 프렙으로 돌아가자. 이제 몇 가지 계산이나 보조 데이터와 약간의 재구성을 통해 데이터 세트를 확장해볼 것이다.

태블로 프렙에서 계산과 집계

태블로 프렙에서 집계하고자 계산과 몇 가지 옵션을 생성하는 방법을 살펴보자.

행 수준 계산

태블로 프렙의 계산은 태블로 데스크톱과 구문이 거의 동일하다. 그러나 행 수준과 FIXED 세부 수준 함수만 사용할 수 있다. 이는 태블로 프렙의 모든 계산이 행 수준에 적용되기 때문이다. 집계는 집계 단계를 사용해 수행되며, 이는 곧 살펴볼 것이다.

계산과 집계는 분석 능력을 크게 확장해줄 수 있다. 현재의 예에서는 티켓 구매와 실제 여행 사이의 시간을 분석해볼 수 있다. 승객이 전체적으로 얼마나 자주 여행하는지에 대한 지표로 각 기록을 표시할 수도 있을 것이다. 다음 순서로 예제를 계속 진행하면서 이러한 계산을 자세히 살펴보자.

1. 항공권 구매일과 여행일 차이 계산부터 시작해보자. 정리 3 단계를 선택한 다음 계산된 필드 만들기를 클릭한다. Days from Purchase to Travel이라고 계산의 이름을 정하고 `DATEDIFF('day', [Purchase Date], [Travel Date])`를 입력한다.
2. 프로파일 패널에서 결과를 확인한다. 새 필드는 다음과 같아야 한다.

610

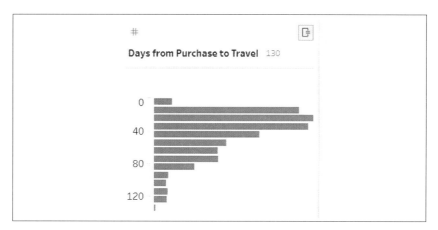

그림 15.21: 계산된 필드가 프로파일 창에 표시된다.

여기의 기본 뷰(숫자 필드가 있는 많은 경우와 같이)는 요약 묶음된 히스토그램이다. 필드의 오른쪽 상단에 있는 줄임표 단추를 눌러 세부 정보로 전환하면 필드의 모든 값을 볼 수 있다.

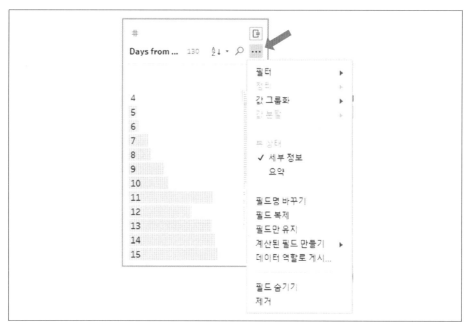

그림 15.22: 요약 또는 세부 정보에서 숫자와 날짜 필드를 볼 수 있다.

기본 요약 히스토그램으로 표시되는 데이터의 형태는 대부분의 사람이 여행 날짜에 더 가깝게(직전은 아님) 티켓을 구매할 때 예상했던 것과 비슷하다. 여행 날짜보다 훨씬 먼저 구매할수록 더 나은 거래를 할 수 있는 기회가 있을 것이므로 이 패턴을 먼저 식별한 다음 태블로 데스크톱에서 더욱 완벽하게 탐색해보고자 하는 것이 이러한 분석 유형의 핵심이다.

세부 수준 계산

추구하고 싶은 다른 유형의 분석이 몇 가지 있다. 승객이 여행하는 빈도를 기준으로 승객 조각을 만드는 방법을 살펴보자.

FIXED 세부 수준(LOD) 표현식을 사용해 이 작업을 수행할 것이다. 다음과 같은 계산을 작성하고자 태블로 데스크톱에서 배운 구문과 일치하는 계산을 처음부터 만들수 있다.

```
{FIXED [Person] : COUNTD([Row_ID])}
```

이 계산은 한 사람당 하나의 행을 계산한다. 각 행이 하나의 여행을 나타내므로데이터 원본에 따라 성능이 더 좋은 경우에는 코드 {FIXED [Person] : SUM(1)}을잠재적으로 번갈아 사용할 수 있다.

하지만 이 예에서는 시각적으로 계산을 생성할 때 이 인터페이스를 활용할 것이다.

1. Person 필드에서 줄임표 단추를 클릭하고 계산된 필드 만들기 ➤ FIXED LOD를 선택한다.

그림 15.23: FIXED LOD 계산을 생성하려면 메뉴를 사용해 계산된 필드 만들기 ▶ FIXED LOD를 선택한다.

사용자 지정 계산(코드 작성)과 순위(선택 필드의 순위 계산)를 만드는 옵션도 있다.

2. 이렇게 하면 FIXED LOD 패널이 나타나서 LOD 표현을 구성할 수 있다. 그룹화 기준 필드는 이미 Person으로 설정돼 있지만(그 필드에서의 계산을 시작으로) 행의 고유 카운트에 대한 수행 기준으로 다음을 사용해 계산 부분에 설정해주고 이름은 Trips per Person으로 구성한다.

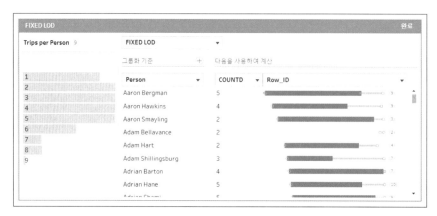

그림 15.24: FIXED LOD 패널을 사용하면 LOD 표현식을 시각적으로 구성하고
결과에 대한 즉각적인 시각적 피드백을 얻을 수 있다.

3. FIXED LOD 구성을 마치고 나면 완료를 클릭한다.

4. 이 Trips per Person 필드를 사용해 고객 조각을 만들 것이다. 다른 계산된
   필드를 사용해 고객 조각을 만들 것이므로 계산된 필드 만들기...를 클릭해
   코드 편집기가 표시되게 한다. 필드명을 Frequency Segment라고 지정하
   고 다음 코드를 입력한다.

```
IF [Trips per Person] <= 2 THEN "Rarely"
ELSEIF [Trips per Person] <= 5 THEN "Occasionally"
ELSE "Frequently"
END
```

이 코드는 If Then Else 구조에서 Trips per Person 필드를 사용해 세 개의 조각을
만든다. 미리 보기 패널에서 필드 간의 구조를 시각적으로 살펴볼 수 있다.

그림 15.25: 프로파일 패널을 사용해 계산이 서로 다른 필드와 어떻게 관련되는지 쉽게 시각화할 수 있다.

Frequency Segment 필드는 모든 종류의 분석을 수행하는 데 유용하게 사용할 수 있다. 예를 들어 자주 여행하는 사람이 일반적으로 더 좋은 티켓 가격의 혜택을 받는지 알고 싶을 때 이용할 수 있다.

지금까지 행 수준 계산과 FIXED LOD 계산을 살펴봤고 순위 옵션에 주목했다. 이제 집계를 살펴보자.

집계

태블로 프렙에서 집계는 집계 단계를 사용해 이뤄진다. 여행 구간의 빈도를 더 잘 이해하고 싶다는 생각을 유지하면서 흐름을 계속할 것이다.

1. 정리 3에서 + 기호를 클릭하고 **집계** 단계를 추가한다. 새 단계의 이름은 기본적으로 집계 1로 정해진다.

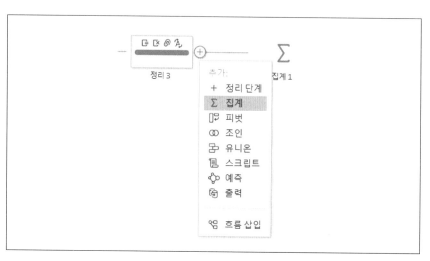

그림 15.26: + 기호를 사용해 흐름에 집계 단계 추가하기

2. 새 단계 아래의 집계 1이라는 텍스트를 더블 클릭한다. 이렇게 하면 이름을 편집할 수 있다. 집계 1에서 Frequency Segment로 이름을 변경한다.

> TIP
>
> 흐름을 자체 문서화하고자 단계에 의미 있는 이름을 지정해준다. 이렇게 하면 나중에 흐름을 편집하려고 돌아왔을 때 도움이 될 것이다. 또한 단계 이름을 편집할 때 이름 아래에 그림 15.27과 같이 **설명 추가** 텍스트가 나타난다.
>
>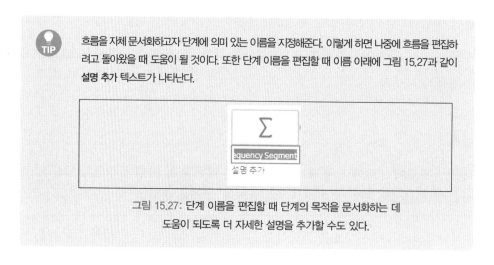
>
> 그림 15.27: 단계 이름을 편집할 때 단계의 목적을 문서화하는 데 도움이 되도록 더 자세한 설명을 추가할 수도 있다.

집계 단계 선택하기에서는 흐름의 필드를 그룹화하고 집계하는 옵션이 있는 패널을 표시한다.

616

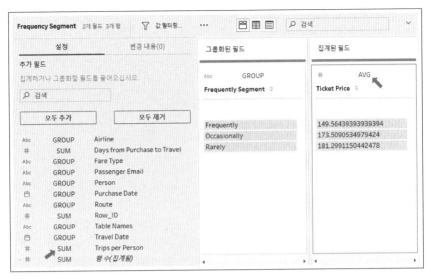

그림 15.28: + 기호를 사용해 흐름에 집계 단계 추가하기

왼쪽에서 **그룹화된 필드** 또는 **집계된 필드** 섹션으로 필드들을 드래그앤드롭해 이동할 수 있고, 집계 텍스트(그림 15.28의 화살표로 표시된 Trips per Person 옆의 SUM이나 Ticket Price 위의 AVG)를 클릭하고 결과 드롭다운에서 다른 집계를 선택해 집계 유형을 변경할 수 있다.

그림 15.28에서는 Frequency Segment를 그룹화된 필드에 Ticket Price는 AVG형으로 집계된 필드에 추가했다. 왼쪽의 필드 목록 맨 아래에 나타나는 행수(집계됨)도 확인해보자. 이는 집계 단계에서 사용할 수 있는 특수 필드다.

3. Frequency Segment 집계 단계의 + 아이콘을 클릭하고 **출력 단계**를 추가해 예제를 완료해보자.

그림 15.29: + 기호를 사용해 흐름에 출력 단계 추가

4. 출력 단계를 선택하면 출력 패널에는 출력을 저장하기 위한 옵션과 출력에 관한 미리 보기가 표시된다. 이 경우 Frequency Segment라는 쉼표로 구분된 값(.csv) 파일에 저장하도록 출력을 구성했다.

그림 15.30: 출력에는 정확히 세 개 행의 데이터가 포함된다.

5. 출력 패널 또한 출력 유형을 설정하고 데이터를 완전히 새로 고치거나 기존 데이터에 추가하고, 흐름을 실행하기위한 옵션을 제공한다.

자세한 데이터를 추가로 출력하고자 다음 절에서 흐름을 확장할 것이다. 자세한 데이터와 집계 데이터의 출력 파일은 태블로 데스크톱에서 태블로 데이터 모델을 활용해 복잡한 분석을 수행할 수 있는 몇 가지 좋은 옵션을 제공한다.

계속해서 태블로 프렙의 데이터 필터링을 살펴보자.

태블로 프렙에서 데이터 필터링

태블로 프렙에서 데이터를 필터링하는 방법은 몇 가지가 있다.

- 입력 필터링
- 흐름 내에서의 필터링

입력을 필터링하면 데이터 원본으로 전송되는 쿼리가 더 적은 레코드를 반환하게 돼 효율적이 다. 입력을 필터링하려면 입력 단계를 선택한 다음 입력 패널에서 **값 필터링...** 단추를 클릭한다.

그림 15.31: 값 필터링... 옵션을 사용하면 입력 단계에서 값을 필터링할 수 있다.
이는 대규모 데이터 세트나 관계형 데이터베이스의 성능을 향상시킬 수 있다.

팝업 형식의 필터 추가 대화상자를 사용해 Boolean(참/거짓) 결과를 낼 수 있는 계산을 쓸 수 있다. 참 값만 유지될 것이다.

필터링은 흐름의 어느 곳에서든 정리 단계에서 수행될 수 있다. 필터를 적용하는 방법에는 여러 가지가 있다.

- 주어진 필드에 대해 하나 이상의 값을 선택한 다음, 이 항목만 유지 또는 제외 옵션을 사용한다.
- 필드 유형에 따라 여러 필터 옵션을 표시하려면 필드에서 옵션 단추를 사용하자. 예를 들어 날짜는 계산..., 날짜 범위, 기준 날짜, Null 값으로 필터링할 수 있다.

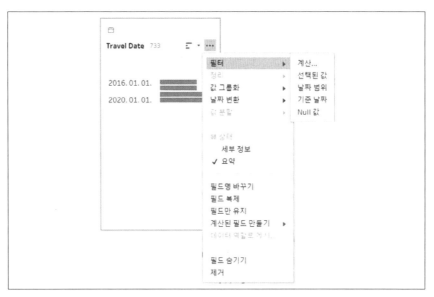

그림 15.32: 필드에 대한 필터 옵션에는 계산, 날짜 범위, 기준 날짜별 필터링과
Null 값 유지나 제외가 포함된다.

- 필드를 선택한 다음 도구 모음에서 필터 값을 선택한다. 입력 패널에서 필터가 작동하는 방식과 유사하게 유지하려는 레코드에 대해 true를 반환하는 코드를 작성하라는 메시지가 표시될 것이다. 예를 들어 2016년 1월 1일 이후에 예약된 여행에 대한 기록을 보관하려는 경우 다음과 같은 코드를 작성할 수 있다.

```
[Travel Date] > MAKEDATE(2016, 1, 1)
```

이 예에서는 데이터 세트에 필터링이 필요하지 않지만 다양한 필터링 기술을 실험해볼 수 있다.

이제 흐름은 다음과 같을 것이다.

Employee Flights
정리 1
유니온 1
정리 3
Frequency Seg...
출력
Southwest 2016
정리 2

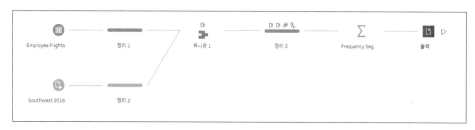

그림 15.33: 흐름은 다음과 유사해야 한다(정확한 배치와 단계의 색상은 다를 수 있다).

태블로에서 데이터를 좀 더 쉽게 사용할 수 있도록 몇 가지 최종 변환을 통해 태블로 프렙 흐름을 마무리해보자.

분석을 위한 데이터 변환

흐름에서 새로운 브랜치를 생성해 세부 데이터로 다시 한 번 작업한다. 정리 3 단계를 클릭하고 미리 보기 패널을 확인한다. 다음 Route 필드를 살펴보자.

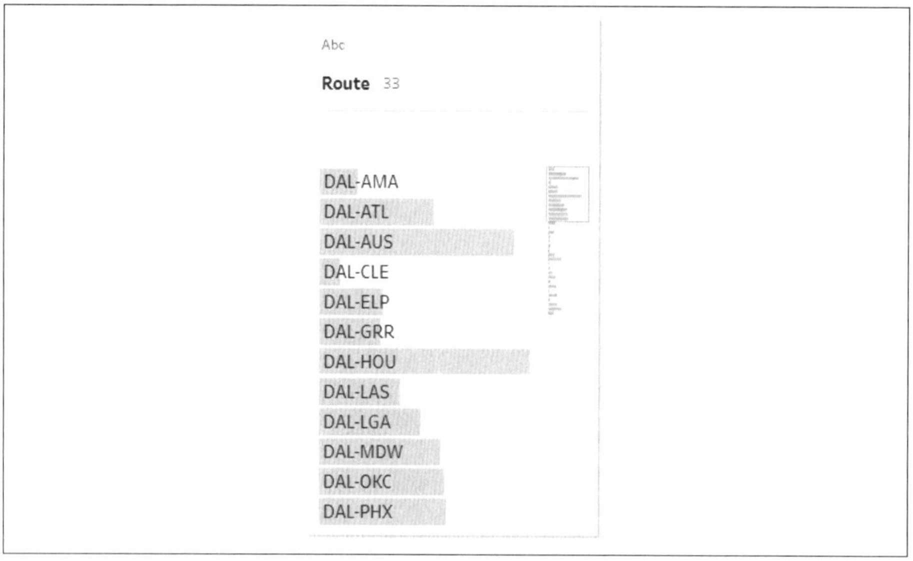

Abc
Route 33
DAL-AMA
DAL-ATL
DAL-AUS
DAL-CLE
DAL-ELP
DAL-GRR
DAL-HOU
DAL-LAS
DAL-LGA
DAL-MDW
DAL-OKC
DAL-PHX

그림 15.34: Route는 출발지와 목적지의 공항 코드를 대시로 구분해 사용한다.

태블로 데스크톱(및 서버)에는 공항 코드에 대해 기본으로 제공되는 지오 코딩이 포함돼 있다. 그러나 특정 분석 목표를 달성하고자(태블로 데스크톱에서 지리 공간 함수에 대한 다른 가능성도 열어두고) 자체 지오 코딩으로 데이터를 보완할 것이다. 데이터의 형태도 고려해야 한다. 출발지와 목적지는 별도의 필드로 분할하는 데 가장 유용하며, 이들을 시각적으로 연결하고자 한다면 별도의 행(출발지 행과 목적지 행)으로 분할하는 것도 생각해 볼 수 있다.

 이 데이터를 시각화할 수 있는 몇 가지 가능한 방법이 있다. 예를 들어 출발지와 목적지를 같은 행에 유지하고 이중 축 지도를 사용할 수 있다. 출발지와 목적지를 선으로 연결하려면 이들을 같은 데이터 행에 두고 태블로의 MAKELINE() 함수를 사용하면 된다. 여기에서 따라 해보게 될 사례에서는 데이터를 별도의 행으로 분할하게 할 것이다.

이제 다음 과정을 따라 해보자.

1. 정리 3 단계 위로 마우스를 가져가면 나타나는 + 단추를 사용한다. 이를 사용해 새 정리 단계를 추가하면 자동으로 정리 4라는 이름이 지정될 것이다.

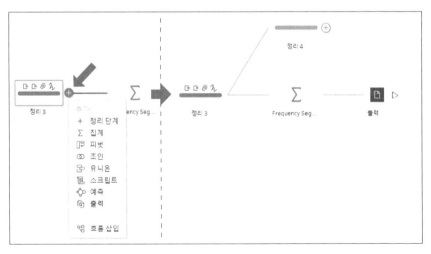

그림 15.35: 이미 출력이 있는 단계에 추가하면 흐름에 새 분기가 추가된다.

2. 정리 4 단계에서 Route 필드의 줄임표 단추를 사용해 값 분할 ❯ 자동 분할을 선택한다.

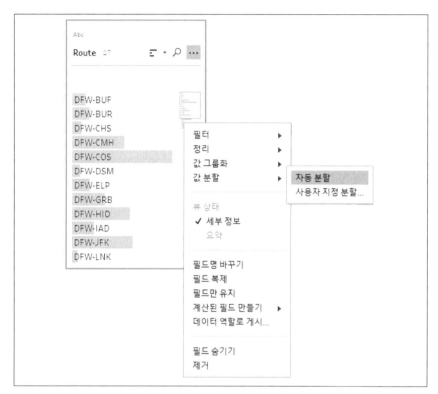

그림 15.36: **값 분할**을 사용하면 구분된 문자열을 별도의 필드로 나눌 수 있다.
자동 분할은 구분 기호를 결정하는 반면 **사용자 지정 분할...**은 더 큰 옵션과 유연성을 제공한다.

이제 단계에 추가된 두 개의 새로운 필드가 보일 것이다.

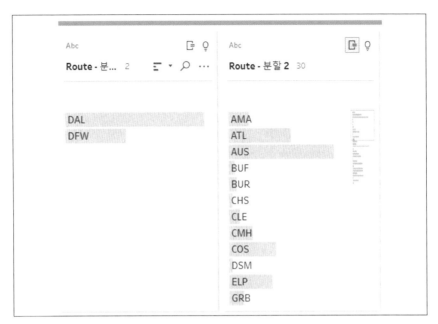

그림 15.37: 분할의 결과들은 흐름에서 새 필드들이 된다.

3. Route-분할 1은 출발지이고 Route-분할 2는 목적지다. 프로파일 패널에서 필드명을 더블 클릭하거나 줄임표 단추의 옵션을 사용해 필드명을 Origin 과 Destination으로 바꾼다.

4. Chapter 15 디렉터리에서 US Airports.hyper 파일을 찾아보자. 이 파일에 는 Airport Code, Airport Name, Latitude, Longitude가 포함돼 있다.

| Abc | Abc | # | # |
Airport Code	Airport Name	Latitude	Longitude
BTI	Barter Island LRRS Airport	70.13400269	-143.5820007
LUR	Cape Lisburne LRRS Airport	68.87509918	-166.1100006
PIZ	Point Lay LRRS Airport	69.73290253	-163.0050049
iTO	Hilo International Airport	19.72139931	-155.0480042
ORL	Orlando Executive Airport	28.5454998	-81.332901

그림 15.38: 하이퍼 추출에는 지리 공간 데이터의 흐름을 보완하는 데 필요한 데이터가 포함돼 있다.

5. 태블로 프렙에서 이 파일에 연결한다. 파일을 태블로 프렙 캔버스로 끌어

서 놓거나 인터페이스에서 연결 추가 단추를 사용할 수 있다. 태블로는 Extract (Extract.Extract)라는 입력 단계를 자동으로 삽입한다. 입력 단계의 이름을 Airport Codes로 변경해보자.

그림 15.39: 공항 코드 파일의 입력 패널

6. Latitude와 Longitude를 찾고자 흐름에 Airport Codes를 조인하려고 하는데, 그 전에 정리 4 데이터의 동일한 행에 Origin과 Destination에 대한 계정이 필요하다. 한 가지 옵션은 데이터를 피벗하는 것이다. 정리 4 단계에서 + 단추를 사용해 피벗 단계를 추가한다.

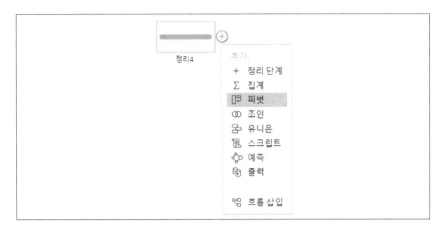

그림 15.40: **정리 4에서 피벗 단계 추가하기**

7. 피벗패널은 행을 열로 변환하거나 열을 행으로 변환하는 옵션을 제공한다. 기본 옵션인 **열을 행으로**를 그대로 두자. Origin과 Destination 필드를 모두 패널의 피벗 1 값 영역으로 드래그한다.

그림 15.41: 피벗 1 이름은 원래 열 이름의 값을 유지하고 피벗 1 값에는
Origin과 Destination의 실제 값이 포함된다.

8. 5단계 7단계 대신 정리 4 단계에서는 Origin과 Destination 필드를 선택한 다음 **열을 행으로**를 선택해 빠르게 실행할 수 있었다.

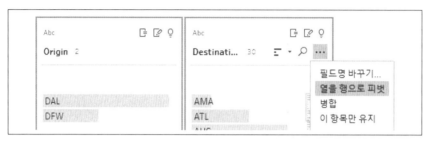

그림 15.42: 열을 행으로 피벗하는 단축키

다음 과정을 계속해보자.

9. 피벗 1 값에 대한 텍스트를 더블 클릭해 Airport Code 필드의 이름을 바꾼다. 이 필드에는 출발지와 도착지에 대한 모든 공항 코드가 포함된다.

10. 피벗 1 이름에 대한 텍스트를 더블 클릭하고 필드 이름을 Route Point로 바꾼다. 이 필드는 각 레코드의 레이블을 Origin이나 Destination 중 하나로 지정한다. 이제 여행의 각 종착점(출발지 또는 목적지)에 대해 단일 레코드가 포함된 데이터 세트가 있다.

TIP

피벗 결과 데이터가 중복됐음을 알 수 있다. 한 번에 한 행(출발지와 목적지가 함께)이었던 것이 이제 두 행이 됐다. 레코드 수가 두 배가 됐으므로 더 이상 레코드 수가 여행 횟수를 결정하지 못한다. 티켓의 개수를 두 배로 계산하므로 티켓 SUM 비용도 계산할 수 없다. 출발지 또는 목적지만 확인하려면 MIN/MAX/AVG 또는 일종의 세부 수준 표현이나 필터를 사용해야 한다. 이렇게 많은 변환을 통해 특정 목표를 달성할 수 있지만 다른 문제가 발생할 수 있음을 인식해야 한다.

현재 주요 흐름에 있는 유일한 위치 정보는 공항 코드다. 그러나 이미 Airports.hyper로의 연결을 설정했고 입력 단계의 이름을 Airport Codes로 변경했다.

11. Airport Codes 입력 단계를 피벗 단계 위로 드래그해 Join 영역에 둔다.

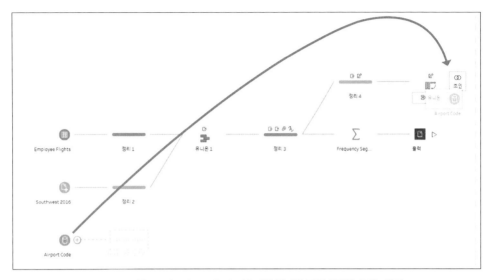

그림 15.43: Airport Codes를 피벗 단계의 조인 영역에 드래그하기

Airport Codes 입력 단계를 조인 영역에 가져다 두면 새로운 조인 단계가 생성되고 이름이 조인 1로 설정될 것이다. 잠시 시간을 내어 조인 창을 살펴보자.

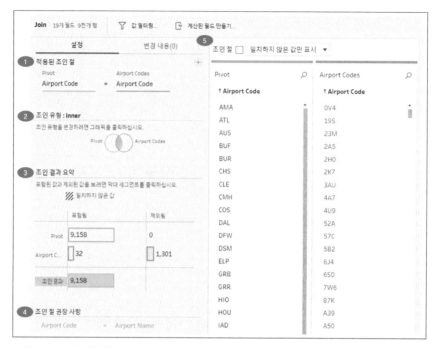

그림 15.44: 조인 패널은 조인을 구성하고 결과를 이해할 수 있도록 많은 정보와 옵션을 제공한다. 인터페이스의 중요한 섹션에 대해서는 아래에 설명과 함께 번호를 매겨뒀다.

그림 15.44의 기능을 살펴보자.

❶ **적용된 조인 절:** 조인 절에 조건을 추가해 조인을 정의하는 키로 사용할 필드를 결정하는 옵션이 있다. 필요한 만큼 절을 추가할 수 있다.

❷ **조인 유형:** 조인 유형(내부, 왼쪽, 왼쪽 내부, 오른쪽, 오른쪽 내부, 외부)을 정의할 수 있다. 벤다이어그램의 섹션을 클릭해 이를 수행해보자.

❸ **조인 결과 요약:** 여기에 있는 막대 차트는 흐름의 각 입력에서 가져온 레코드 수와 얼마나 일치하고 불일치하는지를 나타낸다. 막대 조각을 클릭하면 데이터 그리드에서 필터링된 결과를 볼 수 있다.

❹ **조인 절 권장 사항:** 해당하는 경우 태블로 프렙에서 클릭 한 번으로 추가할 수 있는 가능한 조인 절을 표시한다.

❺ **조인 절:** 여기서 태블로 프렙은 조인 절에 사용된 필드와 해당 값을 표시한

다. 일치하지 않는 값은 빨간색 글꼴 색상으로 표시된다. 이 값들은 더블 클릭해 편집할 수 있으므로 필요에 따라 개별 불일치 값을 수정할 수 있다.

이 예에서는 아무것도 구성할 필요가 없다. Airport Code 필드에 대한 내부 조인의 기본값이 잘 작동한다. 피벗 단계에서 모든 **9,158** 레코드가 유지되는지 확인할 수 있다. Airport Codes 하이퍼 파일에서는 32개의 레코드만 실제로 일치한다(1,301개 레코드가 일치하지 않음). 이것이 문제가 되지는 않는다. 이는 데이터를 보완할 수 있었지만 실제로 필요하지는 않았던 추가 코드가 많았음을 의미한다. 이제 앞의 예제를 계속해보자.

12. 조인 1에서 최종 출력 단계를 추가하고 출력으로 Airline Travel.csv라는 이름의 .csv 파일을 구성한다.

13. 흐름 실행 도구 모음 상단의 실행 단추를 사용하거나 출력 단계에서 실행 단추를 클릭한다.

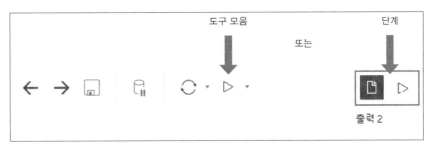

그림 15.45: 도구 모음을 사용하면 모든 출력이나 단일 출력에 대한 흐름을 실행할 수 있고 출력 단계의 단추는 해당 출력에 대해서만 흐름을 실행한다.

최종 흐름은 다음과 같다.

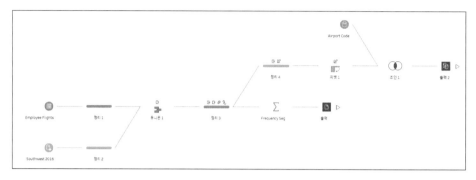

그림 15.46: 최종 흐름은 이와 비슷하지만 모양이 약간 다를 수 있다.

Chapter 15 Complete (clean).tfl 파일은 적절한 단계의 라벨과 설명이 있고 약간 정리 돼 있는 파일이다. 흐름을 더 쉽게 이해할 수 있도록 단계 이름을 바꾸고 설명을 포함하는 것이 좋을 것이다. 정리된 버전은 다음과 같다.

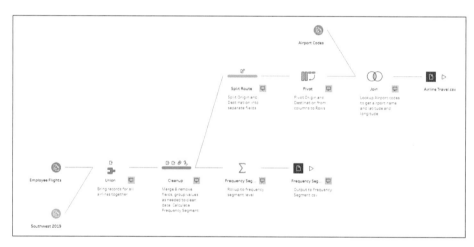

그림 15.47: 이 흐름은 좀 더 정리되고 '자체 설명'이 포함된 것이다.

흐름이 실행되고 나면 \Learning Tableau\Chapter 15 디렉터리의 Airline Travel. twb 통합 문서를 열어 데이터 사용 방법을 확인하고 직접 탐색해보자.

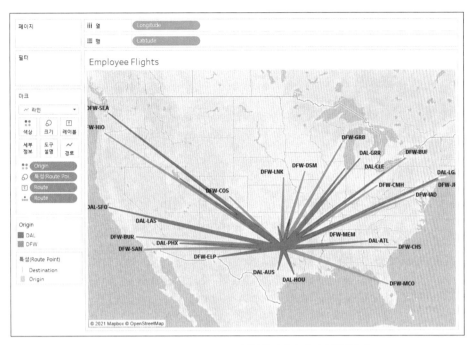

그림 15.48: Airline Travel.twb 통합 문서에서 데이터 탐색하기

.tde 또는 .hyper 파일과 달리 .csv 파일은 태블로 데스크톱에서 데이터 원본으로 열려 있어도 기록될 수 있다. 사용 중인 .tde 또는 .hyper 파일을 덮어쓰려고 흐름을 실행하면 오류가 발생할 것이다. 또한 출력 전에 필드를 정리 단계의 프로파일 창으로 끌어다 놓아 .csv 파일의 필드 순서를 다시 정렬할 수 있다.

예제가 끝났으므로 태블로 프렙 흐름을 자동화하기 위한 몇 가지 옵션을 살펴보며 마무리해보자.

▌흐름 자동화를 위한 옵션

태블로 프렙 빌더 애플리케이션을 사용해 흐름을 설계하고 실행할 수 있다. 데이터 정리나 준비가 임시 분석을 지원하기 위한 일회성 작업이 될 때가 있다. 그러나 이후에 새 데이터나 변경된 데이터를 캡처하고 동일한 패턴에 따라 정리와 모양을 지정하고자 흐름을 실행해야 하는 경우가 많다. 이러한 경우 흐름을 자동화하기 위한 몇 가지 옵션을 고려할 수 있다.

- 태블로 프렙 빌더는 커맨드라인을 통해 실행한다. 입력 또는 출력 데이터 연결에 대한 자격증명을 정의하고자 JSON 파일을 제공할 수 있다. 이를 통해 태블로 프렙 인터페이스를 수동으로 열고 실행하지 않고도 스크립팅과 예약 유틸리티를 사용해 흐름을 실행할 수 있다. 이 옵션에 대한 자세한 내용은 태블로 도움말(https://onlinehelp.tabluea.com/current/prep/en-us/prep_save_share.htm#refresh-output-files-from-the-command-line)에서 확인할 수 있다.
- 태블로 프렙 컨덕터, 태블로 서버에 대한 추가 기능을 사용하면 태블로 프렙 빌더에서 태블로 서버로 전체 흐름을 게시한 다음 요청할 때 또는 사용자 지정 일정에 따라 실행할 수 있다. 또한 모니터링과 문제 해결 기능을 제공한다.

▌요약

태블로 프렙의 혁신적인 패러다임인 간편한 데이터 정리와 즉각적인 피드백을 통해 데이터 세트를 구성하면 태블로 플랫폼이 크게 확장되고 데이터를 대폭 제어할 수 있다. 15장에서는 전체적인 인터페이스와 이를 활용해 원하는 분석이나 시각화를 위해 데이터를 정리하고 형성하는 논리적 흐름을 반복적이고 신속하게 할 수 있는 방법을 살펴봤다.

15장 전체를 통해 구성된 자세하면서도 실용적인 예제를 통해 입력에서 통합, 조인, 집계, 피벗, 출력에 이르기까지 태블로 프렙의 모든 주요 변환을 살펴봤다. 그 과정에서 계산, 분할, 병합, 값 그룹화를 포함한 다른 변환와 기능도 알게 됐다. 이를 통해 필요한 모든 방식으로 데이터를 성형하고 형성할 수 있는 기반이 마련 됐다.

16장에서는 태블로 플랫폼을 활용해 분석과 데이터 스토리를 공유할 수 있는 방법에 대한 몇 가지 개념을 나누며 마무리하고자 한다.

16

데이터 스토리 공유

이 책에서는 태블로 데스크톱에 중점을 두고 시각화와 대시보드를 사용해 데이터를 시각적으로 탐색하고 전달하는 방법을 학습했다. 무엇인가 발견할 수 있는 것을 만들고, 통찰력 있는 시각화를 설계하고, 멋진 대시보드를 구축했다면 데이터 스토리를 공유할 준비가 된 것이다.

태블로를 사용하면 다양한 방법으로 작업을 공유할 수 있다. 16장에서는 시각화와 대시보드를 공유할 수 있는 여러 가지 방법과 프로젝트를 공유하는 방법을 결정할 때 고려해야 할 사항을 함께 살펴볼 것이다.

16장에서 다루는 내용은 다음과 같다.

- 프레젠테이션, 인쇄, 내보내기

- 태블로 데스크톱 및 태블로 리더 사용자와 공유
- 태블로 서버, 태블로 온라인 및 태블로 퍼블릭 사용자와 공유

16장에는 따라야 할 예가 없지만 데이터에 관해 얻게 된 통찰력이나 발견한 것을 공유하는 데 사용할 수 있는 다양한 옵션에 대한 확실한 이해를 위해 내용을 학습하는 것이 좋다.

프레젠테이션, 인쇄, 내보내기 과정부터 알아보자.

프레젠테이션, 인쇄, 내보내기

태블로는 주로 화면에서 사용할 수 있는 풍부한 대화형 시각화나 대시보드를 구축할 수 있게 설계됐다. 사용자가 대시보드나 시각화와 상호작용하는 것 이외에도 다양한 형식으로 프레젠테이션하고, 인쇄, 내보내기 할 수 있는 좋은 옵션들이 있다.

프레젠테이션

태블로는 데이터 스토리를 개인적으로 프레젠테이션 할 수 있는 여러 옵션을 제공한다. 단일 대시보드나 뷰의 프레젠테이션을 사용해서 청중을 안내하거나 전체 프레젠테이션을 만들 수 있다. 프레젠테이션을 구성할 수 있는 여러 가지 방법 중 다음 옵션을 살펴보자.

- 파워포인트로 내보내기
- 프레젠테이션 모드

태블로 데스크톱과 서버를 사용하면 **파워포인트로** 바로 내보낼 수 있다. 태블로 데스크톱에서 파일 ❯ PowerPoint로 내보내기...를 선택한다. 파일의 위치와 파일명을

선택하면 태블로가 PowerPoint 파일(.pptx)을 생성해 태블로 통합 문서의 각 탭을 파워포인트의 단일 슬라이드로 변환한다. 각 슬라이드에는 내보내기 시점에 존재하는 뷰와 대시보드의 정적 이미지가 포함된다. 각 슬라이드는 화면이어서 내보내기 후에는 동적 상호작용이 없다.

좀 더 동적인 프레젠테이션 경험을 선호한다면 **프레젠테이션 모드**의 사용을 생각해보자. 이 모드는 전체 화면 모드에서 모든 대시보드와 뷰를 표시한다. 이 모드에서는 모든 도구 모음, 패널, 제작 개체가 숨겨질 것이다. 프레젠테이션 모드를 활성화하려면 상단 메뉴에서 창을 선택하거나 F7 또는 상단 도구 모음의 옵션을 누른다. 프레젠테이션 모드를 종료하려면 F7 또는 Esc 키를 누른다. 프레젠테이션 모드에서 작업, 강조 표시, 필터링, 기타 옵션을 사용해 대시보드 및 뷰와 계속 상호작용할 수 있다. 이를 통해 프레젠테이션이 풍부해지고 즉시 질문에 답할 수 있다. 매력적인 대시보드나 스토리와 함께 사용할 때 프레젠테이션 모드는 데이터 스토리를 통해 청중을 개인적으로 안내할 수 있는 효과적인 방법을 제공한다.

 프레젠테이션 모드에서 Ctrl + S를 눌러 통합 문서를 저장하면 통합 문서가 기본적으로 프레젠테이션 모드로 열린다.

인쇄

태블로에서는 개별 시각화, 대시보드, 스토리의 인쇄가 가능하다. 파일 메뉴에서 인쇄를 선택해 통합 문서에서 현재 활성화돼 있는 시트를 프린터로 보내거나 PDF로 인쇄 옵션을 선택해 PDF로 내보내기 할 수 있다. 두 옵션을 사용하면 활성 시트, 선택한 시트, 전체 통합 문서를 PDF로 내보내기 할 수 있다. 여러 시트를 선택하려면 Ctrl 키를 누른 상태에서 개별 탭을 클릭한다.

인쇄할 때 **선택 항목 표시** 옵션도 있다. 이 옵션을 선택하면 대화식으로 선택됐거나 뷰 또는 대시보드에서 강조 표시된 마크가 인쇄된다. 그렇지 않으면 마크가 선택되지 않은 것처럼 인쇄된다. 다음 대시보드의 지도에는 선택된 미국 서부 절반에 대한 표시가 있다.

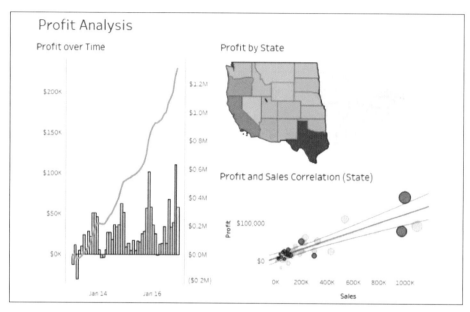

그림 16.1: 이 화면에서 주들(states)과 선택된 주들에 대한 원을 볼 수 있다.
선택 사항을 포함한 뷰를 인쇄할 수도 있다.

인쇄에 대한 몇 가지 고려 사항, 팁, 제안을 살펴보자.

- 대시보드가 인쇄용으로 설계된 경우 대시보드에 맞게 고정된 크기로 미리 정의된 용지 크기를 선택하거나 동일한 종횡비와 일치하는 사용자 정의 크기를 사용한다.
- 페이지 설정(파일 메뉴에서 사용할 수 있음) 화면을 사용해 특정 인쇄 옵션(범례, 제목, 설명과 같은 요소들), 레이아웃(여백과 중심을 포함), 뷰나 대시보드가 용지 크기에 맞게 조정되게 하는 방법을 정의한다. 페이지 설정 옵션은 각 뷰에 따라 다르다. 시트를 복제하거나 복사하면 페이지 설정의 변경 사항이 포함될 것이다.

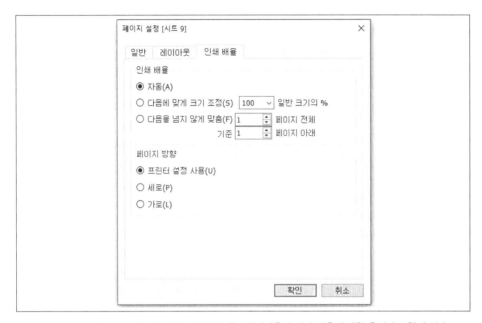

그림 16.2: 페이지 설정 대화상자에는 레이아웃과 인쇄 배율에 대한 옵션이 포함돼 있다.

- 페이지 선반에서 사용된 필드는 인쇄에서 페이지 나누기를 정의한다(개별 시트에 대해서는 적용되지만 대시보드나 스토리에는 적용되지 않음). 페이지 선반에서 정의된 페이지 수가 인쇄된 페이지 수와 반드시 일치하지는 않는다. 페이지 선반에 의해 정의된 단일 페이지가 두 개 이상의 인쇄된 페이지를 필요로 할 수 있기 때문이다.

- 스토리의 각 스토리 포인트는 새 페이지에 인쇄된다.

- 배포할 PDF 문서를 생성하려면 전체 통합 문서 인쇄를 사용하면 효과적이다. 표시되는 각 시트는 왼쪽에서 오른쪽으로 탭 순서대로 PDF에 포함될 것이다. PDF에 포함되지 않도록 시트를 숨기거나 결과 문서의 순서를 조

정하고자 시트를 재정렬할 수 있다. 제목 페이지, 목차, 페이지 번호, 설명을 위한 이미지와 텍스트가 포함된 대시보드를 만드는 것도 생각해보자. PDF 변환에서 다양한 시각적 요소가 유지되거나 변경되는 방식을 확인하고자 앞 장들의 Complete 통합 문서로 실험할 수 있다.

- 스크롤바는 스크롤바로 인쇄되며 보이는 창 밖에 있는 것은 인쇄되지 않으므로 대시보드에서는 사용하지 말자.
- 통합 문서에서 여러 시트를 선택한 다음(Ctrl 키를 누른 상태에서 각 탭을 클릭) 선택한 시트만 인쇄한다.

시트가 하나 이상의 대시보드나 도구 설명에서 사용된 뷰이거나 하나 이상의 스토리에서 사용되는 대시보드인 경우 시트가 숨겨져 있을 수 있다. 뷰를 숨기려면 대시보드나 스토리 작업 영역의 왼쪽 패널이나 하단 스트립에서 탭이나 축소판을 마우스 오른쪽 단추로 클릭하고 **시트 숨기기**를 선택한다. 시트를 표시하려면 대시보드나 스토리 작업 영역의 왼쪽 패널에서 시트를 찾아 마우스 오른쪽 단추로 클릭한 다음 **시트 숨기기**를 선택 취소한다. 대시보드나 스토리 탭을 마우스 오른쪽 단추로 클릭하고 사용된 모든 시트를 숨기거나 표시할 수도 있다.

시트 숨기기 옵션이 보이지 않으면 이 시트는 어떤 대시보드에서도 사용되지 않고 있으며 삭제될 수 있음을 의미한다.

인쇄하거나 PDF로 출력하는 것 외에도 뷰와 대시보드에서 데이터와 이미지를 내보낼 수 있다. 이제 그 방법을 살펴보자.

내보내기

태블로는 문서나 기록물, 책에서 사용할 용도로 뷰, 대시보드와 스토리의 이미지를 쉽게 내보낼 수 있다. 이미지는 .png, .emf, .jpg, .bmp로 내보낼 수 있다. 이미지를 클립보드에 복사해 다른 애플리케이션에 붙여 넣을 수도 있다. 데이터를 하나의 크로스탭(엑셀)이나 하나의 .csv 파일 또는 마이크로소프트 액세스 데이터베이스(PC)로 내보낼 수도 있다.

이미지를 복사하거나 이미지나 데이터를 내보내려면 워크시트, 대시보드, 스토리 메뉴 옵션을 사용한다.

이제 태블로 서버, 태블로 온라인, 태블로 퍼블릭을 사용하는 것에 대해 세부적으로 살펴보자. 이러한 플랫폼에서 사용할 수 있는 일부 내보내기 기능들을 살펴보자. 태블로 서버, 온라인, 퍼블릭의 뷰와 상호작용할 때 필요한 권한을 갖고 있거나 태블로 서버 관리자가 도구 모음을 비활성화하지 않았다면 도구 모음이 표시된다.

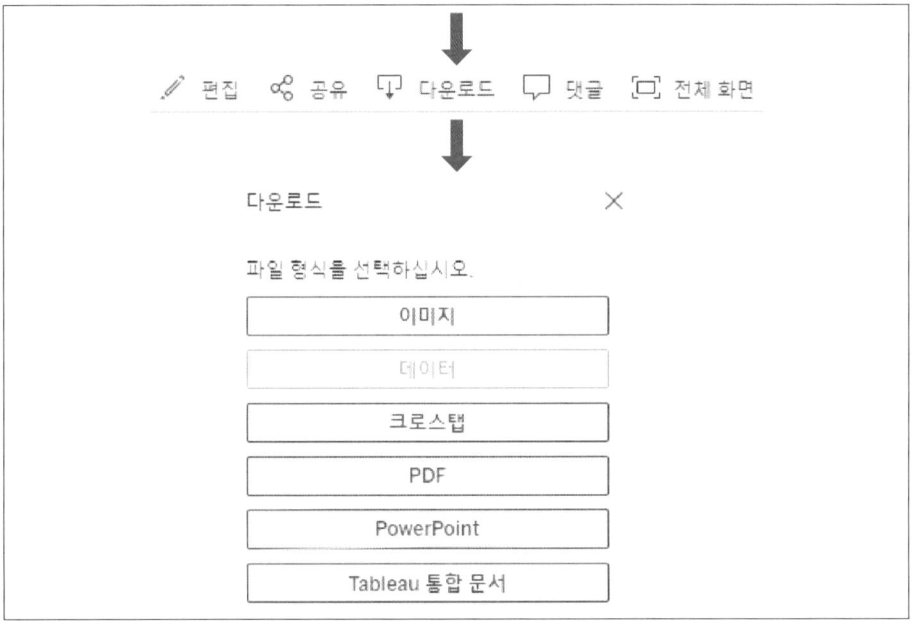

그림 16.3: 도구 모음의 내보내기는 서버, 온라인, 퍼블릭과 유사한 경험을 제공한다.

도구 모음의 다운로드 옵션을 사용해서 이미지, 데이터, 크로스탭(엑셀), PDF, PowerPoint 또는 태블로 통합 문서로 다운로드할 수 있다. 이미지는 .png 형식으로 내보내지고 대시보드를 현재 상태로 렌더링한다. .pdf 문서를 내보내기 할 때는 레이아웃, 크기 조정, 현재 대시보드, 통합 문서의 모든 시트 또는 현재 대시보드의 모든 시트를 인쇄할지 여부를 비롯한 다양한 옵션이 사용자에게 제공된다.

태블로 서버에는 내보내기를 위한 다른 옵션이 있다.

- 내보내기 단추가 있는 대시보드를 떠올려보자. 대시보드에 포함할 수 있는 개체 중 하나로 내보내기 단추를 생각할 수 있다. 이것을 사용하면 전체 대시보드를 PDF, PowerPoint 또는 이미지로 내보내도록 구성할 수 있기 때문에 도구 모음 옵션에 대한 좋은 대안이 될 것이다. 또한 이것을 사용해 태블로 데스크톱에서 쉽게 내보내기를 할 수 있다.
- Tabcmd를 사용하면 명령문이나 스크립트를 활용해 다양한 형식으로 데이터, 이미지, 문서를 내보낼 수 있다.
- REST API를 사용하면 다양한 형식의 데이터, 이미지, 문서를 프로그래밍 방식으로 내보낼 수 있다.
- 링크에 정의된 형식으로 보거나 다운로드하고자 태블로 서버나 온라인에 호스팅되는 뷰의 URL에 확장자명을 추가할 수 있다. 예를 들어 다음과 같은 URL을 추가하면 https://tableauserver/#/views/Dashboard/View.pdf 브라우저에서 뷰가 PDF 문서로 렌더링된다.

이미지 공유나 문서 내보내기 이외에도 대부분의 경우 대화형 대시보드를 다른 사람과 공유하고 싶을 것이다. 이 작업을 어떻게 수행할 수 있는지 살펴보자.

▌ 태블로 데스크톱, 태블로 리더 사용자와 공유

태블로 데스크톱과 태블로 리더의 다른 사용자와 통합 문서를 공유할 수 있다. 다음 절에서는 이 옵션들과 몇 가지 차이점을 살펴보자.

태블로 데스크톱 사용자와 공유

다른 태블로 데스크톱 사용자와 통합 문서를 공유하는 것은 매우 간단하지만 몇 가지 고려해야 할 사항이 있다.

주요 고려 사항 중 하나는 패키지된 통합 문서(.twbx)를 공유할지 아니면 패키지되지 않은 통합 문서(.twb)를 공유할지 여부다. 패키지된 통합 문서는 통합 문서(.twb), 추출(.hyper), 추출되지 않은 파일 기반 데이터 원본(.xls, .xlsx, .txt, .cub, .mdb, 기타), 사용자 정의 이미지와 다양한 관련 파일을 포함하는 단일 파일이다.

태블로 데스크톱 사용자와 공유할 수 있는 다양한 옵션이 있다.

- 동일한 버전이나 최신 버전의 태블로 데스크톱을 사용하는 다른 사용자와 파일을 공유하기만 하면 패키지된(.twbx) 또는 패키지되지 않은(.twb) 통합 문서를 공유할 수 있다.

> 최신 버전의 태블로 데스크톱에 저장하면 통합 문서 파일이 업데이트된다. 이전 버전의 태블로에서 통합 문서를 열면 오류나 경고가 표시될 수 있다. 통합 문서를 처음 열 때와 저장하려고 할 때 다시 업데이트에 대한 메시지가 표시될 것이다. 파일 메뉴에서 통합 문서를 이전 버전으로 선택적으로 내보낼 수 있다.

- 패키지화되지 않은(.twb) 통합 문서를 공유하는 경우 이를 사용하는 다른 사람은 모든 데이터 원본에 접근할 수 있어야 하며, 사용자는 참조된 이미지를 원본 파일이 참조된 동일한 디렉터리에서 사용할 수 있어야 한다. 예를 들어 통합 문서가 네트워크 경로의 엑셀(.xlsx) 파일에 대한 라이브 연결을 사용하고 C:\Images에 있는 대시보드의 이미지를 포함하는 경우 모든 사용자는 네트워크 경로의 엑셀 파일에 접근할 수 있어야 하며, C:\Images 디렉터리에 같은 이름의 이미지 파일을 포함하고 있어야 한다.

이 방법을 사용하는 경우 공통 파일에 UNC(예, \\server name\directory\file.xlsx) 경로를 사용하는 것이 좋다.

이와 마찬가지로 라이브 연결을 사용하는 패키지 통합 문서(.twbx)를 공유하는 것도 통합 문서를 사용하는 모든 사용자가 라이브 연결 데이터 원본에 접근할 수 있어야 하고 적절한 권한이 있어야 한다.

태블로 리더 사용자와 공유

태블로 리더는 무료다. 이것은 사용자가 태블로 데스크톱에서 만든 시각화, 대시보드, 스토리와 상호작용할 수 있도록 태블로 소프트웨어에서 제공하는 애플리케이션이다. 이것으로는 태블로 데스크톱과 달리 시각화나 대시보드를 작성할 수 없다. 그러나 최종 사용자는 필터링, 드릴 다운, 작업, 강조 표시와 같은 모든 상호작용을 사용할 수 있다.

 태블로 리더는 읽기 전용 PDF와 비슷하게 문서를 읽고 탐색할 수 있지만 변경 내용을 작성하거나 저장할 수 없다.

태블로 리더 사용자와 공유하려면 다음 사항에 주의해야 한다.

- 리더는 패키지(.twbx) 통합 문서만 연다.
- 패키지 통합 문서는 서버나 클라우드 기반의 데이터 원본에 대한 라이브 연결이 포함돼 있지 않을 수 있다. 이러한 연결은 추출해야 한다.

패키지 통합 문서를 공유할 때 보안 및 기밀성 문제를 고려해야 한다(.twbx). 패키지 통합 문서에는 데이터가 포함돼 있는 경우가 빈번하므로 민감하지 않은 데이터인지 확인해야 한다. 데이터가 어떤 뷰나 대시보드에 표시되지 않더라도 통합 문서와 함께 패키지된 추출이나 파일의 일부인 경우 여전히 접근할 수 있다.

리더와 데스크톱은 좋은 선택 사항이지만 다른 사용자가 이 애플리케이션들을 설치해야 하며, 태블로 서버, 온라인, 퍼블릭을 사용하면 더 많은 청중과 공유하고 공동 작업할 수 있다.

▌ 태블로 서버, 태블로 온라인, 태블로 퍼블릭 사용자와 공유

태블로 서버, 태블로 온라인, 태블로 퍼블릭은 모두 동일한 개념의 변형이다. 서버에 시각화와 대시보드를 호스팅하고 사용자가 웹 브라우저를 통해 접근할 수 있게 하자.

다음 표에는 제품 간 몇 가지 유사점과 차이점을 표기했다. 그러나 세부 정보가 변경될 수 있으므로 구매 결정을 내리기 전에 태블로 담당자에게 문의하자.

	태블로 서버	태블로 온라인	태블로 퍼블릭
설명	태블로 데스크톱으로 만든 뷰나 대시보드를 호스팅하는 하나 이상의 서버에 설치된 서버 애플리케이션이다.	태블로 데스크톱으로 만든 뷰나 대시보드를 호스팅하는 태블로 소프트웨어에서 유지 관리하는 클라우드 기반의 서비스다.	태블로 데스크톱 또는 무료 태블로 퍼블릭 클라이언트로 만든 뷰나 대시보드를 호스팅하는 태블로 소프트웨어에서 유지 관리하는 클라우드 기반의 서비스다.
라이선스 비용	있음	있음	무료

(이어짐)

	태블로 서버	태블로 온라인	태블로 퍼블릭
관리	라이선스를 구매한 개인이나 조직에서 모든 것을 유지 관리한다.	사용자가 프로젝트와 사용자 관리를 위한 몇 가지 옵션을 사용해 태블로 소프트웨어로 유지 관리한다.	태블로 소프트웨어로 유지 관리한다.
저작과 게시	태블로 데스크톱 사용자는 통합 문서를 작성하고 태블로 서버에 게시할 수 있다. 웹 작성을 통해 태블로 서버 사용자는 웹 브라우저에서 시각화와 대시보드를 편집하고 만들 수 있다.	태블로 데스크톱 사용자는 통합 문서를 작성하고 태블로 온라인에 게시할 수 있다. 웹 작성을 통해 태블로 온라인 사용자는 웹 브라우저에서 시각화와 대시보드를 편집하고 만들 수 있다.	태블로 데스크톱이나 무료 태블로 퍼블릭 클라이언트 사용자는 태블로 퍼블릭에 통합 문서를 게시할 수 있다. 온라인 작성이 가능해지는 향후 개선 사항이 발표된 바 있다.
상호작용	라이선스가 있는 태블로 서버 사용자는 호스팅된 뷰와 상호작용할 수 있다. 인트라넷 사이트, 셰어포인트, 사용자 지정 포털에 뷰를 임베딩할 수도 있다.	라이선스가 있는 태블로 온라인 사용자는 호스팅된 뷰와 상호작용할 수 있다. 인트라넷 사이트, 셰어포인트, 사용자 지정 포털에 뷰를 임베딩할 수도 있다.	모든 것이 대중을 향하고 있다. 누구나 호스팅된 뷰와 상호작용할 수 있다. 뷰는 공개 웹 사이트와 블로그에 임베딩할 수 있다.
한계	없음	통합 문서를 게시하려면 그 전에 대부분의 데이터 원본을 추출해야 한다. 대부분의 비클라우드 기반 데이터 원본의 경우 로컬 컴퓨터에서는 태블로 데스크톱을 사용하거나 태블로 온라인 동기화 클라이언트를 통해 새로 고침 할 수 있다.	모든 데이터가 추출돼야 하며 각 데이터 원본은 1,500만 행으로 제한된다.

(이어짐)

	태블로 서버	태블로 온라인	태블로 퍼블릭
보안	태블로 서버 관리자는 사이트, 프로젝트, 사용자를 만들고 각각에 대한 권한을 조정할 수 있다. 기본 데이터에 대한 접근이 제한될 수 있으며 통합 문서나 데이터의 다운로드가 제한될 수 있다.	태블로 서버 관리자는 프로젝트와 사용자를 만들고 각각에 대한 권한을 조정할 수 있다. 기본 데이터에 대한 접근이 제한될 수 있으며 통합 문서나 데이터의 다운로드가 제한될 수 있다.	기본적으로 누구나 데이터를 다운로드하고 볼 수 있다. 그러나 이러한 옵션에 대한 접근은 작성자에 의해 제한될 수 있다.
좋은 용도	내부 대시보드, 분석이나 다중 테넌트 사이트를 통해 부문/부서/클라이언트 전체에서 사용하기	내부 대시보드와 분석. (특히 대부분의 데이터 원본이 클라우드 기반인 경우) 원격 사용자와의 공유하고 공동 작업하기	공개 웹 사이트나 블로그에 임베딩된 뷰를 사용해 시각화와 대시보드를 공유하기

태블로 퍼블릭에 게시

통합 문서를 열고 태블로 데스크톱이나 무료 태블로 퍼블릭 클라이언트 애플리케이션을 사용해 태블로 퍼블릭에 저장할 수 있다. 다음 사항에 유의하자.

- 태블로 퍼블릭을 사용하려면 계정을 등록해야 한다.
- 태블로 데스크톱과 적절한 권한이 있으면 서버 메뉴의 태블로 퍼블릭 부분에 있는 옵션을 선택해 태블로 퍼블릭에서 통합 문서를 저장하고 열 수 있다.
- 무료 태블로 퍼블릭 클라이언트를 사용하면 웹의 통합 문서를 저장하는 것만 할 수 있다.

 이러한 옵션을 사용해서 전 세계 누구든지 여러분이 게시한 내용을 볼 수 있다.

- 통합 문서 관리 옵션을 선택하면 브라우저가 열린다. 그러면 태블로 퍼블릭

계정에 로그인하고 모든 통합 문서를 온라인으로 관리할 수 있다.

- 태블로 퍼블릭에 저장된 통합 문서에는 여러 데이터 원본 연결이 포함될 수 있지만 모두 추출돼야 하며, 각각 추출된 데이터 행은 1,500만 개를 넘지 않아야 한다.

데이터 스토리를 전 세계와 공유하려면 태블로 퍼블릭을 사용해보자.

태블로 서버와 태블로 온라인에 게시

태블로 서버와 태블로 온라인에 게시하는 것은 비슷하다. 태블로 서버나 태블로 온라인에 게시하려면 메뉴에서 서버 ❭ 통합 문서 게시를 선택한다. 서버에 로그인 하지 않은 경우 로그인하라는 메시지가 표시된다.

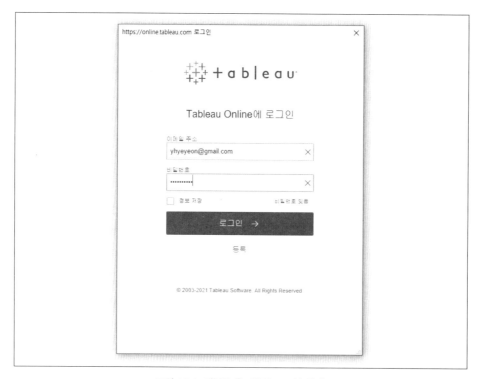

그림 16.4: 태블로 온라인의 로그인 화면

하나 이상의 프로젝트에 대한 게시 권한이 있는 사용자 계정이 필요하다. 태블로
서버의 URL이나 IP 주소 또는 태블로 온라인 URL, 사용자 이름, 암호를 입력한다.
로그인한 후 하나 이상의 접근 권한이 있는 경우 사이트를 선택하라는 메시지가
표시된다. 마지막으로 게시 화면이 표시된다.

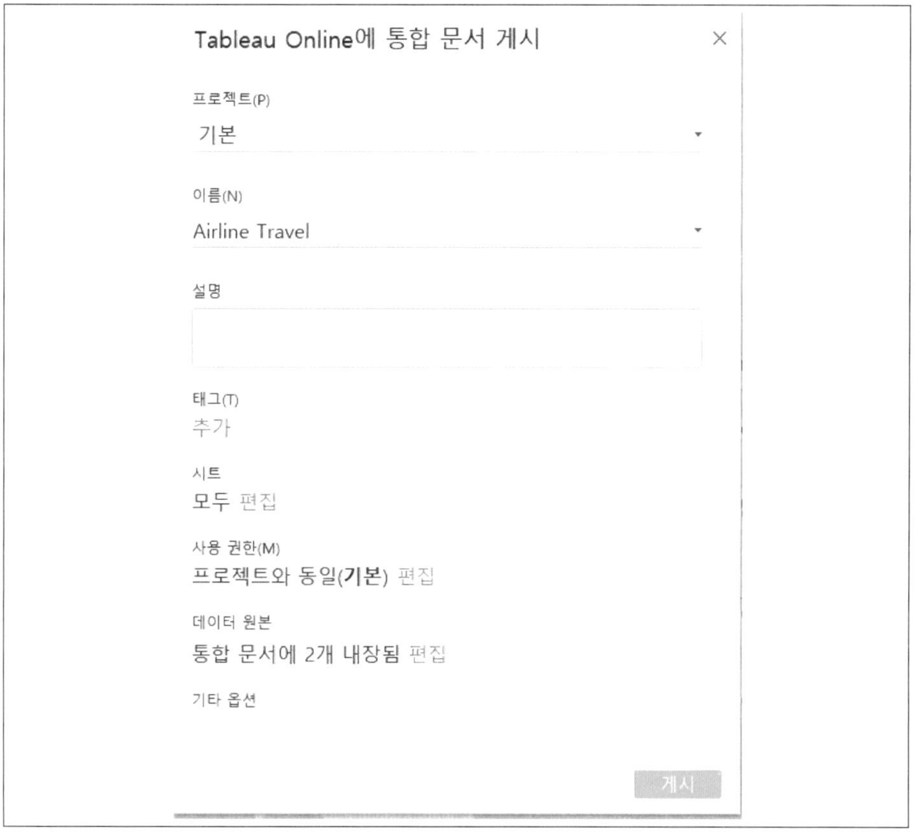

그림 16.5: 태블로 온라인에 게시하기

게시할 때 여러 옵션은 다음과 같다.

- 게시하고자 하는 **프로젝트**를 선택하고 통합 문서의 **이름**을 지정한다. 선택
한 프로젝트와 동일한 이름으로 통합 문서가 이미 게시된 경우 덮어쓸 것
인지 묻는 메시지가 표시된다.

- 통합 문서에 **설명**을 적어 둘 수 있고 **태그 추가**를 사용하면 통합 문서를 좀 더 쉽게 검색하고 찾을 수 있다.
- 게시된 통합 문서에 포함할 **시트**를 지정할 수도 있다. 여러분이 선택한 모든 시트가 포함될 것이다. 선택 취소하면 안 된다.
- 사용자 및 그룹 **권한**을 편집해 통합 문서를 보고, 상호작용하고, 변경할 권한이 있는 사람을 정의할 수 있다. 기본적으로 프로젝트 설정이 사용된다. 다음은 개별 사용자 및 권한이 있는 예제 통합 문서다.

그림 16.6: 태블로 서버는 강력한 권한 집합을 허용한다.
보기, 필터링, 댓글 달기, 편집, 저장 등에 대한 개인 및 그룹 권한을 조정할 수 있다.

- 사용자는 데이터 원본에 대한 속성을 편집할 수 있다. 옵션은 다음 절에서 자세히 설명할 것이다.
- **시트를 탭으로 표시** 옵션을 선택하면 태블로 서버의 사용자는 태블로 데스크톱 하단에 표시되는 것과 비슷한 탭을 사용해 시트 사이를 탐색할 수 있다. 뷰 사이를 탐색하는 작업을 계획하는 경우 이 옵션을 선택해야 한다.
- **선택 항목 표시**는 게시된 뷰에서 유지하고자 하는 마크가 선택된 것을 나타낸다.

데이터 원본을 편집하면 인증과 예약 옵션이 제공된다.

- 통합 문서에 사용된 각 데이터 연결에 대해 데이터베이스 연결이 인증되는 방법을 결정할 수 있다. 옵션은 데이터 원본과 태블로 서버의 구성에 따라 달라진다. 다양한 옵션에는 암호 임베딩, 사용자 가장하기, 태블로 서버 사용자에게 자격증명 요청하기가 포함된다.
- 모든 데이터 추출에 대해 새로 고침을 실행하도록 태블로 서버에서 일정을 지정할 수 있다.

서버에서 새로 고침 될 라이브 연결이나 추출 연결은 서버에서 작동하는 연결을 정의해야 한다. 이는 적용할 수 있는 모든 데이터베이스 드라이버가 서버에 설치돼 있어야 함을 의미한다. 데이터베이스 서버나 클라우드 기반의 데이터에 접근하는 데 필요한 모든 네트워크, 인터넷 연결과 포트가 열려 있어야 한다.

또한 통합 문서를 게시할 때 포함하지 않았던 통합 문서가 참조하는 모든 외부 파일(예, 이미지 파일과 추출되지 않은 파일 기반 데이터 원본)은 태블로 서버에서 접근할 수 있는 위치를 사용해서 참조돼야 한다(예, 태블로 서버 프로세스 읽기 접근을 허용하는 보안 설정이 있는 네트워크 경로).

대시보드와 뷰가 태블로 서버에 게시되면 접근 권한이 있는 다른 사용자와 상호작용할 수 있다. 다음에서 세부 사항을 살펴보자.

태블로 서버와 상호작용

통합 문서가 태블로 서버에 게시되면 다른 사용자가 웹 브라우저를 통해 시각화와 대시보드를 보고 상호작용할 수 있다. 태블로 서버에 로그인하면 적절한 권한이 있는 콘텐츠를 찾아볼 수 있다. 이러한 사용자는 빠른 필터, 매개변수, 작업 또는 드릴 다운처럼 대시보드에 내장된 모든 기능을 사용할 수 있다. 모든 것이 HTML5로 렌더링되기 때문에 사용자가 뷰와 대시보드를 보고 상호작용하기 위한 유일한 요구 사항은 HTML5 호환되는 웹 브라우저다.

 iOS 장치와 안드로이드 장치에서 사용할 수 있는, 태블로 모바일 앱의 경우 모바일 사용자의 경험을
향상시킬 수 있다. 태블로의 장치 디자이너를 사용해 특정 장치의 레이아웃을 지정해보자.

대부분의 경우 서버나 온라인에서 통합 문서와 상호작용하는 것은 태블로 데스크
톱이나 리더에서 통합 문서와 상호작용하는 것과 유사하다. 빠른 필터, 매개변수,
작업, 도구 설명은 모두 비슷하게 보이고 작동한다.

몇 가지 추가 기능을 찾을 수 있다.

- 사이드 메뉴는 태블로 서버 관리 및 탐색과 관련된 다양한 옵션을 제공
한다.
- 그 아래에 현재 보고 있는 통합 문서와 뷰가 무엇인지 알려주는 이동 경로
추적이 있다.
- 그 아래에는 여러 기능이 포함된 도구 모음이 있다.

그림 16.7: 태블로 서버 도구 모음

- 실행 취소와 다시 실행은 상호작용을 통해 앞뒤로 이동할 수 있는 기능을 제
공한다.
- 되돌리기를 사용하면 모든 변경 사항을 취소하고 원래 대시보드로 되돌릴
수 있다.
- 새로 고침은 대시보드를 다시 로드하고 데이터를 새로 고친다. 하지만 이렇
게 해도 데이터 추출이 새로 고침 되지는 않는다.
- 일시 중지를 사용하면 원하는 모든 변경을 수행할 때까지 작업, 필터 선택

또는 매개변수 값 변경에 따른 대시보드 새로 고침을 일시 중지할 수 있다.

- 뷰를 사용하면 선택, 필터, 매개변수 값을 기반으로 대시보드의 현재 상태를 저장해 나중에 그 지점으로 빠르게 돌아갈 수 있다. 여기에서 저장된 뷰를 찾을 수도 있다.

- 알림을 사용해 조건부 알림을 설정할 수 있다. 뷰의 마크가 정의한 임계값에 도달하면 이메일을 통해 알림을 받게 된다. 예를 들어 조직의 수익성에 대한 꺾은 선형 차트가 있다면 조직 목표를 달성하는 날에는 알림을 받을 수 있고, 데이터에 표시된 오류 수가 0을 초과할 때 알림을 받도록 설정할 수도 있다.

- 구독을 사용하면 대시보드 화면에 대해 주기적인 이메일을 예약할 수 있다. 관리자는 다른 사용자를 구독할 수도 있다. 매일의 성과 보고서, 판매 업데이트, 재고 수 또는 푸시하고 싶은 기타 정보를 배포하는 옵션을 설정할 수 있다.

- 편집을 사용해 대시보드를 편집할 수 있다. 인터페이스는 태블로 데스크톱과 매우 유사하다. 태블로 관리자는 사용자나 그룹별로 웹 편집을 활성화하거나 비활성화할 수 있으며 편집된 뷰를 저장하기 위한 권한도 제어할 수 있다.

- 공유는 통합 문서를 공유하기위한 옵션을 제공한다. 이러한 옵션에는 다른 라이선스 사용자에게 배포할 수 있는 URL과 웹 페이지에 대시보드를 임베딩할 수 있는 코드가 포함된다.

- 다운로드 단추를 사용해 대시보드의 데이터와 이미지를 다운로드할 수 있다.

- 주석을 사용해 뷰에 주석을 달고 다른 사람의 주석에 응답할 수 있어서 다른 태블로 서버 사용자와 공동 작업할 수 있다.

- 전체 화면을 사용해 대시보드를 볼 수 있고 전체 화면 모드로 뷰를 볼 수 있다.

- 메트릭을 사용하면 추적하려는 주요 숫자나 지표를 정의할 수 있다.

태블로 서버의 대화형 기능 중 일부를 살펴봤으므로 이제 태블로 서버와 태블로 온라인을 사용한 몇 가지 추가 배포 옵션을 살펴보자.

태블로 서버나 태블로 온라인을 사용하는 추가 배포 옵션

태블로 서버와 태블로 온라인은 뷰, 대시보드, 데이터를 공유할 수 있는 몇 가지 다른 옵션을 제공한다. 사용자가 태블로 서버에 로그인할 수 있도록 허용하는 것과 함께 다음 옵션을 살펴볼 수 있다.

- 대시보드와 뷰, 스토리 포인트를 웹 사이트, 포털, 셰어포인트^{Sharepoint}에 임베딩할 수 있다. 웹 사이트 인증을 태블로 서버와 원활하게 통합할 수 있는 SSO^{Single-Sign-On} 옵션이 있다.
- 태블로 서버를 사용하면 사용자가 뷰와 대시보드를 구독하고 이메일 전송을 예약할 수 있다. 이메일에는 뷰의 최신 이미지와 태블로 서버의 대시보드로의 링크가 포함된다.
- tabcmd 유틸리티는 태블로 서버와 함께 제공되며 다른 컴퓨터에 설치할 수 있다. 이 유틸리티는 내보내기 기능, 게시, 사용자, 보안 관리를 포함해 태블로 서버의 다양한 함수를 자동화하는 기능을 제공한다. 이것은 전달 자동화에 대한 많은 가능성을 열어준다.
- REST API를 사용해 태블로 서버와의 상호작용을 프로그램으로 할 수 있다. 이것을 활용하면 데이터, 이미지, 문서를 내보내고 사용자에게 배포하고 사용 통계, 사용자, 권한 등에 접근할 수 있는 다양한 옵션을 사용할 수 있다.

이러한 모든 옵션을 사용해 데이터와 시각화를 조직 내에서 가장 필요로 하는 사람들에게 배포하는 유연성이 크게 확장될 수 있다.

656

▌요약

태블로는 유용하고 의미 있는 시각화와 대시보드를 만들어 주요 통찰력을 이해하고 전달할 때 데이터를 탐색, 준비, 정리할 수 있는 놀라운 플랫폼이다. 이 책 전반에 걸쳐 파일 기반, 온-프레미스^{On-Premise} 데이터베이스, 클라우드에서 데이터에 연결하는 방법을 살펴봤다. 데이터를 탐색하고 준비해 데이터를 정리하고, 분석을 위해 구조화하는 과정을 예제를 통해 경험했다. 다양한 유형의 시각화를 다뤘고 심층적인 분석 통찰력을 발견하는 방법을 살펴봤다. 데이터, 분석과 사용자 상호작용을 확장할 수 있는 도구를 제공하면서 네 가지 주요 계산 유형을 심도 있게 살펴봤다. 대시보드를 구축하고 데이터로 스토리를 전달했다. 16장에서는 모든 작업의 결과를 다른 사람과 공유하는 방법을 살펴봤다.

이제 견고한 기초가 생성됐다. 본질적으로 태블로 플랫폼은 직관적이고 사용하기가 쉽다. 더 깊이 알아갈수록 단순함이 점점 더 아름다워질 것이다. 데이터를 이해하고, 복잡한 문제를 해결하고, 새로운 질문을 하고, 데이터 세트에서 새로운 답을 찾는 새로운 방법을 발견하면 새로운 태블로 기술이 데이터에 숨겨진 새로운 통찰력을 발견하고 해석, 공유하는 데 도움이 될 것이다.

| 찾아보기 |

태블로 학습하기 4/e

따라 하며 배우는 태블로 데이터 시각화

발 행 | 2022년 2월 18일

지은이 | 조슈아 밀리건
옮긴이 | 이 혜 연

펴낸이 | 권 성 준
편집장 | 황 영 주
편 집 | 이 지 은
         김 진 아
디자인 | 윤 서 빈

에이콘출판주식회사
서울특별시 양천구 국회대로 287 (목동)
전화 02-2653-7600, 팩스 02-2653-0433
www.acornpub.co.kr / editor@acornpub.co.kr

한국어판 ⓒ 에이콘출판주식회사, 2022, Printed in Korea.
ISBN 979-11-6175-605-9
http://www.acornpub.co.kr/book/learning-tableau

책값은 뒤표지에 있습니다.